国家出版基金项目
NATIONAL PUBLICATION FOUNDATION

中国航天技术进展丛书
吴燕生　总主编

航天电子产品制造过程管理

主　编　夏　刚
副主编　周德祥　赵凡志

中国宇航出版社
·北京·

图书在版编目（CIP）数据

航天电子产品制造过程管理 / 夏刚主编. -- 北京 : 中国宇航出版社, 2021.2

ISBN 978-7-5159-1896-9

Ⅰ.①航… Ⅱ.①夏… Ⅲ.①航天企业—电子产品—工业企业管理—生产管理—中国 Ⅳ.①F426.5

中国版本图书馆 CIP 数据核字(2021)第 039731 号

责任编辑　张丹丹　　　封面设计　宇星文化

出版发行　中国宇航出版社

社　址　北京市阜成路 8 号　邮　编　100830

(010)60286808　(010)68768548

网　址　www.caphbook.com

经　销　新华书店

发行部　(010)60286888　(010)68371900

(010)60286887　(010)60286804(传真)

零售店　读者服务部　(010)68371105

承　印　天津画中画印刷有限公司

版　次　2021 年 2 月第 1 版

2021 年 2 月第 1 次印刷

规　格　787×1092

开　本　1/16

印　张　18.5

字　数　450 千字

书　号　ISBN 978-7-5159-1896-9

定　价　98.00 元

《中国航天技术进展丛书》
编 委 会

《航天电子产品制造过程管理》编写人员

主　编　夏　刚

副主编　周德祥　赵凡志

编　者　（按姓氏笔画排列）

王　冲　王　轶　王丽娜　王旗胜

史进朝　边　强　李春辉　杨　凯

吴　桐　张红秀　暴　杰　潘江桥

总　序

中国航天事业创建60年来，走出了一条具有中国特色的发展之路，实现了空间技术、空间应用和空间科学三大领域的快速发展，取得了“两弹一星”、载人航天、月球探测、北斗导航、高分辨率对地观测等辉煌成就。航天科技工业作为我国科技创新的代表，是我国综合实力特别是高科技发展实力的集中体现，在我国经济建设和社会发展中发挥着重要作用。

作为我国航天科技工业发展的主导力量，中国航天科技集团公司不仅在航天工程研制方面取得了辉煌成就，也在航天技术研究方面取得了巨大进展，对推进我国由航天大国向航天强国迈进起到了积极作用。在中国航天事业创建60周年之际，为了全面展示航天技术研究成果，系统梳理航天技术发展脉络，迎接新形势下在理论、技术和工程方面的严峻挑战，中国航天科技集团公司组织技术专家，编写了《中国航天技术进展丛书》。

这套丛书是完整概括中国航天技术进展、具有自主知识产权的精品书系，全面覆盖中国航天科技工业体系所涉及的主体专业，包括总体技术、推进技术、导航制导与控制技术、计算机技术、电子与通信技术、遥感技术、材料与制造技术、环境工程、测试技术、空气动力学、航天医学以及其他航天技术。丛书具有以下作用：总结航天技术成果，形成具有系统性、创新性、前瞻性的航天技术文献体系；优化航天技术架构，强化航天学科融合，促进航天学术交流；引领航天技术发展，为航天型号工程提供技术支撑。

雄关漫道真如铁，而今迈步从头越。“十三五”期间，中国航天事业迎来了更多的发展机遇。这套切合航天工程需求、覆盖关键技术领域的丛书，是中国航天人对航天技术发展脉络的总结提炼，对学科前沿发展趋势的探索思考，体现了中国航天人不忘初心、不断前行的执着追求。期望广大航天科技人员积极参与丛书编写、切实推进丛书应用，使之在中国航天事业发展中发挥应有的作用。

雷凡培

2016年12月

前　言

航天电子产品具有多样性、复杂性和高可靠性的特有属性，与民用产品的内涵和要求存在较大的差异。航天电子产品的制造，是航天系统工程的一个重要分支，既包含技术，也包含管理。航天电子产品的制造过程管理以产品实现为核心，聚焦航天电子产品制造的专业技术与过程管控，以满足航天产品高可靠、高质量、高一致性的要求。近年来，在航天电子产品制造技术不断发展的同时，过程管理也随着要求的提高而日趋丰富与完善。除秉承航天产品制造过程管理的通用和一般要求外，还具有电子产品制造所特有的静电防护、多余物控制、电装工艺技术能力评价等专业过程控制要求。

中国航天面临新时期的新任务，高密度发射、大批量交付、竞争性发展成为新常态，高质量、高效率、高效益成为新的目标和任务。航天电子产品制造也面临着新时期的机遇与挑战。面对日趋复杂的国际形势和突飞猛进的电子技术发展，如何适应新时期的要求，高效生产出高质量的产品，成为摆在航天电子产品制造企业面前的重要问题。

基于当前的形势和新时期发展的需要，中国航天电子技术研究院组织编写了本书。本书全方位、全要素归纳了航天电子产品制造过程中的过程管控要素，既有航天型号产品各项要求在电子产品制造方面的具体落地，也有在生产一线负责管理和技术的人员的实践经验，是航天电子产品制造过程中成熟技术与成功经验的提炼和总结，以期能够指导航天电子产品制造企业更好地完成企业的转型与升级，实现精细化的过程管控，交付更加满足用户需要的产品。

本书共分为6章，第1章概述，总体描述了航天产品和航天电子产品的范围、研制阶段，提出了过程管理的重点要素；第2章制造过程设计，介绍了以工艺布局、工艺设计、工艺优化与改进为主线的过程设计的方法和要求；第3章过程控制，着眼于生产现场，对制造过程涉及的环境、人员、设备设施、物料、产品的检验与验收、外包过程等提出了管理要求；第4章过程检查与测量，阐述了对制造过程检查与测量的方法和手段，并介绍了质量审核、纪律检查的内涵与实施步骤；第5章过程分析与评价，介绍了工艺选用、工艺风险分析等过程分析方法，还创新性地提出了电子产品制造过程的工艺成熟度评价方法；第6章发展与展望，从电子产品制造从业者的角度，描绘了未来航天电子产品制造过程伴随技术进步而产生的管理变革。

本书编写分工如下：夏刚、周德祥、赵凡志、潘江桥参加了全书策划，赵凡志编写了第1章，张红秀、边强、暴杰、李春辉编写了第2章，夏刚、王丽娜、张红秀、暴杰、边强编写了第3章，周德祥、杨凯、王旗胜、吴桐编写了第4章，史进朝、李春辉编写了第5章，王冲编写了第6章。夏刚、周德祥、暴杰、王丽娜、王轶参与了全书的统稿和审校。

感谢中国航天电子技术研究院组织了本书的策划，院质量技术部和200厂组织了本书的编写。此外，对中国宇航出版社在本书的编写和出版过程中给予的大力支持和帮助，一并表示感谢。

在编写本书的过程中，所有的方法和数据均来自生产实践，力求内容全面、正确。本书也包含编者个人的经验和体会，仍有处于探索阶段尚不成熟的方法以及验证不够充分的数据，难免会有疏漏、不妥之处，敬请航天电子产品制造领域的专家、学者、生产一线工作者和广大读者批评指正。

编者

2020年9月7日

目　录

第 1 章　概　述

1.1　引言

2016 年 4 月 24 日，在首个“中国航天日”到来之际，习近平总书记做出重要指示：“探索浩瀚宇宙，发展航天事业，建设航天强国，是我们不懈追求的航天梦。”

2020 年，是中国航天事业创建 64 周年，也是第一颗中国人造地球卫星上天遨游 50 周年。从 1956 年 10 月 8 日国防部第五研究院成立到 1970 年 4 月 24 日成功发射东方红一号卫星，经历了 14 年时间，而东方红一号的成功发射开创了中国进入太空的新纪元。

2020 年 1 月 7 日 23 时 20 分，在西昌卫星发射中心，长征三号乙运载火箭托举着通信技术试验卫星五号直冲云霄。随后，卫星被顺利送入预定轨道，发射任务取得圆满成功，我国 2020 年宇航发射迎来“开门红”。

航天技术是衡量一个国家综合实力的重要标志之一，经过 64 年的建设和发展，中国航天事业取得了一系列的辉煌成就。中国航天事业艰苦卓绝、波澜壮阔的 64 年，为中国的国防建设、经济建设和科学进步做出了巨大的贡献。

经过 64 年的建设和发展，中国的航天经历了从无到有、从小到大的过程，构建了专业齐全、设施完备的航天科技工业体系，也形成了独有的航天工程管理体系，掌握了一批具有自主知识产权的核心技术，造就了一支技术精湛、作风优良的航天人才队伍，形成了具有鲜明时代特征的传统航天精神、“两弹一星”精神和载人航天精神。

航天产品制造为航天事业做出了巨大贡献。航天产品制造是将航天技术转换成航天产品的过程。航天制造技术从产品特征的角度可以分为：弹头制造技术、弹箭星结构制造技术、控制导引测控部件制造技术、发动机制造技术、地面设备制造技术；航天制造技术从专业角度可以分为：快速研制技术、精密和超精密加工技术、表面工程技术、固体发动机装药技术、先进连接技术、热加工精密成形技术、电子装联技术、无损检测技术、微纳米加工技术、快速成型技术、先进复合材料构件制造技术、特种加工技术等关键技术。其中以控制、导引、测控部件为代表的航天电子产品受到航天产品特点、技术进步、管理进步等影响，形成了一套独特的航天电子产品制造体系以及航天电子产品过程管理的方法和技术，对航天电子产品的发展起着重要的推动作用。

1.2　航天产品

航天电子产品是航天产品的重要组成部分。从应用对象而言，航天产品主要应用于宇航系统、导弹武器系统、航天技术应用产业和航天服务业中。下面主要介绍在宇航系统中的应用。

宇航系统包括运载火箭、卫星系统、载人航天、空间探测等系列产品。其中以电子产品在运载火箭中的应用为例，一般包括箭上电子产品（如箭上计算机、综合控制器、电缆网等），地面测发控电子产品（如发射控制台、电源、地面电缆等）以及相关的电子产品。

目前现役运载火箭包括长征二号系列、长征三号系列、长征四号系列等型号，具备发射到低、中、高不同轨道，不同类型卫星及载人飞船的能力。

目前正在研制的新一代运载火箭以“通用化、组合化”为设计原则，按照“一个系列、两种发动机、三个模块”的发展思路进行研制，采用无毒、无污染推进剂，具有设计模块化、生产和发射周期短、成本低、可靠性高等特点，满足载人航天后续工程、探月工程、高分辨率对地观测系统、二代导航等国家重点专项以及其他军用、民用和商用航天器的发射需要，主要包括长征五号系列、长征六号系列、长征七号系列、长征八号系列、长征十一号等。

卫星种类繁多，分类方法各异，按轨道高度可分为低轨道卫星、中轨道卫星、高轨道卫星；按轨道类型分为太阳同步轨道卫星、地球同步轨道卫星、大椭圆轨道卫星、极轨道卫星和回归轨道卫星；按是否返回地球可分为返回式卫星和非返回式卫星；按质量可分为大卫星和小卫星；按任务类型可分为应用卫星、科学卫星和技术试验卫星等。

载人航天是指有人（航天员）参与的，对太空（包括地球以外天体）进行探索，以及利用天空特有环境进行科学研究、资源开发与应用的活动。载人飞船是能保障航天员在外层空间生活和工作，执行航天任务并返回地面的航天器。空间站是绕地球轨道做较长时间航行的大型载人航天器，是多用途的空间基地。

空间探测是为了了解太阳系的起源、演变和现状，通过太阳系内的各主要行星及其卫星的比较研究进一步认识地球环境的形成和演变，了解太阳系的变化历史，探索生命的起源和演变的活动。空间探测器是指对月球和月球以外的天体和空间进行探测的无人航天器。

1.3 航天电子产品制造工艺简介

航天电子产品一般包括航天器、运载火箭与导弹上的各种电子设备，末制导雷达、专用计算机、遥测设备以及地面火控设备、发射装置上的电子设备。其制造工艺一般包括电子设备的性能测试和可靠性筛选，金属和非金属零（部）件的加工，电子元器件和印制电路板的制造，电子设备的装联，整机装联、调试和高效应力筛选等。

电子设备零（部）件的加工涉及机械切削、钣金冲压、铸造、焊接、热处理、表面处理等。其中基座类零件多以铝合金薄壁铸造件经机械加工制成，在精加工之前需要安排去应力退火或高低温稳定化处理。机柜和壳体类零件一般为钣金冲压件，它们以螺接或者焊接方式装配。电位器骨架类零件的精度、尺寸稳定性和表面粗糙度是加工的关键。波导器件中毫米波耦合器、法兰盘扼流槽的加工，同轴器件的低表面粗糙度值与高尺寸精度深孔加工，细长杆加工及弹性短路活塞的加工与检测，其设计公差都只有 0.01 mm 左右。带状线高频电路组件、微带器件的陶瓷基片两基面上都需要采用被膜及光刻腐蚀加工。电插接器的插针、插孔，脱锁机构中的管轴与簧片，以铜合金为材料，其精密加工与钣金成形、热处理和贵金属电镀的要求都比较严格。铁心类零件则涉及冲制、铁氧体硬脆材料的切削加工、热处理和涂敷防潮绝缘漆等工艺。平面阵列天线需以真空钎焊或盐浴钎焊连接成形。

半导体集成是指用外延、氧化、光刻、扩散及离子注入等工艺将电子元器件制造在一块半导体衬底上，做成半导体集成电路。电子设备上往往需要特殊规格的半导体集成电路。薄膜集成与薄膜混合集成涉及真空蒸发、溅射、光刻、镀金等薄膜技术；厚膜与厚膜混合集成则需要采用丝网印刷、高温烧结、等离子喷涂、电子组件灌封等工艺，红外成像引导系统的红外元件及其衬板，也需要用类似的薄膜工艺进行加工。

印制电路板的制造工艺涉及制板、钻孔、孔金属化、图形转移与电镀、蚀刻和插头局部镀金。电子设备用特种变压器线圈、精密线绕电阻制作时，需要对绕制后的电磁线进行真空加压浸渍绝缘漆甚至真空灌注环氧树脂的处理。

电缆网的制作关键在于确保电接触的可靠性和导线与电插接器端子的连接质量。同时要做好导线屏蔽、线束捆扎、电插接器灌注以及多余物防治工作。电缆网组装后要对绝缘电阻、抗电强度和通路进行测量。

电子设备的装联工序主要有元器件引线成形与搪锡、导线束制作、软钎焊连接（或压接、绕接）、整机装配以及三防喷漆、硅橡胶密封灌注、除氧封存等。在电子设备组件制造中，往往通过可调件来保证装配精度和性能参数，这种调整包括机械调整、物理参数调整和电气参数调整等。电子设备整机装联后，需要进行一系列气候、生物、化学、力学、电磁环境试验及其综合环境试验，试验合格后产品才能交付使用。

1.4 航天产品制造的特点

1.4.1 航天电子产品高质量要求的特点

航天产品具有无人驾驶、一次使用、价格昂贵、环境复杂等使用特性，要求产品使用一次成功，因此对制造工艺提出了高可靠的要求，这就决定了航天电子产品制造过程具有以下特点：

1）更加关注高可靠的元器件技术。电子产品中大量使用电子元器件，电子元器件对航天产品的可靠性起着关键性作用。一个元器件的功能失效会使整发箭的发射失利或整颗星的功能丧失，在政治、经济等方面造成的影响巨大。因此，航天电子产品所采用的元器件必须是高可靠的或者是通过严格筛选的产品。

2）更加注重装联质量的可靠性。电子设备装联要保证其可制造性和长期可靠性，有时长期可靠性需要达到 17 年，甚至更长。

3）更加关注质量记录的追溯。在电子产品制造的各个环节都必须有精准的质量记录来跟踪产品制造的全过程。质量记录不仅仅是记录产品的制造过程，还包括产品元器件的选用、制造过程的技术状态管控、产品状态、试验数据等所有过程的记录。

4）更加严格把控各种试验技术的条件。为了防止电子元器件早期失效，不仅要经过严格的筛选试验，还要对电子产品进行几百个小时的老炼试验、各种严苛的环境试验和力学试验，最后还要开展各种综合试验。

5）更加关注产品评审把关作用。一个产品不仅经历元器件制造环节，还要经历生产班组级自检、互检、专检、出车间评审、出厂评审、厂所联合验收等环节才能交付到使用单位手中。必要时还要对元器件的采购、制造过程、试验过程等开展质量复查工作。

1.4.2　人员技能仍然发挥着重要作用

在航天产品制造过程中，人员技能仍然发挥着重要作用，这主要是由航天产品的特殊性和工艺技术装备的局限性所决定的。以电子产品为例，其产品的类型和原材料，元器件的品种、数量极多，精度要求高且涉及的工艺技术复杂，产品的数量相对较少，本来可以使用自动化装备的环节还需要依赖人的操作技能，与之相匹配的专用或通用工艺装备不能用于航天产品的制造过程。例如，电缆网制造基本上就是以手工制造为主，一些辅助环节采用了自动化装备生产。

1.4.3　新技术、新材料、新器件得到广泛应用

随着航天事业的发展，国家创新驱动发展战略在航天制造中落地，使计算机技术、信息技术、传感技术、自动化技术、新材料、新器件等得到广泛的应用。

1）计算机技术、信息技术在工艺设计环节得到广泛应用。近 20 年来，工艺设计从手工编制、计算机模板化、单机版计算机辅助工艺设计（CAPP）、网络版 CAPP 到三维工艺的探索和应用，走上了一条不断探索创新的道路。特别是精益工艺设计的研究，为后续工艺设计水平的提高奠定了技术基础。

2）传感技术、自动化技术促进了自动化工艺装备的升级。波峰焊接生产线、表面贴装生产线、自动化测试仪器随着技术的升级越来越具有数字化、智能化特征，这些设备仪器在航天产品制造中得到较大规模的应用，大大提高了制造过程的自动化水平，使生产效率得到较大提高，为航天事业的发展提供了物质基础。

3）新材料、新器件的应用引领了电子产品制造技术的发展。随着航天产品需求的不断提升，电子产品呈现出小型化、微型化、数字化、智能化的特征，这些都离不开新材料、新器件的研究与应用。总线技术、光纤技术的应用大大提高了信息的传输速度和容量，超大规模集成电路的应用使航天电子产品越来越具有智能化特征。

1.4.4　新的管理技术对航天产品制造起着重要作用

1）质量管理体系的构建和维护极大地稳固了航天企业的制造水平。航天所有制造企

业均贯彻落实质量管理体系的要求，构建并维护了各自的质量管理体系，确保体系的运行有效。航天产品的高可靠与质量体系的建立密不可分。

2）星级现场管理的引入极大地提高了航天企业的现场管理水平。从2012年开始，航天企业引入了星级现场管理技术，在航天电子产品制造现场率先试点，并通过了中国质量协会的认定，随后开展了具有航天特色的标准制定和推进工作，极大地提高了航天制造现场的管理水平，对航天制造现场的管理起到了保障作用。

3）改进后的工艺纪律检查更加系统地发挥着监督作用。通过对传统工艺纪律检查的创新，整合了质量管理体系、静电防护体系、风险管控等现代管理的理念和技术，对工艺纪律检查技术进行了创新发展，形成了针对航天电子产品制造过程全要素的广义工艺纪律检查规程，对航天制造水平迈上台阶有极大的推动作用。

1.5 航天型号产品的研制过程

在航天型号产品的研制过程中，要把成千上万的设计、生产和试验人员，各种各样的工艺和试验设备有序地组织起来，按照系统工程的方法制定严格的研制程序和周密的实施计划。

航天工程项目包括预先研究、可行性论证和型号研制几个阶段。预先研究阶段是国家批准型号工程立项前开展的突破关键专业技术或实现共性基础知识储备而开展的研究工作；可行性论证阶段是国家批准型号工程立项和型号项目任务书下达之前的工作阶段，此阶段为战略决策阶段；型号研制阶段是国家已经批准了型号工程并下达详细任务书的工作阶段，可以分为方案、工程实施和定型三个阶段。

1.5.1 预先研究阶段

预先研究是通过对关键技术以及共性基础知识的研究，为产品的进一步研制及发展提供技术储备。预先研究工作大体分为两类：一类是基础技术应用研究，主要研究多种型号共同使用的专业技术，如遥测技术、气动技术、计量技术；另一类是支撑性课题研究，主要研究以实现规划中的特定型号为目标的关键技术课题，总的目标是提高航天科技水平，加速型号发展。

中国航天在进行预先研究课题的选题过程中，有四个主要原则。原则一，可行和可靠，即所选的题目不仅是可行的，而且是可靠的。原则二，技术进步，即要解决型号工程的关键技术问题，关键技术问题的解决会使型号工程技术大大地前进一步，甚至有质的变化。原则三，学术价值，主要体现在三个方面：首先是突破旧理论束缚实现新探索；其次是新方向，主要体现在基础研究；再次是新途径，即同一问题可以有不同的解决方法。原则四，经济价值，即研究项目本身要具有经济价值，也指研究项目的预计花费要清晰可控。

1.5.2 可行性论证阶段

在型号工程研制计划管理中，项目的可行性论证阶段是很重要的一环。技术方案可行性论证主要由研制部门进行，通过综合分析提出可达到的技术指标和对型号研制的建议。这一过程既要符合中国航天技术发展规划，又必须考虑人力、经费等方面的可行性，还要参考世界航天技术发展动态。可行性论证报告的主要内容包括总体技术方案设想、大型试验方案设想、研制周期、重要的保障条件、研制经费估算和对研制分工的建议等。

1.5.3 型号研制阶段

根据航天产品的技术特点，一般将其归纳为四类产品，即战术导弹（武器）、战略导弹（武器）、卫星和运载火箭。考虑到四类航天产品的生产规模及数量，对其研制阶段进行如下划分：

1）战术导弹（武器）：方案研制阶段、工程研制阶段［初样、正（试）样］和设计定型阶段、工艺（生产）定型阶段和批量生产阶段。

2）战略导弹（武器）：方案研制阶段、工程研制阶段［初样、正（试）样］和设计定型阶段、工艺（生产）定型阶段和批量生产阶段。

3）卫星：方案研制阶段、工程研制阶段［初样、正（试）样］和应用改进阶段。

4）运载火箭：方案研制阶段和工程研制阶段［初样、正（试）样］。当运载火箭飞行试验成功后，应完成设计与工艺资料、专用工装和非标设备的鉴定等工作，并进行资料归档。

1.5.3.1 方案阶段

方案阶段是从国家或使用部门下达研制任务开始的，包括方案论证和模样研制，是型号研制的技术决策阶段。本阶段的任务是根据型号研制任务书中确定的战术指标和研制总进度要求，结合国内基础工业可能达到的水平，通过多种方案、各种途径比较，统一设计思想，筛选总体（含分系统）方案，并经模样验证确定最佳方案，对型号研制做出全面规划和部署。

负责方案阶段工作重点的是型号总体设计部和各分系统设计单位，完成形式以文件和报告为主，但对本阶段出现的关键零、部、组件，设计单位应给出局部试验件图样并提交试制厂，试制厂要提前生产出实物，以进行必要的试验或试验验证，装配出模样弹或局部模型。通过模样阶段的研制，考核试制厂是否具备生产新型号的能力。

1.5.3.2 工程研制阶段

工程研制阶段分为两个阶段，前期为初样阶段，后期为正（试）样阶段。该阶段的主要工作是使型号经过方案论证和方案设计，进行实态验证，完成初样、正（试）样研制生产和试验。

初样阶段的中心任务包括：根据上级机关批准的型号总体方案设计报告，确定型号总体和各分系统的基本参数，进行总体和各分系统的初样研制，用工程样机对设计、工艺方案进行实态验证。为了给正（试）样提供必要的性能依据，同时验证工艺的可行性、结构的协调性以及可靠性，在各分系统的技术问题基本过关的条件下，进一步完善方案，研制出总体样机，完成各大型地面试验（模样弹、振动弹、全弹试车弹、合练弹、储存弹等）。

正（试）样研制阶段通过各种状态的飞行试验，全面检验武器系统或运载火箭等的性能。通过正（试）样设计、制造和试验，全面鉴定型号是否符合战术、技术指标要求，同时也全面考核设计和工艺指标。

正（试）样阶段的中心任务包括：通过初样阶段的大量地面试验，取得必要的性能参数；工厂的许多技术问题在经过攻关和工艺试验后，再次全面修改产品设计图样和技术要求；转入正（试）样生产阶段的产品，要通过各种状态要求的飞行试验。在该阶段，由于各种试验技术状态的要求不同，试验产品的数量会多于初样阶段，可能用一个批次或几个批次来完成试验生产。由于数量多且周期长，工艺技术问题将会暴露得更加充分，所以在该阶段必须达到工艺稳定、质量可靠，为型号的定型和批量生产打下良好的基础。

1.5.3.3　定型阶段

战术导弹（武器）的定型工作分为两个阶段进行，先是设计定型，根据定型的设计文件，进行一批或几批的定型鉴定批量生产和试验，然后进入工艺定型阶段，在此阶段先进行试生产验证，在试生产总结后完成工艺定型。

战略导弹（武器）的定型阶段是设计和工艺同时定型、接受国家鉴定和验收的阶段。定型阶段在国家批准各种技术状态飞行试验结果分析报告和鉴定试验方案后开始。

航天器通过正（试）样阶段后，要进行总结和鉴定（但不称为定型，是应用和改进阶段），最后将设计和工艺资料归档。

定型阶段的中心任务包括：通过正（试）样阶段多种技术状态的飞行鉴定试验，产品性能符合战术、技术指标要求，工艺稳定、质量可靠，这时型号的全套设计文件和用于生产的工艺文件，除进行必要的少量合理修改外，对各种技术状态予以冻结。本阶段的特点是对大量设计文件和工艺文件进行定型、总结和归档，以便国家批准定型后可以批量生产，交付用户使用。

1.6　航天制造过程管理的重点要素

航天制造过程管理按产品实现的流程可以分为：制造过程设计、过程控制、过程的监视与测量、过程的分析与评价四个步骤。

1.6.1　制造过程设计

制造过程设计一般是指工艺设计，是航天制造技术的主要组成部分，是航天产品从原理变成实物、从成果转化为生产力的桥梁。制造过程设计的主要工作包括：工艺布局与制造模式设计、先进制造模式在航天电装的应用、航天电子产品工艺设计、工艺禁忌的设定、工艺仿真与验证、工艺评审与鉴定、工艺优化与改进等内容。

工艺布局是制造的基本前提，本书介绍了航天电子产品工艺布局的目的、基本原则及基本分类，并对电子装联工艺环节中表面贴装工艺流程布局、通孔插装生产线布局进行了介绍，供读者参考。先进制造模式是制造技术的重要组成部分，本书还介绍了先进制造模式的概念、作用和效果，列举了近年来航天企业开展的电子装联领域单元制造模式探索的成功案例，希望能帮助读者对航天制造模式有一个更深入的了解。

航天电子产品工艺设计是制造体系中最重要的一环，是整个航天制造的基础。本书介绍了工艺设计的输入、原则等内容，总结了航天电子产品工艺总方案、工艺路线图、材料消耗定额、工艺规程和规范、过程控制记录等工艺文件的管理现状和取得的成果。精益工艺设计作为新时期工艺设计工作的探索和创新，形成了一套丰富的理论和实践成果，在这里也作为一种最佳实践进行介绍，供读者参考。本书还讲述了工艺禁忌和工艺设计性等航天特有的技术成果，可以帮助读者更好地了解航天电子产品的工艺特点。

工艺仿真作为一种应用于航天工艺设计环节的新技术，人们对其开展了一系列的研究工作，并取得了一定的成果。本书对已经取得的部分成果进行了介绍，但后续仍然需要开展更加深入的研究和应用，以提高工艺的水平。

质量是航天的第一特征。为保证工艺设计的质量，多年来航天各企业在工艺设计完成后必须要对重要的环节和内容进行评审，发现问题后及时改进，总结了一套行之有效的举措，本书对这部分内容也进行了介绍。

1.6.2 过程控制

航天产品的制造过程是通过物理或化学作用将产品输出的过程。生产现场包括制造满足客户所需产品的车间、生产线等场所。中国航天在快速发展的型号研制中，坚持以问题为导向，为保证大规模、复杂系统的质量，在借鉴中吸取精华，在探索中不断创新。按照“预防、控制、纠正”三法并举的思路，不断对制造过程开展深化、细化、量化工作。航天电子产品的过程控制内容包含现场的管控、生产过程的管控、产品检验与验收、技术归零与举一反三、管理归零与举一反三、外包过程管理。

在现场的管控方面重点介绍了电子产品在电子装联及电缆网制造工艺中涉及的环境控制、人员管理、设备设施管理、物料管理等相关内容。而防静电措施是电子产品生产必须严格控制的核心内容，本书也对目前航天企业所采取的静电防护和控制措施进行了介绍。

在生产过程的管控方面重点介绍了文件控制、记录控制、技术状态控制、关键过程控制、特殊过程控制、过程风险控制、在制品管理、问题分析处理与控制、不合格品问题处理、多余物控制、工艺禁忌等内容。技术风险的概念在航天系统内得到共识，通过多年的努力，航天系统已经建立起一套关于技术风险管控的措施，通过管控风险来进一步提高产品质量，从而满足航天产品高质量的要求。

在产品检验与验收方面重点介绍了检验规范建立、产品检验要求、强制检验点、检验人员管理、验收记录要求、数据包管理等内容。就航天产品而言，“质量是政治、质量是生命、质量是效益”的理念深入人心，这也就对质量检验工作提出了更高的要求。检验试验标准和工作程序的建立，特别是强制检验点的提出，需要设计人员、工艺人员、制造人员以及质量管理人员的共同参与。严格的检验工作程序，对提高产品质量发挥了重要作用。

在外包过程管理方面重点介绍了合格供方管理、技术质量协议、外包产品验收等内容。近年来，外包过程质量问题的发生对航天产品的影响越来越大，航天企业对外包单位实施了更加严格的准入机制和考核评价机制，进一步提高了外包过程的质量，进而确保航天产品的质量。

1.6.3　过程的监视与测量

过程的监视与测量是实施过程控制的重要手段，根据过程的策划实施各项管理活动。为了保证各项管理活动取得实效，需要对过程的实施采取有效的监督和测量，对过程中出现的异常和偏差及时进行纠正，确保研制产品符合规范要求，满足或超越顾客的期望。航天电子产品具有技术差别大、手工操作与设备加工并存、生产周期不确定、技术状态变化大等特点，航天企业一般会建立体系化的过程监督与测量方法，主要包括质量管理体系监督审核、工艺纪律检查、静电防护体系监督。

质量管理体系（Quality Management System，QMS）是指在质量方面指挥和控制组织的管理体系。质量管理体系是组织内部建立的、为实现质量目标所必需的、系统的质量管理模式，是组织的一项战略决策。本书介绍了质量管理体系监督审核活动中质量管理体系的概念及质量管理体系审核及实施的有关内容。航天电子产品制造企业多年来一直采用质量管理体系，将其作为确保航天产品质量的重要手段。为了确保体系的运行有效，在实施中改进，在改进中前进，帮助航天企业的产品质量得到不断提高。

工艺纪律是指在产品研制生产过程中，有关人员按照现行有效的工艺管理要求、技术文件及技术标准对产品研制和生产所维持的工艺秩序。针对产品质量管控，特别是生产现场过程管控，传统军工企业常见的做法就是实施工艺纪律检查。严格遵守工艺纪律是最终确保产品质量的基本前提，而开展工艺纪律检查是促进工艺过程管理和确保产品质量的有效抓手。其核心是“以查促改、以查促建”，通过检查发现问题并持续改进，从而提升企业工艺管理水平和产品质量。航天电子产品生产过程中的低层次质量问题多与工艺纪律遵守不到位相关，特别是静电损伤问题、多余物问题时有发生，大部分问题的产生是由工艺纪律检查不严、制度不完善、职责不明确、责任不落实导致的。工艺纪律检查突破了以往狭义的只对工艺文件执行情况进行检查，采取了全员参与、逐级开展的形式，一般包括座谈、考试、询问、查现场、查资料等方式，方法概括为“谈”“查”“看”“考”“改”。近年来，工艺纪律检查对提高产品质量和管理水平均有明显的促进作用。

静电防护体系的构建对航天产品具有重要的保障作用。静电损伤是航天电子产品主要的质量隐患之一，通过系统地对静电损伤进行研究，并借鉴质量管理体系的理论，形成了静电防护体系（其核心是符合性测试和验证）。在静电防护管理体系中，明确了技术实现的原则，通过接地、离子化中和、静电放电屏蔽、湿度控制、材料抗静电、标识和标注及保护电路等技术手段，在航天企业形成了一套静电防护体系，其对航天产品实施有效性监督，保障了航天产品的质量。

1.6.4 过程的分析与评价

制造过程分析与评价主要是指运用工艺目录和工艺选用清单、生产基线、失效模式与影响分析（FMEA）、成熟度等方法对制造过程涉及的技术状态进行控制，对故障模式、工艺技术等进行分析与评价，从而把控工艺风险，确保产品制造过程质量。过程分析与评价主要包括生产基线、工艺风险分析和工艺 FMEA、工艺成熟度评价等工作。

本书重点介绍航天企业提高航天电子产品工艺技术成熟度方面的研究，在美国制造成熟度等级（Manufacturing Readiness Levels，MRL）5～9 级内容的基础上形成了航天电子产品工艺技术成熟度分级，这对稳定产品工艺技术等级具有重要的作用。

为了确保从事电子装联和电缆网制造的生产单位工艺技术能力能达到航天电子产品的要求，应对制造企业的生产及技术能力进行识别和评价。本书对电子装联技术评价体系的评价方法进行了介绍。

1.7 航天电子制造过程管理的展望

近年来，中国航天事业取得了举世瞩目的成就，如卫星发射数量逐年增加，探月工程取得重大成果，重型运载火箭试飞成功。随着探索浩瀚宇宙的步伐不断加快，航天电子产品最为重要的组成部分也将发生巨大的转变。

随着数字化技术、信息化技术、自动化技术的应用与发展，我国发布了《中国制造2025》，“推进信息化与工业化深度融合”被列为战略任务和工作重点，该通知提出应加快推动新一代信息技术与制造技术融合发展，把智能制造作为“两化”深度融合的主攻方向；着力发展智能装备和智能产品，推进生产过程智能化，培育新型生产方式，全面提升企业研发、生产、管理和服务的智能化水平。航天制造技术也将迎来新一轮的进步，主要体现在：设计工艺协同的进步，工艺设计的智能化，工艺仿真的技术突破，自动化制造将逐步代替传统的手工制造，智能的检验装备得到实践应用。随着航天事业的发展，生产制造模式逐步从型号研制型向产品化转变。

本书将重点介绍三维数字化制造系统和集成制造执行系统的应用前景。随着航天事业的快速发展，航天电子产品呈现出大批量、多品种、高精度、小型化等发展趋势，对制造过程数字化的需求越来越迫切。航天电子产品原有的以二维图纸为主、数字化水平较低的制造过程管理模式已不适应发展需求，三维数字化制造技术将会在未来航天产品制造中得到广泛应用。在制造过程管理方面，航天电子企业已逐步引入工艺设计、制造企业生产过程执行系统（MES）等数字化制造系统，数字化制造系统和集成制造执行系统间相互融合，集成制造执行系统将会发展成智能工厂的核心技术，在电子产品制造企业的智能化改造中发挥更加重要的作用。

参考文献

[1] 易维坤．高级技术工人四新知识培训教材：航天制造技术［M］．北京：中国宇航出版社，2003.

[2]《中国航天事业的60年》编委会．中国航天事业的60年［M］．北京：北京大学出版社，2016.

第 2 章　制造过程设计

2.1　概述

制造是人类赖以生存和发展的基础，是创造社会物质财富最基本和最主要的活动。科学技术是生产力，制造技术是生产力的核心，是衡量一个国家工业发展水平和经济实力的重要标志之一。制造能力直接体现一个国家的生产力水平，是区别发展中国家和发达国家的重要指标之一。随着人类社会的发展，制造已经成为一个涉及产品设计、工艺技术、物料选择、生产计划、生产过程、质量保证、经营管理、市场销售与服务等一系列相关活动和工作的总称。

航天制造技术是实现航天工程，主导和规范航天产品设计、工艺、生产、质量、安全等多种技术的有机综合。航天制造技术为航天产品服务，其作用贯穿于航天产品市场需求、概念设计、研制生产、产品使用和服务的全过程。航天制造技术主要包括设计技术、工艺技术和检测试验技术，其中设计技术是产品研制工作的龙头；工艺技术是实现和优化设计的基础条件，是航天产品研制的基础，是保证产品性能和质量、降低制造成本、缩短研制周期、提高市场竞争力和经济效益的关键；检测试验技术是保证产品质量的基础。

航天产品制造过程设计是制造过程的重要组成部分，是航天产品从原理变成实物、从成果转化为生产力的桥梁。本章论述的制造过程设计侧重于工艺过程设计。工艺过程设计贯穿于航天产品从方案设计到生产、使用、维护的全过程，在航天制造中起着十分重要的作用。工艺过程设计一般包括工艺布局、制造模式和产品实现。而产品实现的工艺设计过程又包括工艺路线的确定、工艺规程的制定，以及工艺仿真与验证、工艺评审、工艺优化与改进等工作。

对于航天电子产品而言，其高可靠性和多用途的特点必然促进新材料和新工艺技术的应用和有效实施。航天电子产品工艺技术的多样性，也决定了工艺过程设计的复杂性。在制造某一产品时，多样的工艺方法为人们提供了多种解决途径，这些多样性使得航天工艺面对一些未知的知识领域，需要工艺人员去学习、探索、研究、试验，需要根据产品结构的要求、材料特点、现有生产资源和生产批量、加工周期等实际情况，对工艺管理、工艺路线、工艺方法和装备进行综合优化。航天工程的长期实践表明，设计方案的具体实施直接取决于工艺设计过程的可实现性和工艺装备的水平。航天电子产品的先进性和高可靠性不仅取决于先进的设计，还取决于制造过程设计的先进性、可靠性和稳定性。制造过程设计的质量成为保证产品质量及其稳定性的关键。由于航天市场具有竞争激烈、产品更新速度快、生产批量小、品种多的特点，航天电子产品制造企业应高度重视制造过程设计的质量，不断采用先进制造技术，在提高产品质量和一致性的同时，节约制造过程中的能耗和物耗，降低生产成本。

2.2　工艺布局和制造模式

工艺布局和制造模式是工艺设计的前提和基础。在开展具体的工艺过程设计之前，首先要了解企业的工艺布局和制造模式，先进的制造工艺技术只有在与之匹配的工艺布局和制造模式里运作才能发挥出最大作用。制造企业的工艺布局对企业来说至关重要，工艺布局是否合理关系到厂房造价和企业利润是否达到要求等。良好的工艺布局，可以有效、经济、合理地使用人力、设备和财力，提高产品质量和劳动生产率。制造模式是指在生产制造的过程中，依据不同的制造环境，通过有效地组织各种制造要素形成的，可以在特定环境中达到良好制造效果的生产方法。制造模式是一种支撑、约束生产资源的模式，它可以确定生产资源的组合关系与配置，规定生产资源的相互作用关系。

工艺布局和制造模式都与产品的生产数量、工艺流程密不可分。产品的生产数量影响制造模式的选择，而工艺流程又决定了产品制造的工艺布局，这几者既互相制约，又相互促进。当产品的工艺流程确定后，工艺布局和制造模式决定产品的生产数量；而当产品的生产规模和数量确定后，产品的工艺流程将决定工艺布局和制造模式。

2.2.1　工艺流程

工艺流程是指在生产过程中，劳动者利用生产工具将各种原材料、半成品通过一定的设备、按照一定的顺序连续进行加工，最终使之成为成品的方法与过程。简单而言就是指从原材料到加工为成品的各项工序安排的程序，也称加工流程或生产流程。一个完整的工艺流程，通常包括若干道工序。

图 2-1 所示为航天电子产品的生产工艺流程，只按大的工艺阶段进行划分，可用于指导建立工厂时生产车间的基础设置或专业的基础划分。多数生产单位针对流程中的 1～4 专门设立采购部门，负责元器件、标准件等原材料的采购。针对流程中的 5，一般会设立机械加工车间负责生产结构件，或是通过外协管理部门负责组织结构件的外协。针对流程中的 6～9，根据企业的规模可以设立一个电子装联车间，也可设立多个部门分别负责电子装联、测试、试验等。根据需要，工艺流程可以逐步细化到每个操作工位甚至每项操作要求。

工艺流程设计是工艺设计的核心。要生产出高质量、低成本的产品，确定合理的工艺流程很关键。工艺流程设计的原则是保证产品具有实现性、技术先进性和经济合理性。工艺流程的制定要依据企业的制造资源现状，合理考虑设备机械化、自动化水平，选择的生产方法应成熟可靠。

由于不同工厂的设备生产能力、精度以及工人熟练程度等都不相同，所以对于同一种产品而言，不同的工厂制定的工艺流程可以是不同的，甚至同一个工厂在不同时期采用的

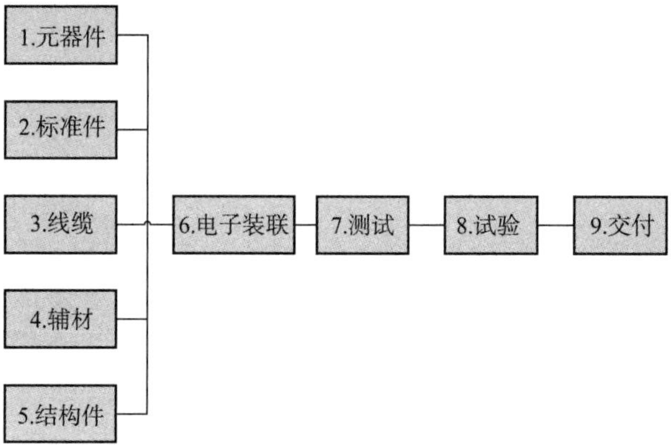

图 2-1　航天电子产品的生产工艺流程

工艺流程也可能不相同。以单面混合安装的印制电路板组装件为例，某一生产企业在早期不具备再流焊接设备，采用涂布贴片胶的工艺方法将表面安装元器件固定后再利用波峰焊接设备进行焊接，制定了如图 2-2 所示的工艺流程。随着企业的发展，引进了全套的表面贴装技术（SMT）生产设备，那么单面混合安装的印制电路板组装件的工艺流程也可改进为如图 2-3 所示的工艺流程，即表面安装元器件采用再流焊接工艺，通孔插装元器件采用波峰焊接工艺。

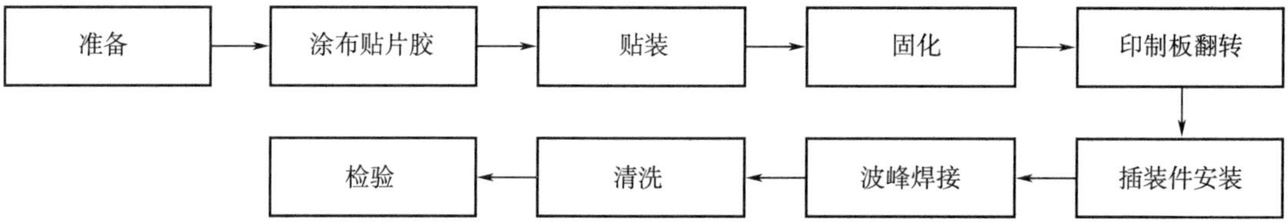

图 2-2　单面混合安装的印制电路板组装件制造工艺流程图一

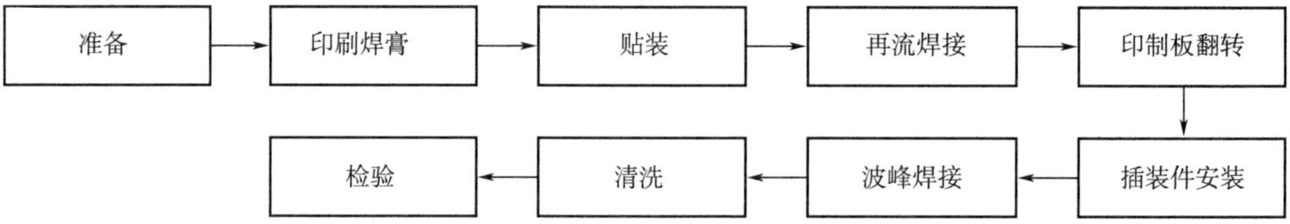

图 2-3　单面混合安装的印制电路板组装件制造工艺流程图二

2.2.2　工艺布局设计

2.2.2.1　航天电子产品工艺布局的原则和目标

每种电子产品的生产都有相对合理的工艺流程，而工艺流程又是由一系列设备、人员保证的，因而良好的工艺布局应优化各要素资源配置，利用最少的生产资源，实现和满足特定的生产工艺流程要求。合理地进行工艺布局对生产效率和生产成本有较大的影响。在进行工艺布局时，在遵循安全性原则的基础上首先应分析影响系统布局的因素，包括自动化制造设备的功能和任务，加工对象的特征和工艺流程，设备种类、型号和数量，车间的总体布局，工作场地的有效面积等；其次是要考虑布局内物流的移动距离（要尽量小），应使在制品在生产过程中流动顺畅，且有效地利用空间。

航天电子产品工艺布局的总体原则应满足多品种、小批量、高质量和高可靠的需求，改变以手工操作为主的作坊式生产方式，建立以生产工序组成的以半自动化、自动化操作为主的作业方式，设备选型实用可靠，要有一定的先进性和可扩展性。工艺布局应具备合理柔性的要求，布局内能通过对生产单元进行适当调整和重构，满足一定范围内的需求或技术变化，保证能为制造不同种类和数量的产品提供良好的生产环境，以适应不同产品的生产需求。

航天电子产品制造企业的工艺布局应充分考虑航天电子产品的生产特点，以定型产品的相关技术文件为工艺布局的依据，逐步构建面向产品的专业化生产系统，强化过程控制，提升航天产品生产线的生产能力和质量保证能力，实现稳定、高效地重复生产合格产品。同时，航天电子产品制造工艺流程复杂，工艺多样化，涉及的设备种类较多，以印制电路板组装件工艺流程为例，一般而言，电装生产线在满足运输路线最短、安全、作业方便等基本要求的基础上，应实现以下目标：

1）元器件引线成形、导线的预处理加工采用专用设备和工具，实现机械或半机械化操作；

2）印制电路板元器件安装采用半自动插装、半自动或自动贴装工艺，提高元器件安装质量的一致性；

3）印制电路板组装件采用波峰焊接、再流焊接工艺，实现印制电路板组装件的自动焊接；

4）采用先进实用的电装工具，提高手工焊接和装配质量；

5）采用适宜的返修设备和工具，提高产品的返修能力和质量；

6）采用先进的焊接质量检测设备，确保检测的准确性和效率；

7）采用在线测试技术，实现印制电路板组装件、电缆组装件等的自动化检测；

8）改善厂房环境条件，在满足产品生产需求的同时关注员工职业健康。

2.2.2.2　工艺布局的种类及特点

工艺布局是影响深远的一项工作，一个良好的工艺布局可以有效地提高生产效率，减少各种浪费，也可为操作人员提供一个良好舒适的工作环境。工艺布局方式受工作流的形式限制，一般有工艺化布局、产品化布局、固定式布局和混合式布局。固定式布局是指体积或质量庞大的产品停留在一个固定地方，生产设备按照加工的顺序移动到产品的相应加工部位进行加工，如造船厂、建筑物和飞机制造厂等多是采用这种布局方式。根据航天电子产品的制造特点，一般不采用固定式布局，而采用以下三种工艺布局方式：

（1）工艺化布局

工艺化布局就是按照生产过程中的工艺性质，按较大的工艺阶段划分，把完成相同工艺的设备和工人放到一个厂房或一个区域内，形成一个基本生产单位，构成机加车间、电装车间等。工艺化布局是与工艺对象专业化的生产组织方式相对应的。当产品品种较多，每一种产品的生产量都不是很大时，通常采用工艺化布局方式。在这种布局下，被生产的产品按照预先设计好的工艺流程，从一个工序转移到另一个工序，每道工序都由具备特定功能的设备进行加工或由具备特定技能的人员进行操作。

工艺化布局的特点是“三同一不同”，即同类设备、同工种的工人、相同的工艺方法和不同的加工对象。每个生产单位只能完成生产过程中的部分工艺阶段或部分工艺加工工序，不能独立地完成产品的全部加工任务。其优点是工艺及设备管理方便，设备利用率高，设备和人员柔性程度高，更改产品品种和数量方便；设备投资相对较少，操作人员作业多样化。其缺点是物流量大，生产计划的控制较复杂，搬运距离长，有回流，在制品量大，生产周期长，效率低，库存量相对较大，对员工技能要求高，协作关系复杂，协调任务重。

（2）产品化布局

产品化布局是指以产品为对象设置生产单位，将制造某种产品所需的各种不同类型的生产设备和不同工种的操作人员集中在一起，对其所负责的产品进行不同工艺方法的加工，整个工艺过程封闭在一个生产单位内，不用跨越其他生产单位。

产品化布局的特点是以产品为中心组织生产运作资源，按照不同产品对象分别建立不同的生产车间或生产单元，其内部集中了为加工某种产品所需的全套设备、工艺装备和有关工种的工人，通常称为流水线。流水线并不一定是直线型，也可以采用U型、L型等。

产品化布局的优点是可减少运输次数，缩短运输路线，协作关系简单，简化生产管理，工艺装备利用率高，生产线上在制品少，生产周期短。缺点是对产品品种变化的适应性差，生产系统的可靠性差，工艺及设备换线管理较复杂。

（3）混合式布局

混合式布局是指利用成组技术识别和利用产品（也可以是零、部件）的相似性，将产品分类，将一系列相似工艺要求的产品组成产品族。针对一个产品族的生产，将所需设备和操作人员集中在一起，形成制造单元。例如，在航天电子产品制造过程中，将不同型号不同产品的印制电路板组装件生产设为一个生产单元。混合式布局可以认为是产品化布局的缩影，也可以认为是将工艺化布局转化为接近产品化布局。

混合式布局的特点是加工时间较短，物流效率高，准备时间较短，具有工艺化布局的柔性。

采用何种工艺布局方式，主要看生产产品的生产批量和标准化程度。当产品的生产数量比较少、品种比较多的时候，采用工艺化布局生产产品成本最低；当产品生产达到了一定规模，并且要生产一定数量的品种时，采用混合式布局将是最佳的选择；当产品品种比较单一，标准化程度比较高，要进行大批量生产时，采用产品化布局的生产方式，单位产品的总成本将最为经济。

2.2.2.3 航天电子产品的工艺布局

一般情况下，航天电子单机产品主要由产品结构件、印制电路板组装件构成，所以电子产品企业的基本工艺布局通常是按工艺化布局原则进行，一般由机加和电装两个基本单位构成。当然，结构件可由专业的机械加工企业外协制造完成，因此，本节重点介绍电装生产的工艺布局。

在电子产品中，涉及电气互联加工的主要有印制电路板组装件的生产、线扎制作、整机装配。根据生产的工艺流程，印制电路板组装件的生产场地通常按照混合式布局的原则，划分为预处理单元，印制电路板组装件装焊单元、清洗单元、防护与加固单元。不同的单元根据加工内容的不同，内部的布局原则又不尽相同。如预处理单元仍可按工艺化布局原则细分为元器件预处理子单元和印制电路板预处理子单元。印制电路板组装件装焊单元可按工艺化布局原则划分为表面贴装生产线、通孔插装生产线等。从航天电子产品多品种、小批量的特点来看，可以认为航天电子产品工艺布局采用的是成组技术布局，即实现了工艺化布局和产品化布局的密切转换。这也极大地满足了近年来航天企业在产品多品种的基础上，保证生产数量不断提升的需求。下面以表面贴装生产线和通孔插装生产线为例介绍工艺如何布局。

（1）表面贴装生产线布局

表面贴装生产线工艺流程如图 2－4 所示，工艺布局主要由物料准备区、焊膏搅拌区、表贴设备（上板机、印刷机、贴片机、再流焊炉）区等组成。由于表贴设备之间要采用接驳台连接成线，一般工艺布局（图 2－5）采取直线型。结合实际情况，受航天电子产品特点的影响，部分产品无法实现设备贴装，因此在生产线中也会以手工方式辅助贴装，实现对生产线的功能补充。

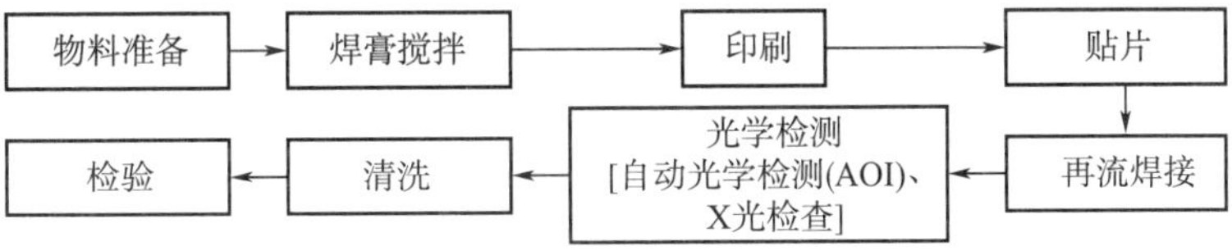

图 2－4　表面贴装生产线工艺流程

（2）通孔插装生产线布局

通孔插装生产线工艺流程如图 2－6 所示，其生产线主要包括准备区、装配区、插装流水线、焊接区和待检验区。其中准备区包括元器件分料、搪锡、成形、剪腿四项工作，装配区主要包括装配金工件（加强筋等）、安装需要先螺装后焊接的元器件及局部保护等工作。插装流水线包括元器件插装、固定、检验、待焊四个子区域。焊接区主要采用波峰焊接设备。待检验区主要进行印制电路板组装件波峰焊接后个别焊点的手工修复及去保护材料等工作。在进行布局时，除清洗工序应设置单独区域外，其余工序单元都应布置在生产线内。每个单元尽量实现一步一臂的布局，单元与单元间遵循 U 型的布局，尽量缩短距离，减少物料及人员往返交叉的现象，有效提高生产效率。具体工艺布局可参见图 2－7。

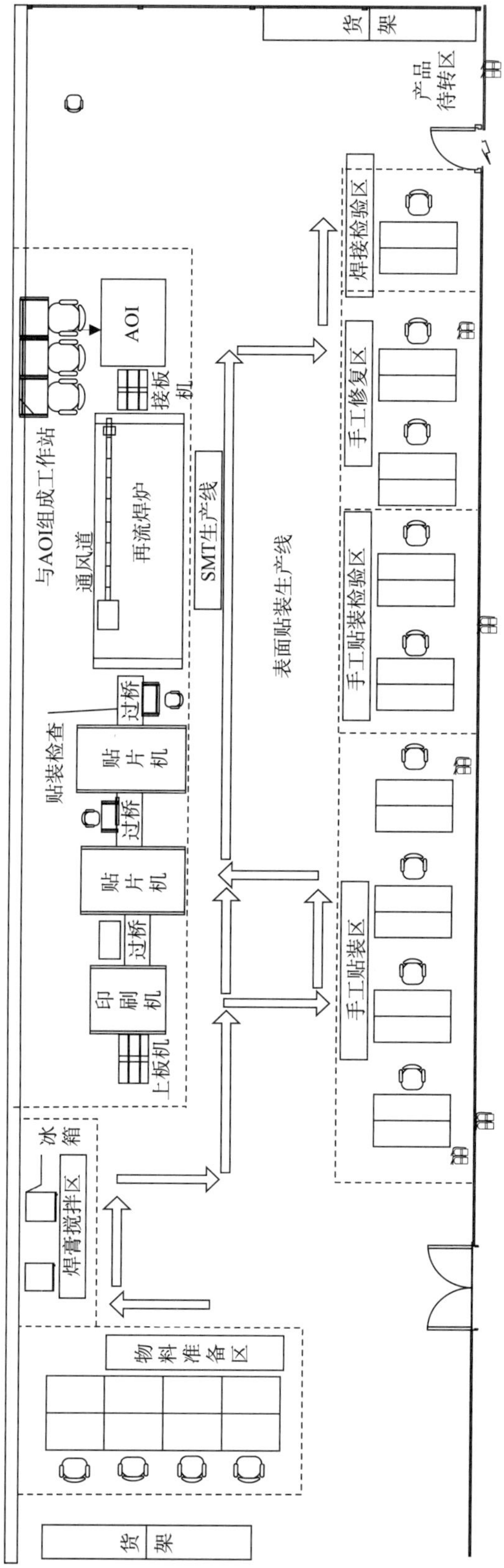

图 2－5　表面贴装生产线工艺布局

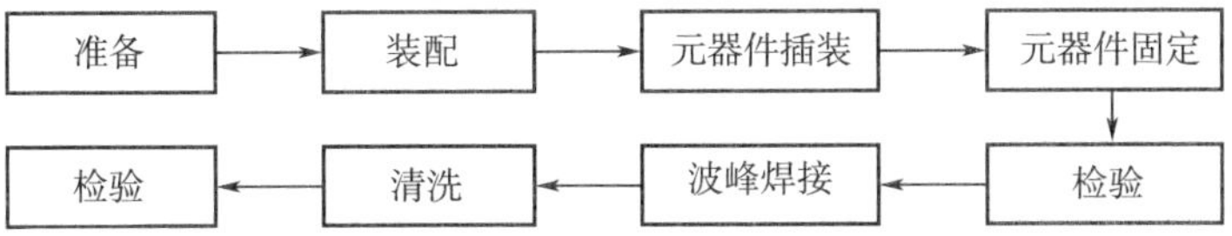

图 2-6　通孔插装生产线工艺流程

需要注意的是，再合理的布局也很难达到完美，布局不能永恒不变。在进行工艺布局时应兼顾下一次重新布局的便利性，在设备灵活化上多下功夫。任何工艺布局都可能会存在部分工序间物料的搬运，做好工艺布局的同时应使搬运工作尽可能地实现自动化。

2.2.3　先进制造模式在航天电装中的应用

中国航天事业在发展历程中取得了举世瞩目的成就。我国目前已拥有以运载火箭、人造卫星、载人飞船和导弹武器系统为主的航天型号系列产品，形成了完整配套的研究、设计、生产、试验体系和航天工业体系，同时拥有一支素质好、技术水平高的航天科技队伍。航天产品从使用要求看，普遍存在结构复杂、工作环境恶劣、质量小、可靠性要求高等特点；在设计上，由于采用了众多新技术、新材料和新结构，零件的结构形状复杂；在制造上，零件加工精度、表面粗糙度要求高，对零件表面质量还有特殊要求，等等。因此，广泛采用先进制造技术已成为制造领域的必然趋势。从生产特点来看，产品的研制周期长，工艺装备品种多、数量大、更新换代快、批量不大甚至单件研制，这就要求制造生产技术要适应多品种、单件小批量生产的特点。制造技术发展的总趋势是设计集成化和制造一体化，强调高效率、低成本、快速响应性及柔性。发展航天制造技术，特别是先进制造技术和制造模式，确保航天产品的性能、质量、可靠性和经济性，是推进我国航天工业持续高速发展的重要基础和手段。

2.2.3.1　先进制造模式的概念

先进制造模式是制造企业为了提高产品质量、增强市场竞争力和提升制造效率，以完成特定的生产任务而采取的有效生产方式和一定的生产组织形式。先进制造模式是一批制造模式的统称，由于其具有不同于传统制造模式的特点，是随着高新技术发展而出现的一种现代化的制造模式，因此它们依赖于最新发展的信息技术、制造技术和计算机技术。先进制造模式基本上可以分为侧重技术的制造模式和侧重系统管理的制造模式。如图 2-8 所示，侧重技术的制造模式可以分为侧重设计的制造模式和侧重制造的制造模式，而侧重制造的制造模式又可分为侧重制造技术的制造模式和侧重制造系统的制造模式。侧重设计的制造模式有并行工程、面向六西格玛的设计、绿色设计等；侧重制造技术的制造模式有单元制造、快速成型制造、柔性制造等；侧重制造系统的制造模式有敏捷制造、柔性制造、计算机集成制造、智能制造系统等；侧重系统管理的制造模式有精益制造、全面质量管理、流程再造等。

先进制造模式各有特点，但分析起来，又具有以下共性：

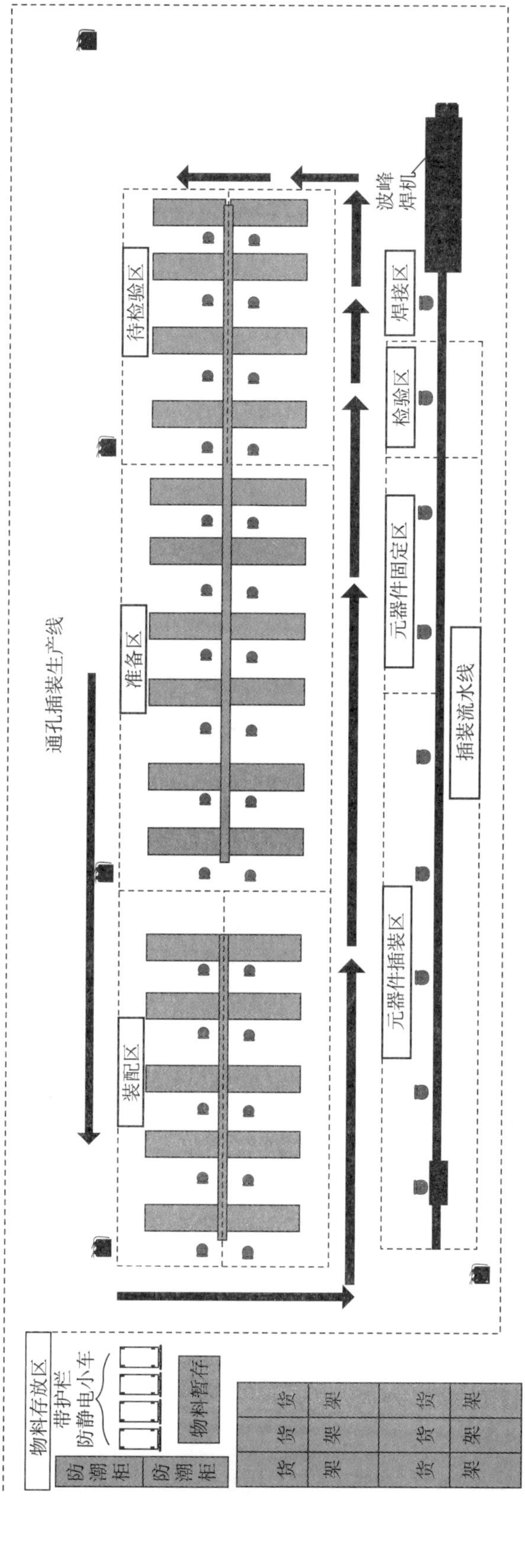

图 2-7　通孔插装生产线工艺布局

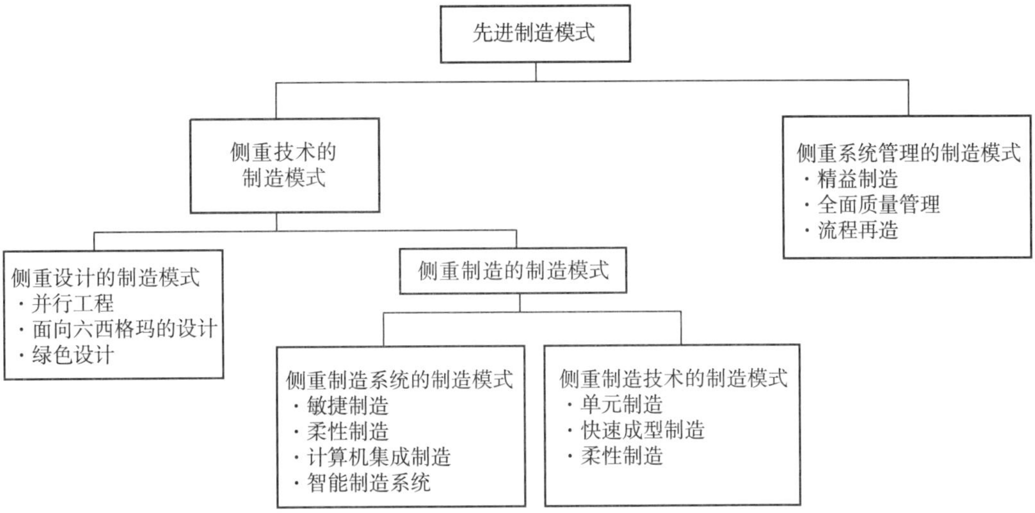

图 2-8　先进制造模式的分类

1）先进性。先进制造模式的核心和基础必须是实现优质、高效、低耗、清洁的产品制造，它从传统制造模式发展起来，与新技术实现了局部或系统集成。

2）广泛性。先进制造模式不是特指从制造过程中分割出来的某一环节，而是要将其综合运用于制造的全过程，它覆盖了产品设计、生产设备、加工制造、销售使用、维修服务，甚至回收再生的整个过程。

3）实用性。先进制造模式是针对某一具体的制造目标（如汽车制造、电子工业）而发展起来的。先进制造模式不是以追求技术的高新度为目的，而是注重产生最好的实践效果，以提高企业竞争力为目的。

4）系统性。随着微电子和信息技术的引入，先进制造模式能驾驭信息生成、采集、传递、反馈、调整的信息流动过程。先进制造模式是可以驾驭生产过程的物质流、能量流和信息流的系统工程。

5）集成性。在先进制造模式中，由于专业、学科间的不断渗透、交叉、融合，界限逐渐淡化甚至消失，技术逐渐趋于系统化、集成化，已发展成集机械、电子、信息、材料和管理技术为一体的新兴交叉学科，因此有人称其为“制造工程”。

6）动态性。先进制造模式不是一成不变的，它是一门动态技术，要不断地吸收各种高新技术，将其渗透到企业生产的所有领域和产品寿命循环的全过程，实现优质、高效、低耗、清洁、灵活的生产。同时，在不同时期和不同的国家地区，先进制造模式有其自身不同的特点、目标和内容等。

7）技术与管理结合更紧密。对市场变化做出更敏捷的反应及对最佳技术经济效益的追求，使先进制造模式十分重视生产过程组织管理体制的合理化和最佳化，它是技术与管理紧密结合的产物。

下面介绍几种先进制造模式的概念和特点：

1）柔性制造模式由英国莫林斯公司首次提出，在 20 世纪 70 年代后期得到推广应用。

该模式主要是使用计算机技术将物流和信息有机地结合起来，从而使加工系统从“刚性”过渡到“柔性”，即柔性加工、输送等，用于高效率地制造多品种、小批量产品。由于柔性制造模式是管理技术与制造技术的结合，所以柔性制造模式就是以数控技术为核心，以计算机技术、信息技术、检测技术、质量控制技术与生产管理技术相结合的先进制造模式。柔性制造模式是实施敏捷制造、精益生产和智能制造的基础。

2）精益制造模式以改革企业生产管理为特点，其基本要求是企业在生产过程中要同时获得极高的生产率、最好的产品质量和极大的柔性，使所生产出的产品具有精益的特点。它可以消除制造企业因采用大量生产方式而造成过于臃肿和浪费的缺点，实施精简、消肿的对策，以及精益求精的管理思想。该模式要求产品优质，且充分考虑人的因素，采用灵活的小组工作方式和强调合作的并行工作方式，在生产技术上采用适度的自动化技术，使制造企业的资源能够得到合理的配置和充分的利用。

3）单元制造模式是在精益制造模式基础上发展起来的一种先进制造模式，主要以多品种、小批次的产品为研究对象，基本原理为成组技术（Group Technology，GT），主要是将具有相同或者相似的生产过程（包括工艺过程）的制造任务或制造资源聚集在一定生产环境中，并按标准工艺流程的要求进行生产设备设施的布置，形成相应的制造单元，通过零件或人员的流转实现具有该工艺流程的一类零件族的系列生产过程。由于单元制造模式可以巧妙地将产品的种类由“多”转化为“少”，将产品的生产量由“小”转化为“大”，将主要矛盾进行有条件的转化，使相似零件中原本分散的小生产量汇集成较大的成组生产量，从而在不大幅增加制造资源的前提下，提高生产制造能力。

4）智能制造模式是在制造生产的各个环节中，应用智能制造技术和系统，以一种高度柔性和高度集成的方式，通过计算机模拟专家的智能活动，进行分析、判断、推理、构思和决策，以便取代或延伸制造过程中人的部分脑力劳动，并对人类专家的智能制造进行完善、继承和发展。智能制造可实现决策自动化，实现智能制造和制造技术的智能化，进而实现生产制造的信息化和自动化。

5）产生于20世纪80年代后期的敏捷制造模式与虚拟制造模式一起被美国政府视为具有划时代意义的21世纪制造企业的大战略。该模式是将柔性制造的先进技术，熟练掌握生产技能且有素质的劳动力，以及促进企业内部和企业之间发展的灵活管理三者集成在一起，利用信息技术对千变万化的市场机遇做出快速响应，最大限度地满足顾客的要求。这种模式促进了传统制造业发生根本性变化，以互联网为代表的信息技术导致制造企业的管理体制和生产模式发生根本性变化。

2.2.3.2 先进制造模式的应用与效果

航天制造业作为我国高科技支柱产业之一，在半个多世纪的发展中取得了辉煌的成就。其制造模式也由单件研制型制造模式逐渐演变到先进制造模式及其应用技术模式。

随着百发火箭、探月三期，以及新型战略战术导弹（武器）等一批国家重点工程的开展，航天事业迎来了难得的发展机遇期。与此同时，激增的生产任务量也给航天制造企业带来严峻挑战。航天制造企业针对现阶段的科研生产形势，积极探索和深入研究产品“多品种、小批量、变批次”的制造特点，为了满足这种生产需求，在制造模式上展开了研究和实践，重点发展并实施单元制造模式，从而提升航天产品高性能、高质量和高可靠的制造能力，促进产品产业化升级。单元制造模式是一种并行制造的生产方式，是一种新型柔性制造。从 2006 年开始，航天产品制造领域进行先进制造模式的导入，一批机械加工企业纷纷开展其适用性研究，以加工中心为核心的生产单元，形成了先进制造模式的雏形，通过研究，其生产周期平均缩短了 20%以上。2009 年，中国航天科技集团公司提出了“构建适合航天产品特点的以单元为核心的制造模式”的应用建议，2010 年部分院所开展了单元制造模式的实践，解决了运载火箭、民用卫星、液体火箭发动机等相关典型产品的制造瓶颈问题，取得了良好的效果。

传统的航天电子产品生产模式一般采用单人作业模式，当生产任务下达至生产车间后，由每个操作者独自完成某种型号产品的生产任务，在多型号同时生产的情况下，平均每名操作者同时承担 2～4 个不同的型号生产任务。车间生产计划管控人员将根据任务的紧急程度调整生产顺序，并主要对重要时间节点进行检查，在任务时间节点以内，操作者可以自主安排生产任务。这种传统的生产模式，对任务的时间管控相对粗放，不同型号任务的频繁换线也会导致操作者出现等待物料的情况，这样不仅浪费时间，还严重制约了生产能力的提升。

随着现阶段航天电子产品多品种、小批量、变批次的型号任务不断增多，从 2013 年开始，航天电子产品制造企业陆续开展了单元制造模式的研究应用工作。首先对企业内电子产品进行分族、分类、分单元；其次应用工业工程中的工作研究方法，对电子产品进行流程和操作的现状分析，对工艺流程和业务流程进行梳理，发现问题产生的原因和可能造成的结果；最后，通过对精益思想的应用，将电子产品和单元模式整合在一起，减少各种过程中的浪费，增加过程中的价值，形成航天电子产品的单元制造模式。单元制造模式的应用过程一般都会经历有针对性的工艺设计、布局优化、物流设计、标准作业设计过程，同时施以信息化手段，使得时间节点受控、过程质量受控。

下面以某电子单机为对象，简要介绍单元制造模式的实施过程。

（1）单元结构设计

传统的生产方式是单人制造模式，如图 2－9 所示。单人操作者生产一台（套）产品时，必须从工序 1 开始，按照顺序进行操作（以上工序 1 至工序 5，分别代表预处理、焊接、扎线、装焊、整机装配 5 种工序）。当操作者接到生产多台（套）产品的生产任务时，需要将工序 1 到工序 5 操作一遍，生产出第一台（套）产品后，再将工序 1 到工序 5 操作一遍，生产出第二台（套）产品，以此类推。根据工艺流程的分析，串行的操作并不是生产出产品的唯一路径，在进行预处理和焊接操作时，扎线是可以并行操作的，因此，根据其并行的工艺合理性，进行单元的初步结构划分，如图 2－10 所示。将工序 1 和工序 2 组成单元 1，单元 1 为单板单元；将工序 3、工序 4、工序 5 组成单元 2，单元 2 为整机单元，从而将一个串行工作分解为两个并行工作，直接缩短了产品的生产周期。

当然，进行工序细分，由工序 1 和工序 2 组成的单板单元可以进一步细分为元器件预

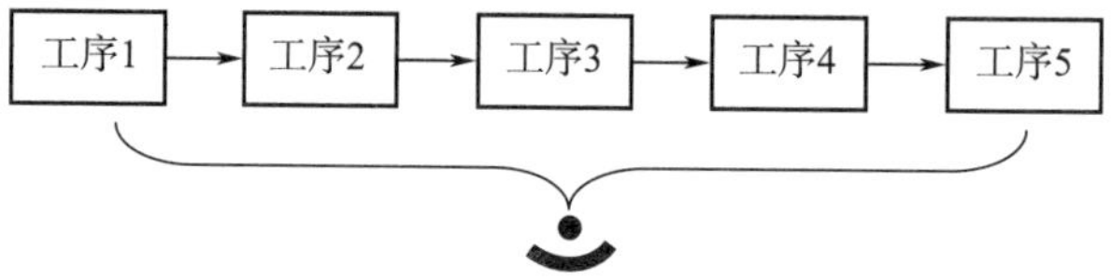

图 2-9　单人制造模式

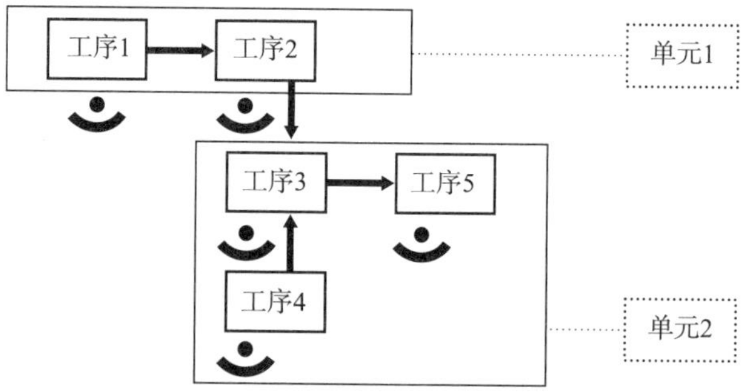

图 2-10　单元的初步结构划分

处理单元、SMT 单元、波峰焊接单元、手工焊接单元和后处理 5 个单元。由工序 3、工序 4、工序 5 组成的整机单元可以进一步细分为线束绑扎单元、导线焊接单元、插头焊接单元和整机后处理单元，分解后的工艺流程将形成多个由一组工序组成的单元。关于单元设置及单元内资源多少的配置，核心思想是使各单元的生产节奏相近，使得产品生产流畅、均衡。

（2）单元内部设计

1）编制标准作业指导书和专用工艺文件，明确操作标准，减少浪费。

单元内部的工艺文件主要面向本单元产品，用来明确产品的相关工序要求，使操作过程有效、合理。在单人制造模式中，工艺文件的编制针对的是整套产品，为了方便人员的使用，要求所有工序都被编制到一本工艺文件中，并将其通用性要求在固定位置进行明确，操作人员只需按照文件逐页进行阅读，就能生产出整机中所有的产品。当引进单元制造模式后，一整条工艺流程被分割为多段，形成多个单元，但工艺文件却不是简单的物理分割，一般应明确单元中操作的具体内容、特殊注意事项、使用的工具工装及设备、所需的物料规格等。

2）工艺布局设计应建立缓存区，减少生产波动，减少等待浪费。

为了减少等待浪费和搬运浪费，单元中的工艺布局需要将所包含的工序集中进行设计，按照工艺流程的要求，将所有工序连接在一起，形式上可以使用 U 型布局、直线型布局、C 型布局等。工艺布局要完全符合工艺文件的要求，将操作工位的工具、工装、辅助材料进行定置设计，以减少操作人员的寻找时间。根据实际情况，通过持续改进使现场达到最佳布局效果。

另外，物流设计是指在工艺布局的基础上，为提高劳动者的有效工作时间，减少物料等待浪费，有必要在每个单元增加物料缓存区。单元内的缓存区是存储本单元所生产的成品，操作者将生产完的成品放在缓存区，就可以继续生产另外一种产品。原本在换型生产过程中造成的节拍不均衡，通过缓存区时就会被缓冲。

(3) 单元之间的设计

1) 编制通用工艺文件，明确工艺流程的关联次序。

单元之间的工艺文件主要面向各个单元的工艺流程，由于每个单元都独自进行生产，而这些单元的生产是有先后顺序的，因此，需要使用通用工艺文件明确产品的全部生产流程。通用工艺文件主要解决产品整体流程问题，使用人一般为整条生产线的单元长，通用工艺文件将拆分的单元又变成一个有机的整体。

2) 制定配送指导书，明确配送要求。

在进行单元间的物流设计时，主要按照缓存区到缓存区的线路，在实际现场中考虑客观条件因素，保证单元物流路线的正确性，制定物流配送指导文件，将物料按照指定要求送到相应的地点。

根据对单元结构、单元内部和单元之间的设计总结，形成了航天电子产品的单元制造模式，其模型如图 2-11 所示，航天电子产品的单元制造模式是以成组技术作为基础，运用精益生产工具、6S（整理、整顿、清扫、清洁、素养、安全六个项目）和工业工程的相关方法进行构建；其单元组成采用由主单元对分单元形成的“单元之间，拉式脉动；单元之内，单件流水”的方式，并结合工艺文件编制、工艺布局设计、物流模式设计、标准化作业、信息化手段、计划管控、质量保证、人员绩效考核八大因素进行有效支撑，从而达到减少浪费、增加价值、持续改进的目标。

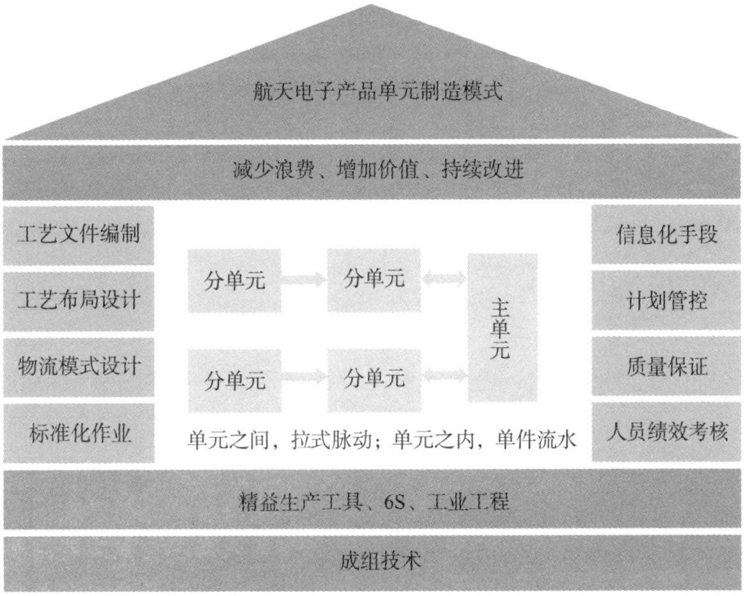

图 2-11　航天电子产品的单元制造模型

某航天石英表生产单位，通过开展单元制造模式研究，对装调生产单元机单元内的子生产单元进行梳理发现，导致石英表生产效率低的原因主要是采用“单人完结式”的生产模式，该种生产模式以单人为单位完成与产品相关的所有工序，单人所负责的生产流程复杂且周期较长，生产过程中无法实现精益管理。利用单元制造的思想，通过优化工艺布局和工艺流程、对产品单元及生产路线进行重新划分、合理配置资源等方式，在未大幅增加资源的情况下提升了石英表的生产效率，实现了装备数量同比增长 23.63%，交付数量提高了 33.1%。

单元制造模式在现代计算机技术和信息技术的支持下，在生产组织方式上提供了更大范围的灵活性，可以及时重构生产，以适应企业生产的短期目标和长期目标。该模式能够以简单的方式集成化组合所需的资源来执行特定任务，具有高度的柔性，是适应航天产品多品种、小批量的新型柔性制造生产模式，在不断提高生产效率方面必将发挥巨大作用。

2.3 航天电子产品工艺设计

工艺是使各种原材料、半成品转变为成品的全过程。工艺设计是编制各种工艺文件和设计工艺装备等的过程。对同一种电子产品而言，由于不同的工厂工艺设计能力水平不同，工装设备的精度以及工人熟练程度等都大不相同，会影响最终的工艺设计结果，即电子产品的制造水平。从顶层的工艺总方案，到指导整个制造流程、图纸流转的工艺路线，以及电子产品涉及的各个专业的工艺规程，每个阶段、每个环节的工艺设计都可能影响到产品的最终质量（无论是外观质量、内在电性能还是长期可靠性）。因此，工艺设计的重要性可见一斑。

为实现同一设计意图，不同的工厂制定的工艺可能是不同的；就某一产品而言，工艺并不是唯一的，不同的工艺方法成本不同，生产效率可能差异不大，这种不确定性和不唯一性，与现代工业的其他元素有较大不同，更类似于艺术，因而工艺可比喻为“做工的艺术”。

2.3.1 工艺设计的原则与方法

虽然不同工厂的设备、人员、工艺布局等不同，但要生产产品，均需要设计指导文件，设计的原则与方法仍需要遵守一些基本共同点。

2.3.1.1 工艺设计输入

航天电子产品工艺设计的输入是合同和设计文件，设计文件又包括设计图样、设计任务书、协议、技术条件、技术要求等，还有本单位的实际条件和相关行业标准。设计文件到达制造部门意味着工艺设计的开始，生产过程中因设计技术状态更改产生的偏离单、更改单也是工艺设计或再设计的输入条件。

在航天电子产品研制生产中，设计与工艺的工作体制一般属于分离运行的模式，产品设计时设计人员注重产品的技术性能，有时会因为能力或经验不足，对工艺性考虑不当，导致产品可加工性差，因此，从产品的设计方案开始，工艺人员就应当参与对产品工艺性的讨论，即开展设计-工艺协同。工艺设计是从设计图样到达生产单位后，开展的工艺性审查、工艺文件编制、工艺装备设计等活动，生产过程中涉及技术状态更改时工艺会签也是设计-工艺协同的具体表现。

2.3.1.2　工艺设计的原则

工艺设计最基本的要求是正确和可操作。工艺设计的过程是将设计意图转化为最终产品的过程，因此，工艺设计的第一目标是具有符合性，也就是正确性，即工艺设计一定是正确的。正确性是指最基本格式、签署、编号等应符合航天产品工艺文件管理制度中的有关规定，也包括在工艺设计过程中引用的标准和相关文件是正确的、现行有效的。在正确的前提下，还要具备可操作性，一个设计正确却无法执行的工艺文件，就像画饼充饥，是不可能生产出想要的产品的。

在满足正确和可操作基本要求的前提下，工艺设计应遵循完整性、继承性、经济性、适用性、先进性这五条原则。

1）完整性。工艺文件用来指导企业生产过程中的原材料准备、生产路线安排、生产加工方法的选用和工艺装备的使用，它也是进行经济核算的主要技术依据。不同阶段的产品，对工艺文件的完整性有不同的要求。通常，航天电子产品的工艺设计输出一般包括工艺文件目录、工艺总方案、工艺路线表、材料消耗定额表、工艺装备明细表、关键工序明细表、专用工装明细表、工艺规程等，可按航天产品的不同研制阶段或企业规定决定是否需要编制。但是，电子产品加工过程的工艺规程，在型号研制各个阶段都是必须编制的。

2）继承性。对航天型号来说，研制生产是按照不同阶段［论证、方案设计、初样、正（试）样、定型、批量生产］来组织的，继承是后者延用前者的方法，工艺设计的继承除了能够保证按照工艺设计方案加工产品的一致性，也避免了重复工作，节约了工艺设计成本。例如某产品经历了初样和正（试）样批次，在正（试）样批加工数量过半时，因操作者更换，导致机内线束走向和前面交付产品不一致，引起用户不满和投诉。该问题暴露出产品的继承性、一致性差的问题，究其根本原因，是进行工艺设计时，缺少对产品继承性和一致性的考虑，对线束走向没有明确的具体要求，或者由于要求较宽泛，不同操作者因理解不同，导致线束制作存在差异。要避免该问题，可以在产品工艺设计时采用图示的方法，或使用经过确认或首件鉴定合格的多媒体照片来保证继承性和一致性。当然，继承不是墨守成规、一成不变，不同阶段的工艺设计，应该在前一阶段工艺设计的基础上进行总结、提炼、改进和提高。

3）经济性。电子产品所包含的硬件，如机箱、电子元器件、标准件、导线等，在设计文件指定型（牌）号甚至生产厂家的情况下，硬件成本是基本确定的，工艺设计的经济性更多地是从生产加工的流程、采用的设备方面考虑的，更好地利用设备、安排更加合理的工艺流程都是提高产品工艺设计经济性的手段。例如，电子产品印制电路板组装件的清洗，在原理样机阶段，生产数量只有一到两块，在选择清洗方式时，手工清洗方法比气相清洗方法更加经济。同样，如果是大批量的表贴印制电路板组装件焊接，从人力物力均衡计算，使用回流焊接设备相比手工焊接更经济。因此，工艺设计时不能忽视加工的经济性，要在保证产品质量可靠的前提下，降低加工成本，确保企业利益最大化。

4）适用性。指工艺设计时选择的工艺方法、加工设备工装、人员技能要求等适合本单位的实际情况。例如电子产品的通孔元器件焊接，可采用手工焊、波峰焊（或选择性波峰焊）等方法，在工艺设计时要结合实际情况。没有设备时，工艺文件应规定使用手工焊接的工艺方法。工艺员要对本单位的加工能力、加工设备等有全面的了解，以保证工艺设计的适用性。

5）先进性。工艺设计的先进性是在满足正确性、继承性和经济性的前提下，选择先进的工艺方法和设备。例如印制电路板组装件的手工焊接，焊接温度和时间具有不可控因素，虽然工艺文件明确规定了焊接温度和具体时间，但操作者实际操作时并不能进行精准控制，尤其是使用非温控调节的电烙铁时，特别容易过温、时间过长，导致焊点不合格或焊盘脱落，严重的还会导致器件受损。随着科技的进步，工艺设备也不断更新换代，例如智能电烙铁可以设置并显示焊接温度和焊接时间，并且可以存储数据。先进设备和工具的使用，既保证了产品质量，又便于过程数据的量化记录，在工艺设计时要推荐使用类似的先进设备工具。当然，每个制造企业都是以获得最大的经济效益为目的，不能不顾现实条件和实际需求，片面地追求工艺技术和工艺设备的先进性；不能购置一些看似高大上的“样子货”，却不能满足产品加工制造的需要。

2.3.1.3　工艺设计的输出

工艺设计的输出按内容划分有工艺总方案、管理用工艺文件、工艺规程等；按载体形式分，有纸质工艺文件和电子工艺文件（软硬光盘）；按记录形式，有文字类、表格类、图表类等。遵循的工艺设计标准为 QJ 903《航天产品工艺文件管理制度》，该系列标准详细地规定了航天产品工艺文件的编制管理要求，包括完整性要求、格式要求（表样、字体字号）、编号和编制规则、签署要求、更改要求等。航天电子产品的工艺设计应该遵循该系列标准的基本设计原则和要求。在满足该标准基本要求的前提下，各电子产品制造企业可以制定各自的工艺设计管理要求或标准。

总之，对航天电子产品制造企业来说，工艺设计是基础和保障，只有高质量的工艺设计才能实现航天高质量，保证成功且高效率完成任务，推动航天强国建设和国防建设。

2.3.2　工艺总方案

工艺总方案是根据产品技术要求、生产类型和承制单位的生产条件，对型号研制各阶段工艺工作进行系统策划，提出产品研制及生产工艺准备、生产组织任务和措施的纲领性技术文件，它使产品研制、生产中各项工作统一、协调、有条不紊地顺利进行，生产出符合设计要求、质量可靠的产品。

2.3.2.1　工艺总方案的作用

1）是生产单位行政、技术领导指挥管理生产的纲领性技术管理文件。批准后的工艺总方案是技术部门、生产管理部门、生产车间、质量管理部门、物资部门和财务部门等开展产品生产或生产准备的依据之一。各部门管理者可以依据工艺总方案规定的分工原则和工作项目，调动人力、财力、物力，布置和监督生产工作，确保生产任务顺利完成。

2）为工艺准备、工艺技术和工艺管理等相关工作提供依据。工艺部门依据工艺总方案和设计文件，编制各专业的工艺规程、安排各专业的工艺流程；按照工艺总方案要求提出应具备的工艺装备和专用测试设备，并在规定期限内完成工艺设计。

3）是生产线建设、调整、工艺设备等配置的依据。生产车间依据工艺总方案的要求，筹划并实施生产线的建立（或调整），包括设备配备、技术改造、保证完备的生产条件。

4）是组织产品研制、生产的依据。生产管理部门依据工艺总方案，确定分工原则及工艺方法、流程，制订生产作业计划，合理安排物料采购，进行生产准备并组织生产。

5）为控制产品的工艺技术状态、确保产品可靠性和稳定性提供依据。质量管理部门在生产中依据工艺总方案提出的工艺质量保证措施予以监督，保证产品的质量和可靠性。

在实际型号生产中，除了研制阶段的工艺总方案，某些战术导弹在设计定型后要组织工艺定型，转入批量生产后需要编制批量生产工艺总方案。批量生产制造的产品是交付部队的装备，要形成战斗力，不但要满足设计技术指标，还要保证储存等全寿命周期的质量可靠性。因此批量生产的工艺总方案的作用不言而喻，要确保产品实现优质、高效和低耗。批生产的工艺总方案不能完全沿用工程研制阶段的生产管理模式，应该在保证工序合格率、降低成本、采用成熟的制造技术、优化流程、提高效率上进行优化改进。在设计定型的基础上，全面总结研制阶段生产经验，继承合理的工艺方法和制造流程，采用过的新工艺、新技术经验证后可正式采用，对工艺薄弱环节制定相应解决措施，依据批量生产规模补充相应的工装设备，完善工艺文件；将以上改进按照有关规定进行试生产，验证后经过指定机构审查、鉴定，形成最终的批量生产工艺总方案，并指导批量生产。

2.3.2.2　工艺总方案的输入

工艺总方案的输入文件或依据有：

1）产品设计文件，包括产品总技术条件、整机明细表、零部件结构图、电路图、装配图、接线图（表），整机调试试验用的调试说明、单元测试说明，验收产品时使用的单机分技术条件等。

2）计划任务书或产品订购、协作合同及有关投产的管理文件。

3）国家和各级主管部门发布的有关政策、法规和标准，型号标准化大纲等。

4）生产制造的客观条件，如生产规模、生产周期、生产条件、管理制度和工艺技术水平（包括设备能力、精度、工人级别及技术水平等）。

5）上一研制阶段（或批次）工艺工作总结报告中需在本阶段落实的项目。

2.3.2.3　工艺总方案的主要内容

（1）任务来源和产品技术状态

在设计技术交底和进行设计文件工艺性审查之后，工艺总方案能够明确型号任务的来源、性质、要求和依据的任务文件等技术状态情况，明确产品阶段和承制单机。

（2）产品结构、性能和工艺特点

工艺总方案应充分分析产品结构、性能，并描述制造技术工艺特点（必要时可采取结构简图、表格等）。例如某型号初样生产任务，弹上单机产品主要包括计算机、控制器，在描述产品结构时可以用简图示例，然后进行文字描述；介绍产品组成为时序模块、信息处理模块等时，各功能模块采用螺纹连接的方式进行连接，既保证了整机良好的电磁兼容性，也可方便地拆装；再如弹上电缆网将控制系统弹上所有仪器设备连成一个有机的整体，实现系统功能，计算机实现导航计算、电源管理、时序信号驱动输出等功能。

(3) 生产类型、规模、周期

工艺总方案应明确研制生产所属阶段（批次）以及生产类型；明确交付产品数量，例试产品数量；依据生产组织规模，确定大致的生产试验周期。

(4) 生产线的建立或调整方案及承制部门分工原则

为保证产品质量和生产进度，根据产品的工艺特点，对各生产部门进行合理分工。例如采用某条具体的生产线，当不能满足产品的工艺技术要求时，要提出生产线的调整方案。根据产品工艺流程和工艺特点规划承制车间的分工原则，规划时要考虑加工过程的物流、人流和各专业分工的特殊性以及本单位有限资源的利用和共享等因素。需要外协时，应明确外协单位。表 2-1 为某电子产品生产单位各承制部门的分工情况。

表 2-1　各承制部门分工情况

序号	工艺方法	生产车间
1	机械加工	A
2	钣金加工	A
3	电缆组装件	B
4	印制电路板	C
5	压胶件	D
6	元器件检验	E
7	电子装联	F
8	调试、高效应力筛选试验	F
9	验收试验	E
10	例行试验	E
11	包装箱制作	D

注：A～F 为具体承制车间名称。

(5) 零、部、组（整）件和配套产品的厂（所）间的互换协调原则

在产品的生产过程中涉及多个车间协调生产时，应在专业工艺文件中明确协调原则。生产过程中涉及整机与单板之间的交叉工序时，在工艺文件中应明确相互衔接关系。例如部分印制电路板组装件需要机加车间配合电装车间完成部分铆接操作，某些机柜产品需要电装车间配合机加车间进行电路连线等。电子产品的生产过程涉及外协生产情况较多，有零件外协，例如电子产品的阻尼装置、印制电路板等；也有工序外协，例如金属零部件的热处理、涂敷等，具体应视情况制定协调原则和质量控制措施，必要时可编制技术质量协议书，明确相关技术质量要求以及产品协调关系。

(6) 工艺文件的编制要求

要明确哪些专业需要编写工艺文件，明确各专业工艺文件编写需要执行的标准，提出工艺文件的一般性要求，例如签署审批要求、更改要求等，对工艺路线表、工艺流程图、

各专业工艺文件应提出具体的编制要求。

当型号产品加工过程涉及关键工序、特殊过程时，应明确识别、控制和管理要求。还要明确对禁限用工艺的要求，例如禁止使用禁用工艺，严格控制使用限用工艺。除此之外，还要提出强制检验点、多媒体记录、防静电、多余物管控、环境保护和职业健康安全等相关内容在工艺文件中的编写要求。

（7）主要工艺流程

工艺总方案对产品的加工流程进行规定，电子产品生产从零件加工到整机交付出厂的一般工艺流程为：电子元器件采购、性能测试和可靠性筛选，导线、电缆采购，原材料（金属、非金属）采购，金属和非金属零件加工，自制件制造，印制电路板制造，电缆制作，印制电路板组装件装焊、调试，整机装联、调试，整机筛选试验，整机验收试验。电子产品生产典型工艺过程如图 2－12 所示。

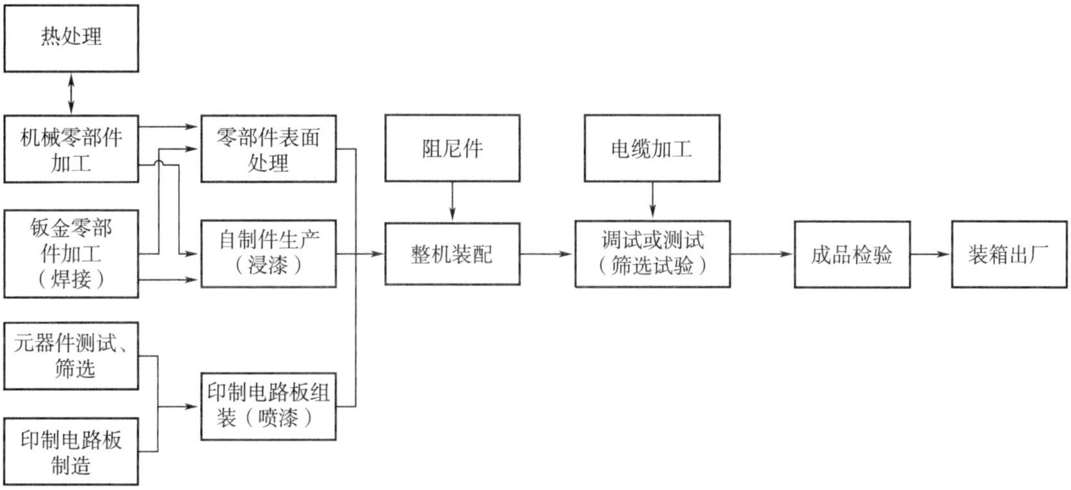

图 2－12　电子产品生产典型工艺过程

（8）主要工艺方法

在产品结构、性能和工艺特点分析的基础上，确定产品采用的主要工艺方法。电子产品的制造主要涉及机械切削、钣金冲压、热处理、表面处理、印制电路板组装件制作、整机装联、调试、高效应力筛选试验、环境试验等制造工艺技术，工艺总方案应介绍产品主要采用的制造工艺技术。对影响电子产品可靠性的关键工艺，例如型号产品印制电路板组装件的装联方式，要明确采用何种工艺方法（再流焊接、波峰焊接、选择性波峰焊接还是手工焊接），针对产品特点，还要明确是否要进行三防处理，有无固封要求等。

（9）工艺关键项目及攻关措施、工艺试验项目

在设计文件审查、交底的基础上，识别本阶段（批次）预计的主要工艺技术问题，如果是转阶段后的新批次，要在考虑前阶段（批次）遗留问题的基础上提出工艺攻关项目，对项目的实施和完成提出具体要求。

（10）新工艺、新技术、新材料的项目及实施途径

考虑工艺技术状态变化对产品生产带来的影响和所用技术的成熟性、生产适应性以及正确性的验证方法。例如某型号计算机产品中主控模块采用刚挠结合印制电路板，且涉及高铅 CBGA（陶瓷焊球阵列封装）和无铅 BGA（焊球阵列封装）的混合装焊。在高铅 CBGA 和无铅 BGA 的混合装焊过程中，由于两种器件焊球材料不同，适合的焊接温度也不一致，故需要使用新的工艺方法，工艺总方案要规定其进行必要的工艺鉴定试验并编制工艺鉴定试验方案，试验结束后对总结报告进行评审，评审通过才能将新的工艺方法纳入工艺文件中。

（11）关键工序控制措施

在确定关键工序项目的基础上，提出在关键工序实施过程采取工艺措施的原则和要求，例如将回流焊接确定为关键工序时，可以将回流焊接的焊接曲线、网板规格、焊膏类型确定为重点控制项目，提出控制措施，并明确对关键工序的工艺文件进行标识、评审等的要求。

（12）主要检测、试验项目及实施方案

该项内容的编制重点是依据设计文件、生产过程中的主要检测项目，提出实施途径和要求，其内容包括检测项目、试验条件等。电子产品检测、试验项目主要有：通路检查、抗电强度检查、绝缘电阻检查、1553B 总线测试、温度循环试验、老炼试验、随机振动试验、高温试验、低温试验、恒加速度试验、气密性试验、振动试验、低频正弦扫描振动试验、离心试验、运输试验、低气压试验、交变湿热试验、热流试验等。总方案要对涉及试验项目进行大致的方案描述，当本单位不具备设计要求进行的试验项目试验条件时，可提出外协等解决方案。

（13）工艺评审要求

工艺项目（例如工艺总方案、关键工序等）应根据重要程度和管理级别，按照工艺评审相关要求进行汇总，明确评审需要的技术资料和报告、召开评审会的时机（一般是产品投产前评审）和级别（部门级、厂级、型号层面等），要得出被评审项目的评审结论。对评审中提出的工艺改进措施和意见，由项目负责人进行汇总、整理和落实。

（14）首件鉴定项目及实施要求

根据 GJB 908《首件鉴定》要求确定首件鉴定的项目，一般包括型号产品正（试）样批（3 件以上）的首件，定型后批量生产的产品首件，产品生产周期间隔时间长的首件，含关重件、关键工序产品的首件。工艺总方案应确定是否进行首件鉴定，并规定首件鉴定的实施方法和管理要求，例如，规定鉴定技术文件、工艺文件是否正确有效，首件产品使用的加工检测试验设备是否符合要求、质量记录是否完整等。

（15）外协加工的项目和要求

当本单位不具备某些零部件或工序的加工能力时，应在工艺总方案中提出具体的外协项目。例如印制电路板制造、金属零件热处理、金属零件表面处理、压胶件的制作等，应明确外协厂家的选用要求（是否为合格供方、有无保密资质等），以及是否签订了技术质量协议要求。

（16）为生产产品需增添的主要设备

根据产品的生产规模和数量，结合本单位已有加工设备的生产能力情况，分析能否满足本型号产品的生产需求，需要新增设备时应在工艺总方案中明确设备种类、数量和要求等。

（17）专用工艺装备及非标准仪器、仪表、设备的配置、设计、制造、验证原则和鉴定要求

工艺总方案中应根据产品的技术要求，考虑生产规模、生产类型、生产周期、制造成本等因素，核对本阶段专用工艺装备的适用性，合理确定专用工艺装备和非标准设备的配置。

按设计文件、工艺文件中对产品调试、测试、老化等试验项目的要求，提出非标准仪器、仪表、设备的生产或采购申请，编制非标准仪器、仪表、设备明细表。列出型号产品测试、试验中所需的单板测试仪和整机测试仪，测试电缆以及试验用转接电缆等专用测试设备清单，若为新增，应提出设计、制造、验证和鉴定要求。

（18）产品工艺质量保证措施及特殊安全、环保措施

工艺总方案中应提出对产品研制过程中的工艺质量保证要求，包括产品工艺技术状态控制、外协外包的工艺控制、需确认的过程控制、产品多余物的控制、静电放电敏感元器件的筛选保管使用等要求以及产品验收要求等。还应明确产品生产过程中的安全、环保、节能等措施，确保人员不发生伤亡事故，不危害健康及环境。

（19）工艺标准化要求

工艺总方案对工艺文件的标准引用等进行规定，与工艺标准化综合要求（或工艺标准化大纲）相协调。

（20）工艺准备完成的形式和要求

工艺准备完成的形式和要求一般包括确定工艺文件完成的计划及完成形式，确定专用工艺装备和非标设备的设计、制造、验证和鉴定完成的时间，完成工艺技术攻关和工艺技术改进项目的方案论证报告，制定首件鉴定项目表，其他工艺准备完成的形式和要求。

（21）工艺文件管理和归档要求

应明确工艺文件的签署、更改等要求；明确工艺文件（含软件）、产品临时工艺文件、专用工艺装备和非标设备技术文件等的归档要求。

2.3.2.4　工艺总方案的管理要求

1）工艺总方案应由相关职能部门共同参与编制。工艺人员应在系统了解和掌握产品研制生产任务和设计要求的前提下，结合本单位生产条件进行工艺策划，编制工艺总方案，其他相关部门（例如生产、物资、设备、质量、人力资源、标准化等）应参与编制工作。

2）工艺总方案应进行评审。工艺主管部门应按照工艺评审的相关要求提出评审申请，制定工艺总方案评审计划，上报技术负责人（总/副总工艺师）批准后实施。准备有关评审的技术资料和报告，召开评审会，成立评审小组，视情况可请设计方和顾客代表参加，经评审组评议、审查后，对项目做出评审结论。对评审中提出的工艺改进措施和意见，由项目负责人进行汇总、整理和落实。

3）经评审后生效的工艺总方案应及时发送相关使用单位，各单位应按照总方案规定

的要求开展工作，落实计划、物资、人员、经费等，并提供型号生产过程中的资源保证。

2.3.3 工艺路线

电子产品整机生产过程可以分为装联准备（含结构件制作、印制电路板加工、标准件及电子元器件准备）、单板电装、单板调试、单板试验、整机装配、整机调试、筛选试验、验收试验、包装、入库。工艺路线是表示产品在以上生产过程中，从准备到制成成品包装入库，经过生产单位内、外相关部门或工序先后顺序的工艺文件（也叫车间分配表），可用来明确产品的加工路线，具有管理作用。设计合理的工艺路线能够保证产品优质、高效、快速、低成本的生产，工艺路线设计质量对优化工艺流程、保证产品质量、提高工作效率具有重要的意义。

2.3.3.1 工艺路线的作用

1）明确加工流程。工艺路线应明确构成产品所有部分的加工顺序和流程，以及完成这些流程的加工部门。

2）工艺准备。各专业工艺（生产车间）依据工艺路线表规定的涉及本专业的零部件加工路线，合理安排本专业的工艺流程。工艺路线编制完成后，档案部门可按照工艺路线分发技术文件，专业工艺员按照设计图样，结合本车间具体情况，编制本专业的工艺路线（工艺流程）和本专业的工艺规程。当涉及不同专业时，例如同一份图样分发到了两个车间，表示该图样涉及两个车间，需要协同工作，这时工艺员在工艺准备时，需要视情况进行不同专业的相互会签，避免遗漏相关工序。工艺准备包括对各种材料（主辅材、标准件等）的工艺定额计算，编写材料定额工艺消耗明细表，规定单台套产品所需材料数量。

3）生产计划管理。生产计划调度部门按照工艺路线表进行生产准备、制定计划、生产调度。工艺路线明确了每种零部件的“每产品”数量，还明确了“备件”和“例试”的数量。备件指本产品设计、工艺要求增加的零组件。一般在电子单机生产装配过程中易损坏的零件（易变形的薄壁件，易掉角的压胶件等）可增加工艺备件，当表贴用印制电路板需要进行温度曲线摸底试验时应当增加工艺备件，备件数以具体数量或以百分比表示。“例试”数量是整机或整件例行试验的数量，参考设计技术条件或具体情况以具体数值或百分比表示。生产计划部门依据工艺路线中的“每产品”“备件”“例试”数量，确定批次具体生产数量。

除了对生产数量的规定，总体工艺路线中规定的零部件所经过的车间，是生产计划部门在不同加工车间之间流转产品的依据。详细工艺路线中规定的流程，是在同专业不同工序之间流转产品的依据。

4）生产物资准备。物资部门按照工艺路线进行物资订货准备，按照工艺准备完成后工艺员提出的单台套所需生产材料，结合工艺路线中明确的本批次加工数量，计算所需主辅材、标准件、金属非金属材料的总数量，编制订货合同。

5）成本统计。工时定额管理部门参照工艺路线表了解任务内容，计算定额工时。财务部门按照工艺路线表中的相关信息指导报价，核算成本和进行经济效益分析。

2.3.3.2　工艺路线的输入

1）设计文件（图样、文字资料）。设计文件决定了工艺加工路线，总体工艺路线按单套整机或整件编制。

2）工艺总方案。工艺总方案对本单位内部资源及专业设置情况有明确的说明，参照工艺总方案的分工原则，决定各工序加工部门及流转路线（无加工能力的可在合格供方名录中外协）。

3）详细工艺路线的确定依据是总体工艺路线、本专业的工艺规程和专业标准。

2.3.3.3　工艺路线的主要内容

工艺路线按照适用范围的不同，可以分为总体工艺路线和详细工艺路线。

1）总体工艺路线是明确整个产品在生产单位内部的加工路线和经过的生产单位。图 2－13 给出了航天某单位工艺路线表的参考样式，生产企业可以在此基础上结合本单位情况做适应性完善。

	XXX 厂	工艺路线表	产品代号	产品名称	零、部、组件代号	零、部、组件名称	工艺文件编号
			TLXX－X	控制器	DeX. XXX. 065		TLXX－X. 10Js

编号	整件、部件或零件图号	名称		数量				
		整件、部件	零件	每产品	备件	例试	经过车间	备注
1	De2. 764. XXX	装配图		1		1	A　B　库	
2	De2. 764. XXXDL	电路图					A　B	
4	De2. 764. XXXT	分技术条件					A　B	
5	De2. 764. XXX JS	技术说明书					B	
6	De2. 764. XXX SM1	调试说明					B	
7	De2. 764. XXX SM	使用说明					B	
8	De2. 764. XXX MX	明细表					A　B	
12	De4. 841. 6XXMX	多路串行通信板适配板 AP1		1			A　B　A	
13	De4. 841. 7XXMX	遥测接口板 AP2		1			A　B　A	
14	De4. 841. 8XXMX	输出板 AP3		1			A　B　A	
15	De4. 841. 9XXM X	16 路输入板 AP4		1			A　B　A	
16	De4. 841. 5XX1M X	A/D 模拟量输入板 AP5		1			A　B　A	
17		包装箱						

描图					编制				阶段标记					
					校对	标检			M	C	S	D	G	P
描校					审核					C				
	更改标记	更改单号	签名	日期		批准			共 6 页			第 1 页		

图 2－13　某单位工艺路线表

该电子产品生产单位“XXX 厂”，名称为“控制器”，产品代号为“TLXX－X”。在工艺路线表中，A、B 指某电装单位的车间名称或代号，A 表示电装车间，B 表示调试车间。De2. XXX. XXX SM1 等是设计文件代号。该型号产品处于初样生产阶段，工艺路线的工艺文件编号为“TLXX－X. 10Js”，本批次包括一台例品。

例如，编号为 12 的部件（印制电路板组装件），设计图号为“De4. 841. 6XXMX”，名称为“多路串行通信板适配板 AP1”，在该控制器整机中配套数量为“1”，在该厂的流转路线为“A　B　A”，即电装-调试-电装。先在电装车间进行印制电路板组装件的生产，然后转调试车间进行印制电路板组装件的电性能调试（有时还会有筛选试验），调试合格后再转回电装车间进行整机的合拢装配工作。按照整机装配图装配成整机，整机在路线表中的图号为“De2. 764. XXX”（编号 1），流转路线为“A　B　库”，表示电装车间整机装配后，转调试车间进行调试、筛选、验收，然后入库，待产品质量评审后交付用户。

2）详细工艺路线。某些航天企业单位内部还有对详细工艺路线的要求（在本单位内部，具体到其中一个专业），例如机加、电装等工艺路线可以用工艺流程图的形式来明确，是纯粹专业工序的工艺路线，机加专业的详细工艺路线示例如图 2－14 所示，电装专业的详细工艺路线示例如图 2－15 所示。

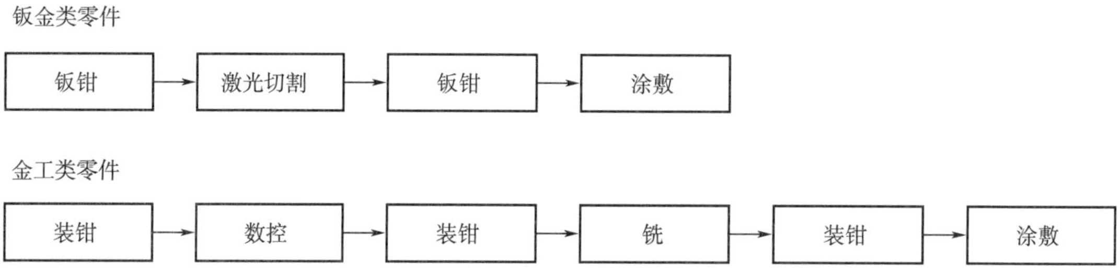

图 2－14　机加专业的详细工艺路线示例

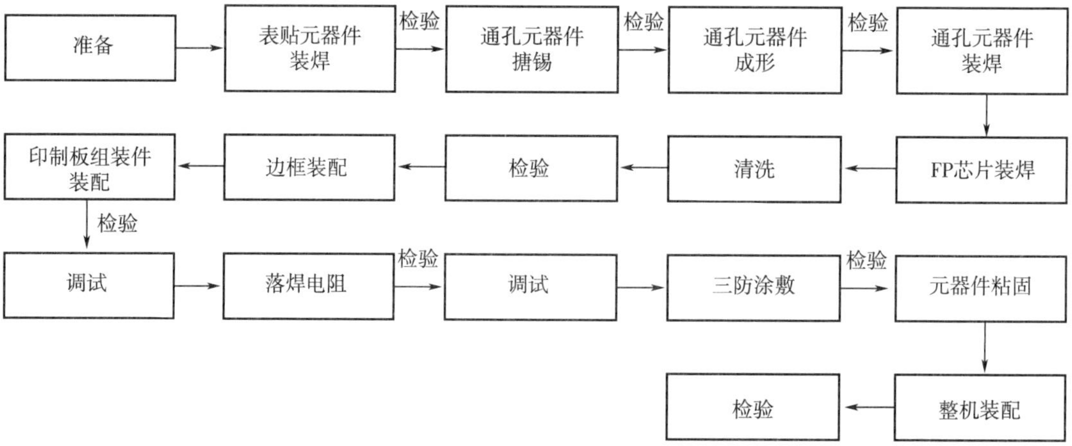

图 2－15　电装专业的详细工艺路线示例

2.3.3.4　工艺路线编制管理要求

1）产品研制各阶段均应编制工艺路线。即产品在初样、正（试）样、定型阶段都要求按照不同批次下发工艺路线表，由档案部门在工艺路线表上加盖本单位用以区分阶段和单机的产品标识印章（产品工程代号或作业号）。

2）工艺路线表可以分层级编制，视适用对象不同可以分为总体工艺路线和详细工艺路线。

3）工艺路线表应按照工艺文件管理相关要求进行拟制、校对、审核等签署工作。

4）工艺路线表应有继承性，定型产品或产品转阶段后没有设计更改或单位加工条件变化时可不重新编制，再生产时由工艺设计部门进行复审后直接提出使用申请。

5）签署完整的工艺路线表下发技术、档案、生产计划调度、工时定额、生产车间、物资等相关部门使用和执行。因设计或生产单位原因需要进行工艺路线变更时，需办理工艺文件更改单进行更改后方可使用。

2.3.4　材料消耗工艺定额

组成电子产品所用的原材料、元器件、标准紧固件、重要辅助材料（如焊剂）、外协件（半成品、成品件）等种类繁多，材料消耗工艺定额是指在一定的生产技术和生产条件下，根据产品设计图样、技术要求，为完成单套（台）电子产品或零件合理地消耗各种材料的标准数量。例如，制作一根电缆需要导线的长度及需要接插件的数量；生产一个机壳需要铝材的质量；生产一块印制电路板组装件需要的电子元器件种类和数量、焊锡使用量等。工艺设计时以表格的形式编制材料消耗工艺定额明细表。

2.3.4.1　材料消耗工艺定额明细表的作用

（1）物资订货的依据

企业的物资需求计划主要是根据生产部门的投产计划和单位产品的材料消耗定额明细表，先计算出生产所需物资的需求量，再结合物资部门的库存，用需求定额总数减掉库存可用数量，即得到需要订货数量，按照该原则制定订货计划。如果没有定额，订货计划就没有了依据。

（2）限额发料的依据

材料定额规格品种的准确性直接影响着产品技术状态，定额数量的准确性可以有效地避免电子产品生产中的材料不足或浪费现象。合理正确的材料消耗定额，能使电子企业按照生产部门的生产计划，定时定量地组织材料的供应，严格地进行限额发料。在生产中对消耗情况进行控制，严格进行限额发料对于制造企业而言在避免造成浪费的同时，还可以规避或减少质量问题。例如某单位出现过单机产品按图样装配后发现垫圈缺少一个，在排除定额发料不存在少发的情况后，经仔细查找发现垫圈遗落在产品中。若非定额发料，遗落在产品中的垫圈就形成多余物，可能会引发质量问题。

（3）成本核算的依据

单位产品材料定额的高低，直接关系到材料储备定额和储备资金的数量。材料消耗定额的制定应当是合理、准确和相对稳定的，也是产品价格确定的主要依据。

2.3.4.2 材料消耗工艺定额的输入

编制产品材料消耗工艺定额的主要输入文件有：

1）设计文件（元器件清单、明细表、接线表等），规定组成产品的材料品种和数量。

2）原材料的产品手册以及标准。

3）工艺路线表。按产品工号（或作业号）分别进行不同定额编制，结合工艺路线表确定备份数量，纳入材料消耗定额。

2.3.4.3 材料消耗工艺定额的内容

航天电子产品由在设备中执行电子、电气或机电功能的一个或多个单元组成。由电子元器件、组成机箱机壳的金属原材料（如锻件、铸件、毛坯料等）和用来装配为成品的非金属材料（如橡胶制品或化合物制品），以及按照相关标准制造的用于连接紧固的机械类标准件组成。在航天产品工艺文件管理制度的材料及外购件消耗工艺定额文件编制规则中又将上述材料分为主要材料、辅助材料和外购件（含外购标准材料）。

1）主要材料工艺定额明细表。主要材料是构成产品或零件的实体材料，如金属材料，非金属材料、焊料、涂敷材料等。以零件为例，编制主要材料工艺定额明细表时，应按照设计文件规定，填写正确的零件名称、代号。当该零件在整机产品中有多个时，应计算每产品的零件与备件的合计数量。按照设计文件及材料标准规定填写材料牌号、状态、质量特征、计量单位、精度等级、厂家名称和标准号，计算该主材的消耗工艺定额。

2）辅助材料工艺定额明细表。辅助材料是不构成产品本体的，用于生产服务的工艺性损耗用料，如试件、酒精、棉纱等。编制辅助材料工艺定额明细表时，同主材相似，应按照 QJ 903《航天产品工艺文件管理制度》要求的表样进行编制，内容和主要材料定额明细表类似。

3）外购件消耗定额明细表。外购件指外购的机电产品（含外购标准件）和电子产品等，不带料加工的外协件视同外购件。编制外购件工艺定额明细表应明确顺序号和外购件类别，明确外购件的计量或计数单位，明确设计文件规定的外购件生产厂家，计算每产品的消耗工艺定额。

2.3.4.4 材料消耗定额管理要求

1）材料消耗定额应在产品研制各阶段分别编制。

2）材料消耗定额应分别按照主要材料消耗工艺定额明细表、辅助材料消耗工艺定额明细表和外购件明细表按生产单台（套）所需材料确定。为方便物资部门合并采购，也可以多产品编制材料消耗工艺定额汇总表，在单台（套）工艺定额明细表的基础上按材料品种、规格进行汇总编制。

3）在进行材料消耗定额工艺设计的过程中，对型号中使用的新材料要进行识别和九新分析，对产生工艺方法变化的，要提前开展工艺试验，确定工艺方法。

4）材料消耗定额的更改需按照 QJ 903《航天产品工艺文件管理制度》中相关要求进

行更改控制。

2.3.4.5　定额外材料消耗

材料消耗定额满足了产品生产时最基本的材料需求，但是在实际生产过程中，如遇到以下情况，需要进行材料定额的补充，即定额外材料消耗：

1）因设计技术状态更改导致的材料变更或增加，通常以偏离单、更改单等明确；

2）生产进程中物料损失的补充，例如在表贴元器件加工过程中，贴片机贴装元器件过程中的抛料；

3）产品调试用的材料；

4）工艺试验、工艺课题研究用料。

2.3.5　工艺规程与规范

工艺规程是用文字、图表和其他形式确定的，是用来明确操作方法和指导产品加工的主要工艺文件。工艺规范是对工艺过程有关技术要求所做的一系列统一规定，主要包括工艺参数和工艺条件，是用来约束生产加工的标准性文件，也是编制工艺规程的依据。在产品制造过程中主要依赖工艺规程，本节重点讲述工艺规程的相关内容。

2.3.5.1　工艺规程的作用

1）工艺规程是规定产品或零部件制造过程和操作方法等的工艺文件。同样的产品可以用几种不同的工艺过程来加工，将最适宜的一种工艺过程用文件的形式固化下来就是工艺规程。只有按照工艺规程的规定加工产品，才能有序组织生产，使生产有据可依，使产品保质保量。

2）工艺规程可确定产品各工序的加工方法和技术要求，确定产品加工所用的工艺装备，避免操作人员工作的随意性，保证同批次产品生产状态的一致性。

3）工艺规程可确定产品的检验方法，并提供合格判据。

4）工艺规程是工时定额核算的依据。

2.3.5.2　工艺规程的输入

工艺规程的输入文件有：

1）产品设计图样、技术条件和产品装配图等设计文件。

2）工艺总方案。工艺规程的编制应符合工艺总方案规定的各种工艺设计原则和要求。

3）工艺路线表。按工艺路线表确定的产品流程和分工进行不同专业的工艺规程的编制。

4）工艺规范及各级技术标准和制度。包括原材料的各级标准，元器件的操作使用说明、工艺规范、工艺方法，工装设备的各级标准、各级管理制度等。在编制标准和制度时还可以参考国内外先进的工艺方法及标准、先进工艺装备及使用手册。

5）本企业生产水平和设备能力等客观条件。包括生产线状况、设备生产能力等。

2.3.5.3　航天电子产品的工艺规程

1）按使用对象分为专用工艺规程、通用工艺规程和典型工艺规程。

专用工艺规程是针对某一产品的工艺规程，而对其他产品则不适用。对每一种产品或每一个零件、每一块印制电路板编制一种工艺规程，甚至每一个图号的印制电路板组装件，还可按照加工工序的不同，编制不同的工艺规程，例如再流焊接工艺规程、通孔焊接工艺规程、扎线工艺规程、喷漆工艺规程等。针对产品的专用工艺规程唯一性强，具有很好的操作指导性。

通用工艺规程是指适用于多种产品的工艺规程。在电子产品制造中，尽管部分零部组件型号规格不同，但加工工艺以及质量要求基本是相同的。如果采用各自的专用工艺规程，生产准备周期长、工艺设计成本高，编制通用工艺规程是解决该类问题的有效方法。

典型工艺规程是在通用工艺规程基础上进一步提炼的产物，有较大的通用性，只要是相同的工种均可适用。在机械制造专业使用较为广泛，例如金属零件的热处理典型工艺，氧化处理典型工艺等。典型工艺是工艺设计标准化的一种方法，其与产品或零件的型谱化互为促进，即典型工艺来源于产品及其零部件的标准化或型谱化，同时又反过来促进产品及其零部件的标准化。典型工艺规程可以作为编制工艺规程时的参考资料，也可以直接作为工艺文件指导生产。在工艺设计过程中允许工艺人员对典型工艺的工序内容进行更改，作为工艺文件时，更改应按照 QJ 903《航天产品工艺文件管理制度》中有关要求进行控制。

2）电子产品的工艺规程按照专业一般可以分为机械加工工艺规程、电装工艺规程、调试工艺规程、成品检验工艺规程等。

机械加工工艺规程应明确零件加工所需要的材料名称和规格牌号，以及加工件的毛坯尺寸。工艺规程对零件加工过程中所需的加工设备和工艺装备进行规定。按照零件加工流程，明确加工工序，例如车、装钳、钣钳、激光切割等。工艺规程规定每道加工工序所需的检验环节和检验内容以及所用的检验工具，规定转入下道工序的产品防护要求，例如，对粘有橡胶板的盖板零件应在工艺文件中明确防硫化的包装要求。机械加工工艺规程还应对安全注意事项进行明确，例如工作时要穿戴好防护用品，女工必须戴好工作帽，头发不得露在工作帽外面，操作旋转设备时，颈上、手上不得戴围巾、手套及各种饰物，必要时应戴防护眼镜。

电装工艺规程包括电气装配配套明细表、电气装配导线表、电气装配工艺卡片（前两种表与电气装配工艺卡片配套使用）。电气装配配套明细表明确了配套件明细，包括名称、代号或标准号、电装件的数量、装入元器件的来源、元器件对静电放电的敏感度，以及其他需要说明的事项。电气装配导线表明确了线束制造和整机导线连接工艺，要明确导线的颜色、牌号、规格及标准号，明确产品中导线连接起点和连接终点的位号和接点号，规定导线下料长度和导线上的标记方式，例如粘贴线号、激光打标等要求。电气装配工艺卡片一般按照产品编制，印制电路板组装件的工艺规程应明确工序（步）的名称、操作内容以及有关设计要求、工艺要求、技术说明等。工序名称一般包括印制电路板清洗、元器件预处理、元器件成形、安装、焊接、清洗、喷漆、检验等。工艺要求应简明扼要，突出重点，规定对特殊元器件的预处理要求，例如镀金元器件的除金要求、湿敏元器件的烘干要求等；明确各工序使用的仪器、仪表、设备、工艺装备的名称、型号和规格；规定使用的辅助材料名称和规格牌号；规定检验项目和方法、判定准则，例如焊点质量、通路测试等；针对单点故障和设计关键特性，可在工艺规程中设置工艺关键特性和过程控制关键特性，明确具体的控制措施。

调试工艺规程明确了产品调试应达到的技术指标和所用的工艺手段，包括调试使用的仪器仪表、非标测试设备。对调试数据的记录还应编制具体的数据记录表格，方便后续数据整理和数据包络分析使用。对调试合格后的整机应明确筛选试验项目，如高低温、温循、振动、老炼等；对试验所用工装设备等进行规定。

成品检验工艺规程一般会明确电子整机产品的检验项目、检验方法和判定准则，包括元器件安装的正确性、导通与绝缘、多余物控制，以及技术条件规定的检验项目等，根据企业和产品情况，规定例行试验的项目及要求。相关检验测试记录要编制相应的数据记录表格。

2.3.5.4　工艺规程的管理要求

1）型号产品的每个阶段均应编制工艺规程，产品的生产加工是依据工艺规程进行的，因而任何阶段的产品制造均应有工艺规程。为提高工艺规程的设计效率及文件的可读性，推荐使用通用工艺规程或典型工艺规程。

2）工艺规程应符合工艺总方案、工艺路线表的规定，各工序应相互协调；工艺规程可以安排必要的工艺附图，用以进一步说明工艺要求。

3）关键工序的工艺规程应符合 QJ 2664《关键工序质量控制》的要求，对控制项目、内容、方法、步骤、原始记录等做出规定，在关键工序对应编号处加盖相关标识印章。关键工序的工艺规程应经质量部门会签，对涉及关键工序的工艺规程应进行评审。

4）工艺规程的编制、校对、审核、更改应按照有关标准或本单位相关工艺文件更改规定执行。

5）工艺规程应尽量细化量化，对加工的流程、工序、工步进行细化，对加工涉及的参数特别是影响产品质量的重要参数进行量化。为了具有更好的指导性，可在工艺规程中增加可视化要素，包括图片、视频、三维动画等。

2.3.6　生产过程控制记录

电子产品生产过程控制记录包括产品过程记录和管理记录。产品过程记录是和电子产品直接相关，要随产品流转或随产品存档的记录。管理记录一般是质量管理体系运行中规定需要形成的记录，一般指生产车间定点存放的记录，不随产品流转，例如，车间环境记录（温湿度控制记录、洁净度检测记录、光照检测记录等）、设备使用记录（再流焊机使用记录、波峰焊机相关记录等）、电装用工具记录（锡锅使用记录、电烙铁班前测试记录）、静电防护记录（接地电阻测试记录）等。管理记录是证实产品符合生产要求的客观证据。下述过程控制记录的阐述主要是针对产品过程记录。

2.3.6.1　产品过程记录的作用

记录是产品、过程和质量管理体系符合要求及有效运行的证据，同时，对产品的制造进程还具有可追溯性，其作用大致有以下几种：

1）原材料的质量记录可作为产品构成的依据；

2）产品测试记录是产品性能符合要求的原始依据；

3）过程控制记录是产品加工过程符合要求的依据，做好产品过程数据的积累，可以提供产品质量复查时的客观证据和产品成功数据包络分析的原始数据；

4）记录中承载的大量以往事实的信息和数据，可以作为持续改进的依据。

2.3.6.2　产品过程记录的主要内容

1）产品配套记录，包括配套件（指零、部、组、整件及外购机电组件和外购非金属成品件）名称及编号，当配套件由外厂生产时，需填写外单位的企业名称。有独立功能的部、组件应记录电子元器件装机清单，包含所有装机元器件。需记录以下内容：在该产品中的位号、名称、型号和规格、批/编号、质量等级或筛选情况、生产单位，有元器件自身编号时记录编号，无出厂编号时填写批次号，必要时还需要记录元器件的有效期；组成电子产品的非金属密封件和非金属材料也应进行记录，例如该零件名称、图（代）号、生产单位、生产日期、保管期、储存期；电子产品所用电线电缆也应记录，包括线缆的名称、型号规格、批/编号、质量等级、生产单位等。

2）产品操作记录，一般包括产品装配前的印制电路板清洗、电子元器件预处理、搪锡、除金记录，装焊前的多余物检查记录、特殊元器件（例如湿敏器件）的预烘记录、印制电路板组装件的清洗记录、调试元器件的改焊记录、印制电路板组装件的喷漆和粘固及灌封记录等；有调试以及试验工序的电子产品还应记录产品的调试流程、进行的所有筛选试验等，以及进行这些操作所使用的材料、工具、人员、方法、环境的记录，依据工艺设计时确定的记录要求逐项执行，有自互专检要求时，要记录操作者、互检者以及专检人员的姓名和操作日期。

3）工序流转记录，按照电子产品加工流程逐项填写工序过程跟踪卡（或叫工序过程质量控制卡），当前后工序对产品的质量有重要影响时，应规定产品流转顺序，并进行过程记录，可以和产品操作记录合并填写。

4）产品参数记录，包括电子产品加工过程中的工艺参数记录和产品的电性能参数记录。工艺参数包括焊接温度、焊接时间、焊接曲线、拧紧力矩数值、清洗设备工艺参数等；电性能参数包括电子产品整机装配完成后的绝缘电阻检查、绝缘强度测试、通路检查、其他产品要求的功能性参数，环境筛选过程中的电参数等。工艺设计时应设计相应的表格，以规范记录格式。有检验要求时，要记录操作者及操作日期。

5）产品质量问题记录，包括元器件失效统计汇总表，要记录失效元器件名称、牌号规格、批/编号、失效日期、失效环境、失效原因、处理措施、失效分析报告的文件编号等；当涉及产品归零时，应填写产品质量问题归零汇总表，记录产品所发生的质量问题的归零情况，包括质量问题概述、原因分析、采取措施、归零文件号等。

6）产品返工返修记录，包括记录返修日期、返修原因、返修结论、操作者、检验者等。

7）产品技术状态控制记录，包括产品生产依据的技术文件清单（含设计文件、工艺文件清单），有时还包括执行的技术管理标准清单。当产品生产加工过程中执行设计更改时，应记录执行更改的技术文件编号，例如偏离单、更改单和质疑单等。有时还需要填写设计更改原因和依据；涉及产品加工过程中的工艺更改时还应进行工艺更改记录，含更改原因、更改内容等。

8）关重件特性超差、代料记录，当产品涉及关重件的超差或代料时，要记录关重件特性的超差代料具体内容，以及依据的技术文件（例如质疑单）编号、审批人。

2.3.6.3　其他过程控制记录

航天型号精细化管理提出了一些新的型号产品质量管控量化要求，例如多媒体控制要求、三类关键特性控制要求 、强制检验点管理要求等。这些管理要求也相应产生了相关过程控制记录。

（1）多媒体记录

多媒体记录是指用图片或视频等媒体形式，对产品的一部分或一定的加工进程进行记录的一种形式。多媒体记录是航天产品质量记录的特色，可以充分检查确认航天产品质量，为实现产品质量的可追溯性提供真实、客观的可视化凭证，也为航天型号产品研制过程提供宝贵的档案资料。多媒体记录是型号产品检查确认、验收的一部分，要纳入质量与可靠性数据包中，作为质量与可靠性记录的客观实证。各单位应结合产品特点、本单位实际情况以及顾客要求，对多媒体记录要求进行明确和过程控制。

电子产品多媒体记录重点要关注电子产品操作时易出错过程、不可逆的特殊过程、不宜返工且工序成本高的过程，以及设计文件提出的三类关键特性控制过程、关键过程、强制检验点的加工过程等。例如，对有遮盖的部位或有极性的电子元器件进行多媒体记录；在装配过程中对能反映产品装配关系和线束走向、电缆产品的电插接器对接面和机电产品关键零、组、部件装配结构关系的对接面进行多媒体记录；在产品振动过程中对产品安装方向、传感器粘接位置进行多媒体记录等。多媒体记录时，对于用一张或多张照片能够全面反映所有检验要素的，应采用照相方法。对于采用照相方法不能全面反映过程控制情况和结果的，应采用摄像手段记录。工艺设计时应结合产品特点，识别相应的多媒体记录部位和时机，编制多媒体控制记录表，以工艺文件的形式下发执行。

（2）三类关键特性记录

为不断提升航天产品的质量与可靠性，应对航天产品的三类关键特性（设计关键特性、工艺关键特性、过程控制关键特性）进行识别和控制。三类关键特性是指产品设计、工艺设计、生产过程中对产品最终质量与可靠性有决定性影响的特性。

设计关键特性主要反映基于现有技术积累和认知水平，围绕产品任务书各项要求转化为产品各类设计指标这一产品设计过程，通过对设计流程的梳理，利用相关的分析手段，按照指标要求逐级分解的思路，主要从单机和主要部（组）件两个层面，识别出的关键设计技术指标和要求。

工艺关键特性重点围绕产品设计关键特性的工艺实现确定。产品工艺关键特性主要反映基于现有工艺技术方法和手段，围绕产品设计要求实现这一工艺设计过程，通过对产品实现全过程的工艺方法、条件及手段的系统梳理，利用相关分析手段，按照产品逐级系统集成的思路，主要从单机和主要部（组）件两个层面，识别出的需在产品工艺设计过程中重点加以确定和验证的关键工艺控制环节。

过程控制关键特性围绕产品设计关键特性和工艺关键特性的生产实现确定。产品过程控制关键特性主要反映基于现有质量控制要求和控制手段，围绕产品生产实现的全过程，利用相关的分析手段，按照产品逐级系统集成的思路，主要从单机和主要部（组）件两个层面，识别出的需在产品生产实现过程中重点加以控制的关键指标和要求。

工艺设计时依据设计关键特性表，在产品正式投产前形成工艺关键特性表和过程关键特性表。工艺关键特性表和过程关键特性表经产品设计方会签后作为工艺设计输出文件下发执行，并在生产进程中形成相应的记录。

（3）强制检验点

为适应航天型号研制生产的新形势、新任务、新特点，固化和推广当前型号质量管理的成功经验，不断完善质量管理体系、强化全过程质量控制、深入推进精细化质量管理、提升质量管理能力、确保航天型号研制生产的顺利进行，在航天型号精细化质量管理要求中提出了“要加强对关键工序的控制，合理设置关键和强制检验点”的要求。

强制检验点（Mandatory Inspect Point，MIP）是指在产品制造、装配和总装过程中，由用户或上级技术抓总单位提出，根据产品特点对特定环节所设立并执行的检验和试验项目。

在工艺设计时应结合型号研制特点以及本单位的实际情况，做好强制检验点工作的系统策划，规范强制检验点的内容记录，将其表格化、文档化。在工艺规程和强制检验点记录表中加盖“强制检验”或“强制检验点”印章。

2.4　精益工艺设计

精益工艺设计就是将精益理念应用到工艺设计与开发阶段，以减少工艺人员在工艺设计过程中的重复性劳动为核心，确保工艺文件的精准化，以实现制造出低成本、高质量产品的最终目标。精益工艺设计是实现精益生产的基础。“精益”从本质上讲是一种理念、一种精神，它的精髓是消除浪费、持续改善、追求卓越，所以它的应用范围不仅仅是局限于企业的生产环节。在生产环节应用精益生产改善活动虽然也可以取得一定的改善效果，但这种改善是在企业的生产过程中已经出现浪费问题的情形下进行的，所以不能从根本上消除浪费发生的根源，只能起到亡羊补牢的效果。若要从源头消除企业浪费、制造出合格产品，则应将精益思想应用到工艺设计环节，起到根治的效果。

2.4.1　精益工艺设计实现

精益工艺设计是将设计要求和产品特点作为输入，以工艺知识库为支撑，以结构化工艺为形式，以信息化、数字化为载体，突出专业制造，形成面向工序的、自主学习型的规范化工艺文件的过程，其设计模型如图 2-16 所示。以印制电路板组装件为例，通过阅读设计文件信息，对产品进行特征化分解（如元器件类型、分布、结构以及涂敷要求等），利用典型特征库中的特征选取，利用算法自动获取对应的工艺流程，同时进行工艺知识的推送，实现工序内容编制的快速化、专业化和规范化，编制完成后可以实现工艺数据包的一键生成。

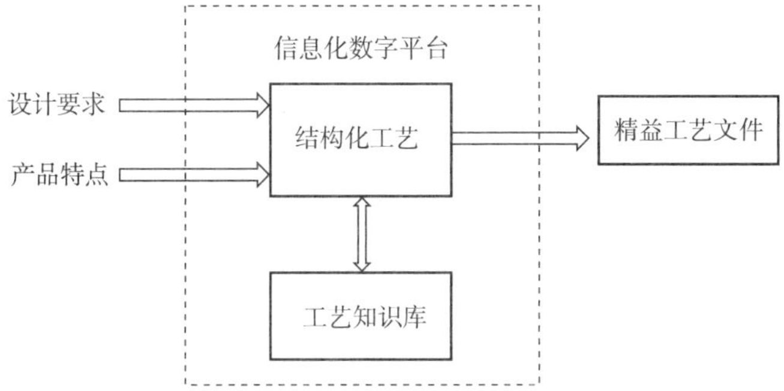

图 2-16　精益工艺设计模型

航天电子产品的精益化工艺设计，其特点就是以精益工艺文件为载体，建立一套适用于多品种、变批量产品生产的电子装联工艺设计方法，满足精益生产模式和数字化制造需求，提升电子装联工艺的设计水平。

精益工艺设计的实现主要包括构建模块化工艺，建立工艺知识库，最后以信息化精益工艺设计平台生成精益工艺文件并实现精益工艺设计管控等内容。下面将以航天电子产品中印制电路板组装件为例介绍精益工艺设计实现过程。

2.4.1.1　构建模块化工艺

模块化工艺是实现精益工艺设计的基础，它具有便捷高效的信息集成、功能集成和业务集成的特性。模块化工艺是从产品整个工艺流程出发，基于物料清单（BOM）组织管理工艺模块，建立自顶向下、逐步求精的工艺模块结构图，将所需的各项数据从工艺知识库中快速统计、提取、修改并完善，实现工艺数据结构化。通俗来讲就是将工艺信息离散化成工艺要素后按照其对应的功能重新进行组合，进而生成所需的工艺文件。模块化工艺要求既能覆盖生产操作需要的各项信息，又要详略得当、突出重点。因此，构建模块化工艺主要包括进行结构化分析、结构化要素识别和模块化工艺设计。

（1）结构化分析

在传统工艺文件中，不同特征的印制电路板组装件的工艺方案不同，不同型号产品的工艺控制要求也有所不同。通常按串行生产流程编制工艺文件，从印制电路板预处理、元器件预处理到印制电路板的三防处理，都是以串行的方式表述在一份工艺文件中，这就导致生产也只能按串行方式进行，延长了生产链条。但通过总结归纳发现，某些工艺流程是固定不变的，如印制电路板清洗、网板制作、设备编程、元器件预处理等。某些工艺控制要素是必须具备的，如工作内容、操作方法、检验要求、工装、设备、工具等。

（2）结构化要素识别

对工艺文件的描述进行提炼和优化，结合生产需要及管理要求，确定每道工序的结构化要素，这些结构化要素应能覆盖生产操作需要的各项信息，包括：工作描述、工作内容、操作方法、参数、检验要求、工装、设备、工具、主要材料、辅助材料、关重件、关键工序、工艺关键特性、过程控制关键特性、强制检验点、工艺附图等。

（3）模块化工艺设计

模块化已成为当代一个时髦名词，作为一种新的标准化形式，它为多品种、小批量生产条件下的标准化开辟了一条新路。作为一种新的思维方法和工作方法，模块化是分析和解决各种问题的有效手段，其研究内容是系统最佳构成模式。一个系统往往是比较复杂的，它由许多功能要素组成，它们之间有着千丝万缕的联系，对其直接处理是困难的。如果将其分解为适当的几个部分，将系统问题由大化小，并将问题转化为较单一的、专业性问题，就可以使系统简化，变得易于处理。模块化就是研究系统分解和组合技巧的一门学问。

模块化的工艺设计旨在建立企业工艺技术模块化系统，以尽可能少的工艺设计工作量来满足多产品生产的需求。改变一件一卡进行工艺设计的传统方法，清除大量重复劳动，从而缩短工艺准备周期，提高工艺质量，降低产品制造成本。

在传统的生产中，编制多品种、小批量产品工艺时，存在两个主要问题，即产品工艺规程编制工作的重复性和同类产品工艺规程的多样性。产品工艺规程是逐件编制的，一种产品一套卡片，若对工艺相似的产品编制成组工艺规程，一则可以满足当前生产的需要，二则对于工艺相似的新产品，可不必单独编制专用工艺规程，沿用已有的成组工艺规程即可，这样不仅可以免去重复劳动，还可防止工艺多样化。

以航天电子产品中印制电路板组装件电装工艺为例，模块化工艺设计就是将传统的复杂电子装联生产工艺进行模块的简单化分解，再由分解的各个模块集成生产的动态模式。首先，对印制电路板组装件生产流程中的并行、串行流程进行拆分。图 2－17 涵盖了印制电路板组装件全部工艺流程，虚框外的工序为“并行辅助流程”，虚框内流程是根据印制电路板的特征决定的，必须遵循流程顺序，为“串行主流程”。“并行辅助流程”可同时进行，控制在主流程启动前完成即可。通过印制电路板组装件串、并行流程的确立，对印制电路板预处理、元器件预处理等“并行辅助流程”形成独立的工艺文件，对焊接、清洗、粘固等“串行主流程”也可形成独立的工艺文件，实现生产流程上工艺文件的模块化，有效指导生产，提高生产率。

模块化工艺具有较强的灵活性。不同的产品可以自由地选择所需模块，生产中可按模块生产，便于实现产品的标准化。

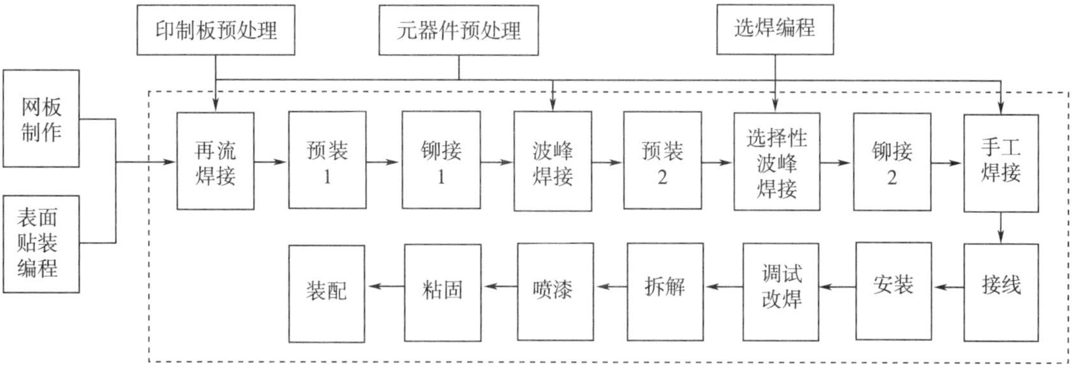

图 2-17　印制电路板组装件工艺流程图

2.4.1.2　建立工艺知识库

精益工艺设计必须有强大的工艺知识库作为支撑。工艺知识库是工艺人员进行工艺设计的基础，是制造企业核心竞争力的具体体现。它是汇集工艺人员工作经验、现行质量要求、工艺技术标准等多项内容为一身，并与软件数据库相结合，获得本企业认可的一种模块化的知识体系。工艺知识库的建立能够加快知识和信息的流动，有利于知识共享与交流。建立工艺知识库一般要对原有的技术信息和工艺知识做一次大规模的收集和整理，按照一定的方法进行分类保存，并提供相应的检索手段。经过这样处理，大量隐含知识被编码化和数字化，工艺信息知识便从原来的混乱状态变为有序的状态，这样就方便了信息和知识的利用。

建立工艺知识库必须使知识在被使用的过程中能够有效地存取和搜索，库中知识能方便地修改和编辑，同时，对库中知识的一致性和完备性能进行检验。以航天电子产品为例，工艺知识库一般包括典型特征库、工艺流程库、标准操作库、典型产品库、工艺资源库。其关联关系如图 2-18 所示。

工艺知识库通过建立典型特征库，对产品特征进行识别，将特征字段与工艺资源库和工艺流程库进行关联，工艺资源库根据工艺流程库提供的特征指向，调用相关数据提供给标准操作库，同时标准操作库根据工艺流程库提供的特征指向，形成完整数据输出，并将结果储存在典型产品库中。典型产品库是由工艺流程库和标准操作库形成的以典型产品为对象的知识整体，并可以作为相似产品的工艺模板。工艺知识库具体内容为：

(1) 典型特征库

印制电路板组装件的特征不同，决定了其选取的工艺方案不同。要选取合理的工艺方案，必须有正确的输入特性。建立典型特征库的目的是针对不同的特征匹配相应的工艺方案。

典型特征库主要依据印制电路板组装件的特征进行梳理和分类。根据元器件在印制电路板上组装的形式，可以分为通孔插装、表面贴装及混合安装。根据印制电路板组装件的组成结构特征，可以分为带有铆装件、散热器等的印制电路板。根据印制电路板组装件上

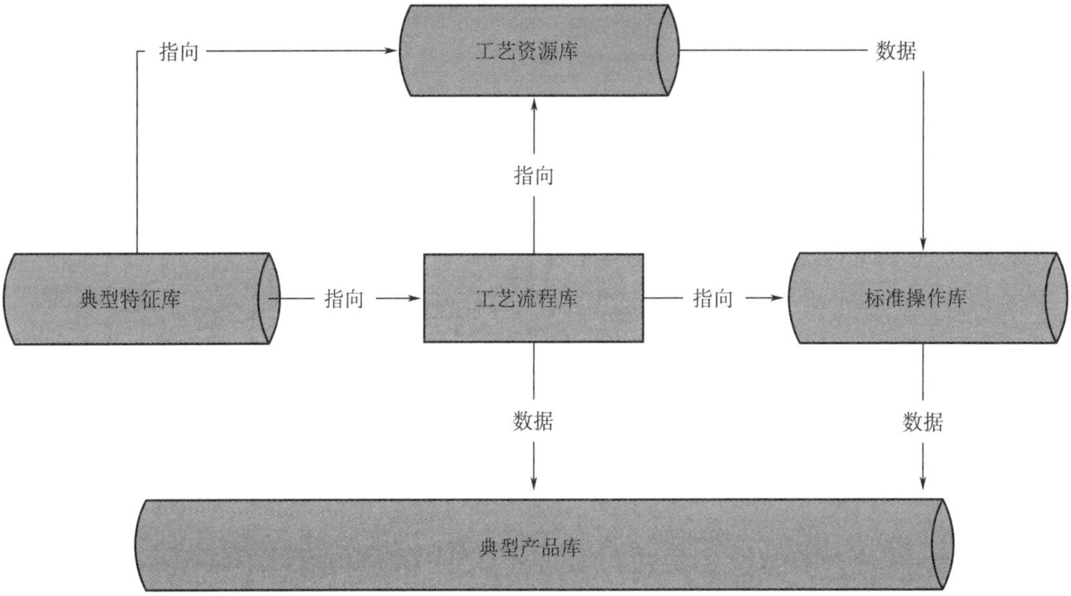

图 2-18 工艺知识库关联关系

的元器件特征和印制电路板布局特性，可以分为镀金元器件、BGA 器件、插针网格阵列封装（PGA）器件、方形扁平式封装（QFP）器件、玻璃封装元器件、大面积覆铜区域等。

（2）工艺流程库

不同特征的印制电路板组装件，其工艺流程不尽相同。在进行工艺流程选择时，将印制电路板组装件的特征作为输入，利用软件功能在工艺流程库中选取优化的工艺流程。因此，工艺流程库需包含各种特征的印制电路板组装工艺流程。

在印制电路板组装件的工艺流程中，“并行辅助流程”基本是固定的，“串行主流程”的确立是关键。例如，对单面表贴器件单面通孔器件的印制电路板组装件，选取图 2-19 中的 A 方案；对无表贴器件双面通孔器件，且印制电路板组装件上有线束的，选取图 2-19 中的 B 方案；对双面表贴器件双面通孔器件的印制电路板组装件，选取图 2-19 中的 C 方案。

（3）标准操作库

当把印制电路板组装件整个电装工艺过程分解为工序、工步和工艺要素后，可以发现不同的产品具有相似的工序，因而具有工艺相似性。按成组工艺原则，可以编制典型工艺规程。相似的工序可以进行标准化、典型化，找出工艺过程、工序、工步、工艺要素中最具有重复使用价值的项目，使其标准化、典型化，这样就可以建立标准操作库。

标准操作库中的各项标准操作模块，是根据电子装联各工序（如元器件预处理，SMT 焊接，波峰焊接，手工焊接、扎线、清洗、喷漆、粘固）的特点，以典型工序为对象，形成集操作方法、设备选取、工具工装要求、工艺参数、检验要求等为一体的知识体系。

研究适宜的工艺方法、量化工艺参数、细化操作规程，选择适用的标准化工艺装备，

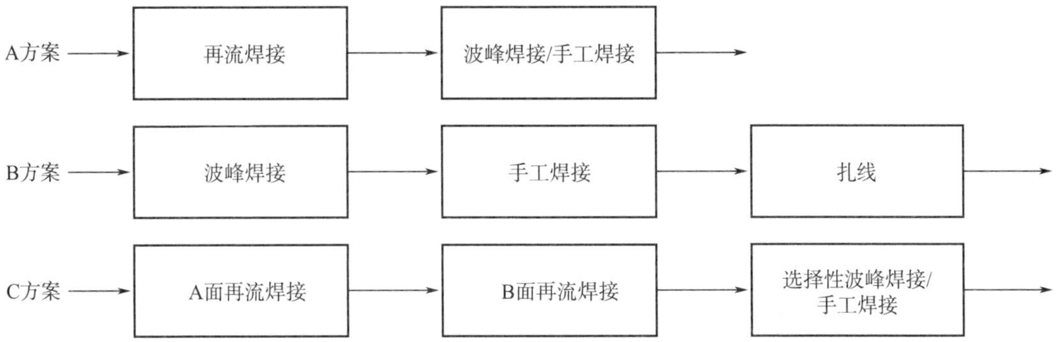

图 2-19　印制电路板组装件工艺方案示意图

形成电子装联各工序的典型工艺文件，利用标准操作规范各工序的操作内容。标准操作库同时涵盖各种质量要求和工艺表格，如多媒体记录要求、强制检验点控制要求等。标准操作库中的工艺知识，注重过程控制，侧重工艺内容完整性，采用科学、有效的方法指导现场操作与检验，同时增加图片或视频等多媒体要素，提高可视化指导，减少生产过程中操作的随意性，提高操作的标准化和专业化程度。

（4）典型产品库

针对单位产品中印制电路板组装件类型，根据使用频率和涵盖的印制组装技术，识别具有代表性的典型印制电路板组装件。针对典型印制电路板组装件，进行完整的工艺规程编制，形成典型产品库。

进行印制电路板组装件的工艺设计时，若其特征与典型产品十分相似或完全相同，则可以直接调用典型产品的工艺规程，并对其进行适当的修改完善。这样既能提高工艺设计效率，又保证了工艺设计的一致性。

（5）工艺资源库

工艺资源库既包含特殊元器件库和各种工艺特征模块，是针对识别的特殊元器件、特殊材料等采取的工艺措施、制定的工艺规范和操作细则，也包含实现这些工艺措施所需要的工艺设备、工艺装备、工具、设施等信息。

选取典型产品，对典型产品中的特殊元器件（如需成形的表面安装器件、引脚镀金的元器件、玻璃封装器件、磁介质电容等）的参数、装联要求等进行入库管理。

充分利用工艺试验、工艺攻关和工艺技术改造，将成熟的新工艺、新技术成果纳入工艺资源库。

2.4.1.3　精益工艺设计平台

精益工艺设计平台必须可以承载模块化工艺和知识库，一般以航天制造企业常用的 CAPP 系统或自主研发系统为平台，主要实现以下功能：

1）知识推送，结合工艺知识库的使用，可以一键生成工艺数据包，提高工艺文件的准确性和工艺工作效率。

2）进行工艺仿真，使工艺文件直观化，增强可操作性。

3）可与生产制造执行系统集成，为建立数字化车间奠定基础。

搭建精益工艺设计平台一般应对现有工艺要素进行重新整理分配，建立相应的 BOM 结构，以工序作为工艺设计的基准点，搭建流程可参照图 2－20 所示。

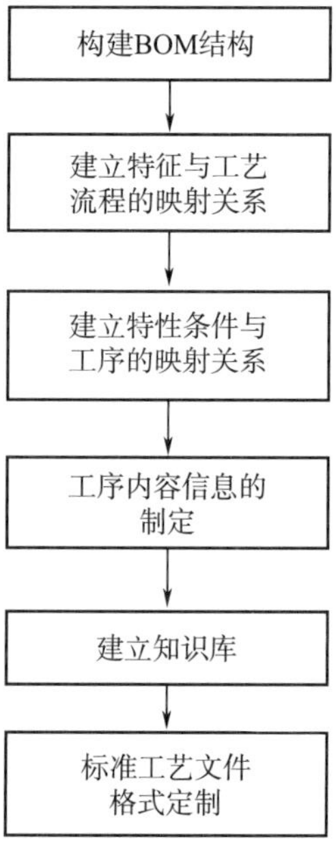

图 2－20　精益工艺设计平台构建方案

（1）构建 BOM 结构

根据产品的型号及生产批次构建产品 BOM 结构，保证处于不同状态的产品具有唯一性（包括 BOM 结构及工艺版本）。根据工序的结构化要素建立工艺 BOM 结构。

（2）建立特征与工艺流程的映射关系

印制电路板组装件的工艺流程受元器件的安装方式及结构件的安装形式等要素影响，根据工艺流程判断，对特征与工艺流程代码进行赋值，然后根据两者之间的映射关系，确立条件关系、互斥关系，根据分析的映射关系及业务数据，建立工艺流程选配规则，软件实现根据特征参数软件自动生成工艺流程。

（3）建立特性条件与工序的映射关系

精益工艺文件的一个突出特点就是详略得当，突出重点。对通用操作中引用的标准规范仅指明出处，对工艺特性详细描述其控制措施并量化参数。建立工艺特性与工序的映射关系，在工艺库中对工艺特性按工序进行分类，当印制电路板组装件的工序确定后，系统提示需对各工序中涉及的工艺特性进行判断，选取特性后，软件系统会自动推送相应的工艺关键特性、过程控制关键特性、特殊要求中的工艺内容，从而形成相应工序的工艺要求。

（4）工序内容信息的制定

工序内容信息的制定即工艺输出的整理，对现有的工艺卡片、质量跟踪卡、多媒体记录清单、辅助材料清单、工装明细表等进行梳理，汇总其中涉及的结构化工艺要素，以工序为最小单位将其进行分类整理，规范字段信息规则，最终形成工序的结构化要素字段。这些结构化要素根据工艺输出的要求，提取到不同的工艺输出中。例如，与结构化要素“关键工序”对应的工艺输出一般有“工艺卡片”“关键工序质量控制卡”，与结构化要素“工艺关键特性”对应的工艺输出一般有“工艺卡片”“工艺关键特性表”和“过程关键特性控制表”。

（5）建立知识库

将确认的工艺知识导入精益设计平台系统，形成知识库，包括工艺资源库（设备、工艺装备、工具、辅助材料、主要材料、工艺关键特性、特殊要求、过程控制关键特性）、标准操作库（各标准化工序描述、通用工艺规范）、典型产品库等。

（6）标准工艺文件格式定制

工艺知识库的内容、工艺文件的编制都必须建立一定的规则，针对工艺输出的格式要求进行定制，这样才能完整提取相关字段，进行关联、汇总，最终输出各类规范化、标准化的工艺文件。

2.4.1.4 精益工艺设计的管控

精益工艺设计是一种工艺设计过程实现形式，精益工艺设计的输出包括精益工艺文件、质量跟踪卡、生产过程各种记录表格等。要使精益工艺设计结果用于实际生产进程中，除了要建好平台外，也应有与之相匹配的管控要求。精益工艺设计的管控分为精益工艺设计输出的管控和工艺知识库的管控。

（1）精益工艺设计输出的管控

建立一套针对精益工艺设计的管控要求，包括：

1）精益工艺文件一般要求。明确精益工艺文件的组成、各部分的格式要求、工艺文件标准化描述、精益工艺文件编号规定、精益工艺文件完整性等要求。

2）精益工艺文件签署要求。明确精益工艺文件的签署流程、签署要求、签署责任等内容。

3）精益工艺文件更改要求。明确精益工艺文件的更改程序、更改方式、更改标记、更改单的要求和管理等，使精益工艺文件的版本得到有效控制。

4）精益工艺设计输出相关文件的管控。精益工艺设计输出除了精益工艺文件，还包括依据工艺文件自动提取的各种文件，如质量跟踪卡、专用工艺装备明细表、工艺关键特性表、多媒体记录表等。精益工艺设计输出的管控也应对这些文件的提取、版本标识、与工艺文件的关联性要求等进行明确。

（2）工艺知识库的管控

精益工艺设计的质量依托于工艺知识库的质量。因此，工艺知识库的管控是精益工艺设计管控的重要部分，主要内容有入库的管控、知识获取管控、知识维护和更新管控。

1）入库的管控。入库的管控包括对入库知识的正确性和完整性的把关。在创建知识库时，需要组建专门的项目小组，对知识鉴定、编选和组合、价值进行评审把关。

2）知识获取管控。知识获取管控包括知识的获取、知识的检索、工艺设计过程中的知识推送。知识库应该提供多种不同的检索字段，容易进行查询和使用。

3）知识维护和更新管控。一个知识库应具有知识的时效性，需要根据企业技术的发展不断更新。因此，知识库需要建立全面的维护和更新制度，知识维护和更新管控包括知识库中数据的版本控制、数据的有效性、数据的更改管控。应对数据的添加、删除和修改等操作设立审批手续和更改权限。应建立用户管理模块，根据不同用户的角色设立不同权限。

通过工艺知识库管控规范的建立，保证工艺知识库中数据的准确性、有效性、实时性，从而保障精益工艺设计的效率和质量。

2.4.1.5 精益工艺设计的特点

1）产品特征化。将产品进行特征分解，利用特征资源进行工艺流程的编制。

2）工艺结构化。将工艺分解为各种工艺要素，覆盖生产过程中所有工艺数据要求。

3）工序标准化。工序的描述内容规范、格式统一。

4）特征与工序形成映射关系。利用特征直接进行工序的判断和选取，串并联工序也能判断。

5）工艺设计的快速化。精益工艺设计利用信息化、数字化平台，依托工艺知识库，能快速完成工艺设计。工艺设计完毕后可以实现包括工艺规程、质量控制记录、关键过程特性记录、多媒体要求等工艺数据包的一键生成。

2.4.2 精益工艺设计效果

精益工艺设计颠覆了传统工艺设计方式，这种以工艺知识库为支撑，以结构化形式的工艺设计过程总结起来有以下应用效果：

（1）工艺规程编制效率提高

使用传统 CAPP 编制工艺文件时，工艺知识、工艺资源等不能主动推送给工艺员，工艺员在理解消化设计图样后，仍需查阅相关标准及前批次工艺技术总结等材料才能完成工艺文件的编制。而使用精益工艺设计系统进行工艺文件的编制时，系统会根据产品特性自动推送相关工艺资源，节省工艺人员大量的编制时间。

（2）工艺规程编制平均质量提高

传统工艺编制完全依据个人经验，成熟工艺员编制工艺时能够想到的细节较多、质量较高，但在工艺队伍年轻化的趋势下，获得高质量的工艺文件存在较大困难。利用精益工艺设计后，采用特征决定流程、知识决定内容的方式，工艺内容基本上都是从知识库中调取，只要了解产品的特征，相关的工艺知识就可以自动推送，将特殊要求、风险内容等推送到工序编制界面前，使得工艺人员避免遗漏，从而可以编制出较高质量的工艺文件。

（3）工艺标准化、一致性提高

传统的工艺编制方法决定了产品的生产方式基本上由工艺员独立设定，相同产品不同工艺人员编制的工艺规程存在一定的差异。通过精益工艺设计，不同工艺员编制的工艺达到同一标准，工艺文件在工艺流程设置、工序内容描述、特殊要求的细化以及完整性和可操作性等方面基本一致。

(4) 适应先进制造模式

精益工艺设计与单元制造模式、数字化车间、精益生产等先进制造模式相匹配，工艺规程可以围绕生产单元、生产线、生产车间进行数据拆分，可以做到现场需要什么，系统就能提供什么。

(5) 促进工艺人员学习提高

精益工艺设计的基础是工艺知识库，而工艺知识库中的知识是行业、企业专业工艺技术的精华汇集，是经过验证的。在进行工序设计时实现工艺知识的推送，促进工艺员的进一步学习、理解和应用，提高工艺人员的业务能力。

2.5 工艺禁忌

航天产品具备一次使用、可靠性要求高、使用环境复杂等特性，对工程设计以及制造工艺都提出了较高的要求。航天产品的设计主要是工程设计，工程设计有别于基础理论研究和技术性原理试验，它必须建立在设计产品制造的可行性和经济性的基础上，其所进行的设计必须具备可实现性，即工艺性。设计工艺性是在设计阶段就要考虑的问题，是设计的产品能够通过工程制造形成实际产品的重要标志。对于一个良好的电子产品，其性能和质量取决于合理的设计、规范的装联工艺和正确的调试结果。

合理的设计就体现在电子产品的设计工艺性上，在产品设计中选用合理的结构、合适的材料以及正确的方法，从制造源头提高产品的设计工艺性，对保证产品质量和可靠性、提高研制水平、增强产品批量生产能力和有效控制成本有着重要意义。工艺既要落实产品设计的要求，又要实现产品的制造，所以设计工艺性至关重要。在产品全寿命周期中，设计对产品的性能、质量和成本控制起到关键作用，但是其中 80%以上的设计问题会遗留到生产阶段，甚至到使用阶段才能被发现。这就导致产品的生产周期延长、生产成本增加。为了避免这种情况，可以通过对设计文件进行工艺性审查来实现。

具备合理设计工艺性的电子产品设计方案，才能很好地通过工程制造形成最终的产品，然而在产品制造过程中，又有着诸多的工艺要求，由于航天电子产品既具有高技术特征，又有多样的结构、材料和生产性质，导致涉及的工艺技术较复杂。产品制造过程既包含机械加工技术，又包括软钎焊接技术以及装配技术、防护技术等各种工艺技术；采取的生产组织模式包括单件生产和小批量，也存在较大批量生产的情况；选用的工艺方法既有传统的手工操作，又有设备加工；既有成熟工艺技术，又有风险较高、成熟度较低的工艺技术。只有设计人员了解和掌握航天电子产品生产加工的特殊要求，在电路和结构设计时避免出现工艺禁忌，才能提高产品的可制造性。

国家有关部门为加快产品技术进步，淘汰落后的生产能力，促进生产工艺装备和产品的升级换代，发布了多批《淘汰落后生产能力、工艺和产品的目录》。航天产品的研制生产必须满足国家的有关规定以及自身产品质量的可靠性要求，从而提出在制作过程中的工艺禁忌要求。针对航天电子产品制造过程中的工艺禁忌主要包括：

1）严重影响航天电子产品质量可靠性的工艺措施和方法，如镀金引线元器件在不除金的情况下直接使用锡铅共晶焊料焊接，易发生“金脆”导致焊点可靠性降低。

2）设计不合理导致加工困难，如元器件安装孔的金属化孔孔径应比安装的元器件引线直径大 0.2～0.4 mm。若设计过程不能满足该要求，则存在焊料不能完全填满焊盘孔并润湿焊盘的风险，降低焊点的可靠性。

3）能耗高、影响环保及职业健康安全的工艺措施或方法，如气相清洗设备应采用符合环境保护要求的清洗液，严禁使用三氯三氟乙烷（CFC-113）作为清洗剂。

航天电子产品制造过程中的工艺禁忌是航天电子产品实现高可靠性的重要保证，落后或成熟度低的工艺方法不适应产品制造需求，而工程设计阶段即进行工艺禁忌的识别，并落实在产品设计文件中，就能够降低航天产品的制造风险，提高产品的可靠性。例如，工艺禁忌中的“禁止利用接线端子、铆钉等方法实现界面和层间的连接；插入任何一个印制电路板元件孔的引线或导线不应超过一根；F 型封装的功率器件禁止采取硬引线直接与接点硬连接的方式安装”等，都是和设计息息相关的，也是设计工艺性重点检查的内容，不合理的设计就会导致生产出带有工艺禁忌的产品。

设计工艺性与航天电子产品制造的工艺禁忌相辅相成，设计工艺性良好的设计方案，在制造过程中能够最大限度地避免产生工艺禁忌。我们首先介绍产品的设计工艺性，然后再介绍航天电子产品制造的工艺禁忌内容。

2.5.1 产品的设计工艺性

航天电子产品的设计工艺性，作为电子产品及其制造、组合、安装、连接、防护与加固等设计的重要内涵，有其严格的工艺技术要素和规范性要求，是产品设计的重要属性。设计得合理与否，将直接影响产品的可制造性、生产的规范性和产品的可靠性。

因此，航天电子产品的设计工艺性，应在符合产品设计原则与规范的基础上，合理完成产品的元器件与材料选择以及电路结构、机箱结构、产品二级装联、产品三级装联、产品防护与加固等相关工艺属性与要素的设计。

2.5.1.1 设计工艺性的特点

目前，随着人们理念和重视程度的提高，我国航天电子产品设计工艺性已经得到较大提高，现阶段航天电子产品在设计过程中仍需要全面考虑设计和工艺技术要素、技术参数和使用依据的协调一致。同时为了确保产品设计可制造性及可靠性能够落地实施，需要对设计的规范性进行确认。

航天电子产品的工艺性设计需立足于继承性，继承并移植我国已经过多次飞行验证、设计定型和工艺定型产品的设计；力求实现与国际航天研究的先进工艺技术接轨，避免盲目性和自闭性。必须考虑生产单位的实际加工能力，合理选取先进技术、先进设备；在选用先进元器件时，应确保其引进途径的稳定性和可靠性。

经济性也是考核与评价航天电子产品工艺性设计的合理性和先进性的基本要素。

2.5.1.2　设计工艺性的主要因素

航天电子产品设计工艺性应该从产品设计的可制造性、可检测性、可维修性和产品可靠性的角度，全面考虑故障模式及影响分析、降额设计、抗热应力、抗力学环境、抗电磁干扰（EMI）、抗辐射、静电放电防护、抗环境侵蚀以及产品的关键环节与薄弱环节控制等各个方面的工艺性要素。

（1）元器件与材料的选择

元器件与材料的选择是航天电子产品设计工艺性及产品可靠性的关键环节。元器件、导线、焊接材料、表面敷形涂敷材料、加固材料、标准件以及辅助材料等的选择应遵循的原则为：优先选择航天型号优选目录内和相关标准推荐使用的元器件及材料，同时需要依据产品设计的性能参数（包括电气性能、物理性能、化学性能及力学性能）、降额原则、可靠性要求进行选择。为了保证电子产品能够顺利地加工生产，还需要依据生产应用能力（包括可制造性、可检测性、可安装性、环境适应性）等工艺特性要求，以及元器件与材料稳定获取途径、质量保障性进行合理的选择。特别注意，航天电子产品设计过程中应严格禁止选择航天禁用元器件及材料，同时尽量不选择限用的元器件及材料，因为那些都经过实践证实可靠性可疑或存在航天应用特定的故障模式。

（2）印制电路板（PCB）的设计工艺性

印制电路板在设计过程中应依据产品特性进行基材的选择、导电图形布局与布线、多层 PCB 的层面布局、印制导线与连接盘和金属化孔的尺寸及其间距设置，同时需要考虑电磁兼容性及导热散热的设计。PCB 设计过程中还需要确定金属镀涂层、阻焊图形及印制字符的可加工性，避免出现无法生产加工的现象。

（3）印制电路板组装件的设计工艺性

印制电路板组装件是电子产品的二级互联产品，是将元器件装联在印制电路板上形成的初级电子产品。在印制电路板组装件的设计过程中需要保证元器件能够正确、合理、可靠地装联到印制电路板上。在设计过程中首先需要考虑元器件，特别是高密度 IC 的布局（密度、安装空间、毗邻间距）及抗力学环境、抗电磁干扰、抗辐照、抗环境侵蚀等相关加固措施与安装空间问题，使元器件安装合理、距离合适，大功率元器件应有导热散热措施。在印制电路板组装件设计过程中还应对其进行抗力学环境加固和抗环境侵蚀的防护设计。

在印制电路板组装件设计时要根据实际装联的工艺方法（手工焊接、波峰焊接、再流焊接）进行设计，保证工艺方法的可实施性。如，选用表面贴装元器件，应将尺寸大、质量大的元器件布设在一面，另一面只布设阻容等小型元件。

（4）机箱及整机设计工艺性

机箱及整机在设计过程中主要考虑机箱、整机电路结构的抗力学环境、抗热应力、抗电磁干扰、抗地面环境侵蚀、抗空间环境损伤等的防护与加固措施及其可实施性。

整机设计过程中，应根据印制电路板组装件（PCA）组合与安装、面板元器件的布局与安装、高（低）频导线及导线束的走线与固定进行合理的布局与分配，保证整机内部电子零部组件和导线束安装合理，且有足够的安装距离与空间，防止整机合拢时出现压线、磕碰元器件的现象。

整机设计过程中还要保证其具备可调试性和可测试性。

（5）低、高频电缆组装件设计工艺性

低、高频电缆组装件在设计过程中主要应保证接点分配与单机接口接点分配的一致性，导线线径与电插接器焊端的匹配性，焊杯中焊接导线数量，电缆束与电插接器尾部出线口尺寸、尾罩规格的匹配性。

同时应保证电缆组装件在航天电子产品上的铺设、安装与加固要求，并保障电缆组装件的屏蔽、防护等符合产品需求。选择的电插接器应在使用空间能够自如地拔插操作。

2.5.1.3 设计工艺性的规范化要求

进行设计工艺性检查时，首先要保证相关要素的设计工艺性符合设计标准和工艺标准要求，符合现有设备和工艺技术所能达到的加工能力。

对引进的国外先进元器件、原材料、生产设备和工艺技术，应首先通过工艺试验，在转化成为国内成熟工艺技术后才可以应用。对于局部非规范的设计（即不能按照或不能完全按照标准要求予以设计的要素），也应首先进行工艺试验（包括必要的环境试验），以充分验证非规范设计的可实施性，确保不影响产品的可靠性和电性能要求。

在设计工艺性检查过程中，对于设计要素中的关键环节、薄弱环节、重要元器件的非规范性安装设计，应有工艺验证试验、试验数据、可实施性及可靠性分析，并予以相关级别的评审，或办理相应的审批手续。

2.5.1.4 设计工艺性检查的主要流程

航天电子产品的设计应按上述要求进行主要因素的工艺性分析，且在规范性要求下，进行合理的设计工艺性检查。设计工艺性检查的主要流程如图 2－21 所示。

2.5.1.5 设计工艺性检查

航天电子产品设计工艺性的检查与分析，是产品设计过程中的重要步骤。设计师在设计过程中填写设计工艺性检查表，同时形成“设计工艺性检查与分析报告”。产品设计的校对、审核过程，同样也需要对设计工艺性进行把关。

（1）设计工艺性检查判定原则

设计工艺性检查应在产品设计过程中实时进行，对不符合工艺性的设计应及时予以纠正和改进，不应将不合理的设计带入下一工作程序。在设计工艺性项目中，设计工艺性要素、设计工艺性参数（范围）或设计工艺技术要求符合相关标准的规定或无明显变化且不影响该要素的可实施性、可维修性和可靠性的，可分析为“设计工艺性合理”；否则应分析为“设计工艺性不合理”。

对非标准设计但确认不影响其要素可实施性、可维修性和产品可靠性的，或经过工艺

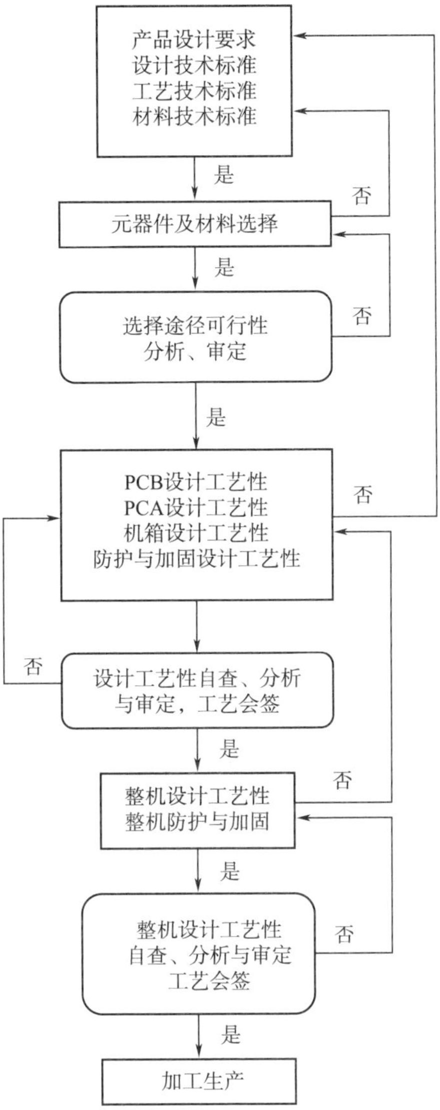

图 2-21　航天电子产品设计工艺性检查的主要流程

性试验确认能够保证该要素的可实施性、可维修性和可靠性的，可分析为“设计工艺性合理”；否则应分析为“设计工艺性不合理”。

首次采用的新元器件、特殊元器件、易碎裂元器件、敏感性元器件或高新工艺技术，经过新工艺技术试验并确认其设计工艺性能够保证该要素的可实施性、可维修性和可靠性的，可分析为“设计工艺性合理”；否则应分析为“设计工艺性不合理”。

采用了“限用工艺”且工艺性设计采取有效工艺措施，已办理审批手续的，可分析为“设计工艺性合理”。采用“禁用工艺”，均应分析为“设计工艺性不合理”。

（2）设计工艺性检查和分析过程

设计师应对所设计的项目进行相关要素的设计工艺性检查，并填写检查表。校对和审核人员应对产品设计图样和设计要求，进行产品设计工艺性检查，重点检查各工艺性要素的不合理设计，对设计者自查的结果进行核定和补充。

设计者在检查完成后，应对产品设计工艺性进行分析，重点分析“检查结果”中不合理要素，分析不合理原因，对不合理设计进行修正和改进。

（3）设计工艺性检查示例

以某 DC/DC 模块安装为例，图 2-22 是其因设计不合理导致故障的原因分析图。

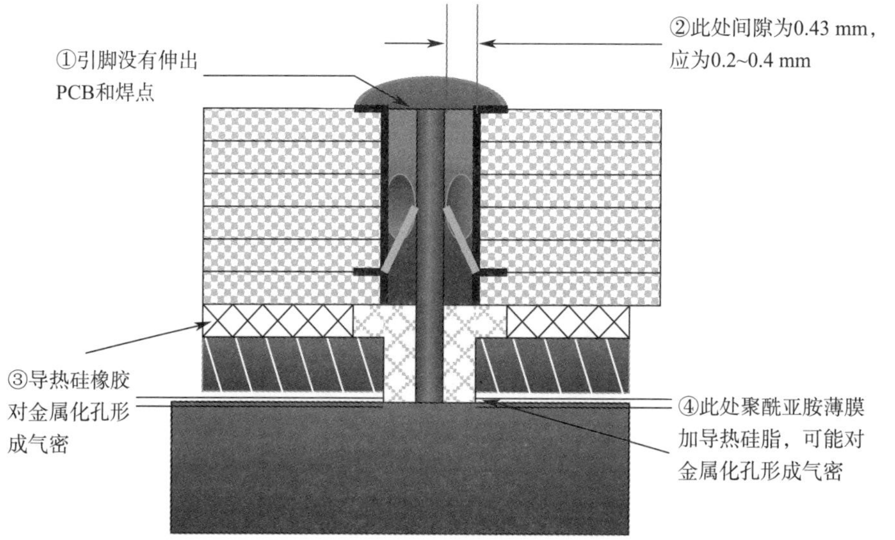

图 2-22　某产品故障原因分析图

针对上述故障内容进行的设计工艺性检查分析示例见表 2-2。

表 2-2　设计工艺性检查分析示例

序号	设计工艺性项目	设计工艺性要素	设计工艺性参数与工艺技术要求	检查结果
1	……	……	……	—
2	PCB	金属化孔镀层厚度	25～35 μm	35 μm
		引脚与插装金属化孔的安装间隙	手工焊接：0.2～0.4 mm	0.86 mm，×
			波峰焊接：0.2～0.3 mm	—
3	PCA	引脚插装高度	伸出 PCB 焊盘 0.5～1 mm	与 PCB 平齐，×
			与 PCB 的安装不能采用硬安装设计	√
		安装要求	与 PCB 的安装不能对金属化孔形成气密性安装	存在可能性

2.5.2　产品制造的工艺禁忌

在航天产品制造过程中选取了严重影响产品质量、环境保护和职业健康安全的工艺项目，包括易造成产品质量常见病、多发病的工艺，导致产品合格率低的工艺，导致产品质量不稳定又难以控制、难以检测的工艺等，制定了《航天产品禁（限）用工艺目录》，主要包括 PCA 装焊过程的工艺禁忌、电子产品整机装联过程的工艺禁忌和电子产品试验过程的特殊要求。

2.5.2.1　PCA 装焊过程中的工艺禁忌

航天电子产品印制电路板组装件加工生产中的特殊要求及禁忌主要从实际安装工序过程进行分类。

（1）焊接材料的选用

在航天电子产品印制电路板组装件的加工生产过程中，应尽量使用松香基助焊剂。当使用免清洗助焊剂时，也应进行有效清洗，保证助焊剂残留物彻底清除。

在焊接过程中宜使用锡铅共晶焊料，因为锡铅共晶焊料作为软钎焊焊接材料已经在电子制造业应用了几十年，通过了各种环境试验的考验，证明其可靠性及焊点连接强度均为最优。随着电子技术的发展也可以选用新的焊接材料，但选用其他类型的焊接材料时，必须进行有效的可靠性试验验证。

（2）端头处理

因航天电子产品生产加工的特点，元器件安装焊接的周期可能较长，元器件引线存在氧化的风险，对于氧化严重的元器件需要对氧化层进行特殊处理。在对氧化层处理过程中严禁使用刮刀等尖锐工具进行操作，应该使用绘图橡皮轻轻擦拭引线，特别严重时允许使用 W14～W28 的金相砂纸单方向轻轻打磨引线表面，但应注意避免因较重的擦拭造成元器件本体或引线损伤。

为了保护大规模集成电路并提高其可靠性，现阶段选用的大规模集成电路的引脚多采用镀金的方式加以防护。金元素极易与锡元素形成结合力较低的金锡合金，使焊点整体结合力下降（金脆现象），所以在印制电路板组装件采用锡铅焊料焊接时，镀金的元器件引线（焊端）严禁未经除金处理直接焊接，必须进行除金操作后才允许焊接。

航天电子产品为了保证焊接质量，需要先对元器件引线进行搪锡操作，且在搪锡前对引线进行校直，为不损伤元器件引线，应使用无齿的平口钳进行操作，严禁使用尖头钳或医用镊子等带齿的工具。

在端头处理过程中，为了防止导线（引线）线头飞溅形成多余物，应使用留屑钳去除多余引线，不宜使用普通剪线钳剪除。

（3）引线成形

为保证元器件安装到位，安装前应根据产品技术要求和安装位置，对元器件引线进行成形操作。成形后的元器件既便于安装，又利于应力消除，能加强元器件安装后的抗力学能力。在成形过程中一般应使用成形工具或设备，禁止使用镊子等普通工具操作，以避免对元器件本体造成破裂、密封损坏或开裂等伤害。对于表面安装器件，由于其引脚较软且密度较大，必须使用工装或设备进行成形操作。

元器件引线成形时，对引线的直径做了限制性规定，即对直径大于 1.3 mm 的引线或线径小于 1.3 mm 的硬引线（回火引线），限制其弯曲成形。

(4) 元器件安装

为了防止玻璃二极管等易损元器件在使用硬质材料进行三防保护时出现损伤，不宜采取贴板安装，需要将本体抬高，确保元器件与印制电路板之间不被硬质三防材料粘连。

印制电路板中的金属化孔质量是印制电路板连接可靠性的关键性能，也是影响印制电路板组装件质量的主要因素。为保证印制电路板组装件电气连接的可靠性，印制电路板的界面和层间连接应通过金属化孔实现。元器件安装孔的金属化孔孔径应比安装的元器件引线直径大 0.2～0.4 mm。

(5) 印制电路板组装件焊接

印制电路板金属化孔的焊接禁止使用两面焊接的方法，焊接时应使焊料从金属化孔的一侧流到另一侧，以保证金属化孔的焊接质量。两面焊接会掩盖金属化孔内部质量问题，造成孔内夹渣、气泡、虚焊等缺陷，多层印制电路板甚至会导致中间层连接断开。

为保证焊点合金层的生成，手工焊接时焊点应在室温下自然冷却，严禁采用任何强制冷却的方式（如用嘴吹）进行操作。对于有缺陷的焊点应允许返工，但每个焊点返工的次数不得超过 3 次。

为减小机械应力对焊点合金层的影响，通孔插装元器件装焊时宜采取先剪后焊的工艺。若采取先焊后剪的工艺，应对焊点采取重熔，以降低焊点合金层出现微裂纹的风险。

(6) 电子产品清洗

航天电子产品组装完成后应 100％进行清洗，清洗方法有气相清洗、手工清洗、超声波清洗和水清洗等。气相清洗应采用符合环境保护要求的清洗液，严禁使用三氯三氟乙烷（CFC－113）作为清洗剂。超声波清洗是利用超声波能量在清洗液中产生的空化作用，使污物破裂净化，达到清洗的目的。但由于超声波能量具有穿透性，对电气接点有一定的破坏作用，所以禁止使用超声波清洗内部有电气接点的电子部件、元器件或装有该类电子元器件的印制电路板组装件。

(7) 元器件加固

在印制电路板组装件的加固过程中，不宜使用环氧树脂胶粘固元器件。当采用环氧树脂胶时，胶液不应遮盖焊盘，不得流向元器件的引线，以防止环氧树脂自身固化过程中拉断元器件引线或焊盘。

当印制电路板组装件中的线束直径超过 8 mm 时，不应仅依靠硅橡胶粘固来进行加固固定，应该使用机械加固方式，防止线束在较大的机械应力作用下脱开。

(8) 修复与改装

修复与改装必须以技术文件为依据，并编制相应的修复和改装工艺规程。对任何一块印制电路板组装件修复（包括焊接和粘结）的数量应限制在六处；所谓一处是指一个元器件的修复。但在任意 25 cm^2 面积内，涉及焊接操作的修复不得超过三处，涉及粘结的修复不得超过两处。对任何一块印制电路板组装件，在任意 25 cm^2 面积内，改装数量不得超过两处。改装一处是指增添一个元器件或一个元器件多个连接点的改变。在修复和改装过程中，每个印制电路板的焊盘原则上只能解焊操作一次，即只允许更换一次元器件，以防止焊盘过热受损。同时，一般不能用电烙铁清除焊点的焊料，应使用吸锡器等专用工具或设备。

（9）静电防护

防静电是航天电子产品组装、调试和试验过程中必不可少的环节。产品在电子装联全过程应严格按照防静电要求操作，禁止不戴防静电腕带等器具直接接触、装焊互补金属氧化物半导体（CMOS）等易受静电损伤的元器件，禁止裸手直接拾取静电敏感元器件。

2.5.2.2　电子产品整机装联过程的工艺禁忌

焊接导线时焊剂会渗透到导线、电缆绝缘层内，由于 RA 型焊接具有较强活性，易造成芯线腐蚀，影响焊接可靠性，所以航天电子产品中导线、电缆的焊接禁止使用 RA 型焊剂。建议采用符合 GB/T 9491—2002 的 R 型或 RMA 型焊剂。

机械冷剥存在损伤芯线的风险，所以航天电子产品的导线绝缘层剥除不宜使用机械冷剥，应使用热控型剥线工具。当使用机械冷剥线时应采用不可调钳口的精密剥线钳，并做到钳口与导线规格选择的唯一性。对于带金属屏蔽网层的多股导线，外绝缘层去除可以采用机械冷剥，但应保证不得损伤屏蔽网及芯线。

为防止多余导线或引线飞溅形成多余物，在剪切多余的导线或引线端头时，不宜使用普通剪线钳，应使用留屑钳。为确保整机导线焊接焊点的质量和可靠性，每个接线端子上不宜焊接超过三根导线。

当电子产品整机装联好后，为防止线束与壳体等金属件出现相对移动，禁止直径大于 8 mm 的线束仅用硅橡胶粘固，应采用机械固定（固定夹或绑扎）配硅橡胶粘固的加固工艺。由于变压器、阻流圈、继电器等大质量元器件仅采用硅橡胶粘固时，易在机械应力作用下脱开，所以上述质量大的元器件应采用机械加固辅助硅橡胶粘固的方式进行加固。

2.5.2.3　电子产品试验过程的特殊要求

航天电子产品在生产完成后需要进行相应的筛选试验、老化试验，以考核产品的可靠性；每批次还随机选取一台或多台产品进行更为严格的例行试验或鉴定试验。在进行这些试验过程中，为了避免出现过应力导致数据不准或者数据无效的现象，在试验的选择和操作过程中需要注意以下特殊要求和禁忌。

（1）振动试验应选择合适的试验条件

航天电子产品应根据型号产品任务书及各种试验标准的要求来制定环境试验的试验条件，并且编入产品的质量保证大纲或试验大纲。而试验条件的选择应充分地了解和考虑国情、生产单位实际情况、试验设备的可获取性等，对试验标准进行适当的裁减，并且合理地选择。对于振动试验，主要应根据实际情况进行选择，如正弦扫描振动的等位移选择。

不同振动台可以实现的等位移不同。为此在进行正弦扫描振动试验过程设计时，应根据试验设备的具体条件设置振动的等位移试验条件。

（2）温度试验应选择合适的试验设备

经过检定在有效期内的温度试验设备，并不适合特定产品的试验条件。在实际使用过程中应根据温变率大小进行设备的选择。

不同型号的温度试验箱温变率不同，温度试验箱温变率可达 15 ℃/min，但在＞7～

10 ℃/min 时需加液氮才可达到。对于循环次数较多的试验，成本会很高。为了降低成本，在条件允许的情况下，高温段温变率大一些（达到 15 ℃/min）；而低温段的温变率小一些（只有 7 ℃/min），实际效果差别不大。因为设备的温变率在高温阶段和低温阶段是不均匀的，分段设置温变率更为合理。

为了防止出现试验箱超高温损坏试件的事故，应选择有超高温保护并报警断电装置的温度试验设备。

（3）正确设计使用振动工艺装备

为了保证试件与振动台的有效固定，在进行振动试验过程中需要设计使用工艺装备来实现。在设计工艺装备过程中应避免选择硬度低于试件的材料，同时工装应能够保证产品与振动台面上的有效接触连接，避免出现摆动，导致过量级振动现象。

（4）确保试验条件的正确性

在航天电子产品试验过程中，设计提供的试验数据是直接施加在产品上的试验条件，在实际进行试验的过程中，应使加载在试验件上的试验条件满足设计提供的试验数据，而不是简单地将设计提供的试验数据直接输入到试验设备中，尤其是力学试验过程。

例如，力学试验中的随机振动试验，在试验过程中应先使用等效产品进行实际响应频谱的确认，使响应频谱符合设计提供的试验条件，此时的设备输入频谱才是用于后续实际试验的输入条件。

2.6 工艺仿真与验证

2.6.1 概述

（1）仿真的概念

广义地讲，仿真是利用物理的或者数学的模型复现实际系统中发生的本质过程，并通过对模型的试验来研究已存在的或设计系统的过程，又称为模拟。由于安全、经济、技术、时间等原因，对实际系统进行物理试验很困难或者难以实现试验数据的跟踪记录时，采用数学模型进行仿真就成为必不可少的方法。当下，通常运用计算机技术对数字模型进行运算来实现仿真。本书所提到的仿真仅指这个概念。

狭义的仿真与狭义的模拟是有区别的。狭义的仿真重视的是数据，可能得到的图像信息一般是数据的可视化表达，是一种计算机辅助工程（Computer Aided Engineering，CAE），其目的是辅助设计和优化；狭义的模拟更加注重直观感受，目的是便于观看。以电子单机装配为例，用计算机技术直观地展示装配过程，通常被称为模拟；用计算机技术研究装配后的应力分布情况，并对结构进行优化，这个过程通常称为仿真。

（2）工艺仿真的概念与作用

仿真技术一般运用于设计阶段。随着计算机仿真技术的普及，得益于良好的人机交互和图形界面，仿真的难度和专业性逐渐下降，为无仿真专业背景的工艺人员从事仿真研究提供了可能。近年来出现越来越多的以工艺过程为对象的仿真。通常将以工艺过程为对象的仿真称为工艺仿真。工艺仿真的作用如下：

1）作为设计仿真的补充，改进设计的工艺性。例如，为了保证印制电路板组装件通孔焊接的焊料填充率，研究覆铜层的排布方式对通孔热量散失的影响。

2）改进工艺细节和工艺方法，提升产品可靠性。例如，研究元器件安装高度对其可靠性的影响。

3）改进工艺流程，提升生产效率。例如，调整生产线布局，以减少物流路径。

（3）工艺仿真的一般途径

在整个工艺过程中，涉及的工艺问题千差万别。解决不同的工艺问题需要不同的工艺仿真途径。工艺仿真的一般途径可以归纳为三种：

1）有限元法。这是目前工艺仿真最常用的一种方法，该方法是将连续体分割为有限个单元，进行求解。该方法能较好地解决电子产品应力、应变、温度、振动等工艺技术问题（建模方法）。

2）计算机辅助设计（Computer Aided Design，CAD）。该方法主要用于模拟装配过程和装配路径（仿真工具）。

3）数理统计法。该方法是用计算机实现统计模拟和抽样，得到问题的近似解，可用于生产线布局和工序安排。

2.6.2　航天电子产品工艺仿真

2.6.2.1　航天电子产品工艺仿真概述

机械和工程领域使用仿真技术已经非常普遍。然而在航天电子产品的制造领域，直到近年才开始大量运用仿真技术来解决工艺问题。由于航天电子产品的独特性，其工艺仿真与常见的仿真有诸多的不同，这主要体现在：

（1）目的

通过仿真优化工艺过程和产品结构，提高航天电子产品的生产效率和产品可靠性。

（2）对象

航天电子产品的制造流程较多，如整机装配、印制电路板制造、印制电路组装件的装配、线束布局、端子压接、软钎焊、元器件的热耗散、温度循环模态与振动、机械装配、生产线布局等工艺环节，每个环节均可以运用仿真技术进行分析。仿真示例如图 2－23 所示。

（3）特点与难点

航天电子产品在产品质量和工艺过程方面的独特性对仿真的复杂性和准确性提出了较高的要求。同时也面临着制造过程自动化、数字化程度低所带来的一致性低、随机性强、工艺过程数据难以掌控等问题，具体表现在以下几个方面：

1）产品小批量且具有多样性，故针对单一产品的仿真就需要考虑仿真成本。

2）制造工序拆分不清晰，手工生产难以统计过程数据，导致仿真的输入参数不足或者仿真结果缺乏实际验证。

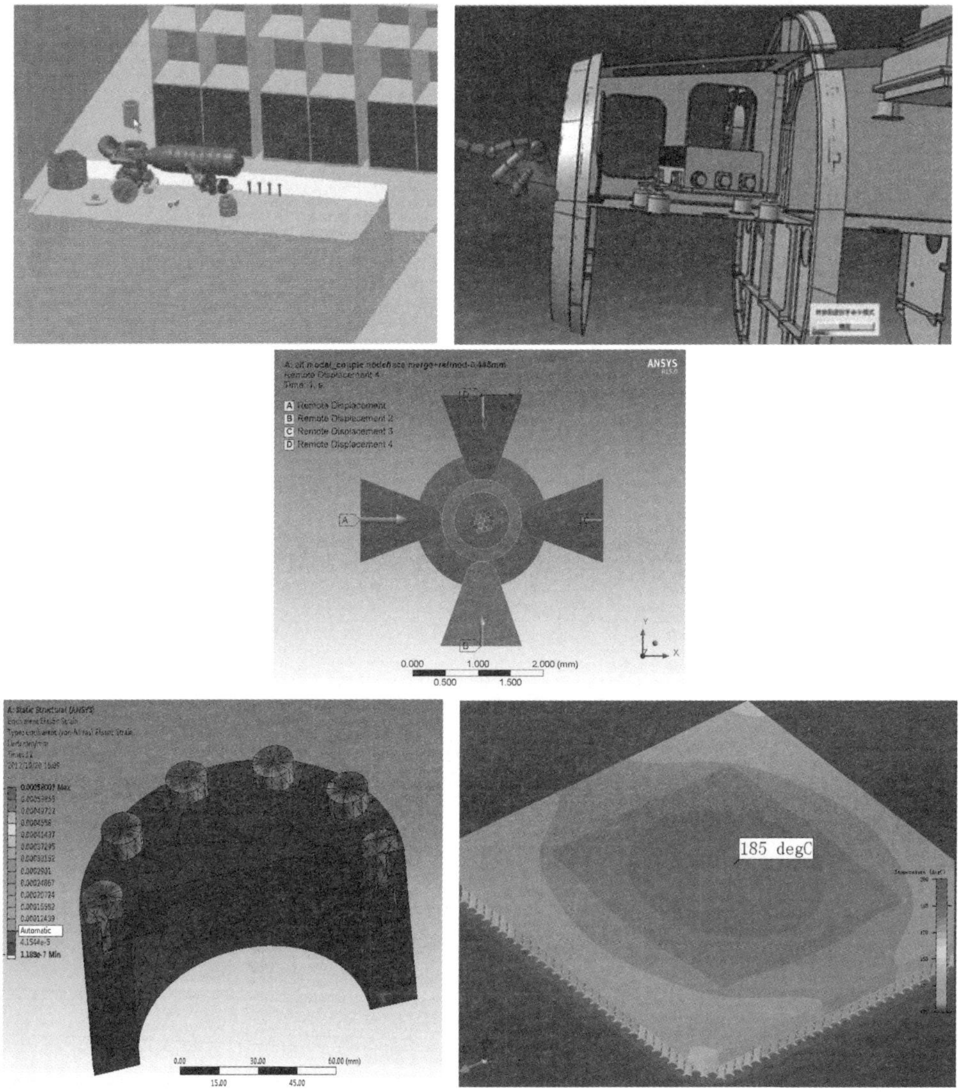

图 2-23 仿真示例

3）制造过程随机性强、制造环节多、产品状态变更、人员调整等随机发生事件导致理想化建模的仿真误差偏大。

4）材料多样、差异极大，且部分材料难以查到准确的物理参数，材料本构方程多样，导致精确仿真需要额外的参数测定投入。

5）产品结构复杂，仿真工作量大。仅以印制电路组装件为例，元器件本体和引脚材料都不同，部分器件引腿数量多，微小结构多，在实际仿真过程中，必须对模型进行极大的简化。

6）电气性能的制约。依据仿真开展的结构优化需要满足电气性能的要求。这样，仿真优化就需要跨专业的协同。

2.6.2.2　工艺流程仿真

工艺流程仿真是运用计算机技术将产品数据、生产数据和操作过程数字化，再对以上内容进行仿真和优化的过程。它包含工艺布局/规划仿真和虚拟装配两个部分，是实现数字化工厂的重要途径。

(1) 工艺布局/规划仿真

工艺布局/规划仿真主要基于数理统计的方法，大多数仿真软件已经具备可视化功能。工艺布局/规划仿真的目的是按照人流、物流、信息流的合理需要，对建筑物、设备、人员、运输通道做出有机的组合和合理的配置，以达到人、物、信息通畅且有效地进行生产。仿真具有成本低、效率高、不受现实条件限制、支持复杂系统分析等优点，可以显著缩短系统分析评价周期，被广泛应用于制造系统的规划、设计、运行、分析及改造的各个阶段。航天电子产品的生产具有典型的多品种、小批量、流程复杂的特点，难以采用基于物流密度的传统工艺布局/规划设计方法。

电子产品生产是一个复杂的制造系统，具有典型的离散事件系统（DEDS）特性，因此电子产品工艺布局/规划仿真一般基于离散事件实现。数理统计方法是无法直接求出最优解的。一般通过对数个方案进行仿真，得出较优解。根据仿真得到的利用率、闲置率、阻塞率对生产线的瓶颈采取一定的措施，通过逐次优化来逐步地趋近最优解。表2-3中，由于仿真的变量较多（如统一原则的“四要素”）且需要达到平衡，通常需要多次仿真优化迭代。这项仿真可以实现厂房建设、生产线布局、产能调整（人员和设备的增减）、物流路径、生产路径、生产调度等内容的优化。工艺布局/规划的仿真流程如图2-24所示，电子产品生产线布局方案示例如图2-25所示。目前用于离散制造仿真的软件平台很多，例如Witness、Flexsim、Arena、Extend和QUEST。

表2-3　工艺布局/规划仿真原则表

序号	原则	内容	理由
1	统一原则	把工序四要素“人”“机”“料”“法”有机统一起来，并充分保持平衡	一旦四要素没有统一协调好，作业就容易割裂，会延长停止时间，增加物料搬运的次数。所以应在充分考虑四要素平衡的基础上进行布局
2	最短距离原则	配置时要使物料搬运距离、时间最短	移动距离越短，物料搬运所花费的费用就越少，时间就越短
3	物流顺畅原则	使工序没有堵塞，物流顺畅	使物流不要出现倒流和交叉，要设法使物流像水从高处流向低处那样顺畅
4	利用立体空间原则	立体地利用空间，有效利用空间	材料仓库、零件仓库的堆积一定会使空间狭窄，因此把仓库设计成网架式储存架，以达到高效率利用三维空间的目的
5	安全满意原则	布局使得工装人员既能安全作业又能轻松作业	确保作业人员的安全和减轻疲劳是非常重要的，材料的移动、旋转等会出现不安全状况，抬升、卸下货物会加剧作业疲劳，应尽量减少
6	灵活机动原则	适应变化，随机应变，采取灵活措施	面对各工序的变化、增减工序等情况，尽可能随机应变，见机行事

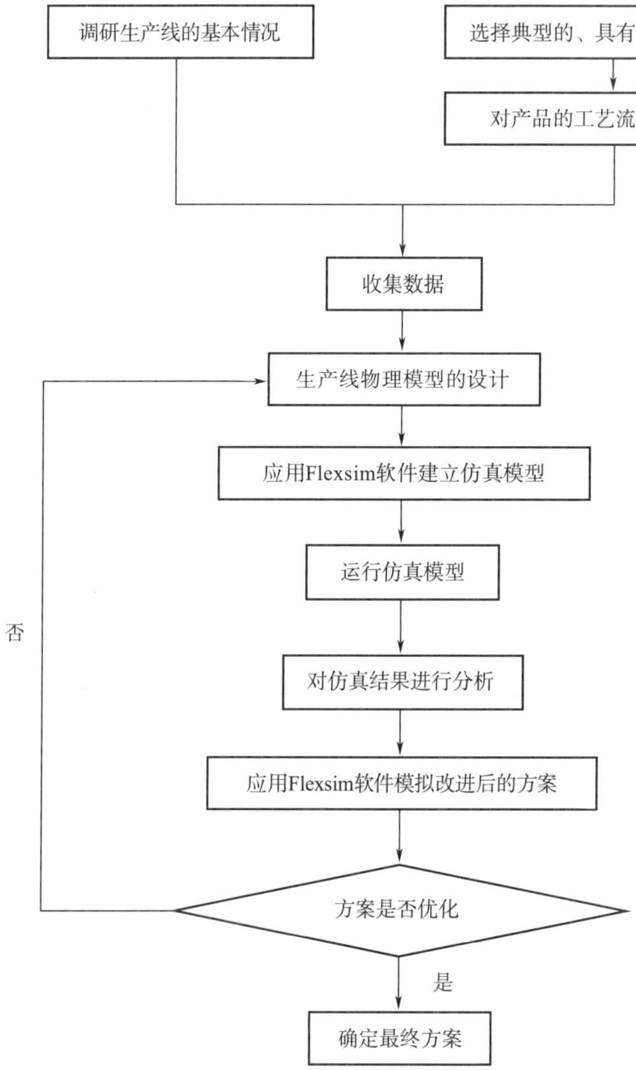

图 2-24　工艺布局/规划的仿真流程

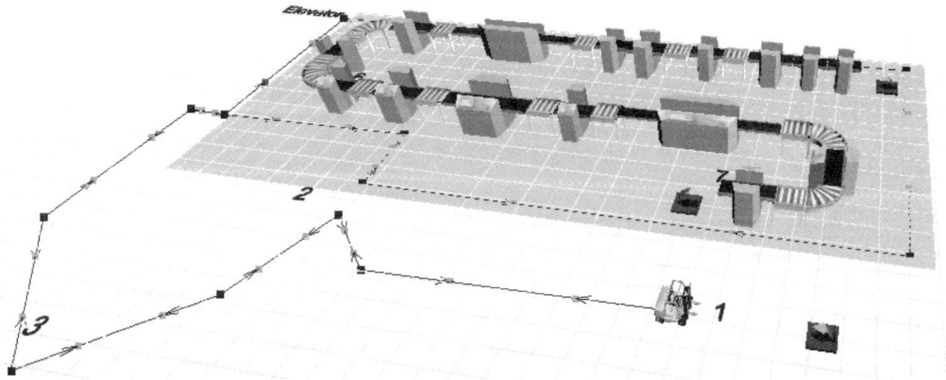

图 2-25　电子产品生产线布局方案

航天电子产品，尤其是整机和线缆产品，由于其具有小批量多品种的特性，存在大量手工生产的过程。人员的随机性大于设备，产品状态、物流状态不稳定，生产过程存在大量难以预估的随机事件，导致生产稳定性和连贯性不高。这些就造成数据收集困难，仿真结果失真。航天电子产品的工艺布局/规划仿真不仅要针对理想状况进行分析，还需要结合对随机事件的考量，以提升工艺布局/规划的鲁棒性。

（2）虚拟装配

虚拟装配（Virtual Assembly，VA）是通过计算机实现分析、建模、可视化、数据表示的过程，辅助装配工程决策，是装配过程在计算机上的本质实现。虚拟装配是数字化制造的一个关键部分，但相对于数字化制造的其他部分而言，它是一个薄弱环节。虚拟装配的实现有两个途径：一是基于 CAD 软件，实现装配过程可视化，直观展示零部件组件的装配关系，明确装配顺序和装配方法，如图 2－26 所示；二是基于虚拟现实（Virtual Reality，VR)，构造虚拟的装配环境，实现多感官的装配交互，如图 2－27 所示。

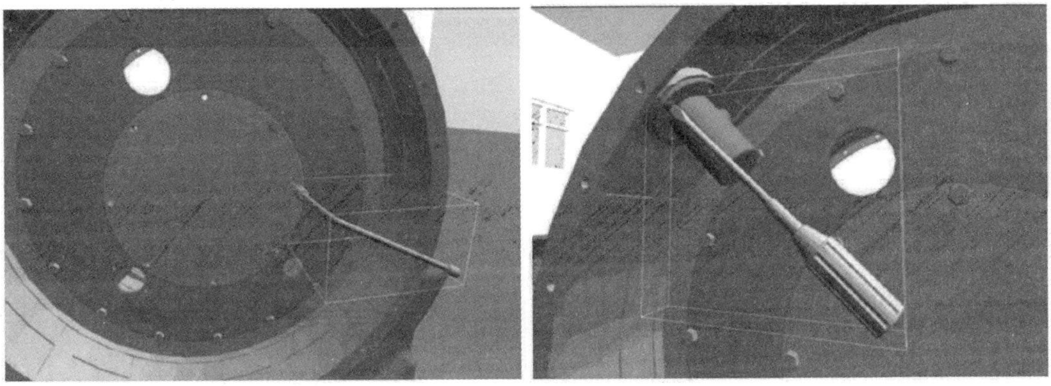

图 2－26　基于 CAD 的虚拟装配

虚拟装配的作用凸显在两个方面。一是以产品设计为中心。在产品设计过程中，为了更好地进行与装配有关的设计决策，用计算机数据模型进行装配分析，从而改进产品可装配性和结构设计。这是实现面向装配设计（Design for Assembly，DFA）的有效手段。通过模拟试装，找出结构设计中装配性能不好的结构特征，进行设计修改，最终保证所设计的产品从技术角度看是装配可行的。二是以工艺设计为中心。基于产品模型和装配资源，将工艺路线、装配顺序和装配要求等工艺设计内容在虚拟环境中进行比较和优化，并整合至数字模型中，最终将工艺设计信息直观地传递到操作现场，进而提升工艺设计的数字化水平。航天电子产品的数字化程度曲线如图 2－28 所示。工艺虚拟装配直接服务于现场操作，对直观性、逼真度有一定的要求，主要体现在实施对象、操作过程和工装工具与生产实际情况的高度吻合，从而提升操作人员的工作效率。

传统电子产品的制造过程面临如下问题：

1）产品设计与装配工艺设计集成性不足：产品设计无法充分考虑装配工艺性问题，往往需要多次工艺反馈才能确定设计，这种串行的设计方式严重影响装配进度。

图 2-27　基于 VR 的虚拟装配

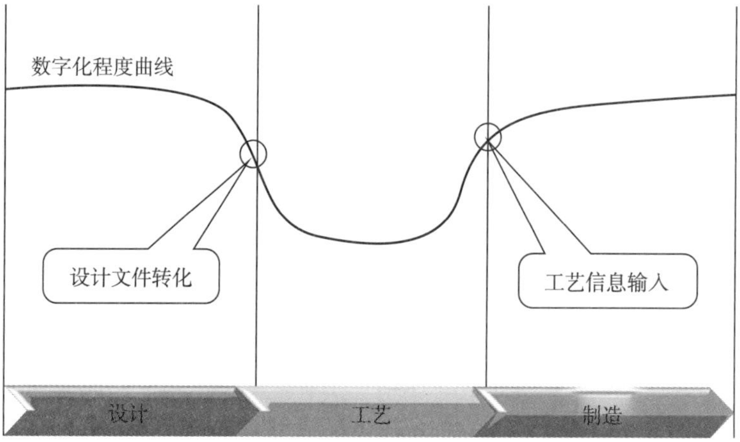

图 2-28　航天电子产品的数字化程度曲线

2）装配工艺设计手段落后：随着三维 CAD 软件的迅速发展与普及，三维 CAD 系统已经代替二维 CAD 系统成为企业产品创新设计和数字化设计制造的基础平台，但是装配工艺设计手段仍然很落后。目前，装配工艺设计都是针对二维图样采用人工编制，编制周期长，而传统的 CAPP 系统只是提供一个进行人工编制工艺卡片的计算机平台，无法快速理解设计意图和充分利用设计信息。

3）装配工艺的设计和验证依赖物理实物装配：在实际装配的工艺设计中，需要借助实物对关键零部件的装配进行验证，以确定装配顺序与装配关系，例如电缆路径、长度和电缆束的捆扎等，从而导致装配周期长、成本高。

4）装配工艺文件不直观：基于二维视图的装配工艺的生成、组织、管理与表达比较困难，且无法直观地、交互地对装配过程进行仿真和评估，另外二维纸质工艺文件无法直观反映装配细节与要求，给工艺技术状态控制、操作人员理解和使用带来困难。在新型号产品的装配中，需要工艺人员到现场进行指导，以防止装配人员由于理解错误导致错装、漏装。

针对以上问题，航天电子产品虚拟装配可以实现：

1）结合企业现状开展虚拟装配工艺设计研究，实现产品设计与装配工艺设计的集成。根据产品设计的三维模型，经过信息的提取与重构，在虚拟环境中对产品进行交互式装配工艺设计，可充分利用设计信息体现产品设计意图；2）改变传统串行的装配工艺设计模式，实现装配工艺的并行设计，并有效减少对物理模型的依赖；3）借助计算机智能规划技术，大大减少航天复杂产品的装配工艺规划时间，缩短产品研发周期；4）通过三维可视化装配工艺文件的示教，可直观、清晰地体现装配工艺设计意图，使装配工人的装配效率得到提高，抑制漏装、错装现象的发生。

装配模型的建立包括装配场景模型的数据准备和建立，以及刚柔混合装配层次关联模型的建立。其中装配场景模型的数据准备是通过 CAD 系统与虚拟装配系统的信息集成实现的，装配场景模型的建立是个静态过程，它在虚拟装配系统对场景模型加载的同时进行，用来形成刚柔混合装配层次关联模型中零件层的信息节点。刚柔混合装配层次关联模型中组件层、部件层和产品层信息节点的建立，是在虚拟装配环境中通过人机交互动态完成的，操作者对零件模型进行装配的过程就是刚柔混合装配层次关联模型建立的过程。虚拟环境下装配模型的建立内容及流程如图 2－29 所示。装配场景模型包含工具装备模型和装配环境模型，虚拟装配的实现效果如图 2－30 所示。

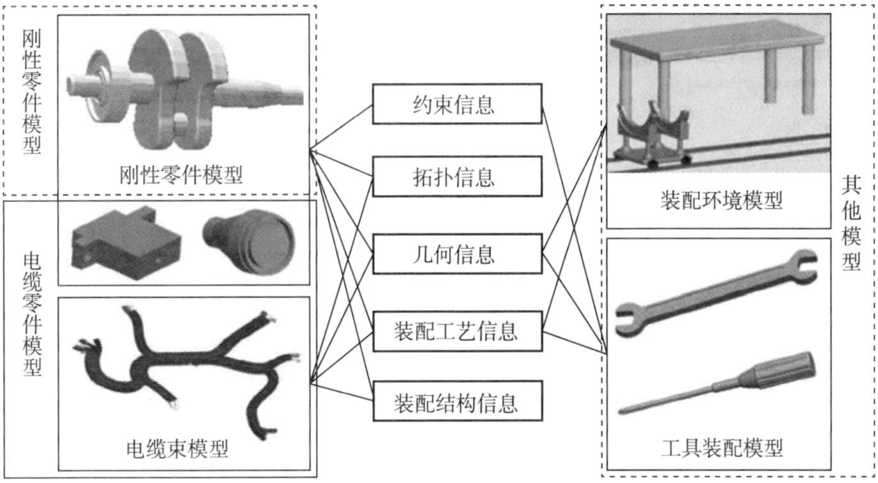

图 2－29　虚拟环境下装配模型的建立内容及流程

2.6.2.3　有限元仿真

有限单元法（Finite Element Method，FEM）是一种为求解偏微分方程边值问题近似解的数值技术。该方法是将连续体分割为有限个相互关联的单元，各单元的外载荷可以等效转化为节点载荷，建立单元平衡方程组，求解该方程组获得真实情况的近似解。可以用于获得一般解析数学方法难以求解的结果。基于有限单元法的仿真简称为有限元仿真或有

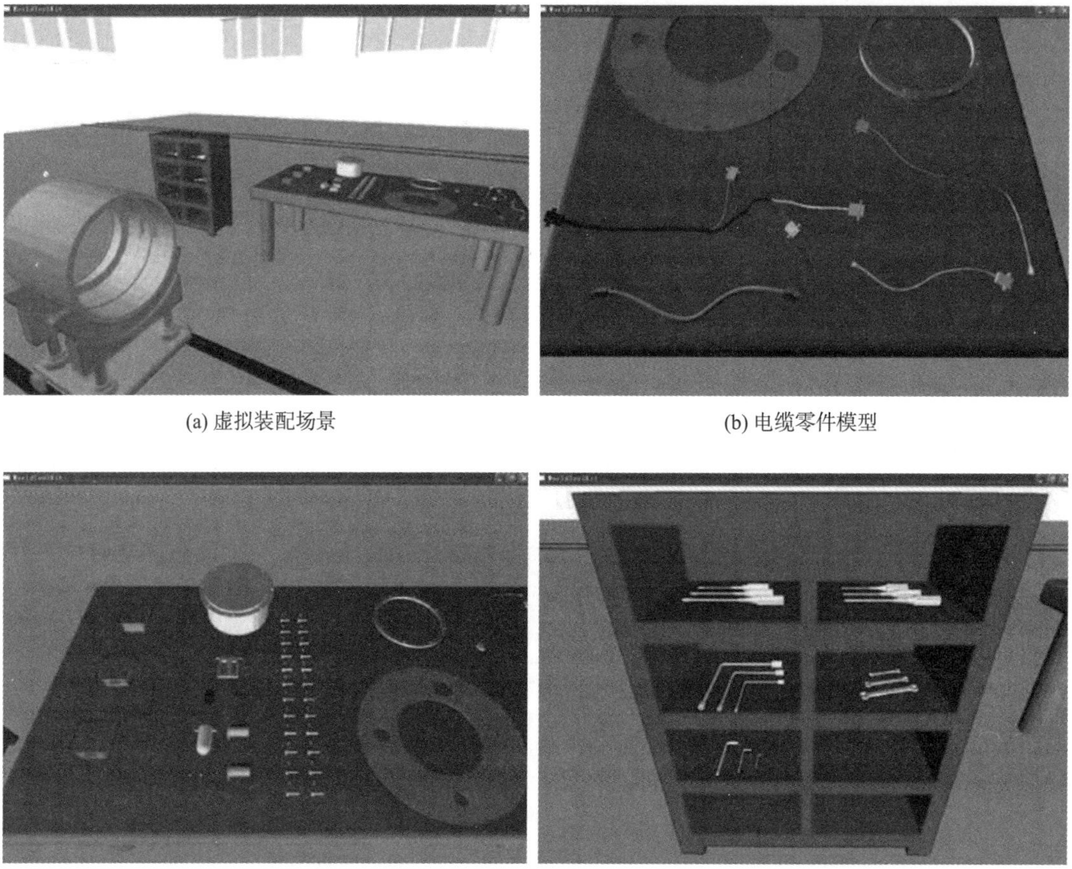

(a) 虚拟装配场景　(b) 电缆零件模型

(c) 刚性零件模型　(d) 工具模型库

图 2-30　虚拟装配的实现效果

限元分析（Finite Element Analysis，FEA）。有限元仿真的一般流程如图 2-31 所示，流程中各节点的工作内容为：

几何模型：根据简化方案，建立仿真的几何形状模型；

材料模型：定义材料模型和材料参数；

几何定义：将材料模型赋到几何模型中，并定义几何属性，例如刚度等；

网格划分：调整网格参数，适应不同仿真精度的需要；

载荷施加：定义载荷的种类、大小、位置、载荷步等；

求解设置：设定求解时间、求解性质等求解器控制；

结果处理：输出仿真结果，拾取需求的信息。

有限元仿真作为一种典型的 CAE 技术，相较于传统的设计过程和工艺过程，对提高航天电子产品的结构设计和工艺水平有较大的优势。主要表现在以下三个方面：

1）提高设计工作的效率、缩短产品开发的周期。CAE 技术是 CAD 技术纵深发展的结果，使设计者可以用“设计—仿真分析—改进设计”的现代设计方法取代传统设计方法中“设计—验证设计—再设计”的循环。这样产品在整个设计过程中只需要进行必要的验

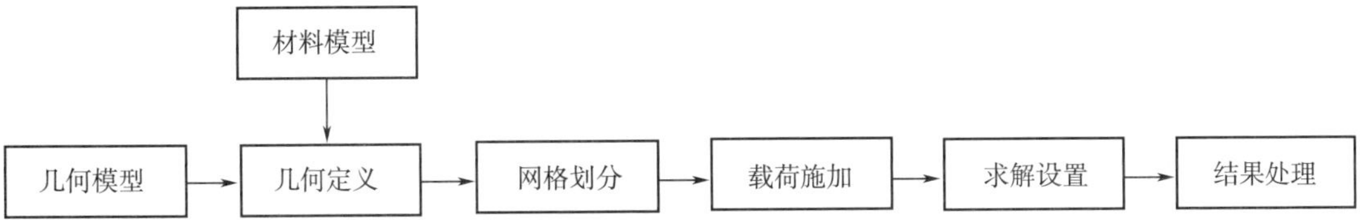

图 2-31　有限元仿真的一般流程

证性试验就可以完成设计，极大提高了设计工作的效率，缩短了产品设计周期。

2）降低产品的成本。CAD 是设计自动化和仿真分析的基础，设计师可以利用其强大的图形绘制和三维造型功能，生成数字化的图形数据。但关键的产品质量和性能问题，在 CAD 中却无法涉及，很多新产品及改型产品还只能通过多次的样机试验、设计修改来完成定型过程，需要消耗大量的费用和精力。而 CAE 技术的应用，则可使设计者用计算机仿真代替部分验证性试验，从而节省制造物理样机和进行试验的费用，进而降低产品的生产成本。

3）提高产品质量、改善产品的性能。CAE 技术使设计人员可以在计算机中对结构进行静力学分析、动力学分析及疲劳分析等各种产品结构性能分析，预先了解结构设计中的一些缺陷。综合这些信息，设计者可以对结构进行改进并选择具有最佳性能的设计方案。CAD 技术可以捕捉设计意识，快速得到产品的几何模型，但是真正能提高产品质量和改善产品性能的是 CAE 技术。

对于航天电子产品来说，有限元仿真主要用于产品的可靠性分析。航天电子产品的工艺过程和工艺细节有很多，但是考核其可靠性主要依托两种环境试验：温度循环和振动试验。应用有限元仿真的主要目的是评估和改进产品耐恶劣环境的能力。为了保证仿真结果的准确性，需要对有限元模型进行反复修正，最可靠的方法就是进行物理试验验证。航天电子产品运用有限元仿真技术进行可靠性分析的流程如图 2-32 所示。

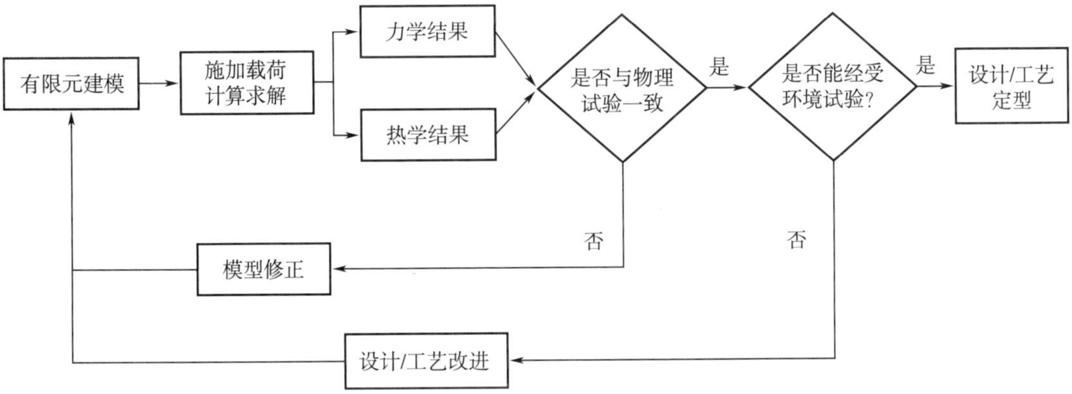

图 2-32　航天电子产品运用有限元仿真技术进行可靠性分析的流程

有限元仿真是最常用的仿真技术，它对电子产品力学、热学、动力学的仿真具有较强的适用性，与之对应的理论基础分别为：

(1) 力学

有限元仿真最重要的工作是突出所处理问题的本质，并将问题抽象化和简化。力学分析最基本的材料模型为弹性体（Elasticity），有五个基本假设：

1）连续性假设：假设物质中无空隙，无视微观粒子。因此，可以用连续函数来描述对象。

2）均匀性假设：假设物体内各个位置的物质具有相同的特性。

3）各向同性假设：假设物体内同一位置的物质在各个方向上具有相同的特性。

4）线弹性假设：假设物体的变形与外力作用的关系是线性的。外力去除后，物体可恢复原状。

5）小变形假设：物体变形远远小于物体几何尺寸，或不影响物体之间的相互关系。

弹性变形是一种可逆的变形，有两个需要定义的基本参数：弹性模量（又称杨氏模量）和泊松比。弹性模量是在比例极限范围内，应力与应变的比值，它是衡量材料刚性大小的力学指标。泊松比是在弹性变形范围内，材料横向线应变与纵向线应变的比值，通俗地讲，它是样件拉伸后径向减少量与轴向拉伸量的比值。

材料受力超过比例极限时，就会产生塑性（Plasticity）变形。材料的弹性和塑性变化曲线如图 2－33 所示。塑性变形是一种不可逆的变形，超出比例极限的点称为屈服点，此时的应力为屈服强度。抗拉强度是材料拉断过程中能承受的最大应力。塑性变形中危害最大的形式是断裂，断裂分为四种：塑性、脆性、疲劳和蠕变。塑性断裂发生前材料会有明显的塑性变形，而脆性断裂发生前材料没有经历过明显的塑性变形。疲劳断裂是在经过反复加载卸载过程中，材料长期受到交变载荷而出现疲劳，进而产生的破坏。蠕变断裂是蠕变材料发生的断裂。蠕变是指弹性变形随着时间推移渐变为塑性变形。常温下的锡铅焊料就是典型的蠕变材料。图 2－34 为一通孔元器件仿真分析时的受力情况。

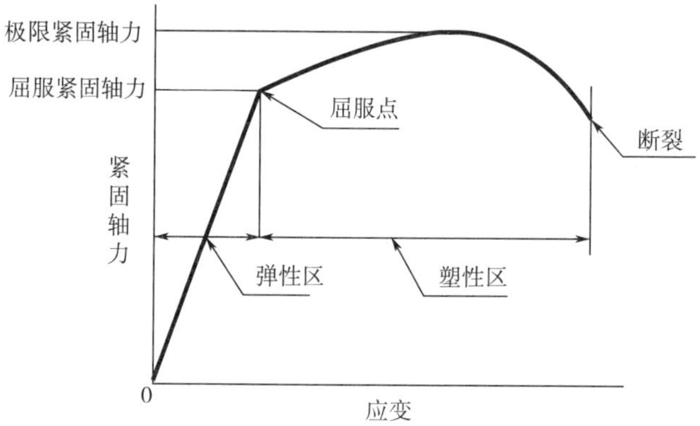

图 2－33　材料的弹性与塑性变化曲线

通过仿真可以得出材料的应力分布，通过强度理论判断材料是否超出强度要求，强度理论有：

1）第一强度理论（最大拉应力理论）：最大拉应力引起材料破坏。

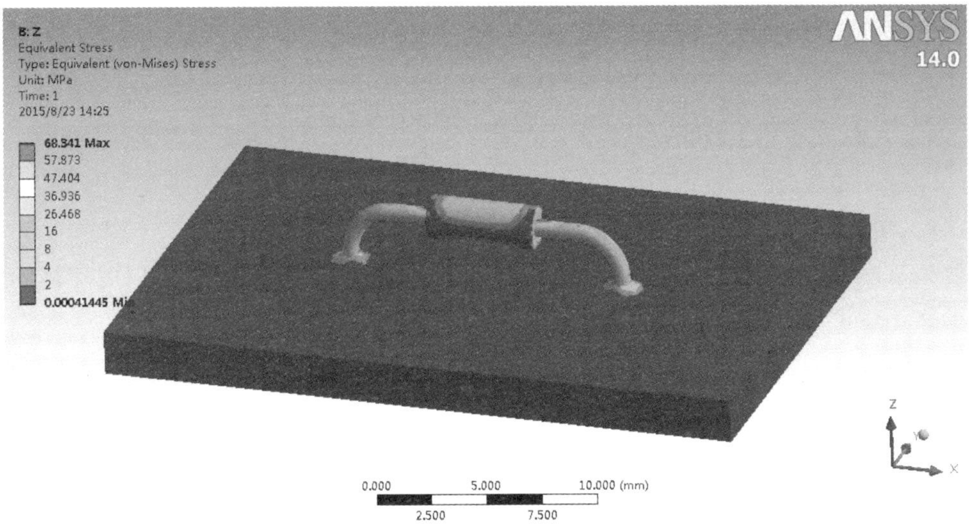

图 2-34　通孔元器件的受力情况

2）第二强度理论（最大伸长线变形理论）：最大伸长线应变引起材料破坏。

3）第三强度理论（最大剪应力理论）：最大剪应力引起材料破坏。

4）第四强度理论（形状改变比能理论）：形状改变比能引起材料破坏。只要材料的形状改变比能达到材料在单向拉伸屈服时的形状改变比能，就会发生破坏。

一般塑性材料用第三或第四强度理论判定。极脆材料用摩尔或第一强度理论判定。受轴向压缩，发生横向破坏的脆性材料，用第二强度理论判定。拉伸强度与压缩强度不等的材料使用摩尔强度理论判定。

（2）热学

传热是广泛存在的自然现象。只要有温差存在，就一定出现热量的传递，进而引起温度的变化。传热过程分为热传导、热对流和热辐射。

物体各部分之间不发生相对位移，依靠分子、原子及自由电子等微观粒子的热运动进行的热量传递称为热传导。其基本公式为傅里叶定律

$$\Phi = -\lambda A \frac{\mathrm{d}t}{\mathrm{d}x}$$

式中　Φ ——热流量，W；

λ ——导热系数，W/（m·K）；

A ——导热截面积，m^2；

$\frac{\mathrm{d}t}{\mathrm{d}x}$ ——温度变化与传热距离之比。

对流是指流体各个部分之间发生相对位移，冷热流体相互掺混所引起的热量传递方式。根据引起流体流动的原因可分为：自然对流和强制对流。自然对流是由于流体冷、热各部分密度不同而引起的。强制对流则是由水泵、风机或其他外来压差作用造成的。基本

计算式为牛顿冷却公式

$$\Phi = Ah\left| t_w - t_f \right|$$

式中　Φ ——热流量，W；

h ——表面传热系数，W/（m^2 · K）；

A ——接触面积，m^2；

t_w，t_f ——表面温度和流体温度，K。

物体通过电磁波传递热量的方式称为热辐射。辐射热流量采用斯忒藩-玻耳兹曼定律的经验修正公式来计算

$$\Phi = \varepsilon A \sigma_b T^4$$

式中　Φ ——热流量，W；

σ_b ——斯忒藩-玻耳兹曼常量，5.67×10^{-8} W/（m^2 · K^4）；

A ——物体表面积，m^2；

ε ——物体的发射率（俗称黑度），其值总小于 1；

T ——物体的热力学温度，K。

以上三个公式对稳态和瞬态热分析都适用。对于稳态热分析，温度不随时间变化。瞬态热分析还需要考虑热量的累积，因此需要定义物体的密度和比热容。以半无限大物体为例，在 $0 \sim \tau$ 时间内，每平方米累积热量为

$$Q = 2(t_w - t_0)\sqrt{\tau\lambda c\rho/\pi}$$

式中　t_w ——表面的恒定温度，K；

t_0 ——物体初始温度，K；

τ ——加热时间，s；

c ——比热容，J/（kg · K）；

ρ ——密度，kg/m^3。

温度变化会引起材料的膨胀或收缩，如果物体受到约束或各部分温度变化不均匀，就会产生热应变和热应力。热应力分析需要材料的力学属性（如弹性模量、泊松比等）和热膨胀系数（CTE，单位为 K^{-1}）。

在进行热分析和热应力分析时，弹性模量、导热系数、热膨胀系数等参数会随着温度发生变化。必要时，需要输入仿真温度区间内各个温度下的相应值。图 2－35 为印制电路板热仿真示例图。

（3）模态、随机振动与动力学

动力作用的本质就是惯性力和阻尼力的作用。惯性力与加速度和质量有关，阻尼力与速度和阻尼有关。结构动力学方程组如下

$$\boldsymbol{M}_\beta(x,y,z,t) + \boldsymbol{C}_\lambda(x,y,z,t) + \boldsymbol{K}_\mu(x,y,z,t) = \boldsymbol{F}_p(x,y,z,t)$$

式中　β，λ，μ ——系统振动时的加速度、速度、位移向量，代表惯性力、阻尼力和弹性力；

$\boldsymbol{M}$ ——体系质量矩阵；

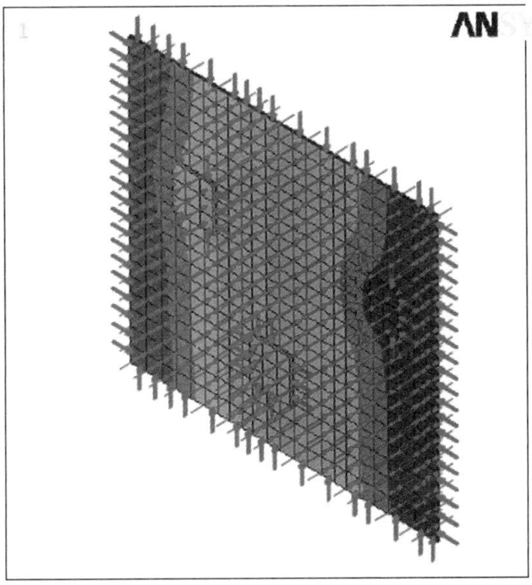

图 2-35　印制电路板热仿真示例图

C ——体系阻尼矩阵；

K ——体系刚度矩阵。

稳态动力学分析包括模态分析、反应谱分析、随机振动分析。模态分析主要计算指定频率范围内谐波激励下响应的幅值和相位。通过反应谱分析可以得出振动响应与激励之间的关系。随机振动通过模态叠加得到线性响应，以概率统计的形式计算得到系统响应。

在随机工作的状态下，存在三种基本的失效模式：

1）一次失效，即载荷第一次达到失效水平。

2）时间失效，即超过平均疲劳寿命后出现失效，一般出现在电子元器件上。

3）累积损伤失效，即每次载荷达到一定水平后，产生微小散失可以定义的损伤，直至发生失效，这是随机振动分析最常用的失效模式。累积损伤失效是一种疲劳失效，可按照材料疲劳（$S-N$）曲线进行确定。

瞬态动力学是用于确定结构承受任意随时间变化的载荷响应的一种方法。可以用于处理碰撞、冲击、爆炸、穿透等问题。瞬态动力学分析不仅需要考虑惯性力和阻尼力，还需要模拟时间过程，计算量较静力学分析提升数十倍至百倍。其关键技术细节有时间步长和阻尼。瞬态分析的精度取决于积分时间步长的大小。步长过小会引起数值计算的困难，过大的步长会引发高阶模态响应的误差。图 2-36 为一电子机箱的冲击响应应力仿真图。

2.6.2.4　仿真验证

通常情况下仿真基于理想化的数学建模。实际情况则受到多方面影响，这些影响难以通过建模实现，这就导致了仿真结果与实际结果必然存在偏差。在无法判断仿真准确性和正确性的场合或者对仿真精度有要求的场合，就需要对仿真结果进行验证。

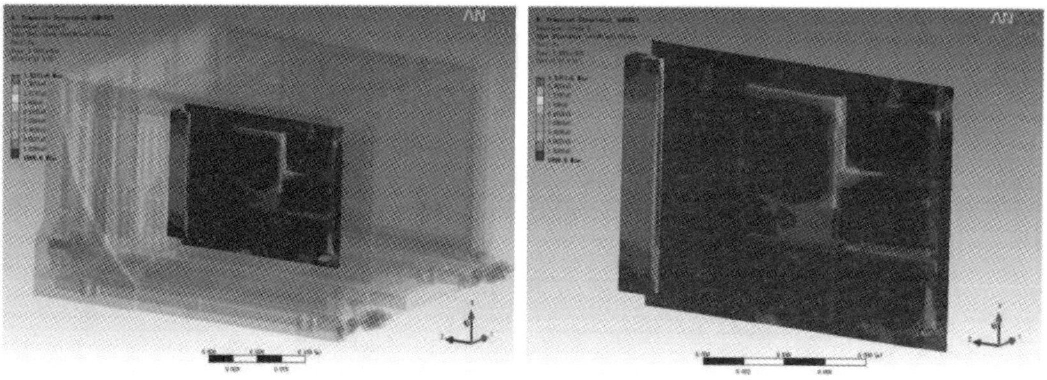

图 2-36　电子机箱的冲击响应应力仿真图

（1）验证方法

仿真的实质是数学计算，通常情况下，采用物理试验的方法进行验证。部分情况可以结合理论计算（如经验公式、材料力学）进行验证。含仿真验证的仿真全流程如图 2-37 所示。

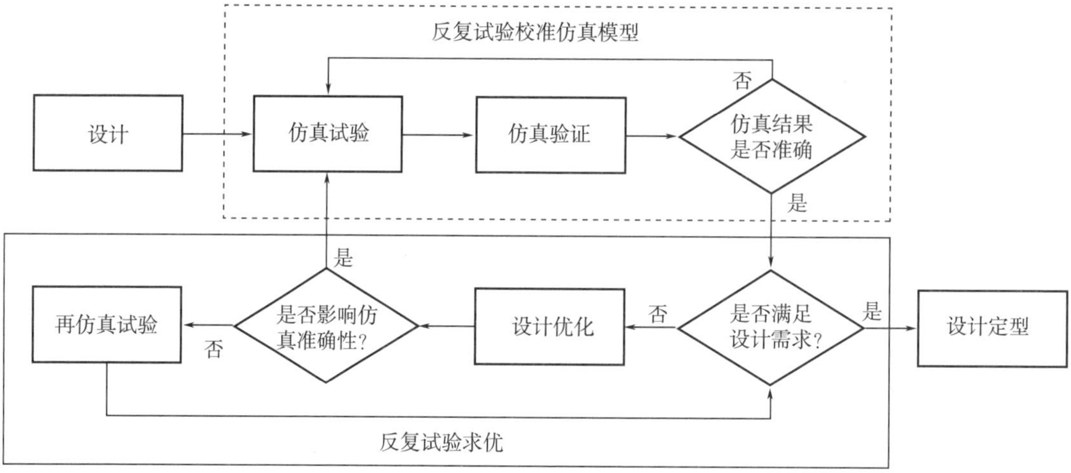

图 2-37　仿真全流程

采用物理试验的方法进行验证是最常见、最有效的验证方法，验证途径有两条：

1）直接测量验证。在测量条件允许的情况下，采用应变片、热电偶、千分尺等工具对物理试验中与仿真对应的结果进行直接测量。

2）间接试验验证。在难以直接测量（例如可靠性判定、测量工具无法达到测量要求）的情况下，一般采用额外的试验进行间接判断。例如，研究不同厚度焊料对焊点热可靠性的影响。仿真试验可以得到热载荷下的应力值，而物理试验是在一定数量的温度循环试验后检测通断情况。这两个试验的结果难以直接比对，但是可以通过线性回归等数学方法比对两个结果是否呈现相关性，来验证仿真的准确性。

（2）结果分析

根据不同的仿真需求，对仿真结果的要求分为：与真实情况是否接近，与真实趋势是否接近。航天电子产品由于其复杂性，真实情况难以通过物理试验直接测定，往往采用间接手段表述真实情况。在这种情况下，考虑到建模和前处理过程中存在的误差，仿真结果与物理结果的对比存在较大的失真。在仿真参数、模型和方法基本正确的前提下，如果仿真改动前后变动量较小，那么改动前后与真实情况之间的误差水平是一致的。在很多情况下，仿真的目的是设计优化或进行方案对比。通常不需要仿真得出的解与真实情况完全接近，只要能提供准确的趋势分析即可。因此可以采用比较研究的方法来得出改动前后仿真结果与物理结果的变动趋势。基于一定数量的试验得出统计结果，运用回归方程等数学方法计算仿真结果和物理结果的相关性，进而提供较准确的趋势，为后续的改进做铺垫。图 2－38 就是这种应用的一个示例。

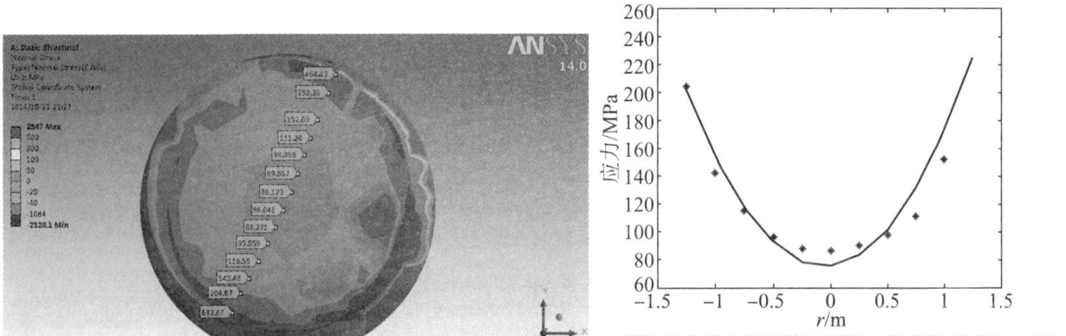

p1 <1x3 double>

	1	2	3	4
1	88.1492	9.3455	75.2704	
2				

图 2－38　用二次回归方程拟合应力与半径之间的关系

（3）修正与优化

理论上说，仿真是不可能完全达到真实情况或最优情况的。有准确性或精度要求的场合，仿真一般通过迭代试验的方法，逐步趋近真实情况或最优情况。修正的目的是提高模型与真实情况的吻合度，减小误差。修正的手段有更改简化方案、细化材料参数、调整前处理参数以及变更仿真方法等。优化是建立在仿真结果满足精度要求的前提下，比较不同方案模型得出的仿真结果，选择满足指定性能的更优方案。在优化过程中，通常只需要改变模型，其他参数一般不进行调整。但是如果优化前后变化很大以至于影响仿真结果的精度，就需要重新对仿真过程进行修正。

2.7　工艺评审、鉴定与定型

2.7.1　工艺评审

工艺评审是为了评价工艺设计是否满足产品设计要求及其合理性与经济性，可生产性与可检测性的能力，对工艺设计所做的正式、全面和系统的并形成文件的审查，其核心目的是集中大家的智慧和经验，用组织的能力对个人的能力进行补充和完善。工艺评审是航天产品技术评审的一部分，在工艺定型前的产品研制各个阶段，对其工艺总方案、技术攻关、工艺路线、关键件、重要件的工艺规程以及整个工艺文件的完整性、正确性、合理性、协调性等分别做出评价和结论。

2.7.1.1 工艺评审的目的及意义

工艺评审是为确定工艺工作是否达到规定目标的适用性、充分性和有效性所进行的技术考核活动。工艺评审是提高工艺质量的重要环节，它对改进和完善工艺技术及管理，确保产品质量、缩短研制周期、降低生产成本具有重要意义。通过工艺评审对工艺设计的正确性、先进性、经济性、可行性和可检测性进行分析、审查和评议，是承制方及早发现和纠正工艺设计中缺陷的一种自我完善的工程管理方法。工艺评审是在产品研制过程和工艺设计过程中，在不改变技术责任制的前提下，为批准工艺设计提供决策性的咨询。电子产品在生产过程中结合生产需要和产品特点，需要组织各种评审，除了航天行业标准中指明的需评审范围，还要视生产情况组织各种评审。不按要求进行评审，可能带来的后果有质量问题、用户不满投诉、经济损失等。例如某单位引进新设备后进行了CBGA回流焊接的工艺可靠性鉴定，工艺鉴定要求焊接后进行可靠性验证试验，然后进行焊点金相分析，方案评审中提出了可靠性验证试验采用的型号试验条件，未按照航天行业标准QJ 3086要求的鉴定条件进行。若不进行方案评审就会造成试验结果无效，带来周期延长和经济的损失。

2.7.1.2 工艺评审的一般要求

1）工艺评审一般设置在各研制阶段工艺设计工作完成后、投产前。研制生产中因工艺方法、设备等发生变化或研制过程中出现影响产品质量、研制进度和经费的重大工艺技术问题时，可设置评审点，开展专项评审。

2）工艺评审的依据为产品设计图样、技术文件、质量保证文件、有关技术管理标准和规范。

3）工艺评审一般分级开展，应成立评审组，评审组组长一般由工艺专家担任，可由用户代表、工艺部门、工艺专家和相关部门人员参加。

4）工艺评审一般流程是工艺项目负责人准备和编制有关评审的技术资料和报告，评审采取汇报、审议、答辩、分析和讨论的方式，由项目负责人对工艺评审资料加以说明，同时对评审中提出的问题进行答辩和解释，经评审小组评议、审查后，对项目做出评审结论。

5）工艺评审中提出的工艺改进措施和意见，由工艺项目负责人进行汇总、整理，并修改相应的工艺文件。评审未通过的，不能应用于生产。如有遗留待办事项，要在后续落实闭环检查，必要时应重新进行评审。

2.7.1.3 工艺评审重点项目及要求

1）对各研制阶段的工艺总方案必须进行评审。工艺总方案是工艺策划的顶层文件，工艺总方案对产品的特点、结构、特性要求进行工艺分析及说明；规定产品制造过程的分工路线和说明；对产品加工过程的工艺质量保证提出具体要求，规定工艺技术状态控制、工艺评审、外协（外包）供方的工艺控制、工艺技术交底和人员培训、关键和特殊过程控制、首件鉴定要求、量化控制要求、数据采集分析要求、文明生产和工艺纪律检查等要求；还提出对新技术、新材料、新工艺、新状态、新环境、新单位、新岗位、新人员、新设备（简称“九新”）辨识、确认与分析的要求；还需要对工艺薄弱环节制定具体的工艺研究措施计划，对制造过程中产品技术状态提出具体的控制要求，是产品后续研制生产的关键工艺，对工艺总方案的评审，重点对以上内容的合理性、正确性、先进性、经济性、可行性进行把关确认。

2）关键件、重要件、关键工序的工艺文件也是工艺评审的项目，重点审查关键工序设置是否正确，关键工序目录是否完整，按照航天行业的相关标准和规定，是否对关键件、重要件、关键工序的工艺文件进行了明显的标识，对关键工序的质量控制点是否进行了合理设置；关键件、重要件、关键工序的工艺流程和方法是否合理可行，对人员、设备是否提出三定要求，关键工序中对技术难点的攻关措施是否有效等；同时如果存在关键件、重要件、关键工序的更改情况，要审查是否经过验证并且履行审批程序。

3）特殊过程的工艺文件也应该纳入工艺评审。由于特殊过程形成的产品的内在质量特性不能直接检测或不能经济地验证，往往是在产品交付或使用后才暴露出来，因此对特殊过程的工艺评审也是确保后续生产过程质量的手段。应重点对特殊过程的控制措施进行评审，包括工艺流程、工艺参数、工艺控制要求的正确性和合理性，检测项目要求及方法的可操作性等。

4）当涉及禁（限）用工艺时，也要进行工艺评审。在航天型号研制中，确实存在一些采用限用工艺的情况。对于后续新研产品，原则上应进行设计更改和版本升级，在做好技术状态更改控制的前提下，不违反禁（限）用工艺规则。对于已处于研制过程中的此类产品，暂时允许使用相关限用工艺，但需要进行统一的、严格的、针对性的过程控制，从技术和管理两个层面提出要求，以保障航天产品工艺质量，控制工艺隐患。在对涉及禁（限）用工艺的工艺文件进行评审时，重点要识别禁（限）用工艺使用的风险点，对识别出的风险进行分析，提出风险控制措施。例如，导线端头处理工艺，导线绝缘层剥除的机械冷剥属于限用工艺，容易造成多股导线芯线断股，降低连接可靠性。在对该工艺的评审中重点要对控制措施的有效性进行评审，是否规定导线规格应与剥线钳钳口切口档位匹配，即根据导线线径选择合适的剥线钳口，剥线后是否及时确认没有断股金属线，确认导线脱皮完好以及是否对检验提出具体的方法和要求。

5）当采用新工艺、新技术、新材料、新设备（以下简称“四新”）时，必须进行工艺评审，对其必要性、可行性、合理性、正确性、经济性、可靠性进行审查。例如某型号生产中首次使用了气相清洗机，就需要对试验前的试验方案、工艺试验后的结果进行评审，给出能否运用到型号产品中的明确结论。

6）型号产品重大工艺状态更改的评审。工艺技术状态更改分为Ⅰ类更改、Ⅱ类更改和Ⅲ类更改。Ⅲ类更改是不涉及产品基本性能和结构变更的更改，例如完善工艺文件，明确加工要求，改正一般性文字错误等；Ⅱ类更改是涉及工艺总方案、关重件关键工序工艺文件和重要工艺参数的更改，或导致在制品报废的更改；Ⅰ类更改是对产品功能性能物理特性产生严重影响的更改，对产品的安全性、可靠性产生或可能产生严重影响的工艺更改。对设计定型后的Ⅰ类更改和Ⅱ类更改，必须进行更改后的工艺评审。例如，某型号产品生产前确定的焊接温度曲线，因产品加工过程中用户参考其他协作单位的质量情况，要求更改温度曲线。温度曲线的更改，属于重要工艺参数的更改，会对产品质量造成直接影响，必须进行更改后的工艺评审。重点评审的内容包括：工艺更改的必要性、正确性、可行性，更改对产品可靠性、安全性、互换性、维修性、可测试性等方面造成的影响，更改对生产、检验、试验等环节产生的影响，对上述影响采取的有效措施。

7）型号研制转阶段工艺评审。做好转阶段的工艺评审是下一生产阶段能够顺利进行的保证，尤其是初样转正（试）样阶段。初样阶段产品由于设计和工艺都有许多不确定因素，导致设计更改和工艺更改较多。当初样产品生产完毕，转入正（试）样阶段之前，必须进行转阶段的工艺评审。转阶段工艺评审包括对上阶段的工艺清理（包括上阶段工艺问题的解决措施和遗留问题的处理方法）和对下阶段工艺的要求和计划。工艺清理主要关注清理的全面性，即依据本阶段产品生产中的设计文件、偏离单以及生产单位办理的工艺文件更改单、质疑单、工艺通知单，开展工艺清理。内容包括工艺无法满足设计要求、工艺不稳定、工艺技术瓶颈、与外单位接口工艺技术状态不协调、设计要求不协调、产品设计工艺性不好、设计图样未明确具体验证方法、禁（限）用工艺等问题。对清理出的问题，需要设计更改图样的，应及时和设计方沟通，反馈并督促落实至设计文件；需要工艺完善的，应制定下阶段工艺要求和计划，包括工装的补充、拟采用的新工艺和新技术、需要补充完善的工艺规范或标准、需开展的工艺研究和工艺攻关等。

8）根据生产需要和客户需要，结合产品特点，组织其他工艺项目评审。

2.7.2 工艺鉴定

工艺鉴定是依据预定的判定准则，按照明确的状态、内容、条件、程序对工艺进行评价和确认的过程。工艺鉴定的目的是确认工艺方法的可行性、正确性。

2.7.2.1 工艺鉴定时机

1）型号产品工艺鉴定工作在方案或初样阶段开展识别和实施，在正（试）样阶段产品实物投产前应完成，形成鉴定结论，决定是否能够选用该鉴定后的工艺进行产品投产。

2）型谱产品工艺鉴定工作在产品成熟度为 1 级或 2 级时开展识别和实施，在成熟度为 3 级且产品实物投产前应完成。

3）工艺鉴定应在产品鉴定前完成；工艺鉴定可与产品鉴定相结合，但不得以产品鉴定代替工艺鉴定。

4）工艺定型前应结合试生产进行再次的工艺鉴定。

2.7.2.2　工艺鉴定范围及要求

1）未经飞行试验验证的工艺应用于产品时需要工艺鉴定。

2）型号产品新投产或再次投产前因设计技术指标发生变化，或其他原因导致生产中工艺参数、工艺方法等工艺状态发生变化时，需进行工艺鉴定，以验证该工艺参数；例如印制电路板焊柱铆接，由手工铆接改为设备铆接，表贴器件由手工焊接改为设备焊接等，都需要对更改后的工艺方法进行鉴定。

3）型号产品投产前，其工艺设备和工艺装备相对于上一批次的生产，发生重大变化时，需要进行鉴定。

4）工艺应用对象发生了变化或产品的应用环境发生了变化的成熟工艺，例如型号产品发射场地由北方改为潮热的海南，某些成熟工艺需要重新验证和鉴定；

5）当采用新设备、新材料、新技术、新方法时，应进行识别，例如当首次使用新型焊料、胶粘剂等新材料时，需要进行工艺鉴定。

6）电子产品测试软件在首次用于产品测试前应进行软件鉴定。数控加工软件也应进行鉴定，可以按首件加工确认方式进行鉴定。

2.7.2.3　工艺鉴定的流程和方法

1）提出鉴定申请，进行鉴定策划。工艺鉴定是一项复杂、细致、时间跨度较长的工作，涉及产品生产全过程和多个职能部门，需要牵头部门精心组织，各参与部门密切配合。

2）制定工艺鉴定方案。根据产品的特点，制定工艺鉴定方案。电子产品的工艺鉴定主要包括：印制电路板组装、整机和具有独立功能模块的产品调试、关重件和关键工序的工艺，新材料、新工艺的应用，有代表性的零部件制造等，必要时应对工艺鉴定方案进行评审。

3）工艺鉴定实施。在工艺鉴定实施过程中，操作、检验人员根据工艺文件要求，在鉴定批生产过程中，按要求操作并填写检验记录表。全部工序完成后，由工艺部门组织工艺鉴定实施小组人员审查生产过程记录和检验记录并逐项鉴定。未通过鉴定的项目应组织相应整改，并重新进行工艺鉴定，直至合格。

4）工艺鉴定总结与评审。完成产品全部项目的工艺鉴定后，收集整理全套工艺鉴定资料，进行工艺鉴定总结并形成报告，应包括鉴定实施过程、各项目鉴定情况、重新鉴定项目的情况、鉴定过程出现的主要问题及解决情况等内容。组织工艺鉴定审查小组对全套工艺鉴定资料进行评审与审查，完成工艺鉴定总结工作。

2.7.2.4　工艺鉴定的条件和结果

1）工艺鉴定应覆盖产品全生命周期所经受的环境条件，并保证规定的裕度；鉴定的工艺参数应覆盖生产工艺设计的参数范围，鉴定条件可参照相关标准、产品和专业工艺的鉴定条件。

2）工艺鉴定应有专用的鉴定条件，不应用产品鉴定条件代替工艺鉴定条件。

3）工艺鉴定结果不仅应满足预期的各项工艺指标，还应满足产品功能和性能指标对工艺的要求。

4）工艺鉴定的结果应形成标准、规范或操作规程。

5）应用于正（试）样及批产产品的工艺应与鉴定的工艺状态一致。

2.7.3 工艺定型

经过工艺鉴定后的工艺方可定型。工艺定型是生产（产品）定型的重要组成部分，是在设计定型的基础上对产品工艺方案、工艺文件进行固化，工艺定型为生产定型打下基础，为后续批量生产做好准备。

2.7.3.1 工艺定型的依据和范围

工艺定型的依据是研制生产合同、定型的设计文件、工艺保证大纲等技术文件，工艺文件定型的范围包括：工艺总方案、工艺规程、专用工艺装备和非标准设备的设计文件及其他工艺文件。

2.7.3.2 工艺定型实施的步骤

（1）制定工艺定型工作计划与要求

产品承制单位依据型号抓总单位的产品定型工作计划与要求及相关文件，制定本单位工艺定型实施细则和具体实施计划。

（2）工艺清理

开展研制阶段设计、工艺问题的全面清理，包括清理研制阶段出现的质量问题及针对质量问题采取的工艺措施，将该工艺措施落实到定型的工艺文件；清理研制阶段办理临时技术文件中需落实定型工艺文件的内容；清理研制阶段中的设计问题，并将需要落实设计文件的内容进行汇总，在设计定型文件工艺性审查时确认落实状态。

工艺定型前的工艺清理是对已经经过产品考验的生产工艺的再次确认，应明确设备、原材料、环境、工艺方法等控制要素，形成与生产纲领相适应的全套工艺文件。

（3）试生产

对大批量战术武器，在设计定型后进一步进行工艺清理或工艺验证，并进行试生产，验证定型变化的正确性，必要时应补充工装、设备。

（4）定型设计文件的工艺性审查

设计文件的工艺性审查按航天产品设计文件工艺性审查的相关制度执行，重点审查研制阶段出现的生产、质量问题，审查需采取的措施是否已落实到定型设计文件中。

（5）编制定型工艺文件

依据定型设计文件，在工艺鉴定（工艺清理）的基础上，编制定型工艺文件。定型工艺文件的完整性参照 QJ 903 中的要求，一般包括：工艺文件目录、工艺总方案、工艺路线表、工艺流程图、（各类）工艺过程卡片、专用工艺装备明细表、非标准仪器仪表设备明细表、主要材料消耗工艺定额明细表、辅助材料消耗工艺定额明细表、关键过程明细表、关键工序目录等。对以上工艺文件按照工艺评审相关要求确定的重点项目进行工艺评审。

(6) 编写工艺定型报告

工艺定型报告一般按单机产品编写，工艺定型报告的编写格式和具体要求应按型号或上级有关规定执行。

工艺定型报告一般应包括以下内容：任务来源及依据，试制概况，工艺试验情况，试制生产、工艺试验过程中出现的主要问题、原因分析及解决情况，下属鉴定项目鉴定审查情况，工艺、检定设备配套完好情况，材料消耗定额情况，产品质量情况，生产成本分析，贯彻标准情况，工艺文件完整、正确、协调情况，研制遗留问题，定型结论意见等。

(7) 工艺文件归档

将完善的全套工艺文件以及相关报告按要求归档，相关报告一般包含工艺定型报告，生产定型报告，试生产总结报告，生产定型申请报告，工艺和生产条件考核报告。

2.8 工艺优化与改进

随着科学技术的不断进步，航天电子产品更新换代的步伐逐渐加快，工艺方法、工艺装备的不断改进促使产品生产工艺也必须逐渐改进，在不断采取成熟的新技术、新材料、新工艺、新设备的基础上，提高整体工艺技术水平。产品的生产加工工艺文件是在一定生产条件、特定加工产品、一定批量和现有工艺方法基础上编制的。在后续生产过程中，上述诸因素不可能长期一成不变，另外由于企业的工艺水平不断提高，产品发生批量变动，顾客对产品技术状态提出部分变动要求，材料供应状态及相应技术标准也有所变更，这一切都要求对生产工艺进行优化与改进和定期完善。工艺优化是指在原有工艺方法的基础上采取一定的措施使其更加优化，工艺优化是对工艺工作的自我完善、自我改进和自我提高。工艺改进是指改变原有的工艺方法，使产品的加工工艺有所进步。无论是工艺优化还是工艺改进，其最终目的是提高产品质量和生产率，降低生产成本。

2.8.1 工艺优化与改进的原则

工艺优化与改进的目的是提高生产率、缩短生产周期；降低生产成本，创造更高经济效益；保证产品质量，提高产品质量稳定性和一致性。为切实达到工艺优化与改进的目的，工艺优化与改进应坚持如下原则：

(1) 确保技术状态正确，提高产品质量的稳定性和可靠性

工艺是指导产品生产的根本，对产品质量有着直接的影响。工艺优化的前提是提高产品质量的稳定性和一致性。工艺优化过程必定涉及相应的工艺技术状态变化，所以在工艺优化过程中必须以“方案合理、试验充分、各方认可、审批完备、落实到位”为工艺技术状态控制原则，从而确保工艺技术状态的正确性，为生产提供正确依据，保证产品质量。任何工艺优化不能以牺牲产品质量为代价。

（2）缩短生产周期，提高生产率

近年来，所有型号研制生产要求反应速度快，对生产周期提出了越来越苛刻的要求，生产率、周期和任务量的冲突成了影响型号研制生产的主要矛盾之一。通过优化生产工艺方案、生产单元内部工序流转和生产单元之间的周转流程，解决生产瓶颈，压缩生产和周转时间，达到缩短生产周期、提高生产率的目的。

（3）合理分配资源、降低生产成本

通过研究工艺方案，优化流程，合理分配生产资料，减少产品生产的关键设备和瓶颈资源占用时间，减少人员、材料、能源、工装消耗，达到降低生产成本的目的，实现效率、效益双提高。

（4）采用先进制造模式，促进工艺技术发展

开展工艺优化，要充分考虑企业的资源现状，结合产品所处的不同研制阶段和投产数量等特点，优化制造模式和工艺布局，利用先进工艺装备改进工艺方法，促进工艺技术持续发展。

2.8.2 工艺优化与改进的时机

航天电子产品工艺优化与改进的时机一般选择在每批产品交付后，新一批产品投产之前，这样不仅有利于产品技术状态的控制，也有利于批次的管理。工艺优化与改进工作应该在前一批次产品生产结束完成工艺总结的基础上进行。随着航天产品研制周期的缩短，为了提高产品质量或生产率，在下列情况也会进行工艺优化或改进。

1）研制或引进了先进的加工设备且完成工艺试验与工艺鉴定后，对在制产品使用新设备的加工方法。

2）在制品出现质量问题后，对后续产品落实技术归零措施，进行工艺改进或优化。

3）生产组织模式变化时也可能要同步进行工艺优化或改进。

2.8.3 工艺优化与改进的主要内容

工艺优化与改进是通过调整工艺方案、改变工艺方法、优化工艺流程和布局等形式提高产品质量和一致性，缩短生产周期，一般包括以下内容：

1）工艺文件细化量化。工艺控制要求的细化，如电子装联工艺文件中的静电防护要求、多余物控制要求、产品防护要求等细化到每一工序、工步，以规范操作人员的每一步静电防护操作效果。对生产中的易错点、加工难点提出具体的工艺控制要求，合理地设置检验点。工艺参数的量化，即对原有工艺文件中定性的要求通过开展试验提出量化的工艺要求，如明确电子产品整机装配时螺纹连接紧固力矩，印制电路板组装件中元器件的安装高度等。

2）工艺方法改进。随着先进工艺设备的引进和应用，手工作业被自动化、数字化设备生产替代，如印制电路板组装件中通孔插装元器件焊接由波峰焊接替代手工焊接，表面贴装元器件焊接由再流焊接替代手工焊接，印制电路板组装件清洗由气相清洗机代替手工

操作，印制电路板组装件的检测以自动光学检测（AOI）代替传统的人工目检等。

3）工艺流程和工艺布局的优化。例如，电子产品生产组织形式由单人按串行流程完成单机产品的加工调整为由多人并行完成产品的加工，印制电路板组装件加工由传统的手工作坊式工艺布局改为单元式工艺布局。

4）工艺设备升级和工艺装备完善。随着电子装联生产设备的升级和换代，更加先进的设备得到应用，例如，印制电路板组装件中表面贴装元器件由半自动贴装设备调整为全自动贴装设备进行贴片，焊接设备由真空气相再流焊设备代替红外热风再流焊设备；随着新工艺、新方法、新设备的陆续应用，相应的工艺装备也要加以完善，例如，印刷机进行焊膏印刷工序时应使用与印制电路板组装件对应的专用网板，鸥翼型引线封装器件（CQFP 等）采用瀑布式搪锡装置进行除金处理。

2.8.4　工艺优化与改进的实施步骤

工艺优化与改进是一项持续的、长期的工作，为了能切实开展工艺优化与改进工作，需要制定具体的工艺优化与改进工作计划，一般可以参照如下步骤实施：

1）清理、汇总生产中的短线、瓶颈问题，组织相关单位对拟进行工艺优化和改进的项目做初步分析，按照工艺优化原则、要求和内容，确定需要工艺优化和改进的项目。

2）指定项目负责人，开展工艺优化与改进项目分析，制定具体工作计划，开展优化与改进工作。一般项目在进行试验验证或评审后，会正式纳入工艺文件。部分需要长期实施的大型、关键工艺改进项目，可以设立工艺攻关课题，制定专题计划进行试验验证。

2.8.5　工艺优化与改进的管理要求

产品的工艺优化与改进属于工艺技术状态变化，因此航天电子产品进行工艺优化或改进时应征得顾客同意并严格执行相关的管理要求。工艺优化和改进一般由工艺部门或生产部门提出申请。涉及新材料、新方法、新设备应用等的工艺改进，工艺人员要开展工艺试验，验证改进后产品的质量稳定性、加工效率是否提高，必要时经过工艺专家和顾客评审后方可应用于正式产品的生产。工艺优化与改进的内容应落实在产品的工艺文件、现场作业指导书以及企业的工艺技术标准中，且文件的更改、修订必须按规定的程序进行。

参 考 文 献

[1] 尚育如，等．航天工艺基础知识培训教材（上）[M]. 北京：中国宇航出版社，2005.

[2] 尚育如，等．航天工艺基础知识培训教材（下）[M]. 北京：中国宇航出版社，2005.

[3] 李昕．MATLAB数学建模 [M]. 北京：清华大学出版社，2017.

[4] 贾长治，等．ANDYS 18.0 热力学有限元分析 [M]. 北京：机械工业出版社，2017.

[5] 陈艳霞．ANDYS Workbench 18.0 有限元分析从入门到精通 [M]. 北京：电子工业出版社，2018.

[6] QJ 903，航天产品工艺文件管理制度 [S].

[7] QJA 694，航天产品工艺鉴定管理要求 [S].

[8] QJA 202，航天产品工艺评审 [S].

第 3 章　过程控制

3.1　概述

航天电子产品经过工艺设计、工艺准备后开始进入生产阶段，在生产过程中要保证产品的质量满足要求，就必须对制造过程进行控制。生产过程控制就是为了确保电子产品的生产过程处于受控状态，对直接或者间接影响产品质量的生产、安装和服务过程所采取的控制措施。

航天电子装联专业制造企业，经过几十年的不断发展，通过借鉴国内外先进制造技术及自身产品的研制以及飞行试验，建立健全了一整套较为完整的电子装联技术标准体系，以保证产品生产过程的正确性和统一性。整个电子装联操作过程以 QJ 165《航天电子电气产品安装通用技术要求》为基础标准，包含了元器件引线搪锡、元器件引线成形、导线端头处理、焊接前（元器件、印制电路板）预处理、元器件安装、手工焊接、再流焊接、波峰焊接、导线焊接、导线压接、导线束制作、电缆制作、磁性元器件制作、（零件、部组件、整机）安装、清洗、敷形涂敷、粘固、检验、返工和修复等内容，均对应有行业标准或企业标准用于规范指导航天产品电子装联加工生产。同时，这些制造企业在质量体系认证的基础上，也有一套较为完整的组织电装生产的管理体系。产品实现过程的控制要求以工艺文件为载体，工艺文件遵循 QJ 903《航天产品工艺文件管理制度》的要求，配以质量管理体系文件，分别从体系文件管理、技术状态控制、产品的储存运输、生产过程记录管理、工艺装备管理、生产过程的监视测量、不合格品管理、批次管理以及工序外协管理等，进行有效的过程管控。

航天电子产品的过程控制内容包含生产现场的管控、生产过程的管控、产品检验与验收、归零与举一反三、外包过程管理。生产现场是指制造满足顾客所需产品的车间、生产线等场所；生产过程包括文件、记录、技术状态等；产品检验与验收包含检验规范、验收记录、数据包等；对于质量问题的处理坚持开展技术归零、管理归零的双五条归零原则与举一反三工作，使得产品质量持续提升；外包过程包括供方管理、技术质量协议签订、外包产品验收等。影响航天电子产品制造过程的生产因素包括“人”“机”“料”“法”“环”几大方面，它们的管理状态直接决定产品质量。另外，由于航天电子产品生产具有多品种、小批量、多样性等特点，也给制造过程管理带来了巨大挑战。基于航天电子产品装联过程的特点，对质量影响因素进行控制是保证产品质量的核心内容，其目的就是通过控制在诸多质量因素下制造过程产生的波动，使制造过程产出保持在符合要求的范围内。

本章主要对航天电子产品制造过程中影响产品质量的过程要素提出相应的控制要求，并对控制手段和方法进行阐述，以确保产品的生产过程处于受控状态。

3.2 环境控制

环境是生产现场重要的生产要素之一，也是其他要素充分发挥作用的条件。环境管理的任务，就是要为现场各种生产要素的结合（即生产活动）创造和保持满足产品加工和设备使用的整洁、有序、安全、舒适的环境，使生产力得以充分发挥。生产环境对航天电子产品的影响主要有以下几方面：

1）直接对产品造成污染，影响产品性能、成品率、可靠性及寿命；

2）影响设备、仪器的正常工作，进而影响产品的质量、成品率及生产率；

3）影响人的工作效率和工作质量，进而影响产品质量和生产率。

另外，在航天电子产品的设计、制造、包装、转运、存放等生产过程中对静电都提出了严格的控制要求。有效的静电防护是提高电子产品质量和可靠性的重要手段，因此，对航天电子产品的生产环境进行静电控制是生产现场的基本要求。

本书所指的环境控制主要是指电子产品生产现场的管理，本节主要从环境要求、静电防护与控制和现场管理几方面进行介绍。

3.2.1 环境要求

航天电子产品由于具有高可靠性的特点，对生产的环境有着较高要求，特别是对于目前广泛应用于航天电子产品的细间距表贴元器件来说，其安装及生产环境要求更加严苛。电子产品生产的工作场地环境控制主要包括洁净度、温湿度、光照度、静电、气压、电磁环境以及噪声的控制要求。

3.2.1.1 洁净度控制

在第二次世界大战期间，美国生产的飞机导航用气浮陀螺仪，由于质量不稳定，每生产 10 个陀螺仪平均返工 120 次。20 世纪 50 年代初朝鲜半岛战争期间，美国的 16 万台电子通信设备，更换了百万个以上的电子部件，雷达出故障的时间占 84%，潜水艇声呐出故障的时间占 48%。原因都是电子器件、零部件的可靠性差，质量不稳定。军方与厂商究其原因，最终从多方面判定与生产环境不清洁有关。应用空气洁净技术后，故障时间缩短至 5%～8%。

灰尘中存在导致降解的酸根和金属离子，有些灰尘本身就带有酸性或碱性，例如硫酸烟雾、光化学烟雾就具有酸性，金属氧化物等微粒具有碱性。另外灰尘中的飘尘由于粒径小，具备很强的吸附能力，可以将空气中的有害物质吸附到产品表面，而呈酸性或碱性。灰尘中的粘土等物质吸收空气中的水分，发生水解反应后，分解出胶粘状的氢氧化铝。这些物质附着在 PCB、元器件或者焊点上，对产品造成污染或腐蚀，进而导致产品失效。

一般而言，建议航天电子产品生产企业结合产品特性要求和造价等多方面的因素，可根据生产工艺流程设计不同面积和等级的净化车间或洁净的工作区域。表 3-1 为 GB/T 25915.1《洁净室及相关受控环境 第 1 部分：空气洁净度等级》和美国联邦标准 FED-STD-209E 要求电子产品生产的洁净度要求对照表。表 3-2 给出了 GB/T 25915.1 和 FED-STD-209E 洁净度分级情况。

表 3-1 洁净度等级要求

工作区	洁净度	
	GB/T 25915.1	美国联邦标准 FED-STD-209E
SMT 装焊、返修等工作区，元器件储存区	8 级(100 K)	100 000 级
精密元件、小型电路组装件加工	7 级(10 K)	10 000 级
混合电路和 IC 电路的非关键的外部加工	7 级(10 K)	10 000 级
混合电路和 IC 电路的关键内部装配	5 级(100)	100 级

注：FED-STD-209E 100 000 级的定义：即悬浮在每立方英尺空气内，颗粒≥0.5 μm，微粒个数不超过 100 000 个。

表 3-2 洁净度分级

洁净度等级		最大浓度限制(大于或等于所标粒径的颗粒数)											
		0.1 μm		0.2 μm		0.3 μm		0.5 μm		1.0 μm		5.0 μm	
GB	FED	m^3	ft^3	m^3	ft^3	m^3	ft^3	m^3	ft^3	m^3	ft^3	m^3	ft^3
1 级	—	10	—	2	—	—	—		—		—		—
2 级	—	100	—	24	—	10	—	4	—		—		—
3 级	1	1 000	35	237	7.5	102	3	35	1	8	—		—
4 级	10	10 000	350	2 370	75	1 020	30	352	10	83	—		—
5 级	100	100 000	—	23 700	750	10 200	300	3 520	100	832	—	29	—
6 级	1 000	1 000 000	—	237 000	—	102 000	—	35 200	1 000	8 320	—	293	7
7 级	10 000	—	—	—	—	—	—	352 000	10 000	83 200	—	2 930	70
8 级	100 000	—	—	—	—	—	—	3 520 000	100 000	832 000	—	29 300	700
9 级	—	—	—	—	—	—	—	35 200 000	—	8 320 000	—	293 000	—

近年来，随着质量理念和质量意识的不断提高，洁净度作为影响产品质量的一项重要指标，已受到越来越广泛的关注。在经济发达的国家和地区都制定了洁净度的相关标准，规定了有关洁净度等级，例如：美国、日本、欧洲等。我国颁布的 GB/T 25915.1《洁净室及相关受控环境 第 1 部分：空气洁净度等级》(等同采用国际标准 ISO 14644)，对空气的洁净度等级进行了分级。随着航天电子技术的不断发展，电子产品的小型化、高密度、高精度促使对电子元器件的生产水平和质量不断提高，因此对生产车间的洁净度要求也不断提高，航天电子产品电子装联制造过程一般要求精密装配等环节的生产环境净化等级为十万级。十万级洁净间一般要求厂房空间密闭，利用新风送风系统对空气进行过滤净化，然后送入洁净间。通过压差阻止洁净间外的空气进入，在入口处安装风淋系统，对进入者进行净化，保证洁净间的洁净等级。在新厂房设计时为保证空气洁净度的可测量，通常在洁净间设置检查点。

空气洁净是电子产品(尤其是微电子产品)生产非常重要的条件之一。空气洁净度不达标，会直接对产品或元器件造成污染，从而影响产品的性能、成品率、可靠性及使用寿命。空气洁净度主要靠两个方面来保证，建筑密闭性能、易洁性、保温性能是保证空气洁净度的基本条件，另一方面是在此基础上安装洁净通风系统来保证空气的洁净度要求。目前，航天电子产品生产企业的生产厂房一般可根据企业生产产品类型和生产规模，结合成本及厂房设计等因素考虑，分为局部空气净化和全室净化两种方式。

局部空气净化是采用净化空调或局部净化设备（如洁净工作台、棚式垂直层流单元、层流罩等），在一般空调环境中造成局部区域具有一定洁净度环境的净化处理方式。这种方式适用于加工中需净化的区域较小且能独立操作的情况，也可用于洁净间内有更高净化等级要求的净化条件。

航天系统在 QJ 165《航天电子电气产品安装通用技术要求》标准中对工作场地的洁净度要求进行了明确规定，要求航天电子电气产品工作场地的洁净度按安装要求和产品精密程度不同有所区别，精密安装场地的洁净度不低于十万级。精密安装场地一般指 SMT 装焊、返修的工作区域等。

3.2.1.2 温湿度控制

在航天电子产品的生产进程中，环境的温湿度是影响产品质量最重要的因素之一。20 世纪 80 年代初期，航天电子产品多以半导体晶体管为主，其器件尺寸大，加工精密度要求不高。随着电子技术的迅速发展，电子元器件不断向小型化、集成化方向发展，使得电子产品组装密度不断提高，尤其是大量集成电路的使用，使得对环境的温湿度控制要求也越来越严格。

温度过高或过低对电子产品均会有不同程度的影响。室内温度变化使元器件、电路接点、精密设备仪器、机械构件等由于热膨胀发生尺寸变化、位置偏移、结构变形，从而影响产品的性能、成品率、可靠性及使用寿命。温度过高操作人员容易出汗，人的汗中含有多种无机盐和有机酸成分，很容易与金属镀层发生腐蚀反应，降低镀层的焊接性。另外，在高温情况下，由于热传导及热辐射能力较低，使得电子元件在工作中产生的热量不能及时排出，从而导致电子产品热量的聚集，直接造成电子产品工作温度上升。这样一来，就在无形中增加了电子产品的工作负荷和消耗，缩短了产品的使用寿命。温度过低会影响精密电子设备及仪器的稳定性，金属和塑料绝缘会因为收缩系数改变产生接触不良、密封开裂、焊点失效等问题。

同样，环境湿度对航天电子产品的加工和储存具有重大影响。绝大部分电子产品都要求在干燥条件下作业和存放。据统计，全球每年有 1/4 以上的工业制造不良品与潮湿环境有关。对于电子工业，潮湿的危害已经成为影响产品质量的主要因素之一。第一，湿度过大，空气中的水汽能透过塑料封装从引脚等缝隙侵入器件内部，产生吸湿现象，在 SMT 过程的加热环节形成水蒸气，因水蒸气压力的释放，产生“爆米花”现象，造成器件失效；第二，潮湿能深入多孔性材料内，使导电体之间形成漏电通路，绝缘电阻降低，隔离耐压能力下降；第三，湿度过大，电子产品中的有机和无机材料构件由于受潮将增大质量、产生膨胀和变形，金属结构件腐蚀也会加速，影响电子产品的使用寿命。在电子产品装联过程中，如拆封后的湿度敏感器件和印制电路板、装联中的半成品、未包装的印制电路板组装件等，都有可能受到潮湿的危害，成品的电子整机在仓储过程中也会受到潮湿的危害。如在高湿度环境下储存时间过长，将导致故障发生。但这种损伤大多数情况下靠肉眼难以识别，甚至在测试过程中也不一定会表现为完全失效。湿度过低也会使空气中飘浮太多的粉尘，更重要的是，湿度过低容易导致静电电荷的累积，增加电子产品静电损伤的风险。

航天电子产品生产场地的温度和湿度应综合考虑电子元器件对温湿度的敏感性要求、静电防护要求、霉菌和细菌的繁殖条件要求，同时兼顾人体感受进行合理设置。一般情况下，建议电子产品生产厂房内温度为（22±3）℃，相对湿度在 30%～70%为宜。为达到温湿度的要求，通常厂房内应装有温湿度控制设备，包括换风系统、空调系统及加湿器等相应的温度以及湿度控制装置，同时需在厂房内建立温湿度监测点，监测点的数量需根据厂房面积进行设置，并以规定的频率进行监测，以保证监测的准确性。

3.2.1.3　光照度控制

虽然航天电子装联工艺已迈入大规模集成电路表面安装时代，但是由于航天电子产品生产具有特殊性，在印制电路板组装件焊接、整机装配、检验等环节仍需要保留人工操作，如器件字符的识别、极性识别等。因此，在航天电子产品生产过程中对光照度提出了要求。

航天电子产品生产场地光照强度应以保证生产场所视觉亮度、保证产品生产过程质量为前提，综合考虑人眼舒适度和节能降耗等原则进行设置。

一般情况下，航天电子产品工作场地应有良好的照明条件，工作台台面的照明强度不低于 1 000 lx，台面至少应保证有 90%的无阴影区域，且无强烈反射。工作台上方应设有无影灯或在台面设置台灯，以增强光照；桌面应为漫反射的防静电桌面，以避免强烈反射。应制定光照度检测周期，定期监测光照度是否满足要求。通常情况下，要使一间 200 m^2 的电装厂房且平均照度达到 1 000 lx 以上，要使用 90 套 3×36 W 的隔栅灯进行室内照明才可以实现，如不能达到也可使用在局部补充光源的形式来进行。

3.2.1.4　其他环境要求

（1）气压

在地球的大气中，气压随海拔的增高而减小。海拔高时，空气密度降低，依靠空气对流的散热条件变差，从而使设备的温升提高。据统计，高度在 5 000 m 以下时，每升高 100 m，设备温升将提高 0.4%～0.5%。另外，随着高度增加，气压降低，用空气做介质的带电体之间的抗电强度显著下降。实验表明，在 5 000 m 以下，每升高 100 m 击穿电压将降低 1%。低气压对电子产品的影响表现为：容易击穿；飞弧、电晕现象增多；灭弧困难，燃弧时间延长，影响电接点寿命。因此在电子产品生产厂房建设时应充分考虑大气压力的因素，避免将厂房建在高原地区。

应减少外部气压变化对车间场地内部的影响，应采用封闭式厂房，为保证洁净度厂房的要求，建议厂房内部气压比外部气压略高。

(2) 电磁环境

在电子产品的内部和外部存在着各种原因产生的电磁波，除设备所需接收的信号外，其余电磁波均属干扰。电磁干扰可分为外部干扰和内部干扰，其存在将使产品的性能参数发生变化，严重时甚至会造成无法正常工作。因此，电子产品生产现场应避免有大功率辐射源的电磁场、强静电、强磁场或放射源。

(3) 噪声

生产现场的噪声对人体和仪器仪表均会造成危害，对人体的危害主要表现为造成听力损伤和神经系统危害。如果长年无防护地在较强的噪声环境中工作，就会导致听觉疲劳，严重时还会导致耳聋。另外，噪声通过听觉器官作用于大脑的中枢神经，影响全身各个器官，会产生头痛、脑涨、耳鸣、失眠、全身疲乏无力以及记忆减退等神经衰弱的症状。实验表明，当人突然受到噪声的干扰，就会丧失 4 s 的思想集中时间；据统计，噪声会使劳动生产率降低 10%～50%，随着噪声的增加，差错率会逐渐上升，由此可见，噪声会分散人的注意力，使人的反应迟钝，导致疲劳和工作效率下降，差错率上升，从而影响产品质量。一般来说，40 dB 的连续噪声可使 10%的人受到影响，70 dB 的噪声就会影响 50%的人。

另外，特强噪声会损伤仪器设备，甚至导致仪器设备失效。一般情况下，当噪声超过 150 dB 时，就会严重损坏电阻、电容、晶体管等元件。按照工业企业的噪声标准，适用于工业区的噪声标准为昼间 65 dB、夜间 55 dB。因此，为了保证生产率，不影响生产现场操作人员的生产情绪，电子产品生产现场噪声水平应控制在不大于 60 dB 的范围内。

3.2.2 静电防护与控制

3.2.2.1 静电对电子产品的危害

随着电子技术的发展，元器件的集成度越来越高。一定范围内的静电电压可以击穿元器件，造成短路或断路，使器件失效或报废；静电放电的电磁脉冲也可能引起逻辑电路的异常翻转、数据错误和丢失。电子元器件的损伤会进一步影响组件、设备和系统的可靠性，例如某卫星用测控通信电子设备，由于印制电路板组装件三防处理前的防护保护未采用防静电胶带，在去除防护包装时，产生的静电将印制电路板组装件上的 CMOS 器件软击伤，导致电路的使用寿命大幅降低，经过几年运行后该器件失效，直接导致卫星在轨失控而报废。经分析，由于生产过程中没有建立有效的静电防护体系，造成防护不当，从而导致静电对器件的软损伤。类似的例子国外也发生过。1967 年 7 月 29 日，美国 Forrestal 航空母舰上发生了严重事故，一架 A4 飞机上的导弹突然点火，造成了 134 人损伤和 7 200 万美元的损失，调查结果是因导弹屏蔽接头不合格，由静电引起的点火。据有关资料显示，日本发现 45%的不合格品是由静电损伤造成的；美国发现 10 多个行业因静电损伤造成了损失，平均每年高达 200 多亿美元，仅电子工业部门每年因静电危害损坏电子元器件的损失就高达 100 多亿美元；英国每年因静电损伤造成的损失约 20 亿英镑；在我国，因电子工业静电损伤造成的直接损失也在10亿人民币以上。因此，静电防护问题已经成为电子产品生产企业面临的重大问题。

随着航天电子产品小型化、集成化、快速度的发展，越来越多的集成电路、超大集成电路、金属氧化膜半导体等器件广泛应用于型号产品中，在航天电子产品生产过程中，虽然一直采取相应的静电防护措施，但直至2013年才以标准的形式进一步规范了静电防护体系建设要求。

3.2.2.2 静电控制措施

航天电子产品的生产过程要根据产品特征进行有效的静电防护，同时还需保证防护用品的有效性，才能实现静电防护效果。航天电子产品生产企业的静电防护措施主要涉及人员的管理、防静电工作区（EPA）的管理、包装与运输的管理、采购与外包管理以及库房管理等产品生产流程。只有以上各环节全部符合静电防护要求，才能保证静电体系的有效运行，达到静电控制的效果。静电防护体系的建设主要包括静电防护区的建设、防护用品和器材的配置、管理流程和措施的制定与实施以及监督检查等。

（1）防静电工作区（EPA）

防静电工作区是专门为从事静电敏感产品生产而建立的特殊区域，在该区域内配备的所有设备、设施及环境必须符合静电防护要求，以确保静电控制措施的有效性。防静电工作区的形式可以是多种多样的，可以是一张固定的工作台、一间实验室、整座大楼或任何预先划定边界、包含静电防护器材和设施的工作场地。EPA也可能是可移动、便携的，如现场维修人员使用的维修包也可配置成一个临时的EPA。

航天电子产品生产单位应对其生产产品的静电敏感度、静电抗扰度或静电防护要求以及生产过程、环节和生产区域进行识别，并设立EPA进行航天电子产品的生产。在EPA内实现静电防护，根据实际工作情况按照处置静电放电敏感（ESDS）的要求对EPA进行分级管理，一般可分为Ⅰ类EPA和Ⅱ类EPA。并针对不同类型的EPA对相关设施、设备、防静电材料、服装、用品、用具及包装等配备防静电设施。

1）Ⅰ类EPA：直接或间接接触、处置ESDS元器件、组件（电路板等）的区域，如库房，元器件筛选、老化和测试，电装，电路板调试、维修、检验和清洗，单机调试，与ESDS单机直接相连的电缆所处区域等。

2）Ⅱ类EPA：处置ESDS单机设备的区域，如进行单机环境实验，单机老化，有静电敏感要求的产品部装、总装、单机库房等。

每个EPA应有醒目的标识，并按EPA的要求配置相应的防静电设备、设施和器材。所有与静电防护要求相关的设施、设备、防静电材料、服装、用品等均应按专用技术文件的要求进行检测，验收合格后方可投入使用。已使用的设施、设备等应按技术文件要求进行定期检测，并在有效期内使用。

（2）标识

航天电子产品生产场地的EPA都应按照静电防护要求进行标识，标识的目的一方面是提示进入该区域的人员遵守相关要求，标识包括EPA入口的警示标识、EPA的

ESD公共接地点警示标识等。另一方面，标明防静电设备设施和静电敏感产品的受控状态，标识包括防静电工作台、椅，防静电周转箱和储存的静电盒、袋，工具和设备等静电防护标识。

（3）接地

接地作为静电泄放的重要手段，在电子产品生产车间要求被广泛执行。防静电区域内的地面、腕带插孔、工作台面、手推车、储物架/柜、设备仪器等都应连接到公共接地点上，以便静电泄放。具体接地要求见表3-3。

表3-3 电子产品生产车间接地要求

<table>
<tr><th>序号</th><th colspan="3">规范项目</th><th>接地方式</th><th>阻值要求/Ω</th></tr>
<tr><td>1</td><td colspan="3">防静电公共接地点</td><td>电装厂房应设立防静电地线，各楼层应设立防静电公共接地点</td><td><4</td></tr>
<tr><td>2</td><td colspan="3">地面</td><td>地面铺设防静电地板</td><td>1×10^4～1×10^9</td></tr>
<tr><td>3</td><td colspan="3">工作台</td><td>EPA内的工作台台垫接地点、地板接地点、腕带插孔接地点均应并联到公共接地点，然后再将公共接地点与电源插座的保护地相连。多个工作台间也应并联到公共接地点</td><td>1×10^5～1×10^9</td></tr>
<tr><td>4</td><td colspan="3">工作椅</td><td>防静电工作椅作为人体静电泄放的辅助通道，一般通过支脚或轮子接地。防静电工作椅间应并联接地，不应采用铁链接地等不可靠的方式进行接地</td><td>1×10^5～1×10^9</td></tr>
<tr><td>5</td><td colspan="3">储物架(手推车)</td><td>防静电储物架(手推车)表面应采用静电耗散材料，并可靠接地。可移动的储物架(手推车)可以采用轮子接地</td><td>1×10^5～1×10^9</td></tr>
<tr><td rowspan="3">6</td><td rowspan="3">仪器、设备、工具</td><td rowspan="2">使用交流电</td><td>交流电供电设备</td><td>设备的金属机箱必须通过电源保护地线接地(如贴片机、插装机、波峰焊机、温湿箱等的生产、装联、焊接、检验设备)</td><td><10</td></tr>
<tr><td>处理ESDS元器件的电气工具</td><td>使用单相三线、接地型的电源插座，与ESDS有直接接触的金属部分必须良好接地(如电烙铁、剥线器、吸锡器等)</td><td><20</td></tr>
<tr><td colspan="2">不使用交流电</td><td>通常通过ESD工作台面和操作人员实现接地(如扁嘴钳、剥线钳、镊子等)</td><td>$<1\times10^9$</td></tr>
</table>

（4）湿度控制

静电的发生与环境湿度密切相关。材料表面电阻和人体带电与湿度有着密切关系，在低湿环境下，静电耗散材料有可能变成绝缘材料，更容易产生静电，但由于不同性质、不同工作任务的EPA对湿度控制的要求不同，因此电子产品生产企业应根据产品特点对EPA的湿度进行合理控制，并进行监控，监控数据的选取应能够真实地表征车间的环境温湿度。我国有关静电防护标准对EPA湿度控制进行了规定，尤其对湿度的低限提出了要求。具体要求见表3-4。

表 3-4　我国防静电标准对 EPA 湿度控制要求

标准级别	标准号	标准名称	相对湿度控制范围
国家军用标准	GJB 3007A—2009	防静电工作区技术要求	45%～75%
电子行业标准	SJ/T 10533—1994	电子设备制造防静电技术要求	不低于 50%
	SJ/T 10630—1995	电子元器件制造防静电技术要求	不低于 60%（否则须建立防静电操作系统）
航天行业标准	QJ 2245—1992	电子仪器和设备防静电要求	40%～60%
航天科技集团标准	Q/QJ A119—2013	航天电子产品静电防护技术要求	一般 EPA 在 40%～60%，可放宽至 30%～70%，特殊要求另行规定

（5）设备、设施管理

建立静电防护体系，应配备防静电工作台、防静电工作椅、防静电手推车、防静电货架、周转箱、防静电盒（袋）等，处理静电敏感产品的工作台应配备离子风机，处理静电敏感产品的设备要求接地。

对于航天产品的生产过程，为了确保静电防护万无一失，除了要配备必要的防静电设施并按要求进行使用外，在焊接、返修、喷涂等生产工序需要对产品进行防护时，应使用防静电胶带，并配合使用离子风机。手工清洗时要求使用防静电毛刷进行清洗，以防止刷洗过程中毛刷产生静电，造成产品损伤。

为了确保静电防护的有效性，生产企业除配备必要的静电防护设施外，还需要对防静电器材及设施性能进行检测，以确保防静电器材及设施的完好性和有效性。应对防静电工作台（椅）、防静电手推车、防静电腕带、离子风机等设施制定检测周期，实施检测并进行记录。对防静电工作服、鞋，防静电包装袋等反复使用的静电设施，也应根据使用频次规定检测周期并进行检测，对不符合要求的设施应及时进行更换。

检测周期按表 3-5 所示规定进行，相关指标见表 3-6。

表 3-5　防静电检测周期表

检查项目	检查周期					测量仪器
	日	周	月	季	年	
手腕带量测	★	☆	☆	☆		人体综合测试仪
静电鞋量测	★	☆	☆	☆		人体综合测试仪
防静电标识	★	☆	☆	☆		目测
环境温度	★	☆	☆	☆		温度计
环境湿度	★	☆	☆	☆		湿度计
仪器、设备、工作台接地线电阻		★	☆	☆		万用表
离子风扇量测		★	☆	☆		静电电压量测仪
工作服表面量测			☆	☆		电极、兆欧表
工作台面(包括台垫)表面电阻与系统电阻				☆		电极、兆欧表
周转容器表面电阻与系统电阻				☆		电极、兆欧表

续表

检查项目	检查周期					测量仪器
	日	周	月	季	年	
存放容器、小车等表面电阻与系统电阻				☆		电极、兆欧表
电烙铁接地电阻与绝缘电阻				☆		万用表
防静电地面量测(表面电阻与系统电阻)					☆	电极、兆欧表

注:★全检项目,☆抽检项目。

表 3-6　EPA 内防静电用品、设备、设施的技术要求

名称	产品认证要求	监视和测量要求(符合性验证)
地面(地板、地垫)	点对点电阻 $1\times10^{4}\sim1\times10^{9}$ Ω	点对点电阻 $1\times10^{4}\sim1\times10^{9}$ Ω
	点对地电阻 $1\times10^{4}\sim1\times10^{9}$ Ω	点对地电阻 $1\times10^{4}\sim1\times10^{9}$ Ω
	人体走动电压小于 100 V	—
工作台(台面、台垫)	点对点电阻 $1\times10^{5}\sim1\times10^{9}$ Ω	点对点电阻 $1\times10^{5}\sim1\times10^{9}$ Ω
	点对地电阻 $1\times10^{5}\sim1\times10^{9}$ Ω	点对地电阻 $1\times10^{5}\sim1\times10^{9}$ Ω
	充电孤立导体接触分离后残余电压小于 200 V	—
储存架/柜(储存未经防护的 ESDS 产品)	点对点电阻 $1\times10^{5}\sim1\times10^{9}$ Ω	点对点电阻 $1\times10^{5}\sim1\times10^{9}$ Ω
	点对地电阻 $1\times10^{5}\sim1\times10^{9}$ Ω	点对地电阻 $1\times10^{5}\sim1\times10^{9}$ Ω
椅/凳	点对点电阻 $1\times10^{5}\sim1\times10^{9}$ Ω	点对地电阻 $1\times10^{5}\sim1\times10^{9}$ Ω
防静电移动设备(如小车、梯子等)	点对点电阻小于 1×10^{9} Ω	表面对地电阻小于 1×10^{9} Ω
	点对地电阻小于 1×10^{9} Ω	
静电防护包装	与 ESDS 接触的表面点对点电阻 $1\times10^{3}\sim1\times10^{10}$ Ω	内、外表面点对点电阻小于 1×10^{10} Ω
	防静电屏蔽包装内感应能量小于 50 nJ	
防静电服、帽	点对点电阻 1×10^{5} Ω～1×10^{9} Ω	点对点电阻 $1\times10^{5}\sim1\times10^{9}$ Ω
可接地防静电服	点对地电阻 1×10^{5} Ω～1×10^{9} Ω	点对地电阻 $1\times10^{5}\sim1\times10^{9}$ Ω
可接地防静电服系统	点对地电阻 $1\times10^{6}\sim3.5\times10^{7}$ Ω	点对地电阻 $1\times10^{6}\sim3.5\times10^{7}$ Ω
防静电鞋	鞋底电阻 $1\times10^{5}\sim1\times10^{8}$ Ω	鞋底电阻 $1\times10^{5}\sim1\times10^{8}$ Ω
防静电鞋套、脚跟带	鞋底导电带电阻 $1\times10^{5}\sim1\times10^{8}$ Ω	鞋底导电带电阻 $1\times10^{5}\sim1\times10^{8}$ Ω
防静电手套、指套	内、外表面点对点电阻 $1\times10^{5}\sim1\times10^{9}$ Ω	内、外表面点对点电阻 $1\times10^{5}\sim1\times10^{9}$ Ω
防静电腕带	腕带线缆端对端电阻 $(0.8\sim1.2)\times10^{6}$ Ω	腕带线缆端对端电阻 $(0.8\sim1.2)\times10^{6}$ Ω
	腕带套内表面对电缆扣电阻小于 1×10^{5} Ω	腕带套内表面对电缆扣电阻小于 1×10^{5} Ω
	腕带套外表面对地电阻大于 1×10^{7} Ω	腕带套外表面对地电阻大于 1×10^{7} Ω
腕带插孔	腕带插孔对地电阻小于 2 Ω	腕带插孔对地电阻小于 2 Ω
	腕带插头与插孔的拔出力大于 1.5 N	腕带插头与插孔的拔出力大于 1.5N

续表

名称	产品认证要求	监视和测量要求(符合性验证)
电烙铁、吸锡器、热剥器、拆焊等手持电装工具	与 ESDS 电子产品的接触面对地电阻小于 2 Ω	与 ESDS 电子产品的接触面对地电阻小于 10 Ω
	与 ESDS 电子产品的接触面电压小于 20 mV	
	与 ESDS 电子产品的接触面泄漏电流小于 10 mA	
镊子、毛刷、钳子、夹具等手持工具	与 ESDS 电子产品的接触面对地部位电阻小于 1×10^{9} Ω	与 ESDS 电子产品的接触面对地电阻小于 1×10^{9} Ω
自动取放、自动电装、环境试验等设备	—	与 ESDS 电子产品的接触面对地电阻小于 1×10^{9} Ω
离子风机	静电衰变时间不多于 20 s(从±1 000 V 衰变到±100 V)	静电衰变时间不多于 20 s(从±1 000 V 衰变到±100 V)
	残余电压不大于 35 V	残余电压不大于 35 V
静电连续监测仪	由用户或产品规范规定	由用户或产品规范规定

注:上述限值适合于对静电敏感度在人体模型 HBM100V 及以上、带电器件模型 CDM200V 以上和孤立导体±35 V 及以上的 ESDS 产品的静电防护技术要求。如果处置静电敏感度更高的 ESDS 产品,需要增加控制项目或调整限值。当提供了特殊处置项目的设计文件,并提供验证报告之后,仍视为符合本标准要求。

(6) 人员控制

对进入 EPA 的工作人员要严格进行管理，EPA 的工作人员必须经过防静电知识培训，掌握必要的静电防护知识后，才能进入相关区域进行静电敏感产品操作。进入 EPA 前要穿好防静电工作服，戴好防静电工作帽，操作过程要佩戴防静电腕带，并进行实时监测。

无关人员不得随意进入 EPA，如果有特殊情况必须进入时，应经过防静电知识培训，并采取静电防护措施，在专人带领下方可进入。进入后应严格按照 EPA 的管理规定执行。

3.2.3　现场管理

现场管理是指用科学的思想、方法和手段对生产现场各生产要素进行合理有效的计划、组织、协调、控制和检测，使其处于良好的结合状态，实现企业优质、高效、低耗、均衡、安全、文明生产的目的。在航天新形势下，面临多型号、高密度发射的特点，对生产、总装和试验现场的精细化管理要求也在不断提高，如何利用先进的管理理念、方法满足研制生产任务的需求，是现场管理必须要思考解决的问题。生产现场是企业管理的核心组成部分，是型号产品研制生产的基础平台。绝大部分管理控制活动都是围绕生产现场开展的，生产现场的管理控制活动开展的质量和效率，将直接决定企业经营管理水平。因此，推动企业应用先进的管理理念、方法和技术，加强现场管理，有利于提高产品、服务、工作质量和管理水平，促进企业平稳快速、可持续发展，增强企业整体素质、绩效水平和市场竞争力。

现场管理的六要素包括：人、机、料、法、环、测。

1）人：操作者对质量的认识、技术、身体状况等；

2）机：设备、工具、工位器具的精度和维护保养状况等；

3）料：原材料能否达到要求的性能等；

4）法：加工方法所要求的环境和生产布局等；

5）环：工作现场的技术要求和清洁条件等；

6）测：对现场采取监视和测量的方法或手段。

3.2.3.1　航天电子产品现场管理发展历程

航天企业一直致力于落实“严肃认真、周到细致、稳妥可靠、万无一失”的质量方针，不断探索适应航天事业发展的现场管理方法。随着航天电子产品技术的发展，航天电子产品生产企业质量意识的不断提高，对生产现场的管理也越来越规范化、系统化。航天电子产品现场管理主要经历了文明生产现场管理、6S现场管理及星级现场评价几个阶段。

（1）文明生产现场管理

20世纪60年代，航天电子产品制造企业推行文明生产现场管理，主要以文明生产为基础，通过物品摆放整齐、定期进行清扫等要求进行车间的现场管理，以保证生产的有序进行。这也是早期企业现场管理工作的代表。20世纪70年代开始，航天电子产品生产企业开始逐步导入全面质量管理的理念和方法，在这一过程中QC小组等现场管理改进活动的开展，有效地推动了现场管理水平的提升。

文明生产具有丰富的内涵，其中与电子装联有关的内容包括以下几个方面：

1）每个操作人员必须严格执行各项规章制度。要认真贯彻执行各项工艺操作规程，以确保航天产品质量的稳定性和高可靠性。

2）加强对文明生产区域的管理工作。电子装联工作场所，一般可分为四类区域：一类区域，其洁净度为100级生产工作场所；二类区域，其洁净度为1 000级生产工作场所；三类区域，其洁净度为10 000级生产工作场所；四类区域，其洁净度为100 000级生产工作场所。

3）电装人员的服装。电装人员必须穿棉制工作服及工作鞋，戴细纱手套（或指套）及工作帽，并经常更换以保持清洁。有防静电要求的工作场所，必须穿防静电工作服及工作鞋，戴防静电腕带。工作服的领口、袖口应与皮肤直接接触，长发应全部放入工作帽内。

4）对工作室内要求。禁止在工作室内饮食、饮水、吸烟和化妆。不允许在工作室内存放香脂、油脂、香水、化妆品、含硅成分的润手霜和洗手液、香烟、有挥发性的物品及其他与电子装联无关的物品（个人生活用品）等。

5）对工作区域内的要求。工作区域内不允许砂纸打磨以及进行钻、锉、磨、油漆、喷涂等非电子装联工作。如果在工艺上有特殊要求，需要进行上述工作时，必须经工艺部门批准，并必须在采取了隔离措施或其他严格的防护措施后，才能进行。

(2) 6S现场管理

21世纪初期，随着5S管理方法在日本的兴起，为全面提升产品质量管理水平，国内的航天电子产品生产企业在5S管理基础上增加了“安全”要求，开始广泛推行6S管理方法。6S管理主要通过定置化管理来实现车间现场的整体统一，将工作场所中的所有物品进行区分，将整理好的物品进行定位和标识，在创造整洁的生产工作环境的同时可以提升工作效率，6S现场管理注重习惯的养成，通过员工素养的提高养成做事严谨的习惯，提高产品质量。

(3) 星级现场评价

近年来，在航天事业高速发展的新形势下，面临多型号、高密度发射的特点，对生产、总装和试验现场的精细化管理要求也在不断提高，如何利用先进的管理理念、方法满足研制生产任务的需求，是现场管理必须要思考解决的问题。2012年，在航天制造企业中引入了星级现场管理的现场管理方法，旨在用先进的管理理念、方法和技术，加强现场管理，提高产品、服务、工作质量和管理水平，促进企业平稳快速、可持续发展，增强企业整体素质和市场竞争力，提高企业绩效水平。2014年，星级现场评价开始在中国航天科技集团公司进行推广和应用。

3.2.3.2 现场管理的原则

在欧美地区等国家，以泰勒的《科学管理原理》为起点，逐步建立了工业工程这门学科。工业工程（Industrial Engineering，IE）起源于20世纪初的美国，它以现代工业化生产为背景，在发达国家得到了广泛应用。现代工业工程是以大规模工业生产及社会经济系统为研究对象，在制造工程学、管理科学和系统工程学等学科基础上逐步形成和发展起来的一门交叉的工程学科。它是将人、设备、物料、信息和环境等生产系统要素进行优化配置，对工业等生产过程进行系统规划与设计、评价与创新，从而提高工业生产率和社会经济效益专门化的综合技术，且内容日益广泛。工业工程中所涵盖的基本思想和管理工具，是今天广受关注的丰田生产方式的根基。此外，美国学者对丰田生产方式进行了深入的研究，总结出了精益生产方式，并创造出价值流图析等现场管理工具方法。

在日本，以丰田为代表的众多企业，在实践过程中涌现出了大量的现场管理工具方法。以大野耐一为代表的现场管理专家，提出了“三现主义（现场、现实、现物）”的现场管理理念，并创造出了5S、目视化管理、防差错技术、快速换模、TPM等被广泛应用的现场管理工具方法。

我国在20世纪60年代创建了“质量信得过班组”这一形式，用以激励现场员工自主地进行管理，这也是我国早期企业现场管理工作的代表。

改革开放以来，国内企业不断引入欧美地区国家和日本的许多先进的管理理念和方法，如ISO 9000、卓越绩效模式、精益思想等。航天生产企业也结合自身特点，积极探索和实践适合航天制造企业的现场管理方法。目前，航天制造企业较为广泛应用的现场管理方法主要有：6S现场管理，目视化管理、现场管理星级评价等。

现场管理应遵循目视化、精益化和制度化的原则。目视化是现场管理的基础要素，通过对现场设施、设备、材料、方法等要素进行可视化处理，使管理的要素能够更加清晰直观地展现。如采用现场看板管理的方式展现生产进度、物料信息，对防静电区域进行图示化的标识用以警示等。精益化是目视化的延伸和提高，对目视化的管理要素进行细化和重构，以提高生产率、物流配送能力，减少浪费、降低成本。如采用产品物料最短的工艺布局，建立基于产品特征的生产制造单元等。制度化是对现场管理成熟经验的总结与固化，通过规范或制度的建立，形成长效机制。如形成定置化管理要求、看板生产管理要求、工艺布局设计指南等。

（1）6S 现场管理

①6S 的基本内容

整理：要与不要，一留一弃；

整顿：科学布局，取用快捷；

清扫：清除垃圾，美化环境；

清洁：形成制度，贯彻到底；

素养：养成习惯，以人为本；

安全：安全操作，生命第一。

②实施 6S 管理的作用

1）提升企业形象：整齐整洁的工作环境，能够吸引客户，并且增强自信心。

2）减少浪费：由于场地杂物乱放，致使其他物品无处堆放，这是一种空间的浪费。

3）提高效率：拥有一个良好的工作环境，可以使个人心情愉悦；东西摆放有序，能够提高工作效率，减少搬运作业。

4）质量保证：一旦员工养成了做事认真严谨的习惯，他们生产的产品返修率会大大降低，可以提高产品品质。

5）安全保障：保持通道畅通，让员工养成认真负责的习惯，会使生产及非生产事故减少。

6）延长设备使用寿命：对设备及时进行清扫、点检、保养、维护，可以延长设备的使用寿命。

7）降低成本：做好 6S 可以减少“跑冒滴漏”和来回搬运，从而降低成本。

8）交期准：生产制度规范化使得生产过程一目了然，当生产中的异常现象出现明显时，可以及时调整作业，以达到交期准确。

③6S 管理的方法要求

整理：及时将无用的物品清理出现场，目的是腾出空间，塑造清爽的工作场所；6S 的第一步是整理，将工作场所中的所有物品进行区分，将必要的留下，不必要的彻底清除。

整顿：落实前一步整理工作，将整理好的物品定位放置，并做好标识。目的是使工作场所一目了然，减少寻找物品的时间，创造整齐的工作环境。

清扫：清除生产现场的脏污，防止污染发生。目的是创造干净、清爽的工作环境，培养员工卫生习惯，使员工工作心情愉悦。

清洁：将上面 3S 的成果制度化、规范化，贯彻执行并维持效果。

素养：培养员工良好的工作习惯，提高员工素质，养成工作规范认真的习惯，营造团队精神。

安全：贯彻“安全第一，预防为主”的方针，确保人身、设备、设施安全，其目的是建立安全生产环境。

（2）现场管理星级评价

中国质量协会从 2009 年起，在全国范围的企业全面推动现场管理改进活动，引导企业开展现场管理星级评价工作。促进企业实现管理科学、方法先进、成本减少、绩效上升。现场管理改进活动覆盖到电子、钢铁、机械、军工、通信、交通运输、金融、建筑等众多行业。一批具有代表性的企业通过开展现场管理改进提升，建立系统的推进机制，取得了良好的成效。

海尔集团从 2009 年开始进行现场管理准则试点工作，几年来，通过现场管理工作的深入开展，海尔集团的现场在人员素质、产品研发周期、产品质量水平、过程能力、交付周期、成本控制、安全零事故、污染排放、资源和循环利用等方面得到了大幅度的提升和改善，涌现出很多创新的做法和模式。质量损失同比降低 30%、准时交货率达到 100%、综合能耗成本同比降低 30%、市场占有率同比提高 5%。

2012 年，航天系统开始导入和推进星级现场管理工作。经过一系列改进工作，2013 年，在中国质量协会组织的现场管理星级评价活动中，航天系统内某从事电子产品制造的单位率先获评五星级现场。通过现场管理改进活动，降低了车间管理成本，提升了产品质量，提高了生产率，为航天系统星级现场的全面推广与应用奠定基础。

3.3　人员管理

航天电子产品生产过程中的很多环节仍然需要人工操作，人的行为活动贯穿在整个电子产品生产过程中，在人、机、料、法、环、测六大因素中，人的因素发挥着重要的作用，人的素质以及对人员的管理是直接决定产品质量和生产率的重要因素。在航天电子产品生产过程中，涉及多道关键工序，因此操作人员的态度、技能、身体状态等都直接影响产品质量。在 20 世纪 60 年代初期，我国的航天型号处于仿制时期，生产组织模式较为粗犷，对人员分工、岗位设置没有较明确的划分，对人员技能的要求相对较高。近年来，随着航天电子产品生产模式的转变，自动化工艺装备、单元化制造模式的引入，按生产工序的不同对人员的技能要求及管理的划分越来越精细，对人的综合技能要求逐步降低。例如：表面贴装的焊接过程已实现设备焊接，因此要从工艺参数设置、设备操作、设备管理等方面考虑人员的操作技能，强化人员的工艺技能水平。而对于手工操作比重大的工序，例如手工焊接、三防涂敷等，则应重点考察人员的操作技能并强化人员的质量意识。因此，对于航天电子制造过程的人员管理应按操作岗位进行设置、管理和培养。

3.3.1 人员资质与评价

生产企业应综合考虑企业发展的现实需求和发展需求，对保证生产流程正常运行所需的岗位进行设置和职责分工。

工艺人员主要扮演产品的工艺生产流程设计、工艺方法的选择、生产现场指导、问题处理等角色。工艺方法的正确性直接影响产品质量，工艺流程的合理性对产品的质量和生产率有直接影响，现场问题处理的及时性和问题处理能力直接决定产品生产是否能够顺利进行，所以生产企业工艺人员的能力直接决定了该企业生产技术水平。工艺人员除了应具备相应的工艺专业基础知识，熟悉电装专业标准外，还应具有一定的工艺设计能力及工作经验，以保证生产企业承制新产品生产任务时，工艺人员能够对工艺方法和要求进行准确识别和确认，制定正确的工艺方案，确保生产的顺利进行。企业应注重对工艺人员的能力培养，可通过培训、交流的形式拓宽工艺人员视野，增长工艺人员的电装经验。另外，工艺人员还应具备进行工艺预研、工艺技术储备等能力，以满足生产企业工艺技术的长远发展。生产企业在考虑工艺人员能力水平的同时，还应考虑人员的配备，工艺人员的数量应根据企业发展需求和实际生产需求，结合该企业的产品生产模式、复杂程度、生产规模等因素综合进行配置。

操作人员是实现产品生产的重要组成部分。对于航天生产企业来说，其多品种、小批量的生产特点决定了航天产品的生产离不开手工操作。因此，操作人员的技能水平直接影响产品的生产质量。操作者除了需要积累一定的操作经验，具备较熟练的技能水平外，还应掌握一定的电装标准知识，熟悉电装过程各环节的工艺控制和要求，具有独立生产的能力。生产企业应注重对操作人员能力的培养，可通过技能竞赛、培训等方式提升操作人员的工作技能。另外，企业要保证生产能力水平还应注重操作人员能力的继承性，避免人员变动或流失给企业生产能力造成影响。

对操作人员的培养，企业可根据自身的生产组织模式进行选择。如流水生产线可按工序分为搪锡工序、成形工序、导线端头处理工序、通孔插装工序、表面贴装工序（含焊膏印刷）、手工焊接工序、波峰焊接工序、再流焊接工序、清洗工序、敷形涂敷工序、粘固或灌封工序，企业可分别培养适合各工序的操作员工。不按流水线方式则需要增加相应的培养成本，培养出的员工要求知识面广，操作能力强，是全面性人才，对单位引领先进技术起到良好的作用（相对全面性的人才在航天系统内较为缺失）。因此一个企业要培养全面性人才，在注重人才培养的同时，还要注重人员流失的风险，提前做出预案。

检验人员是剔除劣质不合格产品的最终人员，对于航天生产企业来说，是产品完成的最后一道防线。检验人员应熟练掌握各式检测设备，并能够通过检测设备检查、判断产品质量。因此，检验人员最好在优秀操作者中产生，因为检验员完全掌握了操作工序内容，熟悉工序操作的特点、操作难点及重点注意事项，在检验过程中可以重点检查项目，确保将不合格产品剔除。对检验人员的培养还要在培养操作者的基础上增加对检测设备使用的培训，以及对各种工序检验内容的判据培训。

另外，在人员素质和能力上要综合考虑人员能力分布的层次，技术人员根据专业技术水平的高低进行岗位分配，例如型号和专业主任工艺师是型号研制生产的骨干，应由专业技术水平较高的人员担任。操作人员也应根据技能水平和实际操作经验进行分工，例如加工质量要求高、过程复杂的产品应由技能水平较高的高级工或高级技师承担。

生产企业应建立人员知识与技能评价方法，从而对生产人员水平进行合理划分。这样既有利于管理者掌握生产人员的技能水平，又能对员工岗位进行合理分配和划分。同时也可有针对性地对人才进行培养，便于人员能力快速提升。

可以运用能力矩阵的方式按工序对操作人员的技能进行综合评定，从专业技术水平的角度出发对岗位技能进行分析和识别，可通过个人自评和车间评审、技能操作竞赛等形式建立各岗位的人员能力矩阵。表 3－7 是以电缆专业为例建立的能力矩阵图，将电缆生产中涉及的各项能力要素进行划分，用星级代表岗位人员的专业能力水平。能力矩阵图可以较为清晰地体现生产企业各岗位人员的能力水平和各层次分布情况。以便为职工后续技能发展提供参考，另外，在人员岗位分工时也可以提供借鉴。

表 3－7　电缆专业能力矩阵图

姓名	识图	样板制作	导线下料	线束绑扎	铜网制作	毛坯阶段	电插接器	端头处理	焊接压接
张×	★★★★☆	★★★★☆	★★★★☆	★★★★☆	★★★★☆	★★★★☆	★★★★☆	★★★★☆	★★★★☆
王×	★★★☆☆	★★★☆☆	★★★☆☆	★★★☆☆	★★★☆☆	★★★☆☆	★★★☆☆	★★★☆☆	★★★☆☆
李×	★★★★★	★★★★★	★★★★★	★★★★★	★★★★★	★★★☆☆	★★★☆☆	★★★☆☆	★★★☆☆

3.3.2　现场人员要求

现场人员一般指在生产现场从事生产和管理的人员，车间管理人员应按照车间或工厂管理制度执行操作，本部分内容只对车间现场直接从事产品操作的人员（操作人员、检验人员等）要求进行阐述。

3.3.2.1　现场人员岗位要求

（1）身体素质要求

从事航天电子产品的操作人员和检验人员，由于要对元器件的规格、牌号、标识等进行识别，因此操作人员和检验人员的视力及辨色能力应满足一定的要求。具体要求为：

1）检验人员应具有辨色能力，能通过色觉检查图的辨色测试，不能有色弱或色盲，视力（含矫正视力）不应低于 5.0；

2）操作人员应具有辨色能力，能通过色觉检查图的辨色测试，不能有色弱或色盲，视力（含矫正视力）不应低于 5.0；

3）组织应对各类人员的辨色能力、色弱或色盲情况有明确要求，并落实在入职体检报告中。

(2) 专业知识要求

一般情况下，从事航天电子产品生产的现场人员的文化程度应符合岗位需求，并完成相关专业的基础知识学习，达到一定的专业技术水平。生产企业应根据本单位生产产品的特点对电装专业知识进行识别，并进行上岗、在岗培训，以提高生产人员知识水平。表3-8给出了现场人员应具备的基础知识，企业在人员培训时可以借鉴。

表3-8 现场生产人员应具备的基础知识

序号	应具备的基础知识
1	电工基础知识
2	无线电基础知识
3	电子装联基础知识
4	电子装联技术标准
5	无线电测量基础知识
6	数字电路基础知识
7	元器件基础知识
8	常见辅料基础知识
9	机械识图、钳工基础知识
10	计算机基础知识
11	产品验收流程
12	专业技术现状及发展方向

(3) 技能要求

随着电子制造装联工艺的高速发展，对电子装联从业者的专业技能提出了更高的要求，从事电装专业的现场生产人员除了应具有一定的工作经验外，还应该在识图、工装设计、问题分析处理、协调沟通等方面具备相应的工作技能，以保证生产工作的顺利开展。

在对人员的现场管理过程中，企业需要根据具体的作业岗位需求，确定对现场员工技能的要求。根据对员工实际技能的分析结果，确定员工在技能方面的差距，并通过培训、轮岗、一专多能等方法，弥补员工在技能方面的差距，从而满足现场管理要求。生产企业对于岗位能力需求的分析，应兼顾企业发展的现实需求和发展需求，给出具体可操作的分析结果。表3-9为现场生产人员应具备的基本能力，可供企业参考。

表3-9 现场生产人员应具备的基本能力

序号	人员基本能力
1	识别和理解文件、图样的能力
2	按照图样完成产品制造的能力
3	鉴别外观质量的能力
4	正确使用电子装联过程常见工具的能力
5	发现质量隐患的能力

3.3.2.2　现场人员培训

培训是企业最主要的人才培养手段，人员通过培训可以提高专业知识以及技能水平，实现生产企业人员能力的整体提升。人员培训可分为岗前培训和岗位培训，岗前培训指各类人员在上岗前应接受的知识和技能的培训，使其能达到该岗位的基本要求。其中操作人员、检验人员应持证上岗。具体要求为：

1）检验人员培训生产相关理论知识、电子装联相关标准、检验要求、方法和实际操作，通过理论、实际操作考试合格后上岗；

2）操作人员培训生产相关理论知识、电子装联相关标准、实际操作技能和要点，通过理论、实际操作考试合格后上岗；

3）现场工作人员应接受静电防护知识培训，掌握基本的静电防护知识；

4）重要设备（精密、大型、贵重等）操作人员及特殊工种（无损检测等）人员应经过培训，并通过考试取得相应资质后才能上岗操作。

岗位培训的主要目的是促进人员能力提升、推动新设备新技术的应用。其形式可采取集中授课、资料学习、导师带徒弟等多种方式进行。生产企业应定期识别相关技能的培训需求，制定相应的人员能力提升渠道，实现员工的技能发展。

3.3.2.3　现场人员管理

为了满足生产现场的环境及产品的保护要求，保证产品的生产质量，进入生产现场的人员在进行现场操作时应满足相关标准要求。电子装联生产过程的操作人员进入生产现场，除了要遵守劳动纪律外，应满足以下要求：

（1）静电防护要求

进入生产现场的工作人员应穿好防静电工作服、鞋，戴好防静电工作帽，做好静电防护工作，进入 EPA 应先释放静电，通过静电测试后方可进入。详细要求可参见 3.2.2 节。

（2）洁净要求

进入洁净间进行操作的人员应穿好工作服、鞋，戴好工作帽，并通过风淋设施。

（3）操作要求

从事生产现场操作的人员应注意不能擦拭护手霜，以免对产品造成污染。操作时要带好防静电手套或指套，以免在操作过程中操作者手上的汗渍或油污污染产品。

3.3.3　外来人员管理

出于对科研生产的实际需要，现场除了生产人员外，还有管理人员及外来人员。外来人员一般包括产品设计人员、用户、军代表、上级部门领导及有关人员。

电装产品生产过程中对环境的要求较为严格，生产环境中的洁净度、静电放电和多余物等都会影响产品质量，而这些环境因素都会受到人为因素的影响，因此生产车间除了要加强生产现场的人员管理外，还应加强外来人员管控，以确保电子产品生产环境符合生产要求。

应严格控制外来人员进入电子产品的生产现场，确实需要进入的，应进行安全防护等相关培训，并按现场人员要求进行管理，穿好工作服、鞋，戴好工作帽，通过风淋洁净设施后进入洁净间。外来人员应有专人陪同，按规定线路和区域进行相关工作，不得对现场产品进行接触，更不能对产品进行任何操作。无关人员不得进入EPA，对于进入EPA的人员应进行静电防护培训并采取相应的静电防护措施。

3.4　设备设施及工艺装备管理

设备设施和工艺装备是航天电子产品实现过程必不可少的生产保障措施，设备设施的配备以及工艺装备的合理使用是提高产品生产产能，优化工艺过程控制，提高生产率，增强企业市场竞争力的重要手段。先进的设备和工具可以代替人的手工操作，来消除由人为因素产生的质量波动，在保证产品可靠性的同时提高航天电子产品的一致性。

随着航天电子产品的集成化、小型化，电子装联工艺设备的使用也越来越广泛，基本贯穿整个电子装联生产过程，因此设备设施及工艺装备的管理在电子装联生产过程控制中尤为重要。航天电子产品生产过程所配备的设施主要指厂房设施，包括空气净化通风系统，烟雾净化装置，静电接地系统，监控系统及相关设施，照明、气、暖、电、温湿度控制设备等。设备管理主要包括自动化装备（如成形机、自动插装机、波峰焊接机）的选用、鉴定、使用和管理。工艺装备管理主要包括工具、模具、夹具、量具等的配置、鉴定、使用和维护等。

3.4.1　配置

航天电子产品生产企业应遵循航天电子产品多品种、小批量、高可靠的特点，按照工艺过程配置设备设施和工装，以满足生产过程的需要。具体应遵守的原则如下：

1）提高生产率，缩短生产周期；

2）提高生产产能，优化工艺过程控制；

3）实现自动化、半自动化生产，减少人为因素对产品质量造成的影响；

4）完成产品的特殊使用要求和加工过程。

3.4.1.1　设施配置

从事航天电子产品的生产现场应按航天标准要求配备相应的基础设施，以满足洁净度、温湿度、防静电等环境要求，保证产品生产质量。表3-10给出了电子装联产品生产现场设施配置建议，可供企业借鉴参考。

表3-10　电子装联产品生产现场设施配置

环境要求	设施	配置区域
温湿度	空调机组、制冷设备、加湿设备	电装生产区域
洁净度	空气净化设备、风淋系统	洁净区
光照度	照明灯具	电装生产区域

续表

环境要求	设施	配置区域
防静电	防静电工作台、椅，防静电地板，防静电转运车、盒、袋，防静电架，防静电工作服、帽、腕带，离子风机等	EPA
排风换气	排风设备、排风换气系统	喷漆间、清洗间
其他	水、电、气、暖、监控设施等	电装生产区域

3.4.1.2　设备与工装配置

近年来，随着电子产品不断向小型化、集成化、高速化方向发展，航天电子产品也从传统的手工制造逐步向自动化、智能化方向发展。越来越多的自动化装备（如成形机、自动插装机、波峰焊接机）应用于电子产品的制造过程，既提高了产品的生产率，也确保了产品的一致性，提升了产品质量。

电子装联产品生产过程应配置的主要设备与工装可参考表 3－11。

表 3－11　电子装联产品生产过程应配置的主要设备与工装

序号	工序		设备与工装
1	生产准备	设备	烘箱等
		工装	放大镜、钢直尺、剥线钳、导线标记设备和工具等
2	导线端头处理	设备	导线下线机等
		工装	钢直尺、钢卷尺、斜口钳、留屑钳、精密机械剥线钳、镊子、屏蔽线挑头器、温控电烙铁和导线热剥器等
3	搪锡	设备	温控锡锅、高倍体视显微镜、自动搪锡机器等
		工装	无齿钳、控温烙铁、夹具、放大镜等
4	成形	设备	成形机
		工装	成形钳、自制成形工装等
5	安装	设备	元器件插装机、焊膏印刷机、贴片机、点胶机
		工装	留屑钳、真空吸笔、镊子
6	焊接	设备	浸焊机、波峰焊接机、选择性波峰焊接机、再流焊接机、PCB 分板机等
		工装	温控电烙铁、预热台、智能焊接台等
7	清洗	设备	自动清洗设备
		工装	防静电刷、防静电托盘
8	敷形涂敷	设备	三防涂敷设备
		工装	喷枪、气压泵、量杯、烧杯、天平等
9	加固	设备	灌封设备、自动点涂设备、半自动点涂设备等
		工装	粘固工装、屏蔽工装、量杯、烧杯、天平等
10	装配	设备	装配机器人
		工装	力矩扳手、力矩螺钉旋具、套筒、改锥(一字、十字)、扳手等

续表

序号	工序		设备与工装
11	检测与测试	设备	自动光学检测设备(AOI)、X射线检测设备(X-ray)、电缆测试仪、飞针测试仪、绝缘/抗电测试仪、专用测试仪、非标测试仪
		工装	放大镜、显微镜、万用表、卡尺、塞尺、转接工装、方便操作的支架类工装等
12	返修	设备	BGA返修工作站、通孔维修装置等
		工装	镊子、吸锡器、真空吸笔、热风枪、预热台、手术刀等

(1) 电子装联生产过程常用设备

电子装联生产过程的工艺装备使用提高了电子装联工艺设备推陈出新的速度。面对型号众多的新产品的问世，由于现代电子工艺装备均具有较好的柔性，可以通过硬件软化技术使得设备具有较强的通用性，因而在设备配备时应结合生产的具体需求综合考虑产品特点和技术、加工要求，结合设备可实现的功能和参数进行选择。例如配备选择性波峰焊接设备时，应考虑组装的元器件类型（通孔元器件或SMT元器件），同时兼顾生产能力、设备占用空间、成本，还应考虑是应用有铅工艺还是无铅工艺。在设备的配置需求方面，要结合产品加工需要和工艺方法进行设备的配置和功能选择。例如：加工的产品中存在底部焊端封装形式的元器件，应配备元器件贴装设备、再流焊接设备、X射线检测设备等。

电子装联生产过程应用的主要设备有波峰焊接机、选择性波峰焊接机、再流焊接机、贴片机、焊膏印刷机、成形机、点胶机、清洗机、光学检测设备、X射线检测设备、压接设备和返修设备等。下面对典型设备的选择和使用进行介绍。

①波峰焊接机

波峰焊接机（图3-1）是进行通孔插装元器件群焊的专用设备，根据其焊接的工艺方法可分为一次焊接系统和二次焊接系统。在设备选购时，生产单位应从生产方式、产品特点进行分析，制定选型的具体要求。生产方式指产品的生产当量属批量生产还是多品种小批量，以此来确定所购机型传送系统结构、钎料槽溶剂和预热区的长短以及机型大小。产品特点指所生产的产品是军用还是民用，军用产品一般对生产率要求不是很高，但对焊接质量要求较高，因此在生产军用产品时，对波峰焊接机的波峰平稳度和温度的稳定性要求较高。

波峰焊接设备应预热温度，便于去除挥发性溶剂，避免因温度急剧上升损坏印制电路板组装件。波峰焊接设备具有双波峰，且保证均匀加热，温度误差不超过±5 ℃；自带助焊剂预涂装置，设备传送装置不应使印制电路板组装件在预热、焊接、冷却阶段受到振动或冲击应力。焊接部位和机械装置应保持清洁、有序，焊接静电敏感器件时，焊料槽应有效接地。锡料池中的焊渣（如氧化物等）应定期清除，应对锡槽中焊料的杂质含量进行定期检测（一般当累计焊接时间超过480 h时应对焊料成分进行分析，要求焊料中铜和金的含量不超过0.3%）。在焊接操作期间，要具有维持温度在标称焊接温度偏差±2 ℃的能力。焊剂喷涂一般采用微孔喷射法，焊剂应喷射至金属化孔内及元器件面。焊锡波峰的高度应在预先选定的恒定高度，一般为2～4 mm；喷锡嘴直径的大小应根据印制电路板实际

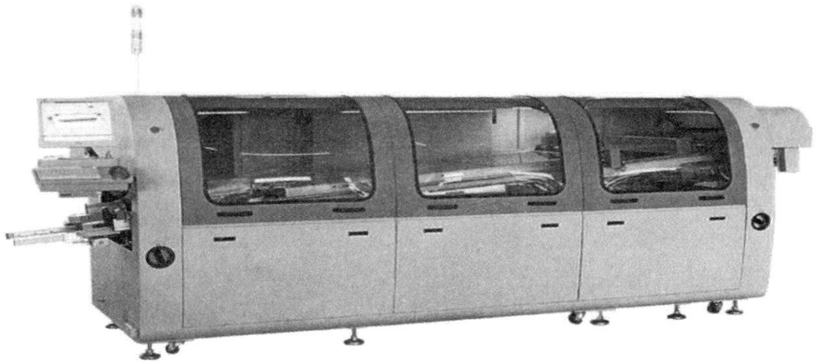

图 3-1　波峰焊接机

焊点分布密度进行选择，印制电路板的压锡深度一般不超过印制电路板厚度，焊锡温度应控制在 250～300 ℃，焊接时间为 2～3.5 s。

②再流焊接机

再流焊接机（图 3-2）是实现再流焊接工艺的专用设备，根据其加热方式的不同可以分为热风再流焊接、气相再流焊接、红外再流焊接和激光再流焊接设备。生产单位可根据产品的性能特点对设备参数和再流焊接设备类型进行选择。

图 3-2　热风再流焊接机

热风再流焊是再流焊法早期发展的技术，是一种通过对流喷射管嘴或者耐热风机来迫使气流循环，从而实现对被焊产品加热的一种焊接方法。目前应用较为广泛。其优点是加热器使用寿命较长，维修性能好。其温度控制的对象是位于 PCB 基板上、下附近的热空气温度，所以基板和元器件比较安全。

热风再流焊接设备应能够在焊接前将印制电路板组装件预热到焊膏生产商推荐的温度，再流焊接区可以将印制电路板组装件加热到预先设定的焊接温度（采取测量基板表面），在焊接过程中可以使再流设定温度稳定在±5 ℃范围内，焊接时不应使焊接的印制电路板组装件产生过度的移动或振动，以免元器件偏移或出现扰动焊点，从而导致焊接不合格。

气相再流焊（图 3－3）又称为饱和蒸汽再流焊，它是利用高沸点、热稳定性好、抗氧化的氟系列碳氢化合物作为传热介质，其优点是焊接过程中产生的热量较均匀，适用焊接异形元件、柔性电路板、插针和插接器等，另外其效率高和加热均匀的特点适用于较大的陶瓷 BGA 和塑料 BGA 器件的焊接。随着无铅焊接的出现，气相再流焊接可以支持 SnAgCu 等无铅钎料合金的应用，适用于无铅焊接。另外，气相再流焊中的真空气相焊由于其蒸汽层在焊接期间提供了无氧的焊接环境，从而其焊接质量和可靠性较高，适用于片式元器件、产量低及针对某种用途的高可靠性产品的焊接。

气相焊接设备应能够在焊接前将印制电路板组装件预热到焊膏生产商推荐的温度，在焊接过程中可以使焊接温度稳定在±5 ℃的温差范围内，焊接时不应该使焊接的组件产生过度的移动或振动，以免元器件偏移或出现扰动焊点而导致焊接不合格。

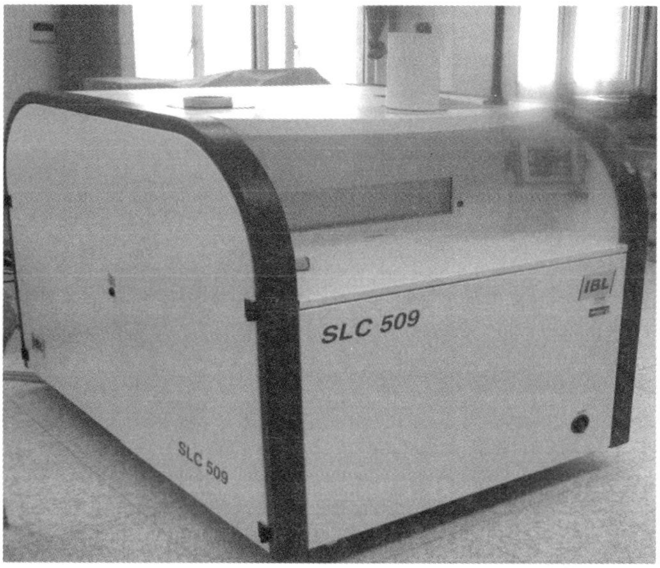

图 3－3　气相再流焊接机

（2）电子装联生产过程工装的分类和管理要求

工装在航天电子产品生产过程中十分重要，工装的设计开发与合理使用，可以有效提升产品质量，降低劳动强度，提高生产率。因此，针对航天电子产品的特点，必要时，要根据实际需要对工装进行设计和改进。例如：设备焊接过程中对不规则尺寸的印制电路板要设计焊接夹持工装进行设备焊接等。

一般情况下，航天电子产品生产过程需制作的工装主要有以下几类：

1）夹持工装：为方便生产过程而设计的便于拾取、固定的工装。例如，用于设备焊接过程印制电路板的夹持，操作过程中印制电路板、元器件的夹持等。

2）限位工装：为控制生产过程中高度、深度等要求而设计制作的工装。例如，用于控制搪锡高度工装等。

3）转接工装：主要实现测试的转接功能。例如，转接电缆、转接箱等。

4）专用测试工装：为实现某些特定项目测试而设计的专用测试设备或仪器。

5）支架类工装：为方便操作者完成电子装联而设计制作的便于操作的简易工装。

工装按其管理要求可分为Ⅰ类工装和Ⅱ类工装。Ⅰ类工装是指按规定程序经过设计、评审、生产、检定、验收的工装，主要包括以上分类中的专用测试工装、转接工装等，由于其具有设计复杂性和对产品性能影响的特殊性，对此类工装的管理应制定专门的工装设计、评审验收要求。Ⅱ类工装是指为方便操作或提高生产率，由使用单位或操作者自行或委托制作的简单工装，如以上分类中的夹持工装、限位工装、支架类工装等。不同类的工装管理要求应是不同的。

由于产品特点和加工工艺要求，在产品不能（或不能经济地）用常规工艺装备进行保证时，应由技术人员或使用人员提出工装设计制造的申请，工装设计人员按照申请工装的功能及分类对工装进行编号，便于后续管理。应根据其在应用中对产品主要性能的影响程度，以及工装本身的复杂程度对设计方案进行评审，以保证工装的安全性、可靠性及适用性。

3.4.2　鉴定

3.4.2.1　设备鉴定

航天电子产品所使用的设备和仪器应安全可靠，以保证使用人员的安全。应具有对温度控制、电气过载（EOS）的隔离保护功能，防止烫伤和触电；设备和仪器在使用过程中不应损伤元器件、组件，以便于操作且方便维修，在维修过程中不能损伤设备和仪器或降低其使用功能，保证其能够正常使用且参数满足要求。为保证产品不受静电损伤，选用的设备和仪器应具有静电释放功能或静电防护功能。

在生产过程中使用的设备应保持良好的工作状态，工艺参数及精度应满足工艺技术要求，因此需要对设备进行使用前的鉴定和使用后的定期检定。

为确保选用的设备能够满足规定的使用要求或已知的预期用途，在投入使用前应进行技术鉴定和确认。以选择性波峰焊接机为例，在投入使用前应对设备软件进行优化设置，通过工艺验证将设备调整到实际工作的最佳状态。一般情况下，控制焊接质量的关键因子是助焊剂的喷涂量、预热温度、预热时间、焊料温度、拖曳速度等。因此要通过开展工艺试验的方式对以上参数进行试验，以确定适合产品生产的最优参数，保证产品质量。完成工艺试验后，依据一定的流程进行评审确认设备的可用性。

3.4.2.2　工装鉴定

Ⅰ类工装应进行工装鉴定，鉴定工作应在工装交付或使用前进行，自行设计的工艺装备如涉及阶段性成果的评审确认，以及软件、元器件、原材料等方案确认也可在设计过程中进行。

在工装设计时，应综合考虑工装的质量特性，从可靠性、维修性、保障性、测试性、安全性、环境适应性等几方面进行验证。

1）可靠性：产品是否达到设计任务书中指标参数的技术要求，设计过程是否采用成熟技术，进行冗余设计等。一般通过可靠性鉴定试验、可靠性验收试验、寿命试验和可靠性分析评价等几方面进行。

2）维修性：是否开展维修性设计，是否包括可达性、模块化、标准化和互换性、防差错与识别标记、人因工程以及维修安全防护等方面的要求。

3）保障性：在工装寿命周期内，是否综合考虑装备的保障问题，确保保障性要求。

4）测试性：工装是否具备检测能力（故障检测能力和故障隔离能力等）。

5）安全性：工装不应存在可能导致人员伤亡，危害健康及环境，给设备或财产造成破坏损失的隐患。

6）环境适应性：工装的设计是否考虑了环境因素，应对装备的设计采取相关防护措施。

工装的鉴定、验收应依据工装设计文件和工装使用条件，并通过规定条件下的试用（试模）来保证产品使用的规定要求。工装鉴定通过后方可投入使用。

3.4.3 使用

3.4.3.1 设备使用

为保证产品生产过程满足技术要求，工艺参数符合指标要求，应保证设备在有效期内使用，不得使用超期、停用、禁用的设备。设备应定期进行维护和保养，以确保设备在良好的状态下工作运行。

在设备使用过程中应重点考虑安全性，首先在设备使用过程中不应对操作人员造成伤害，在设备选型时要从环保、人身安全的角度出发综合技术要求进行选择，存在安全风险的情况要采取必要的防护措施；其次，要考虑产品安全，在对产品操作时，所使用的仪器和设备不应对产品造成损伤或存在潜在损伤风险，如引线成形时使用的成形设备不应对元器件引线造成损伤等。

在设备使用过程中为了确保人员、产品和设备安全，要求技术人员编制设备操作指导书，以正确指导设备操作，“精大贵稀”设备的操作人员要经过培训取得相应资质后方可对设备进行操作。

3.4.3.2 工具、量具的使用

（1）工具的选用

工具应安全可靠、满足使用要求，且便于操作和维修，工具的选择和维护应不降低产品使用寿命或不损害元器件、组装件的结构和使用功能，应保证对温度控制、电气过载或静电释放（ESD）的隔离保护。

航天电子产品生产过程中用到的主要工具包括夹持工具、紧固工具、剪切工具、加热工具等。其中夹持工具主要包括镊子、钳子等；紧固工具主要为扳手、螺钉旋具；剪切工

具包括剪切钳、剪刀等；加热工具主要有烙铁、锡锅等。选择夹持、紧固工具时应考虑对产品的保护，不应选择锋利或带有锐尖的工具，以免对产品造成损伤。剪切工具的选择应考虑多余物的防护，例如在剪切引线时应选用留屑钳，而不使用普通的斜口钳。加热工具应具备防静电功能，使温度可控等。

（2）量具的分类

量具主要分为定量检测量具和定性检测量具两类。按照使用用途分为几何量测量类、温度测量类、重量测量类、力学性能测量类、电气测量类等。几何量测量类主要有钢卷尺、钢直尺、游标卡尺、显微镜测微仪等，温度测量类主要有温度计、综合温度检测仪等，重量测量类主要包括天平、电子秤、推拉计等，电气测量类主要包括万用表、频率计等。

航天电子产品电子装联生产过程常用的工具及量具使用情况见表 3－12。

表 3－12　航天电子产品电子装联生产过程常用的工具及量具使用情况

序号	名称	图片	功能	使用工序	要求
1	普通镊子	 尖头　钝头　特殊	用于导线端头处理，线束绑扎，固定和调整，导线焊接	搪锡、线扎制作、导线焊接	夹持尖端应对正吻合，弹性强度好
2	防静电镊子	 尖头　矩形　钝头　特殊　特殊　特殊	用于元器件（或导线）拾取和夹持，固定和调整	安装	同普通镊子
3	普通螺钉旋具（一字）		用于螺纹紧固件的紧固	安装	使用时注意用力平稳，推压和旋转同时进行，与紧固件规格相匹配
4	防静电螺钉旋具（一字）		用于螺纹紧固件的紧固	安装	同普通螺钉旋具（一字）
5	普通螺钉旋具（十字）		用于螺纹紧固件的紧固	安装	使用时注意用力平稳，推压和旋转同时进行
6	防静电螺钉旋具（十字）		用于螺纹紧固件的紧固	安装	同普通螺钉旋具（十字）

续表

序号	名称	图片	功能	使用工序	要求
7	手动力矩螺钉旋具（0.1～4 N·m）		用于螺纹紧固件的紧固	安装	根据使用情况选择规格型号。按照紧固件力矩的要求设置拧紧力矩值
8	电动力矩螺钉旋具（1～6 N·m）	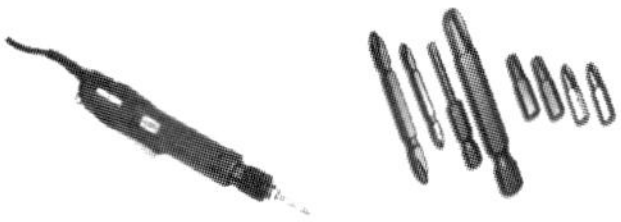	用于螺纹紧固件的紧固	安装	同手动力矩螺钉旋具
9	套筒		用于螺纹紧固件的紧固	安装	根据使用情况选择规格型号
10	特殊紧固工具（如内六角）	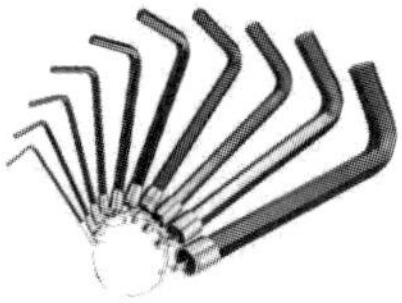	用于特殊紧固件的紧固	安装	根据使用情况选择规格型号
11	斜口钳		用于剪切导线或其他较软材质的材料	线扎制作、导线焊接、整机装配	钳口平滑，无损伤
12	斜口留屑钳		用于剪切导线并防止剪断的碎屑飞溅	线扎制作、导线焊接、整机装配	钳口平滑，无损伤
13	成形钳	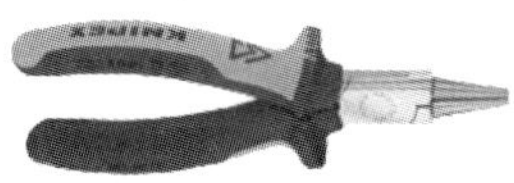	用于弯折和固定	成形	用于引线成形时应注意不要对引线造成损伤
14	扁嘴钳		用于固定夹成形或其他精度要求不高的结构件的调整	整机装配	在夹持有温度的物体时，应注意使用时间的控制。不应把钳子当成锤子使用进行敲击其他物
15	尖嘴钳		用于固定夹成形或其他精度要求不高的结构件的调整	整机装配	同扁嘴钳

续表

序号	名称	图片	功能	使用工序	要求
16	剥线钳		用于剥离导线绝缘皮的工具	整机装配	用于剥线，应注意钳口的选择
17	压接钳		导线、接触偶压接	压接	精度要求、定期检定
18	锡锅		用于元器件引线(或导线端头)的搪锡	搪锡	定期对锡锅温度进行检测，定期换锡。搪锡锡锅应和除金锡锅分开使用，并进行标识
19	吸锡器	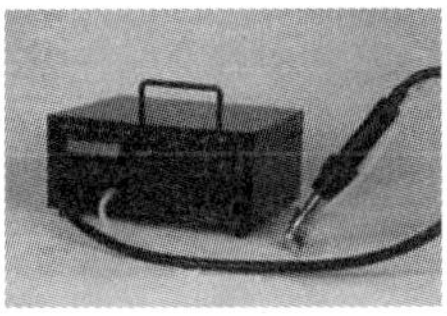	用于熔化并吸除印制电路板金属化孔中的焊料	焊接	根据元器件引脚粗细选择吸锡头，吸锡器在使用一段时间后应进行清理
20	预热平台		用于焊接前对印制电路板和元器件的预热	焊接、返修	温度可控，元器件在预热台常温状态下开始加热
21	数显热风枪		用于热缩套管的热缩和预热	安装、焊接	控制温度以及枪口距被拆元器件的距离
22	热脱器		用于剥除导线的绝缘层	安装	印制电路板组装件上进行导线脱头处理时应具有防静电功能，使用过程不要用钳口拉脱导线绝缘皮
23	电烙铁		用于导线的搪锡和焊接	搪锡、焊接	定期对烙铁头温度进行检测，焊接时选择合适的焊接温度和烙铁头规格

续表

序号	名称	图片	功能	使用工序	要求
24	剪刀		用于剪套管和材质较软的一类材料	毛坯处理	刃口锋利
25	手术刀		用于细微调整	返工、返修	使用时注意不应损伤印制电路板和元器件
26	通针	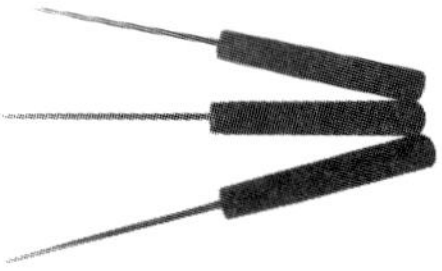	用于PCB上各种孔径的穿通	返工、返修	使用时注意不应损伤印制电路板和元器件
27	放大镜		用于检查焊点质量和多余物	检验	选择合适倍数
28	牙科镜	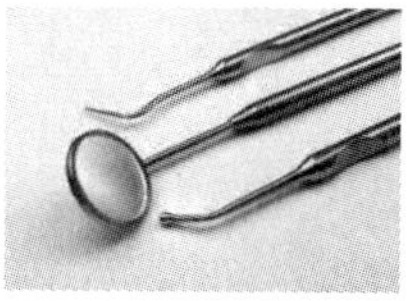	用于检查多余物	检验	使用时不要损伤产品
29	钢直尺		用于测量长度	元器件焊接、装配	刻度清晰
30	游标卡尺	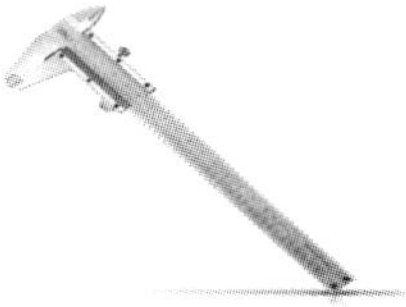	用于精密测量长度	元器件焊接、装配	精度准确，定期检定
31	塞尺		用于测量高度	表贴成形	精度准确，定期检定
32	天平	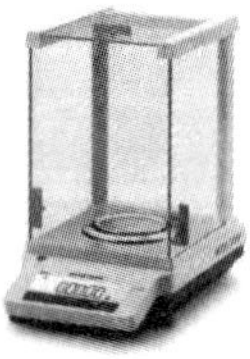	用于测量质量	防护与加固	精度准确，定期检定

续表

序号	名称	图片	功能	使用工序	要求
33	万用表	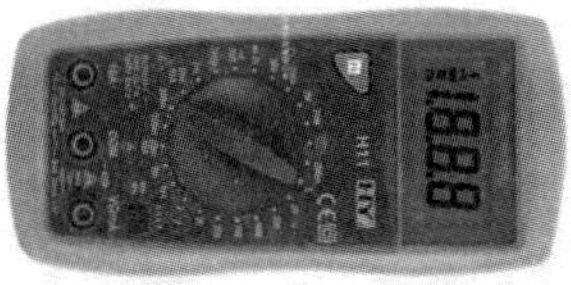	用于通路测试	整机装配	精度准确，定期检定
34	频率计		用于频率测试	整机装配	精度准确，定期检定

（3）工具管理

工具应由生产单位按照生产需求对各生产工位日常使用的工具进行统一配置，并做好标识和定置，以便于操作者使用，提高生产率。生产单位可结合本单位产品的生产特点制作表 3－12 所示的工具图谱，并按照生产工序的划分对各工位进行合理配置。例如搪锡工位，应配备电烙铁、锡锅（可统一放置）、平口钳等工具；成形工位，应配备成形钳、留屑钳、平口钳、镊子等工具；手工焊接工位，应配备电烙铁、热脱器、镊子、放大镜等工具。对于预热台、热风枪等不常使用的工具可在生产区域进行统一配置和管理，以便节省空间和资源。

（4）量具管理

量具是用来直接或间接测量产品的指标、参数，或对产品进行分析、校正、检验、测试等工作的主要工具。量具的精度直接决定了产品的性能指标和最终质量。在使用过程中应注意对各种量具的维护和保养，以确保其测量的精准性。量具应统一管理。

量具的维护保养要求如下：

1）测量前应把量具的测量面和零件的被测量面擦拭干净，以免因污染物影响测量精度；

2）在使用过程中，量具不要和工具、刀具等堆放在一起，应单独存放和使用，避免碰上工具、刀具影响测量精度；

3）量具是测量工具，不能作为其他工具的代用品；

4）温度对量具精度的影响很大，因此量具通常在室温条件下保存，不要把精密量具放在热源附近，以免量具受热变形，从而导致精度下降；

5）量具应进行定期检定和保养，选择有检定资质的计量单位进行精度校验；

6）量具使用后应擦拭干净；

7）量具的拆卸、调整、修改及装配等，应由专门管理人员实施，不可擅自执行。

3.5 物料管理

电子产品制造中使用的物料品种和数量繁多，既包括印制电路板、电子元器件等组成零件，也包括焊料、胶粘剂等制造材料，还包括防护胶带、酒精等辅助材料。航天电子产品由于其具有复杂性和高可靠性等特点，对物料及其管理有着较高的要求。在航天电子产品生产企业中，物料管理所要实现的目的是通过有效地组织，使生产过程中使用的元器件、原材料等物料的采购、验收、储存、配套和使用等过程有序进行，从而保证生产顺畅，确保产品质量。

3.5.1 物料分类

电子产品的物料分类有多种方式，按产品构成可分为主材和辅材，主材是指构成产品主体的各种材料，包括印制电路板、电子元器件、金属零件、导线、标准件、焊料等；辅材是指产品加工制造过程中用到的辅助材料，不是产品的组成部分，包括清洗材料、防护胶带等。物料从材料本身物理特性可分为金属材料和非金属材料，金属材料包括机箱、螺钉等；非金属材料包括胶粘剂、热缩套管等。

航天电子产品的物料一般按生产特点和物料管控要求的不同进行分类，见表 3-13。

表 3-13 航天电子产品物料分类

序号	物料分类	主要内容
1	元器件	集成电路、半导体分立器件、光电子器件、电真空器件、电容器、电阻器、继电器、接插件、滤波器、变压器、频率元件、磁性元件、开关、微波元件、电池、熔断器
2	印制电路板	印制电路板
3	电线电缆	导线、电缆、总线等
4	金属材料	金属紧固件、机箱、焊料、铜网等
5	非金属材料	玻璃布板、胶粘剂、热缩套管等
6	辅助材料	助焊剂、清洗剂、无尘布、酒精棉球等

3.5.2 物料采购

航天电子产品制造企业的物料采购，是制造过程的重要环节，是影响电子产品质量和生产进度的重要因素。规范管理流程，强化采购控制，降低采购成本，才能保证物料质量和供应稳定，才能确保制造过程顺利进行。采购工作应遵循“谁采购，谁负责”的原则，做到全过程控制。航天电子产品制造企业物料采购一般分为备料计划、采购计划、供应商的选择、采购实施、监督与后评估、采购信息管理等内容。

（1）备料计划

航天电子产品制造企业，根据用户的要求和合同的规定，结合企业自身的具体生产安排，制定生产作业计划。生产计划下达后，生产计划部门向物资采购部门提出备料计划。

需要注意的是，备料计划或需求清单要在进度上预留足够的订货周期；制造部门或工艺部门要提供信息完整、技术条件清晰的需求清单。对于因设计、工艺方案变化引发的新增或变更的物料需求，要经采购部门会签。

（2）采购计划

物料采购部门根据备料计划，在平衡库存、确定质量等级、保证工作正常损耗量、合理备份量及其他相关因素的基础上，编制物料采购计划，经过审批和会签后，作为实施采购的依据。在实际采购过程中，如发现物料生产厂家、标识、性能等信息发生变化（与采购计划不符）时，需要与用户、制造部门沟通协调，办理物料更改、代料手续，并对采购计划进行修改，保证采购计划与实际采购物料信息一致。

（3）供应商的选择

物料供应商，要从合格供方名录中选择。采购国产物料时，应最大限度地从生产厂家直接订货；采购进口物料时，要从配套进口物资合格供应商名录中选择近年来评价较好的供应商进行采购。如果用户有特殊要求，则需优先满足。采购中还需保留好合格供应商的相关证明材料和数据，以便后续开展合格供应商动态管理和考核评价工作。

（4）采购实施

物料采购时，按招标、议标和询价、比价、议价结果进行采购并签订采购合同，合同需经审批盖章方可生效，合同条款应涵盖物料质量条款、设计特选要求和其他采购要求。必要时，还可以签订技术质量协议，更加明确、全面的规定性能指标和质量控制等要求。当物料属于关键件、重要件或者直接影响产品的关键特性、重要特性时，需要单独签订专用的技术质量协议。

（5）监督与后评估

因为物料的采购与供应是影响航天电子产品制造的最为重要的因素，所以需要建立采购业务监督与后评估制度或要求，明确监督评价机构或岗位，以及职责权限、监督评价内容、报告机制等，定期对物料需求计划、采购计划、采购渠道、采购价格、采购质量、采购成本、协议或合同签约与履行情况等进行专项评估和综合分析，及时发现采购业务薄弱环节，优化采购流程。

（6）采购信息管理

物料是产品的组成部分，物料的采购是制造中的重要环节。物料的质量会直接影响产品的质量，物料的齐套会直接影响生产进度。因此，在企业的一定范围内，物料采购信息应该保持透明和公开。管理层可以获得物料采购的全部信息，包括品种、价格、进度、供应商选择等，以便准确地进行决策；生产计划部门可以获得采购进度信息，以利于对制造过程生产计划的管理与控制；制造部门可以通过物料信息，更加合理地组织和安排生产，以追求产能最大化；质量管理部门可以通过对物料质量信息的掌握，开展针对性的质量活动。航天电子产品制造企业可以通过ERP（企业资源计划）或者物料管理信息化系统的建设和运行，进行采购信息管理，实现采购审批流程网络化，实时收集、整理、分析和处理采购信息，确保采购信息及时、全面、完整、准确传递，并具有可追溯性。

在航天电子产品制造过程中，元器件作为重要的物料，对其采购也有特殊的要求。除要遵循物料采购的一般要求外，还要执行航天型号元器件采购的特定要求。元器件的性能要求，通常会在用户的技术条件中明确，而管理要求，则要遵循型号或用户的管理制度。航天电子产品制造企业，要根据元器件选用情况和科研生产计划制定专用的元器件采购计划，对于型号专用、特殊元器件要制定采购批准表，并报元器件质量保证部门审查，经批准后方可签订采购合同，所有的主要控制检验点均应在型号专用、特殊元器件批准表中加以标识。元器件采购合同中应明确技术标准或采购规范、生产过程控制和质量保证要求，做到专人负责，实时跟踪采购合同的进展情况，及时解决合同执行中存在的问题，并对采购的相关信息进行管理。

元器件采购计划中需包含元器件名称、型号规格、生产厂家、质量等级、特选条件要求、申请采购数量、实际采购数量、进度要求等信息。采购计划编制完成后，需由采购实施人员确认，如有疑问应进行反馈并协商更正，没有疑问且核对无误后形成元器件正式采购计划，报采购部门领导审核。当型号或用户有明确要求时应组织专题评审，评审人员一般有型号负责人、生产计划部门、制造部门、元器件采购部门等，评审通过后要形成评审记录。采购进口元器件时，如果用户指定供应商，则需严格按照用户指定的供应商进行采购；如果用户未指定供应商，则按招投标或比质比价选定的单位实施采购，在价格没有变动的情况下，也可参照原有渠道进行采购。

采购员依据签署完整的采购计划进行采购。当技术文件更改、生产计划更改、质量等级更改时，应重新编制元器件采购计划，并将原计划作废，重新评审。将评审通过后的元器件采购计划传递给采购实施人员，更新存档的采购计划。采购实施人员收到元器件采购计划更改情况的通知后应及时与供应商联系更改合同。

3.5.3 物料复验

由于航天产品所需物料涉及的供应商较多，供应商对产品质量的控制水平参差不齐，为加强质量控制，必须对外购、外协物料加强质量控制。航天物料入厂复验是按标准对每批次元器件、原材料、结构件等的外观、尺寸、力学性能、电性能以及显微组织等进行检查，其目的是控制航天物料的质量，降低不合格物料带来的风险，保障型号产品使用要求。

（1）元器件复验

元器件复验一般以验收的形式由指定的元器件保证中心实施，特殊类型元器件（如空腔元器件）在封壳前，还应下厂监制。验收时应要求元器件承制单位提供监制报告、筛选报告、DPA 和内部气氛含量检测报告、质量一致性检测报告、失效分析报告（归零报告）、产品相关数据以及出厂合格证等质量证明文件，以便进行资料审查。监制、验收承制单位应对监制、验收元器件质量信息进行归档、统计和上报，做到元器件质量信息完整、准确，具有可追溯性。元器件到厂后应对元器件性能进行复测，必要时可进行二次筛选。

元器件通过验收后入库，元器件入库时应根据每类元器件的包装要求，检查包装的完好性以及包装上的供货及物料信息。所有外包装不应有严重的变形及压伤痕迹，否则应拒收。目测元器件外观应洁净，表面印字完整、清晰、无划痕和损伤；集成电路等静电敏感元器件应对防静电标签、标识进行识别，检查包装应完好。检查过程中不能随意改变静电敏感器件的包装，更不能用手触碰器件。如必须取出进行检查时，应将整块防护包装取出，禁止将器件和包装分开，更不能拆除小包装。

元器件应在有效期内装机使用，对于超出有效储存期的元器件，必须按照指定的技术文件规定进行超期复验。

（2）原材料复验

航天电子产品使用的原材料要求必须进行入厂复验，复验一般应根据 QJ 977《非金属材料复验规定》、QJ 1386《金属材料复验规定》、QJ 3090《焊接材料复验规定》等相关标准要求进行，复验人员应具有相应资质。复验用样品应具有代表性，取样数量应符合材料标准及所采用检验方法的规定。进行复验的材料应具有与实物所标牌号、状态、规格、批号、生产厂家、生产日期、技术标准等相一致的质量证明文件，复验合格的材料应出具合格证并注明储存有效期。

所有材料必须在有效期内使用，对于超出使用期限的，应根据使用要求进行有关项目的复验，复验合格后方可继续使用。有特殊复验要求时，例如焊接材料等应进行工艺试验。

3.5.4　物料储存

（1）管理要求

物料应存放在受控库房内，并进行温湿度管控和记录。物料储存的具体要求如下：

1）储存场地应保持清洁、通风，无腐蚀性气体；

2）温度、湿度应满足所存放物料的环境要求；

3）物料保持包装完好、标识清晰；

4）物料的发放应遵循“先进先出”的原则，即先入库的要先发放使用；

5）定期检查库存情况，对超出储存期的物料应及时记录并复验。

在航天电子产品制造中，对物料储存有特殊要求的包括元器件和危化品。

（2）元器件储存要求

元器件是印制电路板组装件的重要组成部分，因此元器件的质量好坏直接影响产品质量。除了焊接、周转、使用等过程，对元器件影响最大的是储存过程。因航天电子产品的特殊性，在元器件的选择上多使用具有特殊要求的敏感元器件及大规模的集成电路，对温度、湿度、洁净度及静电防护有着极高要求，因此需要加强对元器件储存过程的管理。

存放电子元器件的场地应符合 QJ 165B 中的环境要求，具有防潮、防腐、防老化、防静电等特殊要求的元器件更应妥善保管。根据元器件自身特性，选择相应储存环境进行储存。对有特殊要求的元器件，储存环境应满足其要求：

1）对静电放电敏感的元器件（如 MOS 器件、微波器件等），应按相应标准的要求采取静电防护措施，使用防静电包装袋、盒进行包装，并贴上防静电专用标签，不得随意倒入抽屉、柜子里；

2）对磁场敏感但本身无磁屏蔽的元件，应存放在具有磁屏蔽作用的容器内；

3）非密封元器件应存放在充有惰性气体的密封容器内，并采取有效去湿措施；

4）微电机等机电元件的油封及单元包装应保持完整。

元器件从生产完成并检验合格后至装机前在一定的环境条件下存放的时间为元器件的储存期，一定质量等级的元器件在规定的储存环境条件下存放，装机前其批质量能满足要求的期限即为该元器件的有效储存期。不同元器件的有效储存期是不一样的，一般情况下，元器件应在有效储存期内进行装机使用。对于超出有效储存期的元器件，必须按照指定的技术文件规定进行复验，通过复验合格的元器件才能作为合格品进行使用。

复验过程中如发现致命缺陷或严重缺陷的元器件，必须进行失效分析，如果分析结果表明缺陷为批次性的，则同一生产批的元器件不得用于航天正（试）样产品上。复验合格的元器件应在规定的环境下存放，对不合格的元器件应进行标识并隔离。

（3）危化品储存要求

在航天电子产品制造的物料中，酒精、硫酸、硝酸、重铬酸钾属于危化品，由于此类物品具有燃烧、爆炸等危险性，应设立专门的危化品存放库。库房应通风良好，并按要求放置消防器材，在安全库存量范围内储存，并按不同型号、批次分开存放，不得堆放。

3.5.5 物料配套

航天电子产品生产线的物料配套以单机配套和生产线配套两种方式为主。

单机配套是指以产品为核心，按照产品配套明细表进行分配和发料，该种配套形式适用于多品种、小批量、离散型柔性生产模式。该种生产方式的优点是物料齐套、便于清点，可以减少错漏发料且物流路径简单。该种生产方式的缺点是物料配套时工作量大、时间长，物料配套人员需要熟悉产品所用的所有物料。

生产线配套方式适用于生产规模较大、产品技术状态稳定、各工序分工明确的流水线作业模式。该种配套方式的优点是可以批量发料、效率高，便于实现智能物流配套，减少人工发料的错误率，提高产品生产率，保证产品的生产一致性。缺点是可能因某一元器件供货不及时造成某一工序长时间等待。

目前，航天电子产品生产企业多采用手工配料的方式进行物料配送。物料入库后应按要求分类存放。物料管理部门接到生产作业计划后，按产品配套清单进行准备，办理出库手续，进行领发料。生产车间接到物料后应清点核实、登记建账，根据产品生产组织模式进行单机配套发料或生产线配套发料。按单机配套时，物料配套人员应按产品材料定额表中的物料种类和数量，准备齐套，配送到生产操作工位；按生产线配套发料时，物料配套人员根据生产作业计划、工艺流程，计算生产线各工序或环节所需的物料种类和数量，配送至生产线各工位。焊料、清洗剂、绝缘套管等物料，应根据生产现场消耗情况及时配备，并定期对此类物料的消耗情况进行统计和分析。

随着航天电子产品生产模式的改变，为了提高产品物料配套效率，保证物料配套的准确性、及时性，在物料配套环节广泛使用了信息化手段：使用 ERP 物料配送的方式，利用智能货柜、智能物流车等形式的智能物料配送系统来实现，既降低了人为操作的工作量，也提升了工作效率。

（1）ERP 物料配送

ERP 作为管理工具，可利用企业各部门间的实时动态信息，对物料的需求、来料、库存以及使用情况进行精准控制。各部门间的物料信息准确传递，整个物料使用过程闭环操作，简单清晰。表 3－14 为 ERP 系统物料配送流程示例。

表 3－14　ERP 系统物料配送流程示例

序号	流程	责任部门	说明、备注
1	配料通知	计划	制造系统生成生产计划
			系统自动生成配料通知单并推送至仓库、车间
2	打印清单	物资	库管员根据备料通知单打印备料清单
			打印清单时能自己匹配库存数据，自动生成有库存信息的清单
3	物料分拣	物资	按物料类型分拣，并分类摆放
			标识规范、完整、清晰
4	数据调出	物资	根据备料单生成物料调出单
5	仓库配送	物资	仓库通知物料组清点物料
6	确认调出	物资	物料数据确认无误后，由物料组审核物料调出单
7	物料调入	ERP	系统自动生成物料调出单，物料数据调入车间配套库
8	缺件反馈	ERP	物料调入车间配套库
			系统自动生成缺件清单并自动反馈给相关责任人
9	缺件补发	物资	缺件到货后，系统将信息反馈给车间、仓库、物料组
			仓库物料配送
10	物料配送	车间	物料配送至各生产工位

（2）智能物料配送系统

随着信息化、数字化、智能化制造技术的广泛应用，智能物料配送系统将成为物料配套的主流方向。智能物料配送系统的应用必须依托于合理的生产线工艺布局以及智能库房物料管理系统进行配合。合理的生产线工艺布局及物流节点设置可以有效提高生产率，减少各种浪费。该系统保持物流通道笔直、无交叉，标记清晰，以达到最低限度的后退逆行。在物料搬运时，其距离最短，手工搬运最少，无重复搬运；在单元之间减少搬运，物料在最短时间内传递给操作人员；物料在工作区域与库房之间的流转，由智能物流车、具有识别功能的传送带等进行配送，以避免浪费时间。

智能化物流系统的建设，离不开数字化的库存管理，结合信息化手段对物料进行条码标识，对物料的流转情况进行跟踪，以实现物料到产品的全过程管控。

3.5.6 物料使用

在航天电子产品制造过程中，物料的使用应严格遵守工艺文件、相关标准和物料使用说明书的要求。物料使用前应对物料的规格、牌号、批次、数量、外观等进行检查和核对，在使用中按要求进行操作，避免物料的混用、错用、损伤；按规定对物料的使用情况进行记录，在产品交付前按照相关要求进行物料的检查确认。物料的检查确认内容一般包括物料的装机使用情况、超差代料情况、过程中的物料质量问题等。航天电子产品制造中物料的使用，应特别关注元器件、印制电路板和原材料的使用。

（1）元器件使用要求

航天电子产品常用元器件主要包括集成电路、光电子组件、电插接器、继电器、电阻器、电容器、电池等。结合产品使用要求，航天电子产品使用时要注意以下特点：

①元器件质量等级要求

航天电子产品由于其工作特点、储存和工作环境都比较特殊，因此对使用的元器件应具有耐辐照、高低温交变、潮湿、盐雾、抗振等特殊要求，对部分重要元器件有质量等级要求和筛选要求。

②静电敏感器件

随着电子技术的飞速发展，在航天电子产品中使用了大量静电敏感器件，在电子产品研制、生产、使用等过程中使用的设备以及操作人员携带的静电荷有可能造成静电敏感器件的损伤甚至失效，会给航天电子产品带来严重的质量隐患，因此在使用全过程中都要做好静电防护工作。

③温（湿）度敏感器件

温（湿）度敏感器件是由于其在生产过程中对环境的温（湿）度较为敏感，使用不当会导致器件损坏或影响焊接质量，从而影响产品质量。

结合以上特点，航天电子产品的元器件质量要求高、品种多、数量少，对特殊元器件要有质量等级要求，部分元器件需经过严格筛选。目前，元器件问题已经成为影响装备产品可靠性的主要问题之一，而近一半的元器件失效并非由于元器件本身的固有可靠性不高，而是由于使用者对元器件选择不当或是使用过程中存在质量控制不严引起的。因此对元器件使用过程中的质量控制是生产企业物料管理的重点。

（2）印制电路板使用要求

印制电路板应在无腐蚀性气体的环境下密封储存，印制电路板应用塑料袋（聚乙烯、聚丙烯）或防静电袋抽真空包装，板与板之间应衬一张对印制电路板无害或无腐蚀性的洁净纸。印制电路板入库前应抽取一定数量的样品进行可焊性测试，对打开包装后剩余的印制电路板应及时重新装袋并密封保存。

由于印制电路板在检验、转运等过程中容易受到污染，如果焊接部位受到污染，会导致虚焊，因此在印制电路板焊接前应进行清洗，去除焊盘表面的污染物。同时由于印制电路板的基材容易吸潮，在印制电路板层压过程中部分水汽容易停留在印制电路板内部，在后续的焊接过程中，印制电路板由于加热导致水汽蒸发，从而引起印制电路板膨胀或变形，影响焊接可靠性。因此在对印制电路板焊接前要进行烘干处理。印制电路板的清洗和烘干处理一般选择在对印制电路板焊接前 8 h 内进行。

（3）原材料使用要求

航天电子产品装联过程中用到的主要材料有焊料、焊膏、助焊剂、清洗剂、加固材料和涂敷材料等。在生产过程中使用的材料应按工艺要求选用并进行控制。

①焊料

在电子产品装联过程中使用的焊料主要指用于手工焊接的焊锡丝、用于波峰焊接的焊料条、用于特殊元器件焊接的预成形焊片、焊锡球等。常见的焊料按成分主要分为锡铅焊料、无铅焊料。锡铅焊料由于其熔化温度范围小，润湿性和力学、物理性能好，被电子产品装联工艺广泛采用。近年来，出于对环境保护的要求，提出了无铅焊接的概念，但由于无铅焊接技术尚未成熟，焊点长期可靠性尚不能得到保证，因此，在航天电子产品生产过程中一般不采取无铅焊接。

焊料需满足 GB/T 3131《锡铅钎料》的规定，推荐使用的焊料合金成分为 Sn63Pb37、Sn60Pb40、Sn62Pb36Ag2，其中首推使用 Sn63Pb37，Sn62Pb36Ag2 适用于特殊元器件的焊接，特别是对于微波板上有钯银含量的焊盘，推荐使用此种焊料进行焊接。

由于焊料中的杂质会导致焊接过程中焊点润湿性能变差、焊点变脆、机械强度降低等，从而影响焊接质量，因此在航天电子产品生产过程中，对焊料的杂质含量进行了特殊要求。一般情况下，焊料的等级按照其杂质含量多少可分为 A 级和 AA 级。在航天电子产品的印制电路焊接中，一般建议选择等级为 AA 级的焊料进行焊接。焊料应在有效期内使用，有效期一般由生产厂家进行规定，一般情况下为 1～2 年。

航天电子产品焊接使用的常见焊料种类及使用要求见表 3－15。

表 3－15　航天电子产品焊接使用的常见焊料种类及使用要求

	名称	焊锡丝
	用途	主要用于烙铁焊接，一般制成空心状，中空部分填装焊剂和树脂，起助焊作用
	储存环境	室温储存
	使用要求	对焊剂的均匀性和连续性要求较高
	名称	焊料条
	用途	主要应用于波峰焊接
	储存环境	室温储存
	使用要求	使用时应根据合金成分控制焊接温度

续表

	名称	焊片
	用途	主要用于特殊元器件、特殊结构设计的焊接和增加焊点的锡量等，一般有片状、盘状、带状、环状等
	储存环境	室温储存
	使用要求	对焊片的尺寸精度要求较高，要控制在需求范围内
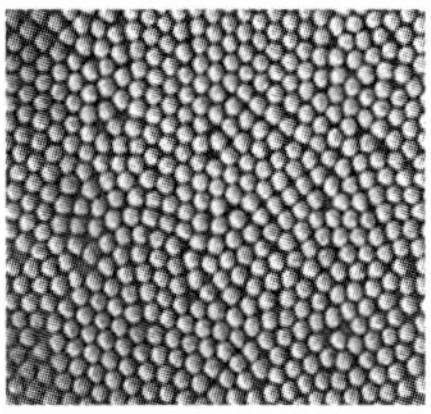	名称	焊锡球
	用途	主要用于 BGA 的返修植球
	储存环境	室温储存
	使用要求	尺寸精度要求较高

②焊膏

航天电子产品使用的焊膏应为含 Sn63Pb37 焊料的焊膏，使用时应规定采购焊膏的颗粒度信息。因其物理特性要求，焊膏长期常温储存会导致焊剂与合金粉末分离，改变焊膏的流动性，影响焊膏性能。因此，焊膏一般在低温下密封储存，储存温度为 2～5 ℃。密封瓶上应标明焊膏的有效期，确保焊膏在有效期内使用。焊膏在使用前应进行回温，一般情况下在室温环境下回温 4～6 h。

焊膏使用前应先搅拌，搅拌的目的是使合金粉黏度稳定。推荐搅拌时间为 1～5 min。使用过的焊膏不允许回收使用。应建立焊膏储存及使用的相关管理要求，以确保焊膏使用过程的质量管控。

③助焊剂

助焊剂是电子装联焊接过程中不可缺少的重要材料。它的作用是与焊料、被焊元器件、焊接端子以及被焊端子铜表面的氧化物起化学反应，使被焊件金属原子与焊料表面的原子相互接触，形成合金，冷却后形成永久焊点，完成焊接过程。

助焊剂的作用是去除被焊基体金属表面的氧化膜，防止焊接加热过程中被焊端子因为氧化而导致虚焊。助焊剂类型应符合 GB/T 9491《锡焊用液态焊剂（松香基）》等标准要求，主要为纯松香基焊剂（R 型）或中等活性松香基焊剂（RMA 型），使用活性松香基焊剂（RA 型）时必须进行审批。

④清洗剂

电装过程中的清洗剂主要包括异丙醇、无水乙醇、水清洗设备专用清洗液、去离子水等。清洗溶液的使用应满足 QJ165 技术要求；水清洗用清洗剂的选择应经过工艺试验验证，并确定牌号及配比参数。清洗剂的储存应满足安全性要求，如阻燃性能、腐蚀程度等。循环使用的清洗剂应定期检查。

⑤加固材料

加固材料主要是指有机硅类树脂、聚氨酯类树脂、环氧类树脂，使用时应根据航天产品实际需求选择相应的加固材料，经过顾客方确认后使用。选择的加固材料除应符合设计要求，还应考虑制造单位的工艺兼容性。

⑥涂敷材料

选择的涂敷材料应符合相应行业标准及设计文件要求。涂敷材料应按照不同材料的使用要求进行储存，漆胶类产品为危险化学品，应建立独立的储存库房，储存环境应通风干燥，满足防火、防爆要求。一般情况下，涂敷材料应在保质期内使用，存放应满足储存条件，具有两种或多种组分的材料保质期应以保质期最短的组分为准。

3.5.7　物料标识与追溯

航天电子产品由于具有质量高可靠性和产品一致性要求，在产品的生产、使用以及交付阶段都要对产品的质量和可靠性提供一定的保障。为了保证航天电子产品质量的可靠性，应对产品的生产全过程进行标识，并确保产品符合识别需求且能追溯至各生产工序的生产状态。

航天电子产品的可追溯性要求应从两方面进行综合考虑，首先是要分析产品自身的特点，如产品型号、应用环境、研制阶段、用户需求等。其次还应对各电子装联过程环节的风险进行分析，并从生产单位自身出发，综合生产条件、工艺方法、人员保证等因素，最终确定可追溯性。

为了保证航天电子产品质量及其可追溯性，应对产品生产全过程进行标识策划，从原材料的接收、工序生产、产品入库，直至交付，都要保持相应的标识及记录，以确保在需要时对产品质量的形成过程进行追溯。

（1）标识分类

标识一般可按用途分为产品标识、状态标识和产品可追溯性标识。产品标识应能代表物料信息，以便与其他产品进行区分，一般包括产品名称、产品型号、编号、批次等信息。状态标识应能体现产品的状态信息，例如在制品、交付、例品、报废等。产品可追溯性标识应能体现产品的批次、技术状态信息、产品形成的全过程记录等。

标识的形式多种多样，航天电子产品生产中主要以直接标识、载体标识、记录标识为主。

1）直接标识。在产品指定部位，用一定的标识介质，按规定的标识内容进行标识（如铭牌、色标、钢印等）。

2）载体标识。在产品包装或产品储运装置上设置的标识。

3）记录标识。在产品对应的质量记录或文件上的标识，一般用于产品状态标识（如加盖检验印章等）和产品可追溯性的标识（如记录技术状态更改，工程代号、批次号、编号、数量等）。

标识应清晰、完整、易于识别、便于观察、不易脱落，同时不应影响或损坏产品质量。因加工等原因使原有标识不能保留时，应对原标识进行移植。

(2) 标识控制

产品的标识应具有可分辨性，相同批次的同种产品中的每件产品的标识应该是唯一的，以便区分。为保证产品标识的正确性和有效性，标识与被标识的产品不应分离。另外，在采购、生产、检验、交付等各个环节，应按批次技术状态进行管理，确保对原材料、元器件、外购件、外协件、产品形成的全过程和产品交付后的去向等进行标识，并具有可追溯性。

(3) 标识内容

产品的标识一般可根据需要选用下述内容：

1) 名称；

2) 状态信息（合格、不合格等）；

3) 状况；

4) 生产批次或编号；

5) 生产单位；

6) 生产日期；

7) 有效期（保管期）；

8) 其他内容。

(4) 标识可追溯性

产品在接收、储存、加工、装配、运输、交付等过程中，对原生产单位所做的标识应予以保留，并根据需要做各种形式的标识，以保证其可追溯。对具有追溯性的原始记录，应归档保存。物资采购进行入厂复验后，应在产品或证明文件上做出标识。产品的标识可直接制作在产品上或在其包装和质量证明文件上。当不能直接在产品（如小零件、制作标识会影响其特性或寿命的产品、液体、粉状物、粒状物、应力敏感材料等）上制作标识时，允许制作在包装物或适当的载体上（如标签、标牌、套管等），也可以利用流程卡、产品合格证明文件或其他记录等方式进行标识，并随产品一起流转。

当具有标识的母体（如板材、线材、棒料、管料、化工原料等）需分为多个子体时，应进行标识移植，并做好记录（注明移植者和检验者）。在生产过程中，原有的标识被加工去掉时，应按规定恢复原有标识或以新的标识代替原有的标识并进行确认。为保证产品的可追溯性，在标识制作时，要保证标识的唯一性。

3.5.8 物料管理信息化

由于航天电子产品具有复杂性，其物料配套种类繁多，物料管理信息化需求强烈，因此，航天系统内生产单位基本上都使用了相关的物料管理系统。航天电子产品物料管理信息化，是确保航天型号物料的物流、信息流顺畅，确保型号质量、进度和成本受控的必要手段。

物料信息化管理的特点就是运用现代的物资管理思想理念，以计算机和现代信息技术为手段，为物料的综合管理提供服务，能将物料计划、采购、储存、使用等管理环节有机地结合起来，实现物料的合理使用，从而达到降低采购和成本，控制产品生产质量等目的。

物料管理信息系统的管理要求一般有以下几个方面：

（1）物料信息的可追溯性要求

通过对各环节物料信息的集成，实现物料信息的可追溯。信息集成分成两个方面：自前向后传递，自后向前追溯。自前向后传递，可确保信息源头唯一，最大程度避免重复劳动和人工错误；自后向前追溯，能对全过程、各环节的物料信息进行追溯查询。

（2）上下游信息的闭环与关联管理要求

上下游物料相关信息应能实现闭环管理，并有效关联。做到物料相关信息不断积累，循环利用。

（3）信息的动态性与实时性要求

物料信息平台要保证相关信息的动态性与实时性，这就要求信息平台是一个实时的业务支撑平台，而不仅仅是信息采集录入系统。

（4）准确性和一致性要求

物料信息平台要确保航天型号各环节、各组织的物料信息的准确性和一致性，实现对信息的有效管理，具有支撑物料相关业务活动的快速反应能力。

3.6　过程控制要点

作为航天电子产品制造企业，最终目标是提供用户满意的产品。要得到理想的结果，就需要控制过程，过程控制是电子产品制造企业管理者的重要职能，识别出对电子产品具有直接或间接影响的因素，进行分段管理和重点控制。只有管理好了过程，才能得到符合预期目标的产品。

过程控制，可以采用编制执行专门的质量控制程序，强化检验和监督，填写详细的质量记录以确保可追溯的方法，或采用统计控制方法进行生产过程控制，如控制图、统计抽样程序和方案等。针对电子产品的加工特点，将现场、文件、记录、技术状态、关键特殊过程、“九新”识别和控制、在制品及不合格品、多余物控制列为电子产品过程控制的关键点。

3.6.1　文件控制

在国家军用标准中对文件的定义为“信息及其承载媒介”，这里的信息指有意义的数据，承载媒介可以是纸介质、磁介质等，形式可以有文档、照片、多媒体等。

3.6.1.1　文件的分类

文件可分为质量文件和技术文件，质量文件按照航天行业质量文件管理标准的规定又分为法规性质量文件（质量方针、质量手册、程序文件、产品质量保证大纲、公文等）和见证性质量文件（工艺评审记录、产品质量评审记录、首件鉴定记录、质量检验记录、产品测试记录、产品试验报告、产品鉴定报告、产品证明书等）。见证性质量文件一般作为记录进行过程控制和管理。技术文件指为实现产品的技术要求、工艺方法而编制的文件，与电子产品生产过程相关的技术类文件包括：设计文件（含软件文档）、工艺文件、技术标准等。

1）设计文件由设计人员编制，用以规定产品的组成、结构尺寸、技术要求、原理以及制造调试、试验、验收、使用维护、储存和运输时所需的技术数据和说明的技术文件，是技术文件的重要组成部分，是设计、生产、试验、使用和管理的基本依据。设计文件按表达形式分为图样类、表格类和文字类，图样类有零件图、装配图、线扎图、外形图、安装图等，简图还有电路图、接线图、机械原理图、框图等；表格类设计文件有设计文件汇总表、产品配套表、明细表、外购件汇总表、关重件明细表等；文字类设计文件包括设计任务书、技术说明书、技术条件、调试细则、试验大纲等。

2）工艺文件同设计文件类似，按其表达形式分为文字类、表格类和图样类。文字类工艺文件有工艺总方案、工艺装备的技术说明等；表格类工艺文件有工艺规程、工艺卡片、工艺路线表、各类明细表、汇总表、工艺状态表等；图样类工艺文件有工艺装备设计图、工艺附图等。

3）技术标准包括电子产品生产制造相关的各类标准、各种检验和试验规范、产品规范等。

3.6.1.2 文件控制的作用

1）确保产品加工时有据可依。为实现产品的物理和功能特性，产品的生产过程需要有技术文件指导，包括设计文件和工艺文件，以确保按照技术文件加工产品。

2）保证技术状态受控，满足客户要求。航天产品生产各个不同的研制阶段，设计文件不会一成不变，尤其是新研产品，从原理样机到飞行产品，直至定型，在技术状态各个阶段均不同。设计文件也是按照不同的研制阶段归档并下发，必须控制文件的版本，确保使用正确版本的文件组织生产，才能最终保证产品技术状态受控，符合设计意图。

3）确保产品研制历史可追溯。对每个研制阶段的设计文件和工艺文件都归档管理，能够保证每个阶段的技术状态有据可查（历史清楚）。

4）提供客观证据。某些质量文件（如质量检验记录、产品质量评审记录等）、是产品符合要求的客观凭证。

3.6.1.3 文件的相关管理要求

（1）编写要求

设计文件的编制应符合相关法律法规、行业标准及有关规定，其组成和内容应依据产品的研制阶段、复杂程度、使用要求和组织生产方的特点进行编写，设计文件的标识、格式、编号、签署、完整性、设计文件的偏离、设计文件的更改等都应受控且符合相应管理规定。

工艺文件的编制应符合相关法律法规、行业标准及上级和生产单位的有关规定。制定部门在拟制相关文件时，应确保工艺文件编制的有效性、一致性和协调性，文件格式应符合标准要求。文件编制应完整、准确、系统、有效，航天行业标准 QJ 903《航天产品工艺文件管理制度》规定了航天产品用工艺文件的编制管理要求。

(2) 文件的审批和生效

为确保文件正确有效，在文件发布前应采用从编制到批准逐级签署的原则进行审批。尤其是电子产品制造企业应特别加强对技术文件的审批控制及标准化检查，确保图样及技术文件的协调一致和现行有效。文件和资料如指定了生效日期，则按指定生效日期生效；如未指定生效日期，则在批准人签署的当日生效。

(3) 文件的发放、更改

文件应按数量最小化原则发放，即确实需要的部门和个人才能发放，并应有相应记录，以保证文件的追踪与控制。设计文件和工艺文件的更改应有详细的行业标准规定，其他文件的更改应制定相应的管理制度并执行。

(4) 文件的使用

在产品生产前应核对技术文件，确保待加工产品使用正确的技术文件；在使用过程中，不得擅自在文件上做标识；当产品加工中使用的技术文件有歧义时，应及时向工艺部门提出，得到相应反馈后方可继续工作；当加工使用的技术文件破损时应提出更换要求；当生产用图样需要增补时，应经审批后复制。复制的技术文件编号、标识以及更改、更换等与正式文件相同。

3.6.2 记录控制

记录是特殊类型的文件，它与文件的不同之处是可以提供产品、过程和质量管理体系符合要求及有效运行的客观证据。

3.6.2.1 记录的分类

在质量管理体系全过程都会产生相关的记录。从内容上分，与电子产品制造相关的产品记录大致可分为元器件、原材料的质量记录，电子产品各阶段的制造、检测试验记录。电子产品技术状态控制包括返工返修以及偏离和超差获得许可的记录，不合格品处理包括质量问题归零记录等。从形式上，记录一般可分为文字、图表、多媒体等形式，应推广记录的表格化。根据记录的载体可分为纸质、胶片或磁盘、光盘等记录形式。

3.6.2.2 记录的作用

记录通常为质量管理活动达到的结果提供客观证据。电子产品制造过程中的各种记录（如原材料、元器件的质量记录）可作为产品构成以及装机符合设计文件的证据；电子产品制造各阶段的记录是产品加工过程符合要求的证据；产品测试记录是产品性能符合设计文件要求的原始证据，可提供后续产品做数据包络分析使用；记录中承载的大量以往事实的信息和数据，可以作为持续改进的依据。

3.6.2.3 记录的填写及管理要求

(1) 填写要求

记录应做到真实、及时、详细、齐全、清晰，能满足对产品及实现过程的可追溯要求。不同编号产品应分别填写相应的过程控制记录，记录字迹应工整、清晰。其内容不应随意涂改，确需更正时应采用划改并由更改人员签章，且同一处的更改一般不超过两次，如有特殊要求时应按相关规定执行。在表格式的记录中，属于不适用的栏目，应划“/”，不应出现空的栏目。规定有定量指标的记录项目，应填写实测数值，无定量指标的项目，应按工作结果填写结论。

记录填写完成后应签署完整，电子媒体记录应按规定采取措施，并能够保证可以作为原始证据。装订成册的记录，应设置封面和目录页，并统一编排页次。

（2）记录更改

航天电子产品记录的更改仅限于对笔误的更改。产品记录填写错误不允许刮改，应采用划改方式，在划改旁写出正确内容，并由更改人在更改处签字或盖章，不允许用涂改液或涂改纸等方式涂掉原误写处。

（3）记录保管

记录一般应建账管理，产品记录（如质量履历书、数据包、多媒体等）的保存期应与所记录产品的寿命期相适应；用电子媒体记录时，应及时复制制作副本，存放在防磁、避光等适宜的环境内，确保需要时能正常读取。

3.6.3 技术状态控制

技术状态是指在技术文件中规定并且在产品（软件、硬件）中应达到的特性，包括功能特性和物理特性。功能特性指产品的性能指标（如速度、命中精度等指标）和设计的约束条件（如环境条件、适用范围等）；物理特性指产品的形体特征（如组成、表面状态、大小尺寸、质量等）。技术状态控制是在产品全生命周期内，为确立和维持产品的功能特性、物理特性，与产品需求以及技术状态文件规定保持一致的管理活动。

国外的技术状态管理是从 20 世纪 60 年代开始的，美国空军、欧洲空间局和国际标准化组织分别颁布了相关的管理标准，国内的技术状态管理相关标准是 20 世纪 80 年代后期逐步建立起来的（例如，1987 年的《军工产品质量管理条例》），截至目前，形成了国家标准（GB/T 19017—2020《质量管理技术状态管理指南》）、国家军用标准（GJB 3206A—2010《技术状态管理》）、航天行业标准（QJ 3118—1999《航天产品技术状态管理》）等较为完备的技术状态管理标准体系。

3.6.3.1 技术状态控制的作用

技术状态管理是确保航天电子产品有序研制的重要手段，是保证产品质量的重要环节，它能保证项目研制的完整性和可追溯性。技术状态控制是电子产品过程控制最重要的组成部分，技术状态失控将直接导致等级品、废品；技术状态控制有效，才能保证产品的软硬件特性符合设计意图。

3.6.3.2 技术状态控制办法

技术状态管理的主要内容包括技术状态标识、技术状态控制、技术状态纪实和技术状态审核。技术状态标识是对产品结构进行分解、选择技术状态项目、形成技术状态基线，是技术状态管理的基础；技术状态控制是通过一系列行政和技术手段控制技术状态文件和技术状态的异变，实现文文一致、文实相符，是技术状态管理的核心；技术状态纪实是对技术状态管理活动过程的记录和报告；技术状态审核是对每一个技术状态项（包括功能和物理技术状态项目），由相应资质的人员组成审核组进行的审核活动。

（1）技术状态标识

技术状态标识是确定和标识技术状态项目及技术状态文件，发放和保持技术状态文件，建立基线的活动。换言之，基线是指在产品全生命周期内的某一特定时刻，被正式确认并作为今后研制生产、使用保障活动基准及技术状态改变判定基准的技术状态文件，一般包括功能基线、分配基线和产品基线。和电子产品制造相关的基线是产品基线，产品基线的确立是技术状态控制的基础，是技术状态标识的重要目的。

电子产品制造过程中产品基线的确立，依赖于产品技术状态文件的确定。设计文件下发生产后，确定的生产工号（作业号）、阶段标记、生产批次等信息和产品技术状态文件关系对应的过程就是技术状态标识的内容。标识完成意味着技术状态基线的确定。产品技术状态文件包括设计图样、规范、试验验收文件、使用保障设计文件和为实现设计意图的生产在加工过程产生的工艺文件。当技术状态发生变化时，还包括经批准的偏离单、更改单等。

（2）技术状态控制

做好技术状态控制，就必须做好技术状态文件的控制和管理。设计文件发布前应进行工艺性审查，通过审查保证工艺可实现、能达到设计意图。不同批次的设计文件，都必须经过工艺会签。在转阶段过程中，当设计文件需要更改时办理设计更改单，更改单也需要进行工艺审签。对更改后的设计文件进行工艺复审，需要时可更改相应的工艺文件，确保工艺状态和设计技术状态一致。

对现场使用的工艺文件，要按设计文件技术状态进行标识，确保研制、生产过程中使用的工艺文件标识的一致性、正确性；工艺文件编号、签署、批准、更改等控制办法应按照航天行业相关标准执行；产品制造过程对工艺文件的技术状态进行有效控制，保证现场使用的工艺文件相互协调一致、现行有效；因工艺原因进行工艺文件更改时，应按相关标准及企业工艺文件更改程序的规定进行更改，并办理相应审批手续，重大的更改应经过鉴定评审后才能进行。

不论是设计文件还是工艺文件的变更，都属于技术状态更改，技术状态更改从小到大分为Ⅲ类（不影响满足产品要求或产品质量的更改和补充）、Ⅱ类（更改产品技术状态文件，对产品质量有影响但未达到Ⅰ类）、Ⅰ类（更改对产品质量有影响）。不论是哪类技术状态更改，都要遵循“论证充分、试验验证、各方认可、审批完备、落实到位”五项原则。

技术状态更改后，应对涉及的在制品、已制品及时落实实物更改，对有关设计、工艺更改的落实情况应进行追踪管理；产品生产应严格按照批准的设计文件和工艺文件进行制造、检验和试验，确保生产使用的技术状态文件可控，才能使产品质量受控。

(3) 技术状态纪实

依据技术文件对产品的技术状态进行检查验收，并按有关规定进行记录。技术状态纪实一般包括对产品技术状态文件的积累、移交，数据采集，技术状态情况记录等，确保技术状态可追溯；技术状态纪实还包括在产品全生命周期内为说明产品技术状态所产生的各种报告，例如工艺更改实施和验证产生的报告、偏离和超差影响报告等。

技术状态纪实从技术状态资料形成之时即已开始并贯穿于产品全寿命周期。电子产品从产品研制开始即建立档案，以记录产品的所有技术状态，包括产品设计文件状态，产品零（部）件以及外购件状态，产品装配、检验、调试和试验状态，以及更改控制状态，形式可以是产品质量履历书、产品生产质量报告等。

(4) 技术状态审核

技术状态审核是对产品质量记录［如产品质量履历书、零（部）件制造质量跟踪卡、产品技术状态更改记录表等］和与技术状态有关的记录内容进行审核，对产品技术状态再次确认的过程。必要时可组织有关人员对产品的技术状态进行技术文件与产品实物间文文一致、文实一致的检查。为确保技术状态受控，根据审核结果，应给出技术状态是否符合要求的结论，填写技术状态审核报告，并将其纳入产品质量报告中。

3.6.4 关键过程控制

关键过程是指工艺路线中对产品质量起决定性作用的过程，例如表面贴装工艺路线中的焊膏印刷、元器件贴装和再流焊接，1553B 数据总线加工过程中的同轴接触件的装配和压接。这些过程如果控制不当，将直接导致产品出现质量问题，影响产品乃至整个型号的可靠性。关键过程是主要质量特性形成的过程，也是生产过程中需要严格控制的工序。

3.6.4.1 关键过程确定

在航天电子产品制造过程中，关键过程确定的原则是加工难度大、质量不稳定，易造成较大的经济损失或周期延误。生产企业应依据关键工序确定原则和实际生产条件确定关键过程。

1) 设计文件中确定的关键件、重要件的关重特性的加工过程应设定为关键过程。如在某产品计算机板中，设计将某静电敏感器件确定为影响产品性能的关键件，为确保产品质量，将该器件的手工焊接过程确定为关键过程，规定在检查、加工、操作全过程均应在防静电工作台上进行，操作人员应佩戴防静电腕带，不得裸手接触引线等。

2) 产品生产加工周期长、昂贵原材料稀缺，或生产加工难度大或质量不稳定的过程。例如电子产品中 3DPLUS 器件的装焊，因器件成本高、自重大，手工焊接有难度，可将该器件的焊接过程以及检验过程确定为关键过程。

3) 电子产品的设计关键特性、工艺关键特性、过程控制关键特性都可以视本企业实际情况确定为关键过程。如对于某时序控制模块，设计将某固体继电器的输出接通电阻控制在小于 0.12 Ω，且作为设计关键特性。在生产加工过程中，将该继电器的入厂复验确定为关键过程对器件参数进行重点控制。

3.6.4.2　关键过程控制要求

1）工艺人员负责对关键件、重要件设计文件进行审查并会签。在编制工艺路线、工艺规程、材料定额表时，应根据设计文件对关键件、重要件项目做出标识。

2）关键过程的工艺文件应详尽、准确，技术和检验要求明确、具体，记录要求应明确，关键过程的工艺规程在工艺评审时应作为重点项目进行评审。

3）关键过程一般不协作到企业外部，因特殊原因涉及外协、外购产品的，需拟制技术质量协议书。

4）生产过程中对关键过程实行“三定”，即定操作人员、定设备、定工艺方法。如生产过程中出现异常情况，操作车间应及时报告技术部门，技术部门组织有关人员采取纠正措施，经批准后实施，以确保关键过程处于受控状态。

5）对关键件、重要件要进行首件鉴定。关键件、重要件一般不允许超差使用和代料，确需使用时要进行审批并提高审签级别。

6）检验部门对关键过程检测数据应进行 100％检验，对关键数据进行重点统计分析，检查关键过程的控制点（人、机、料、法、环）的控制情况及记录填写情况。

7）因加工难度大、质量不稳定或易造成较大的经济损失而设立的关键过程，由于技术改造或工艺改进，原前提已不存在时，应执行相关的审批程序，可撤消关键过程。

3.6.5　特殊过程控制

特殊过程是指直观不易发现、不易测量或不能经济地测量的产品内在质量特性的形成过程。当不易发现、不易验证或不能经济地验证产品内在质量的形成过程是否合格，或过程产生的产品质量问题，在产品交付或使用后才能暴露出来时，应将该过程设立为特殊过程。

3.6.5.1　开展特殊过程确认的意义

对特殊过程进行确认，其根本目的在于确保产品质量。特殊过程控制有较高的要求，如果对特殊过程质量控制不到位，就可能会发生各种质量问题。例如，某型号关键结构件因焊接质量问题导致裂纹，某产品因阳极氧化时间过长造成螺孔腐蚀等问题。这些都属于生产过程控制不到位带来的质量问题，所以要实施特殊过程确认。

3.6.5.2　特殊过程的识别

特殊过程通常涉及化学、冶金、生物、光学、电子等过程。在金工件生产过程中，特殊过程常出现在铸造、锻造、焊接、表面处理、热处理以及复合材料的成形与胶接等过程。电子产品制造过程中防护喷涂、灌封、回流焊接、波峰焊接等过程也通常识别为特殊过程。

特殊过程的识别是特殊过程确认和控制的首要环节，不能简单地说某过程是不是特殊过程，同样一个过程对 A 企业而言是特殊过程，对 B 企业可能就不是特殊过程。特殊过程的存在是动态的，它因验证的手段、方法的改变而改变。识别特殊过程有以下原则：

1）该过程是否形成了顾客要求的、产品的内在质量特性。与产品内在质量特性无关的过程不是特殊过程。例如，金属材料的表面磷化处理过程，如果是为后续表面处理做准备，那么此过程对内在质量特性的形成至关重要，应为特殊过程。如果磷化仅是为提高进一步加工时的润滑能力，并不形成产品的内在质量特性，则不属特殊过程。

2）产品的内在质量特性，在后续检验中进行的是组批连续的放行检验，而不是间断的、周期性验证的过程，不属于特殊过程。如电子产品制造过程中的防护喷涂过程，虽然喷涂厚度、喷涂外观等能够比较经济快速地进行放行检验，但其内在质量特性，如“防护效果、使用寿命”等，由于试验周期较长，一般不作为出厂放行检验项目，故此类过程属于典型的特殊过程。

上述两项原则是充分必要条件，当一个过程同时满足上述两个原则时，才是特殊过程。例如，对关键结构有强度要求的焊接件，焊缝的裂纹可以通过无损探伤的方法进行验证，但焊缝的强度则无法在后续的活动中加以验证；电子产品在灌封时，其灌封效果在后续的产品测试中不能有效验证，只有同时满足两个原则的，才是特殊过程。

3.6.5.3 特殊过程的确认方法

不同的生产企业，因其客观条件不同，需确认的过程也不完全相同。特殊过程的确认要素主要包括对人员、设备、材料、方法、环境的控制和确认，必要时进行工艺试验，以验证其能否达到控制目标。

对人员的确认，包括岗位资格确认和技术能力确认，岗位资格确认指人员上岗前应通过企业相关培训，并经过资格考试，持证上岗；技术能力确认是对人员实际操作能力的评定，指人员应掌握其所使用设备的规格、性能、结构、使用方法和维护保养方法，具备操作该特殊过程的技术能力。

在设备方面，应确认设备标称能力和设备实际能力能否满足工艺要求，参与特殊过程制造的设备、仪器应保持完整配套，定期进行检查、维护，以确保设备始终处于完好状态，做好相关记录。设备、仪器必须由专人操作，同时还应制定和执行专用的操作细则，涉及计量器具时应定期校准。

特殊过程涉及的材料采购和检验应符合相关技术条件或技术标准的要求，并按规定定期进行分析和调整，使其处于最佳状态，还要确认原材料的储存是否符合规定。

特殊过程生产、试验的工艺规程应明确工艺参数。工艺参数应完整、准确，规定各种工艺参数的控制方法，所用设备、仪器、仪表、工艺材料（介质）及环境等方面的具体要求，还应明确规定检验项目和检验方法。对特殊过程的工艺文件应进行评审，评审通过后方可用于生产，当需要修改和变更时，应经充分试验论证，提高一级审签后方可进行。

特殊过程生产、试验的环境应符合相关标准要求，应有可靠的保障措施，定期进行检测，以确保工作环境得到连续保持。

特殊过程如涉及检测器具时，要求检测器具检定合格，检测方法和检验规程恰当。

对特殊过程预期达到的产品，其质量应通过试验结果确认。

3.6.5.4 特殊过程确认管理要求

1）特殊过程确认的时机应在该过程正式实施之前进行。产品投产前，组织对产品加工过程中的特殊过程进行识别，确定的特殊过程应在工艺总方案中列出，并在产品投产前完成确认。

2）特殊过程生产时，根据过程控制要求在特殊过程的相关记录卡上进行记录，检验人员应对由工艺参数保证的环节实施工序检验；产品验收时，应按工艺文件要求对生产过程原始记录进行检查，确保特殊过程全过程受控。

3）当过程的主要影响因素（人、机、料、法、环、测）发生变化时，应进行再确认。这些变化包括主动变化，如操作者变更，设备变更或进行了搬迁、修理，检测方法变更或采用了新的检测设备，工艺方法变更，工艺流程发生了变化等；也包括被动变化，如设备长时间使用状态发生变化，测量设备在未到检定周期已失准。为确认过程的主要影响因素是否还保持原有的能力，是否处于受控状态，就需要通过对该特殊过程的再确认加以验证。

4）原有的特殊过程被新工艺、新技术、新设备所替代，已不具有特殊过程的特性时或原有的特殊过程的检测技术、检测设备经过改进，能通过应用正常的检验手段与条件对特殊过程所形成的产品质量特性进行检测时，也可将特殊过程转化为一般过程。

3.6.6 “九新”识别和控制

“九新”是指新技术、新材料、新工艺、新状态、新环境、新单位、新岗位、新人员、新设备。“九新”识别以及控制对保证电子产品制造质量的意义非同小可。因未进行“九新”识别导致的质量问题及案例数不胜数，例如高密度细间距板间插接器（如J80C）的焊接过锡率低，新型封装器件（BGA、QFN）的气泡问题，未识别出塑封器件而没进行焊接前预烘导致的“爆米花”失效等。某些企业还有“十新”（增加“新流程”）的说法，不论“九新”还是“十新”，目的都是在产品生产前将一切可能因新情况的出现导致的风险进行提前识别并制定预防措施，确保制造质量可控。

3.6.6.1 “九新”概念解释及分级

1）新技术是指产品在研制生产过程中，首次使用的设计方法、计算方法、测试技术等。新的级别分为三级，Ⅰ级是指国内外各行业中均尚未成熟使用的技术；Ⅱ级是指其他行业已经成熟使用，但本产品尚未成熟使用的技术；Ⅲ级是指在其他产品上已经成熟使用，但本产品上首次使用的技术。

2）新材料是指型号产品在研制生产过程中，首次使用的材料（含元器件）。新的级别分为三级，Ⅰ级是指首次使用的新研材料（含元器件）；Ⅱ级是指其他行业上已经成熟使用，但航天型号产品上首次使用的材料（含元器件）；Ⅲ级是指在航天其他型号产品上已经成熟使用，但本型号上首次使用的材料（含元器件）。重点对未经过飞行验证的新材料（含元器件）进行梳理，对选用合理性、验证充分性和使用正确性进行复查和分析。

3）新工艺是指型号产品在研制生产过程中，首次使用的加工工艺、装配工艺、调试工艺、测试工艺、检验工艺等。新的级别可分为三级，Ⅰ级是指国内外各行业中均尚未成熟使用的工艺；Ⅱ级是指其他行业已经成熟使用，但本型号产品上尚未成熟使用的工艺；Ⅲ级是指在其他单位上已经成熟使用，但本型号承制单位首次使用的工艺。

4）新状态是指型号产品在研制生产过程中，发生的所有Ⅱ类以上的技术状态更改。重点是根据本型号确定的技术状态基线，对出现的所有Ⅱ类以上的技术状态更改进行梳理，严格按照技术状态更改控制的要求进行复查；特别要对使用状态的变化进行识别、分析和验证。

5）新环境是指型号产品在研制生产过程中，首次面临的生产环境、装配环境、测试环境、试验环境、电磁环境、热环境、储存环境、使用环境、运输环境、载荷环境、飞行环境等。新的级别可分为三级，Ⅰ级是指所有型号产品首次面临的环境；Ⅱ级是指相比其他型号，本型号首次面临的环境；Ⅲ级是指相比本型号以前产品，本产品首次面临的环境。

6）新单位是指型号产品在研制生产过程中，首次承担型号任务的单位，可分为三级，Ⅰ级是指未承担过航天型号产品任务的研制、生产、管理、运输等单位；Ⅱ级是指承担其他航天型号任务，但是首次承担本型号任务的研制、生产、管理、运输等单位；Ⅲ级是指承担本型号某种产品任务，但经调整后承担本型号其他产品任务的研制、生产、管理、运输等单位。

7）新岗位是指型号进入总装测试以后，型号队伍中新增加的设计、工艺、生产、管理、运输、加注、发射等岗位。

8）新人员是指新变化的设计、工艺、生产、管理、运输、加注、发射等人员。可分为三级，Ⅰ级是指首次参与型号产品总装测试以后工作的人员；Ⅱ级是指曾经参与其他型号岗位工作，但是首次或经调整后新参与本型号工作的人员；Ⅲ级是指在本型号队伍中发生岗位变化的人员。

9）新设备是指型号产品在研制生产过程中，首次配套使用的设备，以及涉及重大工艺变化，导致最终产品测试状态变化的制造、装配、测试、试验、运输、加注、发射等设备。可分为二级，Ⅰ级是指型号上首次配套使用的设备；Ⅱ级是指其他型号上配套的设备，但首次配套本型号的设备。

3.6.6.2　“九新”识别确认及控制方法

1）对设计方在型号投产前已辨识出的“新技术”，在技术交底时对“新技术”是否会引起工艺方法的改变进行确认，必要时组织开展工艺试验。经确认的“新技术”，组织开展首件鉴定工作，并在相关工艺文件中落实管控要求，对在生产中的应用进行监督检查。

2）在图样工艺审查时，对本型号首次使用的“新材料”进行辨识。物资订货部门对型号投产时本单位首次采购的器材或本型号首次使用的器材应进行辨识。在生产中使用材料发生生产厂家、牌号、工艺方法变化或器材代料时应及时反馈技术部门，技术人员对“新材料”是否会引起工艺方法的改变进行确认，如需进行工艺试验验证的，可组织工艺试验，验证后视情况进行评审。

3）在型号投产前，对尚未成熟使用或本型号首次使用的新的加工、装配、调试、测试、检验等工艺进行辨识；对由“新技术、新设备、新材料、新状态、新环境”带来的生产工艺方法的变化进行辨识，必要时应进行工艺试验和工艺评审，对新工艺的稳定度予以判定，通过后方可进行生产。经确认的“新工艺”，应组织开展首件鉴定工作，并在相关工艺文件中落实管控要求，对其在生产中的应用进行监督检查。

4）一般由设计方对“新状态”（技术状态）进行辨识或提供状态基线。技术人员对照型号产品的工艺技术基线，对“新状态”是否会引起工艺方法的变化进行辨识。必要时应进行工艺试验和工艺评审。物资部门对采购器材的技术状态更改情况（即“新状态”）进行辨识，经辨识和确认的“新状态”应由技术部门组织开展首件鉴定工作，并在相关工艺文件中落实管控要求，对其在生产中的应用进行监督检查。

5）技术人员对生产、装配、测试、试验、储存、运输等环节中，本型号产品首次面临的环境进行辨识，并对环境指标参数（温湿度、洁净度等）与设计技术要求的符合性进行分析确认。在相关工艺文件中落实管控要求，对其在生产中的应用进行监督检查。

6）在型号产品投产前或生产过程中，当电子产品配套外协生产厂家、委外成品试验/检验单位、委外元器件筛选检验单位等发生变化时要进行识别，如发生新增外协生产/试验/检验厂家不在合格供方名录中的情况，应按照质量管理要求办理新增供方、临时协作或采购的审批手续，应对“新单位”生产的首件进行工艺鉴定。

7）对电子产品制造过程相关的各岗位，在投产前或生产过程中的技能/管理岗位变化情况进行辨识，由相关部门组织对“新岗位”上岗人员能力等因素进行确认，必要时可进行相关培训。

8）在型号产品投产前或生产过程中，与型号产品相关的各管理处（室）及各生产车间负责对本部门生产/管理岗位上人员的变化情况进行辨识，对识别出的“新人员”应组织进行技能培训，经考核、确认后才能参与型号产品的生产。

9）设备使用单位对首次使用的设备应进行辨识和组织鉴定。对采购的新设备进行辨识和验收，并对设备操作人员进行上岗培训。当“新设备”会引起工艺方法的改变时，应进行确认，必要时应组织工艺试验和工艺评审，并在相关工艺文件中落实管控要求。

3.6.6.3　“九新”识别其他要求

1）在型号投产前提出“九新”识别要求，可在产品“质量保证大纲”“风险策划报告”“工艺总方案”等型号产品管理文件中提出“九新”风险分析的内容。

2）在确定型号产品基线的基础上进行“九新”识别及控制。在产品生产阶段以基线报告为标尺，监控各产品生产时的状态变化情况，及时开展“九新”辨识工作。

3）型号产品交付前要组织对“九新”进行检查确认，对“九新”检查的项目进行深入系统分析，识别技术、产品的不确定环节和影响成败的关键因素，进行风险分析和控制，制定规避和控制风险的针对性措施和预案，形成分析报告。对可能存在的风险及其控制措施的有效性进行评审，并确保没有不可接受的风险。

3.6.7 在制品管理

在制品是指原料或零件已被处理成半成品（尚未成为成品），未完成入库手续的产品。

当前，航天电子产品随着市场需求的日益多样化，多品种小批量的混合生产已经成为电子产品制造企业的主流。在这种生产方式下，在制品管理和控制是关键。掌握在制品的品种数量、标识、进度、质量状态等信息，实质上就是对现场生产过程的控制与协调，加强在制品管理，不但有利于做好投入产出，而且还有利于缩短生产周期、降低成本。在制品管理应做到数字化、制度化、标准化，这是生产管理的重要环节。在制品管理，主要包括在制品实物管理和在制品账面管理，通过科学地编制、执行作业计划，做好在制品的标识，按要求存放，严格在制品的技术状态控制，并按规定程序周转，才能保证生产过程中各工序之间在制品在数量和时间上的紧密衔接，实现按计划、有节奏的生产。

3.6.7.1 在制品作业计划

电子产品加工企业，按照层级编制生产作业计划，有企业级投产和生产作业计划，又有分解到各专业车间的车间级生产作业计划。生产作业计划是产生在制品的源头文件，应明确在制品的数量、编号、流转路线、交付周期等。生产作业计划应从原材料阶段开始加以协调和控制，防止原材料和在制品储备过多或不足，努力均衡生产，尽量减少超量储存，占用资源，积压资金。

3.6.7.2 在制品标识

在制品的标识应具有可分辨性，一般包含图代号和产品批次等信息，需保持可追溯性要求时，每件在制品的标识应是唯一的。

标识与被标识的产品不应分离。标识消失（包含丢失）或不易分辨时，被标识的产品应停止流转并进行隔离，直至经相关人员识别并重新标识后，才能继续流转。如不能识别时，则按废品处理。

关键件、重要件产品在标识物（如标签、标牌等）及专用包装器具上应做关键件、重要件标识。经首件鉴定的产品，视情况在首件及其记录上做“首件”标识。

3.6.7.3 在制品存放

在产品生产的整个过程中，需按工序进展情况对存放产品进行状态标识，并按区域存放，区域一般可分为“在制品”“待检品”“合格品”“不合格品”等。存放环境应符合产品要求（温湿度等）。毛坯和半成品入库后，要按照材质、品种、规格等不同特性分类存放，摆放整齐。特殊制品的存放应按照工艺要求，例如静电敏感产品的存放应符合静电防护要求，湿敏器件的存放应采取湿度控制措施，搪锡后尚未电装的元器件应存放在密封包装袋内，清洗烘干后的装焊前印制电路板应存放在真空密封袋内防止吸潮等。生产中的不合格品在待处理时，要进行隔离，避免和合格品混淆。当出现混淆无法辨别时，应当废品处置。

3.6.7.4　在制品的技术状态控制

当在制品按照正常设计文件及工艺文件生产时，技术状态按相应文件控制，质量记录按照正常程序记录。技术状态发生改变时，技术状态的更改应和在制品的质量记录跟踪保持一致，以确保状态实时受控，避免执行更改时间较长，重复或者遗漏对技术状态的更改。当技术状态更改无法立即实施时（如因更改引起物料定额变化，需要重新采购等），应对在制品及时做出在制品标识，并按规定存放。因技术状态更改或产品加工错误导致的返修，例如零部件结构因加工误差导致的零件返修、电子元器件因质量问题归零导致的批次报废进行的返修等，更改完成后应及时进行记录，证实在制品已按要求进行更改。

在制品按照作业计划完成后，在交付下道流程前，应进行技术状态审核。

3.6.7.5　在制品的流转

在制品应建立台账，记录在制品的投入、发出、收回、入库等情况，收发要严格执行交接手续，对接收的在制品应核对或检查规格、数量、质量。不同车间之间的在制品流转一般按照工艺路线表规定的路径流转。

当在制品对转运、保管、储存有特殊要求时，应在包装物上设置警示标识，如防静电、防挤压等。

3.6.8　问题分析与处理

电子产品因其制造的复杂性，生产过程会遇到不同类型的问题，尤其是型号研制初期的模样、初样阶段，问题更是不可避免。对遇到的问题进行分析处理，采取适当措施，才能为后续型号研制生产打下良好的基础。

3.6.8.1　问题分类

电子产品生产过程中常见的问题主要有操作问题、工艺问题、设计问题、器材问题等。

（1）操作问题

目前航天电子产品的生产特点是多品种、小批量，采用以手工操作为主的加工作业模式，因此，人员的误操作不可避免。例如，由产品防护不当造成的元器件及整机产品的外观损伤，由静电防护不到位造成对静电敏感器件的静电损伤问题等。

（2）工艺问题

一般工艺问题分为文字错误、工艺定额不足、工艺路线错误、工艺流程不合理等，还有细化量化不够的问题。例如，对电装焊接使用的烙铁头大小未做规定，对不同器件的搪锡温度未规定具体指标，特殊器件的焊接要求不细化等。还有由工艺方法不当导致的问题。例如，某电子产品印制电路板组装件生产时，因设计选用的印制电路板接插件耐温较低（最高 200 ℃），在确定印制电路板接插件的焊接方案时，工艺人员原本应选用手工焊接，却因为对该接插件性能不了解，选用了波峰焊接工艺［焊接温度（250±5)℃］，结果导致接插件过温损坏，造成批量报废的不良后果。

（3）设计问题

设计图样较为常见的问题有书写错误、协调性不好。例如，电装的电路图和装配图不符，和接线表不一致等。还有比较常见的是设计工艺性不好，如选用器件和印制电路板安装孔不匹配，表贴器件的印制电路板焊盘尺寸不够等。

（4）器材问题

器材问题分为加工使用的仪器设备问题和构成产品的原材料问题两类。电装用设备有表贴设备（印刷机、贴片机、回流炉等）、波峰焊设备、清洗设备；仪器有测试用绝缘电阻测试仪、通用电源、万用表、示波器等；专用测试设备，例如单机测试仪、老化台等。这些仪器设备都应该按照规定定期检定、检测。仪器设备问题一般指由其故障导致的问题。原材料问题有设计选用不当导致的问题，也有原材料固有的质量问题。

3.6.8.2　问题处理

（1）操作问题的处理

由人员误操作导致的问题，视情况开展对问题的分析。能在技术上解决的问题，例如采用设备代替人工操作、采用防误加工的操作方法等，由工艺人员用工艺文件的形式进行明确；如果是由规章制度缺失或不明确导致的操作问题，要完善相关的规章制度，进行相关的培训和教育，确保不发生重复问题。

（2）工艺问题的处理

工艺问题如果发生在产品投产前，尚未涉及在制品时，按照工艺文件更改相关规定即可。如果在产品生产过程中发现工艺错误，应视对产品造成的影响程度采取相应的措施。涉及关键工艺更改时，可按相关规定进行工艺评审。造成不合格品时应按照不合格品审理程序处理，同时更改工艺文件。工艺问题应随时总结，纳入本阶段工艺总结报告，并在下一阶段工艺准备时进一步完善。

（3）设计问题的处理

对设计图样问题，如果是设计工艺性相关问题，应在工艺性审查阶段及早发现并督促设计改进加工图样。投产前发现的设计图样问题，在不涉及在制品时可以办理更改单直接更改图样、相应工艺文件。如果产品已经投产，图样工艺已经下发生产现场，这时应对发现的设计图样问题或型号方案要求的技术状态更改，设计应出具偏离单，技术状态更改以设计文件加偏离单确定，待产品转阶段时一并出具更改单更改设计图样。对所有和设计相关的图样等问题，应在产品生产过程中做好记录，纳入转阶段工艺总结报告中。在下阶段设计图样工艺性审查时进行闭环检查，避免相同的设计问题出现在下阶段的产品生产中。

（4）器材问题的处理

仪器设备出现问题时，应按照相关管理规定进行维修保养。

因设计选用错误导致的元器件问题，可用偏离单明确。在生产过程中应对报废失效件进行妥善管理及流转，避免混用。在电装、调试等工序中，当由于操作造成元器件不合格的原因清楚时（如外观损伤、安装引脚剪短等），即非元器件质量问题且不构成批次性问题时，可按照不合格品审理流程直接报废。无法界定原因时可送相关检测机构进行失效分析，确定问题原因是本质失效还是使用失效，如是本质失效，还需进一步判断是否是批次问题，应针对不同的结论分别处理。

3.6.8.3　不合格品审理要求

当上述问题造成产品不合格时，要进行不合格品审理。

产品在生产过程中，如果发现原材料、元器件、外购外协件、装配件（零、部、组件等）不满足技术文件、相关标准的要求时，经检验员确认后为不合格品。对不合格品应进行严格的标识和隔离，避免与合格品混淆；保持不合格状态，防止出现新的不合格特征或原有不合格品特征消失。不合格品未经审理不得继续加工或擅自转入下道工序。

经确认为不合格品后需进行不合格品审理，审理意见当次有效。审理结论应确定责任部门，给出不合格品的处置方式，一般有返工、返修、报废、让步接收、降级使用等。当进行返工或返修后，应重新检验；当涉及让步接收、降级使用时，应经设计师或顾客同意，必要时可办理技术文件。

责任部门除按审理结论进行产品纠正外，还应从人、机、料、法、环、测等方面进行分析，找出不合格品产生的原因，制定纠正措施，防止同样问题重复发生。

3.6.8.4　问题总结

型号产品应视情况在适当的阶段进行问题总结，可以在选择型号产品转阶段时，对本生产阶段发生的问题进行总结、分析，提出下一阶段的改进要求，例如更改设计图样、更改工艺文件等，避免问题重复发生。

3.6.9　多余物控制

多余物是产品中存在的，由外部进入或内部产生的与产品规定状态无关的一切物质。多余物来源，一般有产品自身加工过程的主材或辅材的多余物，如导线头、焊锡渣、零件毛刺、细小零件等；也有加工过程使用工具带来的外来物质，如操作者手指套磨损后的纤维、棉花球等；还有因环境不当带来的灰尘、氧化物、硫化物、锈蚀等。多余物对电子产品的影响主要有由金属多余物导致的电路短路、腐蚀性多余物导致的电路断路等。

某产品在控制系统测试绝缘检查时，发现母线对壳绝缘电阻不合格。经排查故障定位于某电插接器内部。对该电插接器开盖检查，发现其内部存在金属丝多余物。造成问题的原因是生产单位没有充分辨识该产品生产过程中可能产生多余物的环节，对各加工过程相互之间可能造成的影响判断不足，工艺文件中对多余物控制环节的要求不明确、指导性不强，从而导致该问题发生。

电子产品的多余物防控措施应覆盖研制生产的全流程。要从设计、生产、装配、测试、试验、运输等全过程进行控制，如图 3－4 所示。

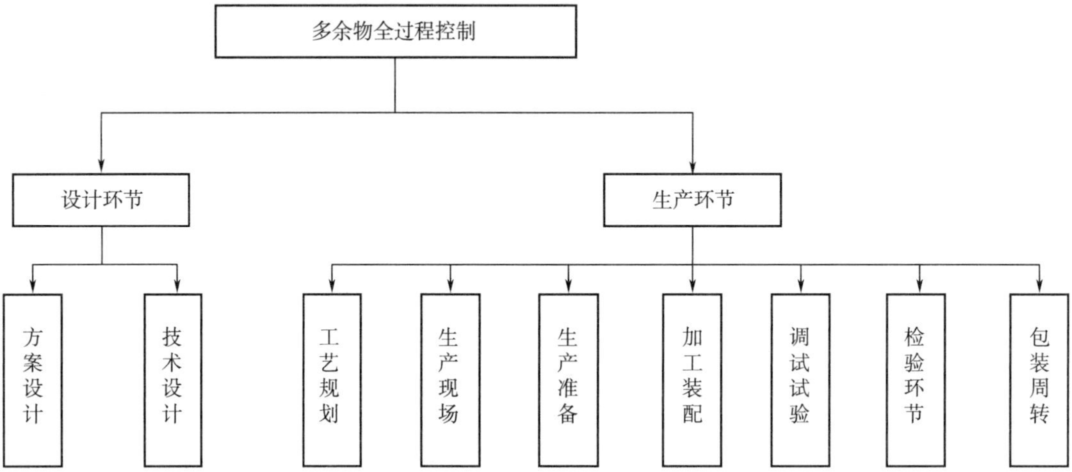

图 3-4　多余物控制过程示意图

3.6.9.1　设计环节多余物控制

多余物的防控应从设计源头开始，从材料选用、工艺实现过程、多余物的检查便利性等方面进行。产品设计应将多余物控制作为设计准则之一，这样既能预防多余物的产生，又便于多余物的检查和及时清除，减少拆装次数。工艺人员对设计文件中的多余物控制措施和要求进行工艺性审查，对不利于多余物控制的产品结构、印制电路板布局等提出修改和建议。一般应考虑以下方面：

1）材料选择。设计在选择材料时应充分考虑材料的可加工性、可焊性、耐蚀性，特别对发生相对运动的结构选用耐磨材料，禁止选用易产生氢脆、锌脆等缺陷的表面镀层材料，选择密封性材料时要经过评估。

2）紧固件选用。严格选用平垫圈、弹簧垫圈，选用弹簧垫圈时必须选用不锈钢弹簧垫圈制品。

3）元器件选用。电路设计人员应充分了解元器件特性及使用环境，合理降额使用，减少元器件的更换，降低引入多余物的风险。

4）结构设计。尽量减少相交孔、不通孔、锐边、狭缝等不利于多余物清除的设计；设计线束走向时，应避免与元器件及零、部（组）件的锐边相接触，并保持合理的间隙，必要时采取适当的固定和保护措施，防止线束磨损产生多余物。

5）印制电路板布局。印制电路板上元器件的布局应疏密均匀、排列整齐，尽量避免元器件的磕碰；表面贴装元器件焊盘采取防焊料飞溅的设计方式；印制电路板机械安装孔不进行孔金属化，防止安装过程中出现金属化孔磨损。

3.6.9.2　工艺设计中对多余物的控制

工艺设计从总方案起，就应对多余物提出预防控制和检查确认要求。各专业的工艺规程应结合电子产品加工特点和容易产生多余物的工序，提出各专业的多余物防控要求。

机械加工类零件加工是将金属棒材或板材等，按照图样的要求进行裁剪后，利用机床进行车、铣、刨、磨、钳等工序对材料切削成形，再经过表面处理（涂覆、热处理）等工序加工成成品。工艺设计应规定在产品生产过程中，对零件上的毛刺、尖角、毛边等进行打磨处理，避免带入多余物。

电装工艺设计中应规定在各元器件、标准件、零件装配前对其进行外观检查（如涂镀层无脱落、表面无锈蚀、无变形，引线根部、封装连接处无裂痕等），应规定在印制电路板焊接后对焊点进行 100%清洗，保证无多余物残留。印制电路板喷漆、粘固前后均应进行印制电路板和元器件表面的外观检查（应清洁无异常，无焊接残留等多余物）。电缆组装件制作过程涉及多余物控制的工序有零件加工、毛坯制作、端头处理、焊接、压接、灌封、装配，在工艺设计时应提出详细的多余物防控和检查要求。

整机装联过程应对线束绑扎、标准件的定额使用、粘固等做出具体规定，并要求线束绑扎后，对线束形状、尺寸、外观等进行检查，喷漆粘固后应进行多余物的清理，防止产生多余物。

工艺设计还应对产品在试验和交接过程中可能出现的多余物环节进行防控，提出外观质量检查要求，包括产品表面应清洁，应做到无划伤、碰伤、锈蚀、腐蚀、分层、漆层脱落等现象。

除了在工艺文件中提出对多余物的防控要求，还要对多余物的检查提出相应的方法。多余物的检测手段一般有目视检查，包括借助放大镜的检查；听觉检查，对有机壳的仪器，可以摇动仪器，通过听觉辨别异常响声，或者采用专用的多余物测试仪器进行检测。

制定返修工艺时也应对多余物的防控提出要求，例如拆下的零部件应专门保存，解焊和拆除元器件时，对其他元器件和焊点应采取防护措施，操作完成后，及时清理多余物。应规定有效的防护、控制措施和多余物清除方法，确保不产生多余物。

3.6.9.3　生产过程中多余物的防控

1）电子产品生产过程中容易产生多余物的环节有电装过程和试验过程见表 3 - 16。

2）控制方法。印制电路板组装件装联物料准备时应对照图样和工艺要求定额领料，紧固件限额发料。工装工具使用前，应清除油污、油脂、焊剂等并进行定置管理，领取元器件、紧固件或零部件后，检查外观有无锈蚀、掉漆、毛刺、裂痕等现象，发现缺陷件应及时反馈并更换；仔细清除螺孔、不通孔、沟槽、缝隙、管道和印制电路板焊盘孔等的残余金属屑、灰尘；元器件引线去氧化层后应将残留物清除干净，元器件搪锡时应禁止采用甩振的方法去除焊片和焊柱孔内的焊锡，以免其落入产品内部，搪锡后应清除器件本体上的锡珠及助焊剂残留物；手工焊接过程中，烙铁上的多余焊锡及污物应及时去除，严禁乱甩，防止锡瘤飞溅。焊接时应及时去除焊锡、导线头等废弃物，剪断时应捏住余头用留屑钳一次剪断并放入多余物收集箱里；焊装完成后用无水乙醇清洗焊点，并检查所有元器件焊点是否无锡珠、锡渣、导线丝等多余物，检查后装入防静电袋中，防止进入多余物；在产品装调时，应先试装再正式安装，严禁在装配现场进行机械加工。装配完成后（封盖前），应再次对产品内多余物情况进行彻底检查，检查合格后进行封盖。装配完毕后晃动或摇动产品时，应无异常响声。

表 3-16　多余物产生环节及分类表

多余物产生环节	多余物的具体分类
电装过程	剪切元器件引脚或导线产生的多余引线
	焊接工序产生的锡渣
	表贴器件成形中的引脚残余物
	手工焊接时的多余助焊剂
	烙铁头上的氧化层及污垢
	引脚表面校直、去除氧化层、搪锡、剪切操作过程中产生的多余物
	在印制电路板清洗中毛刷掉落的刷毛
	整机装配过程中工作台面的多余物
	安装焊片、固定夹、机箱各面板等组件时，螺纹拆卸所带出的金属碎屑
	粘固、灌封过程中多余的胶粘剂
	螺纹紧固件拧紧时滑扣产生的多余物
	紧固件为防松涂厌氧胶时形成的多余物
	标准件的毛刺、飞边形成的多余物
	接线工序中产生的焊剂、锡渣等多余物
	电缆组装件毛坯制作引入的多余物
	电缆组装件端头处理剪线的多余物
	插头焊接中的多余焊剂、锡珠
	插头灌封过程中的多余胶液
试验过程	试验工装带入的多余物
	试验介质带入的多余物
管理	因辅材管理不当进入内腔形成的多余物
	因工装、仪器部件管理不当形成的多余物
	因出厂产品保护不到位产生的多余物
	周转、储存过程进入的多余物

其他管理环节，应从人、机、料、法、环各方面提出具体的防控要求。人员在进入洁净工作区域时应按规定要求着装，如女同志要把头发放入工作帽中，且不得携带与工作无关的物品。设备、仪表、工装、工具和清洗用具进入净化工作区之前，应进行清洗或除尘。物料控制方面，要求严格定额发料，检查物料外观。工作环境方面，要求工作区与生活区应严格区分，与产品加工无关的物品禁止带入。生产区域应实行定置管理，产品周转和运输应采用合理的防护措施，防止产品磕碰损伤。

3.7　产品检验和验收

检验和验收是重要的质量职能。在质量管理发展的初始阶段，对产品进行全数检验是保证产品质量的唯一手段。即使在现代质量管理中，质量检验仍是判断产品是否符合技术标准的要求，以及为实施质量控制提供信息不可缺少的手段。

检验是指用工量具、仪器或其他分析方法检查各种原材料、半成品、成品是否符合特定的技术标准、规格的工作过程。检验就是通过对产品（原材料、半成品、成品）的检测，将测定结果与质量标准进行比较，做出合格与否的判定，对能否适合下道工序的使用或能否提供给用户做出处理的活动过程。检验包括测定、比较、判定和处理四个环节。检验既适用于成品检验，也适用于半成品的工序检验。检验是生产过程的一个有机组成部分。通过检验可以分离和剔除不合格品，以保证用户接收具有适当质量的产品，建立与维护企业的信誉；通过检验和工序控制，预测不合格品的产生，使不合格在制品在生产周期尚未结束前就被及时发现，并予以剔除，做到不合格的原材料不投产，不合格的半成品不转序，不合格的成品不出厂，以减少无效的工作量。

航天产品的检验和验收是在贯彻国家和上级主管部门颁发的有关质量法令、法规和各项规定的基本要求下进行的，并遵循严格把关与积极预防相结合、专职检验与操作者自互检相结合为基本的工作原则。航天产品的最终质量由生产单位的最高管理者负全责。航天产品的研制和生产单位，均应设置能独立行使职权的质量检验部门，明确规定检验人员的职责和权限，对检验人员实施集中统一的管理，并确保其能独立、客观地行使职权。产品质量检验工作，是依据产品实现策划组织实施的，并保存产品符合接受准则的证据。质量检验部门必须严格按规定的要求对产品进行独立的、符合性判定，并防止不合格品的非预期使用或交付。质量检验工作需要配备必要的资源，包括相应的检验技术人员、管理人员、测量装置、检验方法和适宜的工作环境，以确保质量检验工作的正常开展。

航天产品的质量检验部门和质量检验人员具有把关、预防、监督和报告的职能。航天产品质量检验验收依据，是使用方与承制方签订的订货合同或技术协议书。当订货合同或技术协议书中提有特殊质量要求时，应由相关部门编写技术（偏离）通知单下发，并纳入工艺文件，作为验收依据。验收依据一般包括产品设计图样、技术（偏离）通知单、专用技术条件、工艺规程（含检验规范）、标准实样，还包括产品图样、专用技术条件引用的有关标准或规范。

航天电子产品的检验，贯穿于电子产品制造的全过程，既包括印制电路板组装件、电子整机、电缆组装件等成品检验，还包括元器件搪锡、成形、安装、焊接，印制电路板组装件的清洗、敷形涂敷、粘固、灌封等工序检验；既包括原材料、半成品、成品等的实物产品质量检验，也包括加工制造过程的过程检验。由于航天电子产品制造中，焊接、三防涂敷、粘固等重要工艺过程均属于特殊过程，所以更要注重和加强制造过程的管控和检验，以避免可能存在的潜在产品质量风险。

航天电子产品质量检验的要求、内容和项目繁多，本节仅从航天产品所特有的，具有重要性和特殊性的几个方面进行阐述，包括检验规范的建立、产品检验要求、强制检验点、检验人员管理、验收记录管理和数据包管理。

3.7.1　检验规范的建立

检验规范是制造技术所需要的三大规范（即设计规范、工艺规范、检验规范）之一，是检验文件的一种重要形式。

航天电子产品研制单位的质量检验部门，都必须根据产品特点和本单位实际，按合同、图样、技术条件、工艺规程等规定编制检验规范等检验文件，用以指导生产现场的检验工作。检验规范的编制、审批、发放和更改等都要严格执行相关的规定。除此之外，质量检验部门还需对工艺文件按照产品质量检验内容进行审查和会签，审查的内容包括：检验程序和检验项目安排是否合理，检验类别、检验和试验的方式方法是否具有可行性和可检查性，是否明确了关键件（特性）、重要件（特性）和关键工序的控制方法和检验要求，所用量具、仪器、仪表、工装设备能否满足精度要求等。

检验规范的建立应遵守检验文件的通用要求。检验文件按其性质一般分为管理性检验文件和技术性检验文件。管理性检验文件是指指导质量检验工作和管理产品质量的各项检验制度、标准，明确质量检验部门和人员的岗位职责，以及规定各项检验活动的目标、要求、内容和程序等文件；技术性检验文件是阐述产品质量特征的补充要求和保证产品检验质量所采取的技术措施、检验规范等文件。编制检验文件的要求包括：管理性检验文件应注重其科学性、系统性、协调性、法规性和可检查性，满足管理程序化的要求；技术性检验文件应注重内容完整、准确、统一和协调，还应符合技术标准的要求；检验文件要结合承制方的具体情况、产品特点和研制程序；检验文件使用的名词、术语、符号、代号、计量单位要符合国家标准和相关标准的要求；检验文件经编制、校对和批准后才能生效。航天电子产品研制和生产单位，需规定检验文件的编制、审批、发放和更改要求，以确保检验文件的现行有效。检验文件一般包括检验计划、检验规范、检验记录和检验报告等。

航天电子产品研制和生产单位，需要建立检验规范体系，编制检验规范（检验规程、作业指导书）。检验规范可以是工艺规范或工艺规程的一部分。检验规范一般包括：产品接收和拒收的准则，检验项目、程序、方式、方法、环境和场所，检验所需要的测量装置和工装，测量结果的记录要求，抽样方案或批量接收的标准，其他检验要求。

建立检验规范体系有利于系统的策划质量检验管理，可以指导检验工作。检验规范体系建立的原则包括：

（1）适应性

对于电子产品而言，每个单位研制和生产的产品不同，产品加工流程不同，不同产品的具体要求不同，各单位的生产线建设情况也不同。所以，要根据产品特点、技术要求情况，结合本单位的实际情况，建立适合自身产品和情况的检验规范体系。例如，主要产品以表面贴装元器件为主，建立了 SMT 生产线，通孔插装元器件依靠手工操作，这种情况就需在表面贴装环节建立检验规范，明确表面贴装生产中的检验点和检验要求，不必在波峰焊接编制检验规范。

（2）覆盖性

电子产品的制造流程较长，涉及工序十几项或几十项，每一个操作的工序或工步的产品质量，都会影响最终产品的性能和可靠性。例如，元器件的除金，如果在除金后没有及时检验，或者检验的要求和方法不正确，就会因未除金或除金不净产生金脆焊点，并且无法在后续加工中发现，造成产品质量出现隐患。电子产品的焊接等过程属于特殊过程，很多质量隐患无法在产品最终检验时检查。所以，根据生产流程情况，需要精心策划和建立全流程的检验规范，这对产品质量控制尤为重要。

（3）协调性

在电子产品制造过程中，各工序间产品检验要求有交叉和重复，这时就需要特别关注检验规范的协调性，避免造成操作上的无所适从。例如，表面贴装元器件装焊时，在焊膏印刷环节规定的检验要求（诸如焊膏的厚度、形状等），如无法满足合格焊点生成，就会造成前后矛盾，从而无法保证产品质量。

好的检验规范，应当是要求明确、清晰，具有很好的操作性。既能确保产品质量，又能让检验人员使用起来得心应手，这就对检验规范的编制提出了一定的要求。

（4）正确性

检验规范的正确性，就是指采用的检验方法、检验设备、检验和合格判据准确无误。现行的航天行业标准和国家军用标准，有几十份关于电子产品电装的技术标准，均明确了军用电子产品或航天电子电气产品质量的最低要求，也是最基本要求。所有产品的验收指标，均不得低于标准的要求。编制检验规范时，需要掌握这些标准要求，也应该明确知道这些标准中存在的不一致点，再根据产品要求和单位情况，制定不低于行业标准的检验要求。如果出现检验方法不正确或技术指标不正确，就会造成不合格产品的漏检。例如有些继电器产品，引脚根部采用玻璃釉烧结和封装，在焊接前检查时，如果规定使用 5 倍或 10 倍放大镜检查，就无法检查出玻璃釉的破碎和裂纹，焊接后由于处于元器件下方（无法检测），就会造成产品的质量隐患。

（5）明确性

检验规范的每一项要求，都应该是清晰的、明确的，不能造成操作层面的歧义。一些检验方法、技术指标，有时并不能很好地量化描述。例如外观，经常会用干净、光滑、无损伤等定性的语言描述。这样就会造成执行中的不一致，可能会出现不同检验人员判定标准的不同。同样一处问题，检验员甲会判定为合格，检验员乙会判定为不合格。这是由于每个检验人员的身体条件（如视力情况）不同，工作经验不同，对标准的理解不同，甚至是由于个人的心情不同造成的。所以，编制检验规范时，需要依据合同要求和技术标准，根据单位的实际情况来确定明确的方案。例如规定唯一的检验工具、唯一的检验方法，做出一些图示化的说明，表明哪些情况属于合格，哪些情况属于不合格。另外需要注意的是，同一个检验项目的同一项技术指标，有两种或两种以上的检验方法时，一定要明确每种检验方法使用的范围，尽量不交叉。例如在外观检查时，应规定清楚何种情况使用目视，何种情况使用 10 倍的放大镜，何种情况则必须使用 40 倍以上的体视显微镜。

（6）可操作性

检验规范的可操行性，直接影响产品质量检验的效果。可操作性体现在，一名新的检验人员，按照检验规范规定的步骤，可以顺利地完成检验工作（而不是凭借个人经验，采用自制的工装，或者按照自己的理解去执行）。例如在焊接质量检查方面，有许多的量化指标要求（焊料的润湿、爬升，通孔插装元器件的过锡率，表面安装元器件的焊料量等），这些技术指标，对控制电装产品的质量，起到了至关重要的保证作用。但是否这些指标需要逐一检验和测量呢？在一件中等装焊密度的印制电路板组装件上，焊点数量一般会超过2 000个，而每一个焊点需要规定和达到的量化指标，少则一两项，多则十几项，如果逐一检验测量，暂且不讨论是否能精确测量到规定的精度要求，就单单从工作量上，已无法满足科研生产的需要。所以，需要对这些量化指标进行研究，哪些是依靠工艺过程来保证的，哪些是可以采用抽样方案来检验的，哪些是必须100%测量的，又有哪些是仲裁时才需要测试的。另外，可操作性强的检验规范，应该是图文并茂的。通篇文字的文章，除了阅读时的枯燥，有些情况还存在文字不宜表达的缺点。当然，何时应该用图，用什么样的图（是实物照片，还是示意图、三维仿真图），是需要根据检验项目和要求的具体情况而定的。

航天电子产品检验规范，一定是在严格执行航天行业标准的基础上建立的。当航天行业标准中不覆盖，或者检验方法、技术指标有明显的错误时，可以参考国家军用标准、国家标准，也可以借鉴 IPC、MIL、ECSS、NASA 等国外标准。但不管是参考和借鉴何种标准，均不能照搬、照抄，一定是根据单位和产品实际，经过研究分析而确定的，必要时还要进行验证性试验，以确保其可行性和适用性。

航天电子产品检验规范的建立，并没有统一的体系架构或明细清单，还是要根据产品特点和单位的实际情况而定。但从逻辑清晰、方便管理、利于操作考虑，推荐按照产品生产流程所设置的检验点进行编制。这样，检验人员在执行时，每一个检验点上可以依据一本专门的检验规范进行操作，而不必去多项规范中寻找相关内容。同时，也有利于规模化生产、单元制造模式等生产模式的转型。

航天电子产品检验规范包括以下部分：

——第 1 部分：总则；

——第 2 部分：预处理；

——第 3 部分：通孔插装元器件装焊；

——第 4 部分：表面贴装元器件装焊；

——第 5 部分：压接；

——第 6 部分：清洗；

——第 7 部分：防护；

——第 8 部分：加固；

——第 9 部分：印制电路板组装件；

——第 10 部分：整机装配；

——第 11 部分：X 射线检验。

其中第 1 部分总则可规定检验原则、检验依据、检验设备工具、环境条件、检验人员等的总体要求。第 2 部分预处理规定元器件成形、导线端头处理、搪锡等的检验规则、方法和判据。第 3 部分通孔插装元器件装焊规定通孔插装元器件安装、焊点的检验规则、方法和判据。第 4 部分表面贴装元器件装焊规定表面贴装元器件安装、焊点的检验规则、方法和判据。第 5 部分压接规定压接连接外观、强度、导通性等的检验规则、方法和判据。第 6 部分清洗规定印制电路板组装件清洗后外观和清洁度的检验规则、方法和判据。第 7 部分防护规定印制电路板组装件喷涂防护的检验规则、方法和判据。第 8 部分加固规定印制电路板组装件粘固、灌封的检验规则、方法和判据。第 9 部分印制电路板组装件规定印制电路板组装件全部加工完成后的检验规则、方法和判据。第 10 部分整机装配规定整机装配中焊接、布线、机械装接、多余物控制等的检验规则、方法和判据。第 11 部分 X 射线检验规定不可见焊点运用 X 射线的检验规则、方法和判据。

3.7.2　产品检验要求

产品检验，一般包括工序检验和成品检验。航天电子产品制造还包含过程检验，即对操作过程的合规性进行检查，可采取跟检或巡检的方法。跟检是指按照工艺要求，对关键的、重要的、后期不可检查的质量控制环节，全程监督操作过程；巡检是指按照一定的规律，巡回检查生产现场的操作情况，及时发现并制止不符合工艺要求的操作。巡检与工艺纪律检查的内容相似，前者由检验人员负责，后者由工艺人员或管理人员负责。

航天电子产品检验的一般要求包括：

1）在确保质量管理体系持续有效运行的情况下，按照 GJB 1442《检验工作要求》和 QJ 3049《航天产品检验工作要求》开展产品检验工作。在研制生产过程中根据产品特点，严格按设计图样、技术条件（状态）、工艺规程及质量文件组织产品的电子装联过程检验，使产品质量全程处于受控状态，确保产品质量全面符合设计文件规定的要求。

2）针对电子装联过程中关键件、重要件，特殊过程及加工难度大、质量不稳定的过程必须设置强制检验点，对过程参数和产品关键或重要特性进行监视和控制；对关键或重要特性实施百分之百检验，填写质量控制记录卡，必要时对关键过程建立专用过程控制卡，进行控制并保持其可追溯。

3）静电放电敏感器件的防护按照 QJ 2711《静电放电敏感器件安装工艺技术要求》的规定执行。

4）检验人员按照 GJB 571《不合格品管理》的规定对不合格品进行控制。

5）按照 GJB 908《首件鉴定》的要求开展首件鉴定工作。在首件鉴定过程中（必要时可定在整机装配环节），对生产过程和能够代表首次生产的产品进行全面的检验及审查，以证实生产过程、工艺、设备、人员等要求能否保证持续生产出符合设计要求的产品。若可靠性增长的试验产品与正式投产的产品状态相同，可充分考核整个产品生产过程的稳定性，则可视为通过首件鉴定。

6）按照现行有效的设计文件、工艺规程，开展强制检验点工作。

7）按照现行有效的工艺规程，进行多媒体记录工作，照片要求清晰，能准确反应实物状况。

8）按照 GB/T 12604《无损检测》的规定执行 X 光检验。

9）按照 QJ 2940《航天用印制电路板组装件修复和改装技术要求》和工艺文件执行返修、改装检验。

10）用户方有特殊要求的，应按照特殊要求执行。

在航天电子产品检验中，需要进行工序检验。检验点的设置和检查内容，根据产品特点、加工方法由工艺文件确定，一般需检验的环节有预处理检验、通孔插装元器件装焊检验、表面贴装元器件装焊检验、压接检验、涂敷与加固检验、整件及整机检验等。

3.7.2.1 预处理检验

预处理检验的要求一般包括：

1）需预处理的产品，应在预处理之后、装焊之前，进行外观检验；

2）预处理包括印制电路板清洗、印制电路板预烘、元器件外观检查、湿敏元器件预烘、继电器预处理、元器件搪锡、元器件成形、导线下线、导线端头脱头、导线标识等环节。

预处理检验时，对于可视部位的检查，一般借助放大镜或体视显微镜采取目视观察法进行检验，要求包括：

1）对于印制电路板、元器件、导线外观等质量，使用 3～5 倍放大镜检查；

2）对于元器件引线搪锡、引线损伤的情况选择放大倍数，应满足表 3-17 的要求；

3）目视检查时应提供无影辅助光源，且尽量采用双眼同时观察的放大器具。

表 3-17 元器件引线宽度与选择放大倍数对应关系

引线直径或引线宽度 l/mm	检查放大倍数	仲裁放大倍数
$l<0.25$	20 倍	40 倍
$0.25\leqslant l\leqslant 0.5$	7.5～10 倍	20 倍
$0.5<l\leqslant 1.0$	3～7.5 倍	10 倍
$l>1.0$	1.5～3 倍	4 倍

预处理检验的具体要求包括：

1）印制电路板预处理：印制电路板清洗后，板面应无污染、裂缝，导电图形表面应无划伤，丝印应无脱落等现象；印制电路板预烘后，应无弓曲、扭曲、白斑或分层等现象。

2）湿敏元器件预处理：采用设备焊接时，湿敏元器件应预烘去湿，对预烘去湿记录进行检查。

3）继电器预处理：检查继电器的外观，应无凹陷、划痕等机械损伤，标志应清晰，提示图形应明确；继电器表面、接线端子应无锈蚀，玻璃绝缘子应完好、无碎裂；检查擦洗后的继电器外壳表面、底板表面（含四边棱）、接线端子、玻璃绝缘子表面应无杂质、斑点，可采用 4～10 倍放大镜目视检查，必要时可采用 10～20 倍体视显微镜检查；外壳（含底板表面）镀银的继电器接线端子根部的涂敷高度应为 0.5～1 mm，继电器表面应无残留多余物。

4）元器件搪锡：可采用 3～5 倍放大镜目视检验，必要时采用 20～40 倍体视显微镜检验；电子元器件搪锡的质量按 5%～10%的比例抽样检查，抽检中若有一个不合格则该批次全检；元器件镀金引线（焊端）应进行除金处理，除金位置应覆盖焊接位置，侧面有焊端的器件，除金应达到侧面焊端 2/3 处；搪锡后的电子元器件外观应无损伤、无裂痕，漆层应完好，无烧焦、脱落现象，电子元器件的型号、规格、标志应清晰；搪锡部位的表面应光滑明亮，无拉尖、毛刺现象，锡层薄厚应均匀，无残渣和焊剂粘附，并重点检查引线根部有无断裂、脱落的现象；对于电插接器内接触部件（针或孔），应检查焊剂和焊料使其不流入器件内部；焊杯、焊针应无扭曲、无裂纹，焊杯内外绝缘体表面应无隆起，无裂纹；焊杯、焊针焊接部位的焊料应润湿良好、光滑明亮、无拉尖，与相邻接点无焊料粘连；有引线的表面贴装器件应先成形后进行搪锡处理，搪锡后引线共面度不大于 0.1 mm。扁平封装器件引线搪锡位置应控制在引脚根部向上但不得超过第二个回弯处，“J”形引脚搪锡高度不应超过本体下沿。

5）元器件成形：元器件引线从弯曲点到元器件终端封接处（或熔接点处），应至少留有 2 倍引线直径的平直部分，但不允许小于 0.75 mm；元器件引线内侧最小的弯曲半径应符合表 3－19 的规定；水平安装轴向元器件引线成形后，元器件两端引线应近似对称，元器件引线的延伸应尽量与元器件本体的中轴线平行。弯曲后引线应尽量保持垂直，垂直度不大于 10°；水平安装轴向元器件引线成形后，元器件两端引线长度之和不应超过 25 mm；水平安装轴向元器件引线成形后的间距，应与印制电路板安装的元件孔距离相匹配，并使元器件标识的位置易于识别；轴向元器件焊于接线端子时，引线成形应符合：弯曲距离应大于 2 倍引线直径，但不得小于 0.75 mm；当轴向元器件不采用粘接或其他方法将元器件本体紧贴在安装面上时，可采用一根引线进行弯曲成形的方法，引线成形应符合：弯曲距离应大于 2 倍引线直径，但不得小于 0.75 mm；对于本体没有固定的元器件，从元器件本体到接线端子最小距离为 5 mm，最大为 13 mm；对于本体有固定的元器件，从元器件本体到接线端子的最小距离为 5 mm，最大为 25 mm；径向元器件引线间距小于孔距需要成形时，引线从元器件终端封接处到弯曲点之间至少应留有 2 倍引线直径的平直部分，但不允许小于 0.75 mm；引线成形时，引线从元器件终端封接处到弯曲点之间应至少留有 2 倍引线直径的平直部分，但不允许小于 0.75 mm；倒装晶体管引线成形时，引线弯曲半径不小于 2 倍引线直径，采用埋头安装时，基面上的引线高度最小为 0.75 mm 与 2 倍引线直径之和，最大为 6.4 mm；元器件引线成形后，不允许造成引线断裂、密封损坏及内部连接断开。引线直径的任何减小或变形均应不超过原来引线直径的 10%；元器件引线剪切后，切口平齐、光滑，引线无扭曲、无损伤；元器件引线线径大于 1.3 mm 时，一般不允许弯曲成形。线径小于 1.3 mm 的硬引线（回火引线），一般也不允许弯曲成形，必须成形时，需经批准；扁平封装表面安装器件成形后器件不应受应力，其中器件底面与印制电路板的距离应为 0.5～1 mm；器件引线与印制电路板之间形成的夹角 θ 为 45°～90°的弯角；器件尖部最小为 2 倍引线直径（引线厚度）但不得小于 0.5 mm；消除应力的弯曲半径应不小于引线直径（引线厚度），见表 3－18。

表 3－18　元器件引线内侧最小的弯曲半径要求

（单位：mm）

引线直径（d）	最小弯度半径（r）
$d \leqslant 0.6$	$1d$
$0.6 < d \leqslant 0.9$	$1.5d$
$0.9 < d \leqslant 1.3$	$2d$

6）导线端头处理：导线的型号、规格应符合技术文件的要求，导线的质量应符合导线产品规范的要求，下料长度应符合技术文件的规定和要求。用长度计量器具量取导线时，导线应呈自然平直状态，不应扭曲变形，也不应拉得过紧；导线脱头后，绝缘层、屏蔽层以及护套的切除应整齐，使导线的芯线无损伤；两端的脱头长度应符合工艺文件的规定。工艺文件无规定时，应考虑使用情况和导线的线径大小，一般应为 5～15 mm；聚氯乙烯绝缘层内有纤维绕包的安装线，应保证纤维绕包内绝缘不外露；热剥工艺不应烧焦发黑或损伤芯线；也不应将导线绝缘层脱成斜角形；纤维编织的外绝缘层或护套，在脱头后脱头端编织层不松散；纤维包的内绝缘层，在脱头后应使其不外露；多股芯线的绞合应与原绞合方向一致，绞合后的芯线不应卷曲或单股越出；多股绞合芯线的搪锡，应使焊料浸透到绞合芯线之间，芯线根部应留 0.5～1 mm 的不搪锡长度；搪锡后的芯线表面应光洁、平滑、无拉尖，焊料润湿良好、分布均匀，略显芯线轮廓；导线标记正确，字迹清晰、易识别、附着牢固。

3.7.2.2　通孔插装元器件装焊检验

通孔插装元器件装焊检验的一般要求包括：

1）需清洗产品，应在焊点清洗之后和下道工序开始之前，对焊点质量进行检验；

2）应对安装位置、安装间距等进行检验，并对元器件引线成形、绝缘间距、外观外形、焊点形貌等进行检查；

3）对于可视部位，采用放大镜或体视显微镜目视观察法进行检验，对于不可见焊点，应采用 X 射线透视的非破坏性检验。

使用 X 射线检验应遵守：

1）X 射线检验方法应严格按照 GJB 593《无损检测质量控制规范》和航天行业标准的有关规定执行；

2）X 射线检测的项目应按照工艺文件要求执行；

3）建立 X 射线焊点检查图谱，以明确检验的合格判据。

在通孔插装元器件装焊检验时，涉及安装尺寸的判定可使用钢直尺和塞尺等量具测量、最大（最小）尺寸工装比对、安装使用的工装尺寸确认等方式；根据元器件的封装类型及连接盘的尺寸大小应在具有一定放大倍数的放大镜或显微镜下进行检验，具体见表 3

-19。引线间距小于 0.64 mm 的元器件应在 10～20 倍显微镜下进行检验，间距为 0.64～1.27 mm 的元器件应使用 10 倍放大镜或体视显微镜进行检验。

表 3-19　镜检放大倍数表

焊盘直径或连接盘宽度 w /mm	检查放大倍数	仲裁放大倍数
$w \leqslant 0.25$	20 倍	40 倍
$0.25 \leqslant w < 0.5$	7 ～ 10 倍	20 倍
$0.5 \leqslant w < 1.0$	3 ～ 7 倍	10 倍
$w \geqslant 1.0$	2～3 倍	4 倍

通孔插装元器件装焊检验的具体要求包括：

1）元器件外观：检查封装壳体或盖帽的涂镀层，应无剥落、起皮、起泡、凹坑或腐蚀，无使基底金属暴露的划伤、擦伤或凹陷；引线或引线的引出端应在正常位置，弯曲不得呈尖角状，或存在不符合规定的弯曲，或扭曲使引线偏离正常引线平面 10°以上；引线划痕使得引线暴露出的基底金属面积不得大于引线表面面积的 5%，暴露引线末端截面的基底金属不计算在 5%之内；检查封装壳体无破裂或裂纹。陶瓷封装壳体的陶瓷本体允许存在缺损，但尺寸任意宽度不得超过 1.5 mm，并且深度不超过封装有效单元（如盖板、底板、壳壁）厚度的 25%。

2）焊接面安装：元器件引线或导线插装于金属化孔时，引线伸出板面的长度为（1.5±0.8）mm；通孔插装元器件焊接应先剪切后焊接。除可伐合金引脚外，引线位于焊接面的剪切端面应包裹焊锡。

3）元件面安装：元器件的安装不应使元件面的金属化孔形成气密结构，在印制电路没有通气孔的情况下，应采取抬高、在绝缘垫上开槽等方式疏导金属孔中的空气。

4）焊点：焊料应润湿所有焊接表面，以形成良好的锡焊轮廓线，润湿角（θ）一般小于 30°；焊接点的表面应光滑、明亮，无针孔或结晶状态；焊料应充分覆盖所有连接部位，但应略显导线或引线外形轮廓，焊料不应不足或过量；对有引线或导线出入的金属化孔，焊料只能从印制电路板的焊接面通过金属化孔流向元件面，焊料应 100%润湿金属化孔，并覆盖焊接面的整个焊盘；通孔插装元器件不得叠装，本体和引线不得跨过元器件、焊点，不得与其他器件干涉；通孔插装元器件的安装应保持最小电气间隙。金属体元器件、裸线或其他金属零件之间的间距小于 1.6 mm 为不合格。元器件的任何部分距印制电路板、接线板或底板边缘的最小距离小于 1.6 mm 为不合格。

表面贴装元器件装焊检验的一般要求包括：

1）需清洗产品，应在焊点清洗之后并在下道工序开始前对焊接点质量进行检验；

2）表面贴装元器件焊接检验一般包括安装准确度、焊料填充、润湿性、焊点形貌、熔融质量、贴装胶涂覆质量等内容；

3）对于可视部位的检查，采用放大镜或体视显微镜目视观察法进行检验；对于不可见焊点，应采用 X 射线透视的非破坏性检验。

3.7.2.3 表面贴装元器件装焊检验

表面贴装元器件装焊检验，一般采用目视检查法，包括使用手持放大镜、桌面放大镜、光学体视显微镜、数字显微镜、90°侧视显微镜等。必要时，可使用量具、显微测量设备等进行尺寸测量。根据元器件的封装类型及连接盘的尺寸大小，按表 3-19 选择放大倍数对焊点质量进行检验。

表面贴装元器件装焊检验的具体要求包括：

1）元器件外观：检查封装壳体或盖帽的涂镀层，无剥落、起皮、起泡、凹坑或腐蚀，无使基底金属暴露的划伤、擦伤或凹陷；引线或引线的引出端应在正常位置，弯曲不得呈尖角状，或存在不符合规定的弯曲，或扭曲使引线偏离正常引线平面 10°以上；引线划痕使得引线暴露出的基底金属面积不得大于引线表面面积的 5%，暴露引线末端截面的基底金属不计算在 5%之内。

2）焊点：焊料应润湿所有焊接表面，形成良好的锡焊轮廓线，润湿角（θ）一般小于 30°；焊接点的表面应光滑、明亮，无针孔或结晶状态；焊料应充分覆盖所有连接部位，但应略显导线或引线外形轮廓，焊料不应不足或过量；焊点应无气泡、虚焊、冷焊、假焊、漏焊、桥连等现象发生。

3.7.2.4 压接检验

压接检验的一般要求包括：

1）分为坑压压接和模压压接，包括外观、压痕位置、耐拉力、压接电阻等内容的检验；

2）用目视法进行外观检验，必要时可借助 10 倍放大镜或显微镜进行检验。

压接件需 100%用目视法进行外观检验，必要时可借助 10 倍放大镜或显微镜进行检验。压接检验的抽样方案包括：检测样件不应作为正式压接件用于产品；检测样件所使用的导线、接触件、工具配置、操作方法均应与正式压接件完全一致，样件压接完成后应及时进行检测；用于检测样件的导线，其端头绝缘层剥离长度应大于 20 mm；检测样件除外观检验外，应进行压接电阻、耐拉力的检测。检测数据应进行记录；压接工具设定后，应压接三件检测样件。当检测样件经外观、压接电阻、耐拉力检验合格后，方可进行正式压接，否则应立即对钳口、定位器、选择器、导线进行检查；在压接工具不改变设置状态连续批量压接过程，应均匀分段压接抽样检测样件。当检测样件经外观、压接电阻、耐拉力检验合格后，方可继续压接。否则，应立即停止压接，报废从上次合格检测样件到此次不合格检测样件之间的压接件；压接完成后、压接工具改变设置时，均应压接三件检测样件。当检测样件经外观检查、压接电阻测试、耐拉力检验合格后，检验人员方可接收此设置状态下的压接工具所压接的从上次合格检测样件到此次合格检测样件之间生产的压接件。

压接检验的具体要求包括：

1）压接件外观：线芯裸露可见长度小于或等于 1 mm；压坑应在色环标注区内；从接触件的检查孔应能观察到线芯；导线芯股不应被遗漏在压线筒外或折断；导线的绝缘层不

应被压入接触件的压线筒内；压线筒不应出现锐利边缘、裂损、毛刺或镀层脱落；接触件的同轴度不应被改变（若有改变，不应矫直后继续使用）。

2）压接电阻：压接电阻可选用精密电阻测量仪（μΩ 计）直接测量，或采用伏安法获得阻值；测量点一端选在接触件的凸缘上，另一端选在距离凸缘 13 mm 处的导线线芯上；压接连接的压接电阻应不超过表 3－20 或表 3－21 相应的数值。

表 3－20　压接电阻

线芯截面面积/mm^2	试验电流/A	最大电压降/mV		最大压接电阻/μΩ	
		镀银或镀锡铜线	镀镍铜线	镀银或镀锡铜线	镀镍铜线
0.1	1.5	5	18.5	3 333	12 333
0.15/0.14	2.0	4	17	2 000	8 500
0.2	3.0	4	16	1 333	5 333
0.3	4.5	4	18	889	4 000
0.35	5.0	4	22.5	800	4 500
0.4	6.0	4	18	667	3 000
0.5	7.0	4	16	571	2 286
0.75	9.5	4	16	421	1 684
0.8	10	4	16	400	1 600
1.0	11	3.5	16	318	1 455
1.2	12	3.5	15.5	292	1 292
1.5	14	3.5	15	250	1 071
2.0	16	3.5	13.5	219	844
2.5	18	3	13	167	722
3.0	20	3	13	150	650

表 3－21　AWG 导线压接电阻

接触件规格	导线尺寸		试验电流/A	最大电压降/mV		最大压接电阻/μΩ	
	AWG	mm^2		镀银或镀锡铜线	镀镍铜线	镀银或镀锡铜线	镀镍铜线
12	12	3.31	23.0	3.0	14.0	130	609
	14	2.08	17.0	3.5	13.5	206	794
16	16	1.31	13.0	3.5	16.0	269	1 230
	20	0.52	7.5	4.0	15.5	533	2 067
20	20	0.52	7.5	4.0	15.5	533	2 067
	22	0.32	5.0	4.0	22.5	800	4 500
	24	0.20	3.0	4.0	15.5	1 333	5 167

续表

接触件规格	导线尺寸		试验电流/A	最大电压降/mV		最大压接电阻/μΩ	
	AWG	mm²		镀银或镀锡铜线	镀镍铜线	镀银或镀锡铜线	镀镍铜线
23/22D	22	0.32	5.0	4.0	22.5	800	4 500
	24	0.20	3.0	4.0	15.5	1 333	5 167
	26	0.13	2.0	4.0	17.0	2 000	8 500
	28	0.08	1.5	5.0	18.5	3 333	12 333

3）耐拉力：将压接件的两端固定在精度为 0.2 N 的拉力测试设备上，以 25～50 mm/min 的速度在轴向施加拉力，直到连接失效为止，此刻所施的拉力应超过表 3－22 或表 3－23 中的相应数值。

表 3－22　耐拉力试验要求

线芯截面面积/mm²	最小耐拉力/N	
	镀银或镀锡铜线	镀镍铜线
0.1	—	—
0.15/0.14	—	—
0.2	36	22
0.3	51	33
0.35	54	36
0.4	68	44
0.5	89	56
0.75	129	88
0.8	138	95
1.0	172	122
1.2	223	165
1.5	248	185
2.0	312	267
2.5	375	325
3.0	490	445

表 3－23　AWG 导线压接连接耐拉力试验要求

接触件规格	导线尺寸		最小耐拉力/N	
	AWG	mm²	镀银或镀锡铜线	镀镍铜线
12	12	3.31	490	445
	14	2.08	312	267
16	16	1.31	223	165
	20	0.52	89	85

续表

接触件规格	导线尺寸		最小耐拉力/N	
	AWG	mm^2	镀银或镀锡铜线	镀镍铜线
20	20	0.52	89	58
	22	0.32	54	36
	24	0.20	36	27
23/22D	22	0.32	54	36
	24	0.20	36	23
	26	0.13	—	—
	28	0.08	—	—

4）模压压接件外观：导线芯股不应被遗漏在压接件外或被折断；压接件不应出现锐利边缘、裂损、毛刺或镀层脱落；压接部位不得有裂纹、裂口；有钎焊的端子，钎焊部位不允许有脱焊等缺陷。

5）压线筒的压接：将线芯穿入压线筒，导线露出压线筒两边的尺寸应符合要求：导线截面面积小于 6.5 mm^2 时：0 mm< a <2 mm，0 mm< b <2 mm；导线截面面积等于或大于 6.5 mm^2 时：0 mm< a <2 mm，0 mm< b <3 mm（图 3－5）。压线筒压痕的位置应符合图 3－6 的规定。

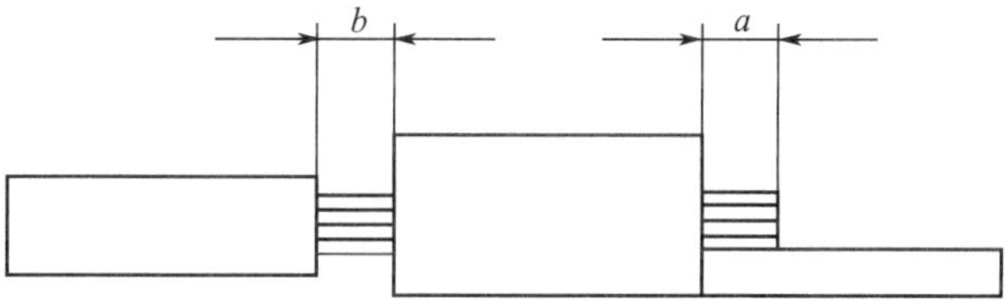

图 3－5　压线筒的压接示意图

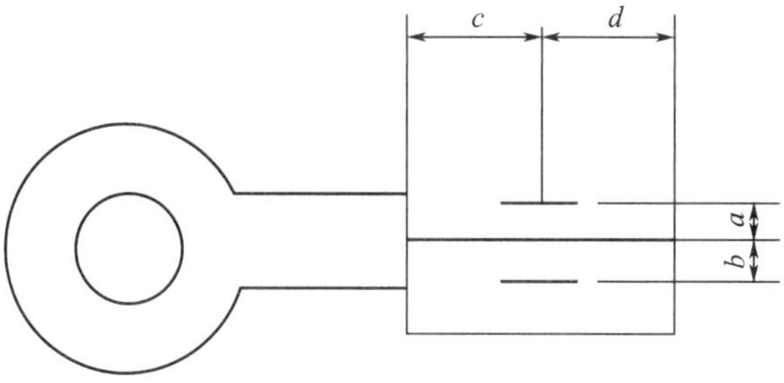

其中$a≈b$、$c≈d$

图 3－6　压线筒压痕位置示意图

6）压接端子压接：接线端子压接时，线芯应穿入接线端子，导线露出接线端子两边的尺寸为：0 mm< a <1.6 mm，0 mm< b <1.6 mm，如图 3－7 所示。

7）耐拉力要求：按表 3－24 的要求用拉力器测量导线和压线筒压接后的耐拉力，按表 3－25 的要求用拉力器测量导线和接线端子压接后的耐拉力。测量数量应不小于该批压接产品总数的 10%。

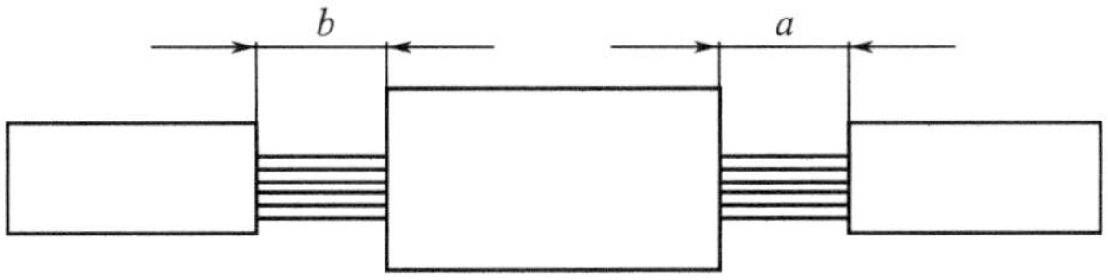

图 3-7 压接端子压接示意图

表 3-24 导线和压线筒压接后的耐拉力

导线截面面积/mm^2	0.1	0.2	0.35	0.5	0.75	1
耐拉力/N	20 (2.0)	40 (4.0)	60 (6.0)	80 (8.0)	180 (18.3)	200 (20)
导线截面面积/mm^2	1.5	2	2.5	3	4	—
耐拉力/N	250 (25.5)	310 (31.6)	390 (39.8)	450 (45.9)	560 (57)	—

表 3-25 导线和接线端子压接后的耐拉力

导线截面面积/mm^2	0.1	0.2	0.35	0.5	0.75～1.0	1.5
耐拉力/N	31	44	66	84	170	220
导线截面面积/mm^2	2～2.5	3～4	5～5.5	8～8.5	—	—
耐拉力/N	310	490	670	1 000	—	—

3.7.2.5 印制电路板组装件清洗检验

印制电路板组装件清洗检验的一般要求包括：

1）印制电路板组装件焊接后应及时进行清洗；

2）清洗后主要检测以下内容：外观、表面离子残留物、助焊剂残留物、表面绝缘电阻；

3）用目视法进行外观检验，必要时可借助 10 倍放大镜或显微镜进行检验。

印制电路板组装件清洗检验的项目、方法和要求见表 3-26。

表 3-26 印制电路板组装件清洗检验的项目、方法和要求

检查项目	满足情况	试验方法	设用设备	检查率
外观	无残留、无泛白、无流痕，焊点无发暗、无氧化	目测法	5 倍放大镜	100%检查
表面离子残留物	不大于 1.56 μg(NaCl)/cm^2	手工萃取测试法	兆欧仪	定期/定量检
		测试仪测试法	Zero-Ion 清洁度测试仪	
助焊剂残留物	不大于 40 μg/cm^2	高效液相色谱法(HPLC)	高效液相色谱仪	定期/定量检
表面绝缘电阻	不大于 100 MΩ	加载电压测量电阻法	高阻计	定期/定量检

3.7.2.6 涂敷与加固检验

印制电路板组装件采用敷形涂敷进行防护时，检验的一般要求包括：

1）清洗后，需对产品进行防护，三防涂敷过程应经过特殊过程确认；

2）应在涂敷层满足工艺规定的固化时间后，在去除保护或遮挡材料的状态下进行检验；对三防敷形涂敷过程中主要参数（如温度、时间、湿度、配比情况、涂敷方式、次数等）进行核对确认；

3）一般采用放大镜或体视显微镜目视观察法进行外观检验，使用触摸法检验固化程度，使用千分尺、测厚仪进行厚度检验。

印制电路板组装件敷形涂敷检验的具体要求如下：

1）合格判据包括：敷形涂敷层应覆盖图样或工艺文件指定的所有区域；涂敷层完全固化，沿印制电路板组装件的外形轮廓形成一个平滑连续、光亮、颜色和质地均匀一致的表面，手指按压样件，无指纹；涂敷层厚度应均匀一致，测量样件的涂敷层厚度应为30～50 μm。修补或返修区域的涂敷层厚度应控制在30～80 μm。

2）不合格判据包括：敷形涂敷层存在流痕、橘皮、皱褶、褪色、变色、泛白、污染、杂质；敷形涂敷层存在剥落、尺寸大于0.75 mm的气泡、非共用导体被气泡桥连；敷形涂敷桥连导线或元器件引线，影响导线或元器件的应力释放；涂敷材料的流动导致涂层出现流挂、覆盖不住涂敷区域；敷形涂敷层的划痕暴露导体；敷形涂敷层堆积使具有抬高安装要求的元器件底部和PCB桥连。

当印制电路板组装件上的元器件采用硅橡胶或环氧胶粘固的方式进行加固时，检验的一般要求包括：

1）电子元器件粘固检验一般包括粘固对象及其选用方法、粘固位置、粘固厚度等内容的检验；

2）应在粘固剂完全固化的状态下用目视方法进行检验，必要时可借助10倍放大镜或显微镜进行检验。

元器件粘固检验所使用的工具主要包括防静电镊子、3～5倍放大镜。

元器件粘固检验的具体要求包括：

1）通用要求：粘固及灌封部位的粘固剂外观应均匀光滑，但允许有轻度波纹，同时无明显拉尖、无杂质及剥落现象；粘固及灌封部位应无裂纹、断裂、脱胶，无任何机械损伤，产品表面无污损；粘固及灌封部位气泡应尽量少，气泡直径要小于0.6 mm；对于高压应用的灌封应无气泡或针孔；粘固及灌封部位应完全填充要求的全部区域并粘固到要求的所有表面；非粘固部位应无多余的胶痕。

2）各种元器件粘固：片状钽电容粘固高度应不小于本体高度的25%，粘固长度应不小于本体长度的50%；电阻器、电感器、电容器、二极管等轴向对称引线的元器件应水平粘固；厚度应在本体的1/4～1/2范围内，粘固长度应大于本体长度的1/2；径向元器件底部应100%填充，其粘固高度满足元器件本体高度的50%；侧卧安装晶体采取绑线与粘固剂粘固相结合的固定方式时，粘固高度不小于晶体高度的50%；不带插座的双列直插集成电路粘固长度不小于器件无引线端长度的50%；采用TO封装的元器件外围粘固剂应均匀分布，粘固高度不小于元器件本体高度的25%；抬高安装的矩形封装元器件粘固剂应均匀分布在元器件本体四周，粘固高度不小于元器件本体高度的

25%；细间距（引脚间距在0.5 mm以下）QFP集成电路反面四个观察孔可看到所灌的胶，且集成电路正面四个角也应有粘固胶粘固；机箱内部长度大于60 mm的导线束应粘固，直径小于ϕ8 mm的导线束用粘固剂将导线束固定在底板上，导线尾端到焊点之间的线段每间隔20 mm进行一次粘固。

3.7.2.7　印制电路板组装件及整机

印制电路板组装件制作完成后，检验的一般要求包括：

1）对于印制电路板组装件安装中元器件安装的正确性、元器件本体受损情况、焊接质量、粘固效果进行检验；

2）对于可视部位的检查，采用放大镜或体视显微镜目视观察法进行；对于不可见焊点，应采用X射线透视的非破坏性检验。

航天电子产品整机装配检验的一般要求包括：

1）对元器件装联、线扎安装、接地点的处理、整机的安装、螺纹的检查、焊点质量的检查等方面进行检验；

2）对于可视部位的检查，采用放大镜或体视显微镜目视观察法进行检验。

航天电子产品整机装配检验常用的工具包括镊子、放大镜、螺钉旋具、塞尺等；检验仪器包括指针式三用表、数字万用表、绝缘电阻测试仪、抗电强度测试仪、数字灵敏微欧计、立体显微镜、非接触式显微测试系统（VS8）、X射线无损检测仪、推拉力计、拉力计、电子秤等。

航天电子产品整机装配检验的具体要求包括：

1）元器件装配：元器件的安装位置及安装方式应符合设计文件的规定；元器件引脚与机箱内金属结构件之间应采取有效的绝缘措施；元器件在机箱内的安装不与印制电路板组装件或其他零、部件形成干涉；引出导线应就近进入导线束。

2）元器件焊点：焊点表面光滑、明亮、无针孔或非结晶状态；焊料应充分覆盖所有连接部位，但应略显引线轮廓，不应存在焊料不足或过量现象；焊点和连接部位不应有划痕、尖角、针孔、砂眼、焊剂残渣、焊料飞溅物及其他异物；焊料不应呈滴状、尖峰状，相邻导电体间不应发生桥连；焊料或焊料与连接件之间不应存在裂缝、断裂或分离；不应存在冷焊或过热连接。

3）整机导线布线：整机布线按照设计文件或工艺文件的规定执行；在满足电气性能和结构要求的前提下，线束成组、成束，避免形成封闭环，各连接点连接导线长短合适、松紧适宜，且留有一定的余量，焊点不得出现受力现象；导线束内导线平行并且相互不交叉；导线或线束应沿机箱连接柱、底板或周边走线，线束布线不影响产品后续的维修；导线或线束不应直接紧贴有棱角的金属件，该部位的线束应具有保护措施，或对金属件进行胶封；线束或导线不应靠近发热元器件，如2 W以上的电阻器、散热器、电源等；印制电路板组装件之间的线束与相邻印制电路板组装件中元器件的距离不小于最小电气安全距离；禁止导线在元器件下方或元器件引线内侧穿越；在印制电路板组装件元件面安装布线时，线束不应贴（压）在元器件上。

4）整机导线束绑扎：导线束的绑扎使用锦纶绳、尼龙丝、尼龙扎带，用锦纶绳绑扎时需用热脱器将线头烧断（不能机械剪断），对聚酰亚胺、聚四氟乙烯等薄型外护套导线绑扎时，不应勒伤导线；绑扎扎结的方法应符合 QJ 1722《线扎制作工艺技术要求》中的相关要求，应使扎结不变松；扎扣的间距、圈数、绑线规格应根据线束大小而定；电插接器出口、线束分支口的前面和后面、导线甩出口的前面和后面均应进行绑扎，线束成形弯曲部位不应进行绑扎；线束的弯曲和绑扎不能造成电插接器导线的根部受力和弯折，有屏蔽线的线束，绑扎时屏蔽皮不能有断丝外露或扎入导线的外皮；无用的导线头应在折叠并套好绝缘套管后绑扎进线束内，导线头应被折叠约 15～25 mm，绝缘套管每端应伸出被折叠区域 6 mm 或 4 倍导线直径（取较大者）。

5）整机线束固定：机箱内部导线或线束的固定方法应符合技术文件要求；机箱内部导线或线束的长度应大于 60 mm，应按照走线位置选择机箱支撑柱、机箱底板等部位就近进行绑扎、线夹固定或用粘固胶粘固，不应悬空飞线；印制电路板组装件引入或引出的连接导线或导线束，应在印制电路板上引入或引出部位用粘固胶或线夹固定；导线尾端到焊接点之间的线段应用粘固胶粘固，粘固胶不应粘固导线根部和焊点，固定时每一根导线的尾部线段应自然弯曲，不应拉直，不应硬折弯；对于直径大于 8 mm 的粗线束，不应只采用粘固胶粘固，可采用线夹或绑扎等机械固定与硅橡胶粘固相结合的方式；用线夹固定导线束时应先在导线束固定部位缠绕 2～3 层绝缘带后再固定，线束上的绝缘带应长出线夹宽 5～10 mm；当设计文件未对线扎提出固定要求而线扎确需固定时，应按符合工艺文件要求的固定位置和固定方式进行固定；当线束的固定采用金属线夹时，金属线夹表面应采用绝缘材料包覆后再安装固定。

6）整机安装：待装的零、部（组）件应遵循设计文件、工艺文件的规定，并具备合格证明；整机安装应在防静电操作平台上进行；安装各零、部（组）件，应符合标准规定；按设计文件、工艺文件进行整机合拢。面板或盖板表面应平整、无起伏、无污迹、无漆层脱落和起翘等现象；对于有密封要求的产品整机安装，应检查密封圈的外观质量及使用期限。密封圈安装时，不应起皱或脱离密封槽。对整机所有内、外贯通的连接处和螺纹紧固安装点应有密封措施，以保证整机的密封要求；对整机内部线扎进行调整，应符合设计文件、工艺文件的安装要求。安装盖板时，应无压线情况，无损伤线束的情况；对有胶封要求的螺纹连接，应符合相关规定；整机合盖前应按规定检验多余物，如金属多余物（焊锡珠、焊锡渣、金属导线等），非金属多余物（毛发、脱脂棉、导线脱头的外绝缘皮、油类等），多余的零、部件（如螺钉、螺母、平垫圈、各种小工具和元器件等）及其他多余物；按设计文件进行通路检查、平面度检查、称重、搭接电阻测量；整机装配完成后，按设计文件进行绝缘电阻和抗电强度检验。

7）整机外观：整机装配后机箱外表面应清洁、平整、无凹坑、无变形；机箱表面镀覆层完整，无表面划伤、无镀层脱落等现象；机箱标识清晰、无脱落；整机装配后应检查电插接器，其接口应无变形、插针插孔无损伤、接口内目测位置无多余物，并及时将电插接器保护盖盖好。

3.7.3 强制检验点

强制检验点（Mandatory Inspection Point，MIP），是指在产品制造、装配和总装（含靶场）过程中，由用户或上级技术抓总单位提出，根据产品特点对特定环节所设立的检验和试验。

通常情况下，航天电子产品制造的质量检验部门是强制检验点的主管部门，负责“强制检验点项目汇总表”中强制检验点相关要求的组织实施；组织对元器件强制检验项目进行验收，填写“强制检验点记录表”，与元器件及合格证一同流转；组织对产品生产过程的强制检验点项目进行验收，负责对“强制检验点记录表”进行确认，并对落实情况进行监督检查。产品设计单位或部门负责根据产品特点设置强制检验点，并以任务书或技术文件等形式明确；工艺部门负责依据设计文件确立的强制检验点，编制“强制检验点项目汇总表”与“强制检验点记录表”，编制工艺文件并参与强制检验点项目的验收工作。

生产部门负责按照工艺文件的要求对强制检验点进行测试、记录、签字确认并填写“强制检验点记录表”，加入产品履历书一同流转。

强制检验点项目及记录表要符合设计文件要求。记录采用表格化管理，明确提出实施强制检验的工序、检验项目或指标、合格判据、检验方法、记录、确认等方面的要求。强制检验点项目需要在工艺文件中加盖“强制检验点”标识。涉及元器件强制检验点项目时，元器件外包装及合格证上要做出相应标识。当产品生产加工到规定的强制检验点时，检验结果由工艺、检验、用户或设计、质量监督代表、军代表（涉及军检产品时）在现场共同确认并签署同意后，方可继续加工以及开展后续工作。强制检验点的检验结果必须予以记录，有量值要求的指标、参数等必须记录实测值；对强制检验点的检验结果不能用文字和数值记录的，应在“强制检验点记录表”中明确采用照相、录像等措施。产品加工完成后，“强制检验点项目汇总表”与“强制检验点记录表”一同纳入产品质量履历书中作为附件，并随产品一同流转。

在航天电子产品投产前，工艺部门依据输入确立的强制检验点形成“强制检验点项目汇总表”，并由有关单位或部门会签，同时量化质量控制的要求，明确实施强制检验工序、检验项目或指标、合格判据、检验方法、记录、确认等方面的要求，编制产品生产过程“强制检验点记录表”。涉及元器件强制检验点项目时，编制元器件工艺文件以及“强制检验点记录表”。“强制检验点记录表”填写内容包括强制检验点元器件名称、生产厂家、生产批次、单机数量及检验内容等。元器件检验员在元器件“强制检验点记录表”中填写元器件编号和测试数据。当元器件无编号时，检验员按序号记录测试数据。经工艺、检验、用户或设计、质量监督代表、军代表（涉及军检产品时）进行审查确认合格后，元器件检验员按单机数量对每台单机强制检验点的元器件进行单独包装，并在元器件外包装及合格证上做出相应标识，将签署完整的“强制检验点记录表”与元器件一同转往物资配套部门或直接发往生产部门。

在航天电子产品投产前，工艺部门将强制检验点的要求编制在工艺文件中，并加盖“强制检验点”标识，作为强制检验点的检验依据。“强制检验点项目汇总表”和“强制检验点记录表”的纸质版与电子版将发往相应的生产现场。

航天电子产品生产部门在装配强制检验点元器件时，每台单机根据“强制检验点记录表”的元器件编号装机，并将配套安装的单板或整机编号和位号填写在对应的“强制检验点记录表”上，附在《产品质量履历书》中。当进行强制检验工序时，通知检验员。由检验员组织工艺、设计、质量监督代表、军代表（涉及军检产品时）到现场实施强制检验点验收工作。检验员按照工艺文件要求进行检验，检验合格后，由工艺、检验、设计、质量监督代表、军代表（涉及军检产品时）进行签字确认后转下道工序。生产部门将“强制检验点项目汇总表”和“强制检验点记录表”纳入单板或整机的《产品质量履历书》附件中，随产品一同流转。产品评审时，对“强制检验点项目汇总表”和“强制检验点记录表”的填写进行确认。在产品交付前，质量检验部门依据“强制检验点项目汇总表”，对强制检验点的执行情况进行监督检查，并将强制检验点的记录情况和确认结果纳入产品评审报告或检查确认报告中。

3.7.4 检验人员管理

检验人员管理是质量检验管理的重要部分。检验员的能力、经验、素质，将直接影响产品检验的结果。在航天电子产品的质量检验工作中，特别需要加强对检验人员专业能力的培训与考核，减少或避免因检验人员自身原因造成的错检和漏检。

检验人员具有的职责和权限包括：依据检验技术文件或工艺文件的要求，对采购的产品、半成品（在制品）、成品的合格与否做出判断，并对检验结果的正确性负责；按产品监视和测量要求及GJB 726《产品标识和可追溯性要求》的规定，对产品检验状态进行标识；做好检验和试验记录并及时归档；负责授权范围内不合格品的处置；有权越级反映产品质量检验问题。

从事产品生产岗位的检验人员应经过培训考核合格后持证上岗。

航天电子产品质量检验人员经过培训且考核合格，取得检验员资格证书后，才能发给他们相应专业检验印章，正式从事质量检验工作。对从事关键、特殊岗位的检验人员，进行专门的岗位技能培训及考核，合格后方可上岗，上岗资格证书应归档可查。从事复杂操作的人员，应该具有连续三年以上本岗位操作经验。当关键加工过程不能满足要求，工艺、参数或所需技能有较大改变，或加工工艺较长时间未使用时，相关检验人员要重新进行配置和考核。

检验人员的资格是指检验人员从事产品质量检验工作，履行检验职责所应具备的基本条件。产品从原材料入厂、投产加工至产品装配、交付出厂全过程，都要经过检验人员严格的检验验收，把不合格品剔除出来，防止不合格品投入生产或转到下一道工序或出厂。为确保产品质量，要求从事质量把关的检验人员必须具有高质量意识、责任心强，有一定的文化、技术水平和检验专业知识，身体健康、办事公正。因此，就要对检验人员实施资格认证制度。

航天电子产品质量检验人员的基本条件包括：热爱检验工作，有事业心，责任意识高，坚持质量原则，办事公道；具有高中以上文化程度，有较强的分析能力和判断能力，对高技术复杂产品和关键质量特征的检验，应配备具有本专业中专以上学历的检验人员；掌握质量检验管理知识和质量管理基本知识；具有电子产品电装专业技术知识及相应的生产技术技能；熟悉航天电子产品结构、原理、性能、技术要求、工艺方法及流程；掌握电子产品检验技术，正确使用与工作相关的量具、仪器和设备等；身体健康，无色盲色弱，无高度近视，无与检验工作要求不相适应的缺陷和疾病等；经培训考核取得检验人员资格证书和检验印章。

航天电子产品制造单位的质量检验部门，应会同本单位的教育培训部门按规定对检验人员进行技术、业务培训。培训可包括以下内容：质量检验专业基础知识，检验工作岗位应知应会的基础知识和操作技能，检验规章制度和标准，质量管理体系知识，新的检测技术、检测方法等。除此之外，检验人员在承担新产品检验工作上岗前，还应对产品的技术状态、生产准备情况、批生产质量控制等方面进行培训。

检验人员的考核主要包括资格考核、上岗考核和综合考核。资格考核是指对检验人员颁发检验人员资格证书、检验印章前进行的考核。上岗考核是对检验人员在承担新产品检验工作、参加特殊工种或关键、重要产品检验时，在上岗前进行的考核。综合考核是对检验人员的实际工作能力、工作质量和工作作风等方面的考核。

航天电子产品制造单位授权质量检验部门发给从事专职或兼职检验人员的检验印章，是一种法定印章。对检验人员来说，印章不仅表示资格（象征着权利），而且还意味着责任。对产品或质量凭证而言，印章还表示产品的质量合格与否。因此，检验印章是产品质量的凭证。检验印章的设计、刻制、注册、发放由质量检验部门统一管理。对检验印章发放和注销要建立档案，档案长期保存，不能随意销毁。当检验印章使用长久、字迹不清时，应及时更换。检验印章只能用于检验人员验收产品和签发质量证明文件。检验印章应专人专用，由持印人妥善保管，不得遗失和转借他人，除外出执行任务外，不得带出本单位。检验人员验收产品一律不得签名，必须在检验记录或质量证明文件的指定位置处加盖检验印章。产品未经检验合格，不得在检验记录上盖检验印章，更不得在空白凭证上盖检验印章。检验人员退休、调离、免职、下岗时应将检验印章交回质量检验部门，回收的检验印章停用三年后才能再次启用。

3.7.5 检验记录管理

产品检验记录是指在产品质量形成的全过程中，系统、全面、完整、准确地反映产品质量状态的质量记录。全过程的检验记录，是产品质量形成过程的历史记载，一旦发生质量问题，可以通过检验记录查明情况，找出确切原因和责任者，有针对性地采取防止重复发生的有效措施。检验记录应当保证产品质量的可追溯性，能为分析产品的质量和追回不合格品提供准确充分的文字依据。检验记录，是伴随硬件产品产生的软件产品，是产品质量的重要组成部分，是检验工作的内容之一，检验人员必须认真做好质量记录并监督检查。

航天电子产品制造单位，需要建立并持续进行检验记录、规定记录的格式和内容。检验记录要能提供产品实现全过程的完整质量证据，能清楚地表明产品满足规定要求的程度。检验记录包括元器件筛选记录、原材料入厂复验记录、工序三检记录、关键工序检验记录、产品（零、部、组件）在制造和试验及装配过程中的检验记录、检验报告及试验数据记录和试验报告、质量控制记录卡等。

检验记录要能完整、准确记录产品形成全过程的质量状况，满足产品质量的可追溯性。将检验记录按规定进行编号，对有传递要求的检验记录要在文件中规定传递路线和传递方法。在检验记录中，需按规定的要求记录检验情况和实测值。凡对产品性能或后续加工、装配有影响的，以及需要下道工序或用户注意的问题，均应将原始记录复印件附在质量控制记录卡或质量证明文件上，随产品一同流转。检验记录的填写内容应完整（不得缺项），不得使用铅笔，字迹端正，印记清晰，计量单位要符合要求。不允许对检验记录进行任意更改，在特殊情况下只允许划改，不允许刮改或涂改，划改处要签字盖章并签署日期。每页检验记录更改不得超过两处，同一处不允许重复更改，更改处数的计算一般为纠正一个数据、一个代符号、一条技术要求、一项图注等。产品证明书的编制、填写、管理等要求按照 QJ 19《产品证明书的编写规定》执行，产品履历书的编制、填写等要求按照 QJ 2999《产品质量履历书的编写规定》执行。

检验记录需要按要求归档。质量检验部门应指派专人负责各种检验记录的收集、整理和归档工作。检验记录要按规定的项目和程序实施分类、分级管理，归档的检验记录需要编制检索目录。整机产品质量证明文件及例行试验报告等文件，由总装（试验、试飞）质量检验部门按型号、批次分类整理编号，按规定交档案部门统一归档。归档保存的检验记录包括：外购器材质量证明文件、入厂复验报告、器材代用单及发放记录等；产品质量定期综合分析报告；重大质量问题与重大质量事故及其复查、排故专题分析报告；产品例行试验报告及零、部（组）件，成品件在制造、装配、试验过程中的质量验收凭证、合格证和检验记录；新产品试制、试验的检验记录；无损检验记录、关键工序检验记录等。在航天产品检验记录中，有保存价值的应整理成档案，长期保存。当合同有明确要求时，检验记录的保存期由使用方确定；当无合同要求时，检验记录的保存期不得低于产品使用寿命期或责任期。

3.7.6 数据包管理

航天产品数据包是指航天型号产品在设计、生产、试验和交付等研制生产环节中形成的有关质量与可靠性的各类文件、记录等信息的集合，包括产品基础数据、产品关键特性数据、产品功能性能数据。产品基础数据主要包括构成产品的原材料、元器件、成品件等基础材料的相关信息；产品关键特性数据主要包括产品设计关键特性、工艺关键特性和过程控制关键特性的相关信息；产品功能性能数据主要包括反映产品最终状态的功能性能的相关信息。航天产品数据包既是产品形成过程的客观记录，也是产品质量与可靠性水平的客观证实，还是上级技术抓总单位接收产品的重要依据。

航天电子产品制造单位的质量管理部门是型号产品数据包工作的主管部门，主要负责按照要求具体策划、监督各部门完成型号产品数据包项目的归集和传递，并负责形成型号单机产品数据包项目清单或文档明细表，在产品生产全过程分阶段进行监督检查，组织有关单位完成型号产品数据包归集并根据要求向型号总体和用户提供相关内容。工艺部门负责结合设计关键特性表，按照要求全面推进落实工艺和过程控制关键特性表的编制工作，做好型号产品数据包的相关具体工作，按项目清单在生产全过程分阶段做好数据的收集、记录、传递、归集和管理，需向型号总体和用户提供时可组织相关人员按要求及时对数据包项目内容进行归集。相关单位负责按要求做好型号产品数据包的具体工作，并按项目清单在生产全过程分阶段做好数据的收集、记录、传递、归集和管理，需向型号总体和用户提供时，组织相关人员应按要求及时对数据包项目内容进行归集。

航天电子产品数据包的项目及内容依据型号产品质量保证大纲、产品技术要求、用户及型号总体单位的相关要求进行确定。数据包的项目及其内容应具有系统性、完整性，单机产品在制造、组装、调试、测试、试验、检验、返工、返修等工作环节中形成文档、记录（必要时含照片、录像）等各类质量与可靠性信息。数据包的项目及其内容应能充分反映产品研制生产过程的质量控制情况及结果。数据包各项目的载体包括纸质文档、电子文档或影像资料。数据包中各项内容应有唯一标识并可追溯。数据包内容的归集载体格式包括电子版光盘（word、PDF 格式或图片、影像）、纸质复印件等。“单机产品数据包项目清单”应详细列出该单机数据包中文档项目的名称、编号，对于因某种原因不能集中存放的文档，需在明细表中明确存放地点确保查阅。航天电子产品数据包按单机建立，从正（试）样研制阶段开始，批生产及定型产品按要求建立。当型号总体对产品数据包有特殊要求时，按上级和型号抓总单位的要求执行，应及时明确补充要求并通知各相关单位落实，对数据包内容进行适当增减。

航天电子单机产品在投产前，应确定单机产品数据包项目及内容要求，编制单机产品数据包项目清单并进行审批。相关部门按照单机产品数据包项目清单要求，从生产要求，设计要求，工艺要求，质量保证要求，元器件质量控制，原材料及电线电缆质量控制，结构件，整机总装、调试及检验、验收，电缆制造及检验等九个方面进行数据包的建立工作。

1）生产要求中的数据包。产品投产前包括产品配套表、产品生产计划、产品风险管理计划，生产准备评审阶段包括零组件复验合格证、生产准备评审报告、生产准备评审结论，产品评审阶段包括外协（外购）产品统计表、非金属密封件和非金属材料汇总表。

2）设计要求中的数据包。产品投产前包括技术文件明细表和技术文件。

3）工艺要求中的数据包。产品投产前包括工艺总方案、工艺总方案评审结论、技术风险分析报告，新批次投产前包括型号产品基线、新工艺鉴定技术总结报告、关键过程明细表和关键工序明细表、首件鉴定目录、转阶段工艺总结报告、工艺评审报告和工艺评审结论、上批生产中设计图样和工艺技术状态需在本批落实的问题汇总及更改落实情况、工艺文件目录、工艺路线表和工艺流程图、外协件明细表和外协件工装申请单、专用工装明细表、非标准仪器（仪表）明细表、外购件明细表、主要材料消耗定额表和辅助材料消耗定额表、标准件明细表、专业工艺文件（含装箱、电缆、电装、扎线、喷漆、调试、成检)、技术质量协议、产品配套表、元器件装机汇总表、强制检验点项目汇总表、强制检验点记录表、电子产品工序过程跟踪卡、三类关键特性表、单点故障涉及产品关键（关注）特性的控制情况检查表、九新检查确认表、多媒体记录清单；产品评审阶段包括工艺文件更改单、工艺通知单、产品设计更改汇总表、产品工艺更改汇总表；产品出厂评审阶段包括工艺检查确认报告、螺纹紧固件使用情况统计分析表、产品更改单、偏离单、质疑单落实情况统计表、工艺状态变化情况统计表、产品（外协件）代料情况统计表、产品超差情况统计表、易错及难操作、难检测项目汇总表。

4）质量保证要求中的数据包。产品投产前包括产品质量保证大纲、军检验收细则；产品评审阶段包括技术状态审核报告、产品质量问题归零汇总表、产品质量履历书、产品入库申请单，产品出厂评审阶段包括成品验收质量跟踪卡、产品质量报告或产品质量检查确认结论报告及评审结论、产品质量满足设计要求情况汇总表、“四不到四到”或“五个环节”项目清理表。

5）元器件质量控制中的数据包。产品投产前包括采购计划、元器件技术质量协议、元器件工艺文件（包括特选和关重件、二筛、超期复验、强制检验点等方面)，强制检验点记录表（元器件)，元器件厂家的试验报告，筛选报告，交收报告，元器件验收报告，元器件复验情况报告，关键件、重要件检测数据记录表，元器件合格证（入库检验)，超期复验记录，超期元器件复验汇总表，元器件装机汇总表；产品评审阶段包括元器件失效统计汇总表；产品出厂评审阶段包括元器件装机清单、元器件质量检查确认结论报告、元器件代料情况汇总表、失效元器件处理情况统计表、超期元器件情况统计表。

6）原材料及电线电缆质量控制中的数据包。产品投产前包括采购计划，技术质量协，订货计划明细表，关键件、重要件检测数据记录表，关键工序检测数据记录表，超期材料汇总表，入库检验合格证，线缆复验合格证，零组件复验合格证，发料单；产品评审阶段包括关键件/特性、重要件/特性超差、代料汇总表、非金属密封件和非金属材料汇总表；产品出厂评审阶段包括型号物资质量检查确认结论报告，原材料代料情况汇总表，非金属材料、零件超期使用情况汇总表。

7）结构件数据包。产品投产前包括制造过程质量跟踪卡；车间级评审阶段包括型号产品首件鉴定检查记录表、型号产品首件鉴定待办事项表、首件鉴定报告；产品厂内评审阶段包括关键件、重要件检测数据记录表，关键工序检测数据记录表，车间级评审报告。

8）整机总装、调试及检验、验收阶段数据包。车间级评审阶段包括自制件过程质量跟踪卡、多媒体记录、调试过程数据记录、调试报告、关键件和重要件检测数据记录表、关键工序检测数据记录表、压接检测样件检测数据记录表、电子产品老炼委托单、紧固件拧紧力矩数值记录表、多余物检测记录表、试验委托单、型号产品首件鉴定检查记录表、型号产品首件鉴定待办事项表、型号产品图文物检查记录表、型号产品图文物检查待办事项表、失效元器件记录卡、车间级评审报告、首件鉴定报告；产品厂内评审阶段包括成品验收过程数据记录、产品技术性能测试记录、试验情况汇总表、产品返修记录、特殊情况记载、产品技术状态更改记录表、检测产品用仪器（设备）清单、例行试验报告、不合格品审理单、质量问题归零单、返工（修）通知单、报废通知单（原材料、元器件）、产品装箱质量跟踪卡、多余物控制情况汇总表、紧急/例外放行通知单、产品转批单。

9）电缆制造及检验数据包。产品车间级评审阶段包括电缆焊装质量记录表、关键件和重要件检测数据记录表、关键工序检测数据记录表、压接检测样件检测数据记录表、高频组件压接过程质量跟踪卡、阻值测试表、火工品线路检测表、电缆长度测量记录表、试验委托单、型号产品首件鉴定检查记录表、型号产品首件鉴定待办事项表、失效元器件记录卡、型号产品图文物检查记录表、型号产品图文物检查待办事项表；产品厂内评审阶段包括电子产品安装质量跟踪卡、产品技术性能测试记录、试验情况汇总表、产品返修记录、特殊情况记载、产品技术状态更改记录表、检测产品用仪器（设备）清单、检查测试时环境条件记录例行试验报告、不合格品审理单、质量问题归零单、返工（修）通知单、报废通知单（原材料、元器件）、产品装箱质量跟踪卡、多余物控制情况汇总表、紧急/例外放行通知单、产品转批单。

3.8 归零与举一反三

质量问题有故障、事故、缺陷和不合格等。质量问题归零工作是我国航天在学习应用国外先进的质量理念、方法和模式的同时，在实践中实现创新发展，探索出的适合我国航天事业发展的质量问题管理办法。

20世纪90年代初期，航天发射出现了多次重大失利。1996年，某火箭发射中星卫星，在火箭起飞后，三级二次工作段提前48s关机，星箭分离后卫星未能进入预定轨道。故障原因是三级发动机二次启动时，在燃气发射器头腔有固氧爆燃的冲击，使氢副控活门波纹管组件出现结构损坏，该失利是重复性故障，由于没有按照一种有效的管理方法进行质量问题分析、改进，没有采取有效措施，因而造成重大损失。因此，归零作为航天人自己总结的管理方法应运而生，当设计、生产、试验、服务中出现质量问题时，通过对质量问题的准确定位和分析进行故障模拟和复现，制定纠正和纠正措施、举一反三，以达到系统预防的目的，对防范重复性和人为责任质量问题十分有效。

归零分为技术归零和管理归零。无论是技术归零还是管理归零，核心的内容都是五条（下面章节分别讲述），航天人将其概括为“双五条”。从技术归零和管理归零的相互关系上看，大多数的技术问题或多或少均存在管理上的不足，所以，查摆质量问题，既要开展技术归零，也要开展管理归零，管理归零是技术归零的深度延伸，可以在技术归零后从更深层面上铲除质量问题重复发生的根源，提高质量管理水平。

质量问题的归零过程，是实现质量管理从事后的问题管理转化为事前的预防管理的过程。归零对问题产品起到“救火”的作用，对其他产品，则达到了“防火”的目的。如今，双归零已经融入航天企业，成为企业文化的一部分。

3.8.1　归零和举一反三工作的原则要求

只要是质量问题，都必须归零。对电子产品而言，从零部件加工，单板电装，整机调试、试验，每个环节都有发生质量问题的可能。产品交付出厂后也可能发生质量问题，不论问题大小，都要对其进行认真分析和总结，必须归零。电子产品生产单位应将质量问题归零工作纳入本单位质量管理体系活动。质量问题归零工作应按问题的严重程度、对产品乃至整个型号造成的影响和后果，以及问题产品的管理层级分级进行。发生在电子产品加工阶段的归零可以在本企业内部归零（视质量问题性质和严重程度，必要时可以扩大归零范围），出厂后问题的归零应按照型号管理要求进行。质量归零工作由责任单位负责，外购外协产品的质量问题，由订货单位负责监督其按规定归零。

技术归零必须按“定位准确、机理清楚、问题复现、措施有效、举一反三”五条标准逐项落实。管理归零必须按“过程清楚、责任明确、措施落实、严肃处理、完善规章”五条标准逐项落实。对既有技术问题，又有管理方面的原因造成的质量问题，要进行技术归零，也要进行管理归零，即双归零，两者不能互相代替。技术归零和管理归零都应该制定纠正措施，并进行举一反三。依据归零问题的性质，举一反三的范围可以是本单位，也可以扩展到相关单位，例如某型号发生质量问题后，要深入分析该问题的机理，检查其他型号相关产品有无可能发生类似模式或机理的问题，明确纠正和纠正措施。举一反三工作要形成常态化工作要求，可以按专业建立相应的举一反三基线。举一反三基线应动态管理，确定一定时期的举一反三基线，落实举一反三工作。当型号需要时也可以进行专项举一反三（如遇到型号重大质量问题，需要对其他重点型号或即将执行飞行任务的型号进行举一反三）。对元器件归零问题，无论是个别还是批次性问题，无论是本质问题还是操作不当问题，都应该举一反三到可能发生类似失效模式的产品上，以避免同类故障重复发生。发生质量问题的产品在出厂前或在相关的关键节点处对归零质量问题和需要举一反三的质量问题进行统计，并组织对纠正和纠正措施进行检查确认，实现归零和举一反三问题的闭环。

3.8.2　归零工作程序

对不同性质的问题，应按照归零原则和要求启动不同层级的技术或管理归零工作程序。一般归零程序如下：

1）对生产过程中产生的由不合格品导致的质量问题的归零，应根据故障现象进行分析定位，确定归零单位，由责任单位制定归零工作计划。视情况填报相关质量信息快报并报送上级主管单位。

2）根据归零情况，组织完成归零报告。归零报告按照相关规定格式进行编写，请相关人员会签完整（必要时请质量监督代表或质量监理进行会签），视归零问题专业方向，召开归零评审会，形成归零评审结论。

3）依据归零评审结论，确定后续举一反三工作内容。归零结束后视情况发归零信息通报，提醒其他型号或其他单位进行举一反三。

4）在产品相关节点对归零措施的落实情况进行闭环检查。检查技术归零措施是否已落实，以避免类似问题的重复发生；管理归零措施以及需改进的工作流程是否已在相关文件中加以明确，以指导后续工作的规范开展；在产品交付验收前对质量问题归零工作组织全面审查或评审。

5）质量问题归零评审后，应按要求完成归零所涉及的各类文件、报告的归档。

3.8.3　技术归零

技术归零是指由技术原因造成的产品质量问题的归零工作，为了彻底解决问题，避免重复发生，必须按“定位准确、机理清楚、问题复现、措施有效、举一反三”五条标准逐项落实。这五条标准环环相扣，缺一不可。

3.8.3.1　技术归零范围

凡是由技术原因造成的质量问题，都应进行技术归零，通常有以下几类：

1）影响研制进度、造成与其他单位的接口设计修改、造成性能指标下降、造成生产返工的设计质量问题，以及造成重大经济损失的设计和生产质量问题。

2）因技术原因造成批次性和重复性的生产质量问题，例如某厂生产的印制电路板，因厂家塞孔工艺不良，导致多批次多型号印制电路板报废，其中不少印制电路板已经完成了单板电装、整机调试，报废产生的损失已经不光是印制电路板本身，还有元器件成本以及因报废带来的人力成本、时间成本。

3）因技术原因，造成批次性电子元器件、原材料出现质量问题，例如某电插接器厂家，因产品尺寸链设计误差导致批次产品在尾罩拧紧后卡帽异常松动，因此批次报废。

4）造成试验失败或损坏产品的试验技术问题，单机、系统（分系统）交付后出现的因技术原因造成的质量问题，产品在靶场或外场出现的所有（因技术原因造成的）质量问题，武器装备交付后反映出的影响使用的（因技术原因造成的）质量问题，上级部门和型号指挥系统、设计师系统确定需要技术归零的质量问题。

3.8.3.2　技术归零五条标准的解读

（1）定位准确

定位准确就是确定解决问题的对象，首先应找到问题发生在哪个环节、部位。确定质量问题发生的准确部位，是准确归零的前提。

（2）机理清楚

机理清楚是通过理论分析或试验等手段，找到问题发生的根本原因和演进过程，机理清楚是技术归零的关键。

（3）问题复现

问题复现是通过试验或其他验证方法，确认质量问题发生的现象，验证定位的准确性和机理分析的正确性。问题复现是技术归零的手段。

（4）措施有效

针对发生的质量问题采取纠正措施，经过验证，确保质量问题得到解决。措施有效是技术归零的核心。

（5）举一反三

把发生质量问题的信息反馈给本型号和其他型号，检查有无可能发生类似模式或机理的问题，并采取预防措施。举一反三是技术归零结果的延伸。

3.8.3.3　技术归零工作程序

（1）问题确认

质量问题发生后，在不影响人员和设备安全的情况下，应及时采取措施。对电子产品来说，要停止测试、断电，应保护好现场及产品状态。做好现场记录，要做到现象和部位描述准确、清晰、全面，并经各有关方认可。

（2）故障排查

尽可能不破坏故障现场及产品状态，排查产品、测试设备及试验状态与要求是否一致，确认是产品问题、测试设备问题还是操作问题。当定位到元器件失效时还需要区分是元器件本质失效还是使用失效，这种判定往往需要由专门的机构对元器件进行失效分析。故障排查的目的是确认归零的责任主体，如是元器件本体失效，则由元器件厂商负责归零主体责任。

（3）故障分析

确定归零单位后，由归零单位组织故障分析工作，一般采用故障树分析的方式，按可能导致该质量问题的环节列出所有的底事件，逐一对所有底事件进行排查；同时参考相关设计图样、技术文件开展问题的机理分析，完成机理分析工作。

生产加工过程类底事件，要对生产过程控制文件及控制结果进行复查，例如复查产品工艺流程是否合理，工艺文件是否明确了细化量化的具体要求；复查产品具体的生产过程记录，并与设计文件进行符合性复核等。

试验或测试过程类底事件，对实际状态是否满足设计文件情况，使用的试验设备是否满足要求，是否在检定有效期内，使用的工艺装备是否合理正确，试验过程的实测数据是否有异常等进行排查。

元器件本质失效的故障树，由元器件生产厂家针对产品故障，结合生产加工流程进行梳理分析，列出可能的失效环节底事件并逐一排查。例如，某型号电子箱在出厂测试时零位超差，返厂排故时定位到是由电位计阻值跳变导致的整机零位超差，该电位计内部使用了低温焊料，为了判定阻值跳变的原因是加工过程中焊接过温还是本质失效，失效分析中心进行了分析，给出本质失效的结论。分析结论为：电位器内部转接导线与外引线柱之间焊接不良，焊点有效焊接面积很小，电位器在使用过程中受温度变化产生热应力作用，导致焊点完全脱开。元器件厂家列出故障树，如图 3－8 所示。厂家进行了焊接机理分析，即：当焊料被加热到熔点以上，焊接金属表面在助焊剂的活化作用下，熔融的焊料在金属表面发生浸润、扩散、溶解、冶金结合，生成金属间结合层，形成焊点。该电位计失效的故障机理为助焊剂不足，焊锡在无助焊剂区域受金属表面张力的作用未与焊接面浸润、互熔，造成“虚焊”。

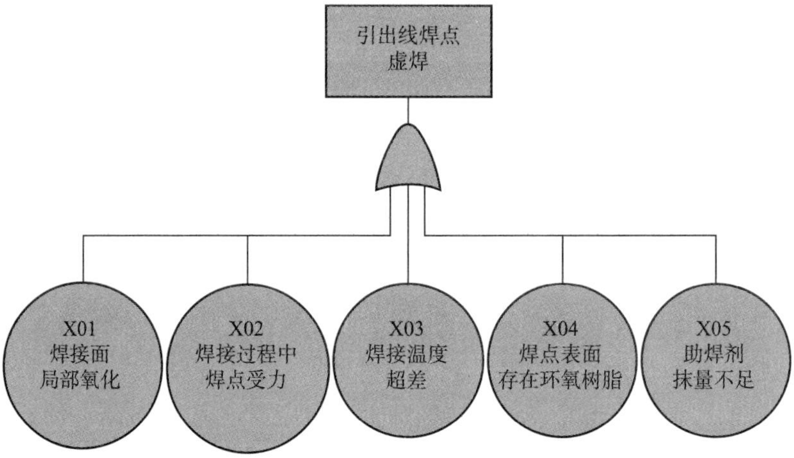

图 3－8　故障树

（4）复现试验

以复现试验与经过确认的故障现象的一致性来判断故障是否复现。当复现试验与故障现象有差异时，应从理论上分析差异的影响程度，以及复现试验的有效性。当无法进行复现试验时，应进行理论分析，可以用仿真分析或模拟试验的方式进行验证，仿真分析或模拟试验结果与故障现象吻合时可认为故障复现。

上述示例中的电位计定位本质失效后，元器件厂家抽取了 27 只电位计，分别按正常、不涂抹助焊剂和减少助焊剂涂抹量的方法进行焊接，焊接后进行拉力试验，证实不涂和减少助焊剂时焊点很难上锡，最后造成虚焊，使故障得到复现。

（5）措施制定

对故障产品实施纠正，消除现存的质量问题。明确在制品的处理数量、方式，对不实施纠正的产品要说明原因；针对产生质量问题的原因，从工艺文件、生产环节、过程控制制定纠正措施，防止质量问题再次发生；尽可能对采取的纠正措施进行验证，避免“以认识代替措施、以纸面措施代替实际落实”的情况，验证合格后，以工艺通知单、工艺更改单等形式落实；必要时应完善相关工艺规范，避免类似问题重复发生。

对进口元器件本质失效问题，采购单位应对承制方、中间商的管控提出纠正措施；对国产元器件本质失效，生产厂家应明确失效元器件及问题批次元器件的处理措施。在电位计失效案例中，厂家制定了人、机、料、法、环、测几方面的控制措施，见表 3－27。电子整机生产厂应对元器件厂家的纠正措施进行监督检查。

表3-27 电位计厂家技术归零措施表

序号	项目	纠正措施
1	人	对现场操作人员进行相应技能培训
		定期对操作人员的操作技能进行考核
2	机	使用的烙铁,由内热式改为温控式
3	料	对焊接使用的焊锡进行严格管控,使用后的焊锡应做报废处理,以防止出现焊锡污染的情况
4	法	对引出组焊接过程的助焊剂涂抹方法及焊接过程进行定量控制并固化在产品工艺中,完善焊接过程作业指导书
5	环	要求操作人员应及时清理现场的焊锡,对使用后的焊锡应及时清理,以防止出现使用焊锡污染的情况
6	测	在焊接工序中增加专检,对焊点进行检验

(6) 举一反三

总结经验教训，提炼质量问题深层次的警示；对照各级技术标准，查找未遵循的具体条款，提出补充完善相关技术标准的建议，这两项工作情况应纳入该问题技术归零报告中。

根据发生质量问题的机理和警示，归零责任单位应检查本型号其他产品有无可能发生类似模式或机理的问题，采取纠正和纠正措施，并纳入该问题技术归零报告。

对元器件归零问题，无论是个别还是批次性问题，无论是本质问题还是操作不当问题，都应该举一反三到可能发生类似失效模式的产品上，以避免同类故障重复发生。当归零涉及批次问题时，应上报上级机关，组织其他单位、其他型号产品进行举一反三。

上述案例中的电位计失效后，因使用该电位计的产品是产品化的货架产品，涉及多个型号，故涉及的型号需进行举一反三。

(7) 完成归零报告

完成归零报告的编写，经质量管理部门审查后进行会签，必要时经相关单位会签。

元器件本质失效问题的归零报告还应包括使用历史复查、统计数据、失效后果分析、风险分析，形成正式报告并提高审批权限。对于判定个别问题，必须提供统计数据支撑、完整的机理分析和机理的验证试验依据。元器件本质失效，除责任单位进行故障分析外，整机设计单位应进行失效后果分析并形成分析报告。

(8) 技术归零评审

归零评审和审查应分级进行，评审应形成明确的结论。评审结论中要包含对故障定位、机理的明确描述。归零产品出厂评审前，应将该归零问题进行统计，纳入型号相关的质量问题统计表及质量问题归零汇总表。

3.8.4 管理归零

管理归零是指由管理原因造成的产品质量问题的归零工作，为彻底解决问题，避免重复发生，从管理上按“过程清楚、责任明确、措施落实、严肃处理、完善规章”五条标准逐项落实。

3.8.4.1 管理归零范围

凡是由管理原因导致的质量问题，均需进行管理归零。一般来说，凡是出现了质量问题，或多或少地都会涉及管理原因，因而目前航天系统推行技术和管理“双归零”。在这里，管理原因通常有以下几类：

1）人为责任质量问题。例如电装过程的错装元器件、漏装元器件、手工焊接过程中的人为损坏物料（包括印制电路板、元器件、整机线束、外壳）、产品跌落、调试过程加错电源导致的产品损坏。

2）重复性质量问题。已经归过零的质量问题，因为措施不落实或举一反三不彻底导致问题再次发生或多次发生。

3）因无章可循、规章制度不健全造成的质量问题。例如，电子产品采购的元器件没规定下厂验收和入厂复验导致的元器件质量问题，印制电路板组装件因未规定不可见焊点（例如 BGA）进行 X 光检验，而导致焊点缺陷的质量问题等。

4）技术状态管理问题。例如偏离单未执行，工艺更改落实不到位，专业工艺未遵守工艺总方案中规定的工艺基线等。

3.8.4.2 管理归零五条标准的解读

（1）过程清楚

查明质量问题发生和发展的全过程，从有关的每一个环节分析问题产生的原因，从中查找管理上的薄弱环节或漏洞。这是管理归零的基础，要做到实事求是、过程事实准确。

（2）责任明确

在过程清楚的基础上，分清造成质量问题各环节和有关部门及人员应承担的责任，并从主观和客观、直接和间接方面区别责任的主次、大小。这是管理归零工作的依据和前提，要做到具体明确、主次分明。

（3）措施落实

针对管理上的薄弱环节和漏洞，制定并落实相应有效的具体纠正和预防措施，杜绝类似问题的重复发生。这是管理归零的基本内容，要做到措施具体、有效。措施落实是管理归零的核心。

（4）严肃处理

严肃对待质量问题，认真分析造成问题的各方面管理因素，客观评价，从中吸取经验教训，改进管理工作；根据问题类型、归零情况分别予以奖励或处罚，达到鼓励和教育人员的目的。这是做好归零工作的重要管理手段和有力保障。

（5）完善规章

在查找问题、分析原因、落实措施、严肃处理的基础上，针对管理漏洞，回归基础，修订和健全规章制度，落实到有关岗位和管理工作的有关环节上，约束和规范管理行为和科研生产活动，从制度上避免质量问题的重复发生。这是提升组织管理能力，改进和提高管理水平的根本途径，这是管理归零的结果。

五条要求的逻辑关系是，首先从质量问题中找出管理上的薄弱环节或漏洞，再根据职责分清楚造成质量问题的责任单位和责任人，并分清责任的主次和大小，然后制定并落实有效的纠正和预防措施，对因重复和人为原因发生质量问题的责任者按规定给予严肃处理，最后把归零工作的措施固化到相关的规章制度、作业文件、标准或规范中，避免类似质量问题的再次发生。

3.8.4.3　管理归零工作程序

（1）问题分析

查明质量问题发生的过程，通过对问题产生的过程进行分析，查找发生问题的原因，发现管理上的薄弱环节或漏洞，确定是有章不循还是缺少相关规章制度的约束，并且定位责任。对发生的质量问题，明确责任部门和责任人。

例如，某型号在对发动机进行预验收时，发现某单位生产的主发动机内埋电缆的电插接器装配位置不正确，不满足设计要求。经过对该问题发生产品生产流程、工艺文件等情况的复查和分析，定位该问题是由于外场工作中异常问题处理流程不明确，操作人员、检验人员在生产过程中职责落实不到位，未依据图样和工艺文件的要求确认电缆实物方向标记，而是凭主观判断进行操作，从而导致问题的发生，责任部门和人员明确，是典型的管理问题。

（2）采取措施和完善规章

针对管理上的薄弱环节或漏洞，应采取纠正措施和预防措施。归零措施必须细化、可操作、可检查，措施中的每一项工作程序应明确责任部门和责任人，对于中长期措施必须要有明确的计划和节点。凡属规章制度不健全的问题，要通过完善体系文件、规章制度、标准规范等形式，固化归零措施，对形成的制度和规范应加强宣贯和培训。

（3）问题处理

对造成质量问题的管理原因应在思想上和态度上严肃对待，避免走形式，敷衍了事。对各方面管理因素进行客观分析评价，总结经验教训，回归基础和规范，以改进管理工作。对发现规章制度或流程不完善、不健全等管理薄弱环节，对提出可操作、可落实、可检查措施的单位和个人，应根据情况给予奖励；对确属重复性质量问题、人为责任质量问题、弄虚作假、隐瞒不报的责任单位和责任人，按规定给予处罚。

（4）完成管理归零报告

管理归零报告由过程概述、原因分析、措施及落实、处理情况、不符合标准规范的条款与内容、完善规章情况、质量问题线索、结论、管理归零证明等部分组成，编写完成的管理归零报告应经相关部门会签、本单位行政正职批准、质量监督代表签署意见。同一单位、不同产品上出现的共性管理问题，可编写一份管理归零报告，但在报告中应说明是发生在哪些产品上。

航天企业从全面质量管理、ISO 9000 体系到产品保证、“零缺陷”，是质量管理的探索者和实践者。双归零，作为航天人自己总结的管理方法，对解决质量问题、防范重复性和人为责任质量十分有效。航天电子产品制造企业应将“零缺陷”“一次把事情做好”作为自己的质量文化理念，对发生的质量问题进行归零，通过技术归零落实生产过程中的欠佳工艺和操作规程、标准规范，通过管理归零改进工作流程，完善本企业的质量体系，对查找出的质量方面的薄弱环节进行举一反三和系统纠正，才能推动质量管理能力和水平的不断提升。

3.9 外包过程管理

航天产品外包一般包括设计外包和生产外包。设计外包又分为设计过程外包及整体设计外包。生产外包又分为工序外包和整件外包。设计过程外包是外包供方按委托方的要求、设计规范完成一个或几个设计过程任务，一般包括局部的设计、计算、设计验证、仿真分析等设计过程。整体设计外包是指外包供方按委托方的要求、设计规范完成产品的全部设计任务。工序外包是外包供方按委托方的要求、技术规范完成一个或几个工序过程任务，一般包括制造、装配、检验、试验、测量、运输等工序。整件外包是指外包供方按委托方的要求提供设计图样或数字样机、技术规范等完成产品的制造任务。本书中的外包过程管理主要是指生产外包的过程管理，设计外包的管理要求类似。

中国航天科技集团有限公司制定了《航天型号供应商管理办法》，严格航天型号供应商准入管理，明确航天型号供应商全级次管理要求，把航天的质量控制要求和相关标准传递到最末端供应商，确保航天质量要求和标准落实到外包和外购产品研制生产全过程。承担航天外包产品的供应商，其质量管理体系的建立和管控流程必须符合航天标准。要建立供应商绩效评价机制，实行供应商动态管理，不断提升航天产品供应商整体能力。

航天产品外包应符合“择优选择、规范管理、权责清晰、责任落实”的要求，实行“谁外包、谁负责”的原则。航天产品外包质量管理要求应与航天型号产品保证或质量保证要求相一致。加强外包产品质量控制工作，逐级落实外包产品质量管理责任。委托方要针对外包产品特点明确其产品保证要求及产品验收要求，并将产品保证要求纳入合同管理，有效传递到外包方；纳入质量管理体系，并加强生产过程的监督检查，确保各项要求落到实处。要逐步建立外包产品质量保证工程师队伍，负责质量标准宣贯、认证和检查、验收工作。

在对航天型号产品的实现进行策划时，委托方应进行产品项目工作结构分解，确定所需的航天产品外包任务，并对外包任务性质、外包的必要性、外包供方承担产品的能力进行分析。选择外包供方时，应优选具有专业技术优势、风险低、成熟度高的合格供方单位。对新研产品，必要时应组织外包供方研制样品并通过验证、确认或鉴定，以保证满足技术产品要求。

3.9.1 合格供方管理

（1）供方的基本条件

导弹武器系统、宇航系统及相关航天型号配套产品的供应商一般在中华人民共和国境内依法登记注册、具有法人地位，且其提供的产品或服务应在其营业执照规定的主营范围内。若提供的产品为具有独立功能和性能的部、组件，对于单机以上的产品，供应商还应按照 GJB 9001 建立质量管理体系，并通过相应的体系认证，认证的产品范围应覆盖所承接的产品。当委托方有要求时，应通过相应级别的保密资格认证，取得相应产品的武器装备科研生产许可证和装备承制单位注册证书。

（2）合格供方的准入评定

供方的准入评定工作是合格供方管理中一项最为重要的工作。评定工作的准确与否直接关系到供应商为航天型号提供产品和服务的质量是否能够满足需求。供方准入评定工作一般包括初次评定、变更审核、期满复评。初次评定是对初次申请准入评定的供应商进行全面审核。变更审核是对供应商名称、场地、产品范围等变更进行审核。期满复评是有效期满时对供应商的综合评价考核。

（3）合格供方的质量保证能力评定

对供应商质量保证能力的评定应包括质量管理体系改进能力、过程质量控制能力和质量基础能力。

1）质量管理体系改进能力主要包括质量责任制、质量体系文件、质量信息、质量监督等方面。在质量责任制方面，供方应明确规定和细化落实产品研制相关部门、人员和岗位的质量职责，管理接口应清晰明确。供方的质量体系文件能够覆盖产品的实现过程，同时将委托方对产品实现过程中需要贯彻的质量管理规章制度及文件相关要求纳入体系要求中。供方能够及时、准确、全面地对产品信息与质量可靠性信息进行收集、储存、传递、处理和利用，并按要求报送委托方，对产品研制过程中的质量问题开展综合分析。针对存在的共性质量问题及时研究制定解决措施。在质量监督方面，供方应针对特定产品系统策划并开展质量监督工作。针对质量监督中发现的薄弱环节和质量问题能够制定整改措施，做到闭环管理。

2）过程质量控制能力一般包括设计过程、生产过程、试验过程、交付过程的质量控制能力和售后服务水平。

3）质量基础能力一般指供方在设备设施、人才队伍、质量文化方面的水平和能力。供方应具备满足产品研制生产所需的设计、生产、试验和检测的设施设备，检测器具、设备的精度水平和检定情况应符合产品要求。供方各级技术人员的配置和业务能力应满足产品研制需求，根据需要对相关人员开展相应的专业培训、考核，并做到持证上岗。在企业质量文化方面能够接受航天质量理念并开展相关宣传和教育。

（4）合格供方的绩效评价内容及方法

为加强对航天型号产品供方的管控，一般采取对供方进行绩效评价的方式。委托方可以在合格供方自我评价的基础上对供方开展绩效评价。评价可以按年度开展，也可以根据委托任务的规模和频次进行确定。对于当年未供货和未提供服务的供应商可以不进行绩效评价。对供方绩效评价的内容一般包括产品质量、交付进度、产品价格、服务质量等方面。

绩效评价可进行定性评价，也可进行定量评价。分包单位可根据评价内容制定评价标准。以评价交付进度为例，交付进度主要评价按照合同约定的时间和数量提供产品的能力，按交付时间和对委托方进度的影响程度，可以分四种情况进行评价：提前交付，按时交付，未能按时交付、但对进度无影响，未能按时交付、但对进度有影响。如需定性评价，“提前交付”评价结果为优；“按时交付”评价结果为合格；“未能按时交付、但对进度无影响”评价结果为基本合格；“未能按时交付、但对进度有影响”评价结果为不合格。最后对全部评价内容进行综合评议并确定供方的最终绩效。如需进行定量评价，可针对四种情况进行分值设定，如“提前交付”为100分，“按时交付”为80分，“未能按时交付、但对进度无影响”为60分，“未能按时交付、但对进度有影响”为40分。最后可对评价内容进行逐一打分，计算出供方的综合得分，以反映供方的整体绩效水平。

（5）航天电子产品的合格供方管理

航天电子产品供方除遵循上述管理要求外，还应具备满足航天要求的电子产品制造和加工能力。航天电子产品的加工环节多，其中如元器件成形、焊接、敷形涂敷等关键过程，需要对涉及的设备、工具、加工方法、参数以及人员技能等诸多影响因素进行严格控制来保证产品的最终质量。如因元器件成形所用工具不当造成引线损伤，因焊接设备参数控制不当造成虚焊等产品质量隐患，是很难通过对产品的最终检验发现或剔除的。因而电子产品的最终质量严重依赖全过程的控制，而电装过程控制的专业性又很强，对于合格供方的评定除了前面介绍质量保证能力评定和绩效评定外，还应开展专业技术能力评价。目前航天系统采用的供方评价方式是电装工艺能力评定，本书将在第5章进行详细介绍。

3.9.2 合同及技术质量协议

航天产品外包时，委托方与供方应签订合同。合同正文应结合产品特点，明确技术要求和产品保证要求，明确产品执行的质量标准、技术规范、工艺方法、检验检测方法等质量条款，明确数量、进度、协作方式、经费、违约责任及索赔约定、产品知识产权保护原则及保密要求等条款，并将这些要求延伸落实到外包供方的最末端。合同正文中应明确的质量条款一般包括：

1）与产品有关的法律法规要求；

2）对保证供方质量管理体系有效运行的要求和监督要求；

3）规定外包供方制定并经委托方会签的产品保证或质量保证要求；

4）规定外包供方按Q/QJA 10执行质量问题归零要求及接受委托方审查的要求；

5）规定委托方主持或参加的审查活动和要求，明确转阶段评审要求及首件产品评审要求；

6）规定双方交换质量信息的要求；

7）规定成套技术资料的质量控制要求，技术资料项目及交接办法，以及产品原始记录可追溯性要求；

8）规定对再次外包供方的质量控制要求；

9）规定交付和交付后的技术服务要求和质量责任。

在合同正文中不便详细描述的要求或内容需编制技术质量协议，技术质量协议是为了保证产品的质量，对产品在加工工艺、质量控制方面进行约束。在签订航天产品外包合同时应签订技术质量协议（作为合同附件）来明确产品技术和产品保证或质量保证要求。航天电子产品外包技术质量协议的内容主要包括以下几方面：

（1）协作内容和技术要求

委托方应清晰、准确地明确供方所需承担的工作内容，明确供方开展此项工作的技术要求和依据。如工作内容可以是进行产品的设计或是装配工作，所依据的文件可以是某一技术标准、技术规范，同时给出可靠性指标。

（2）验收规范

委托方应明确给出外包产品的验收规范，包括验收项目、检测方法、验收方式以及量化的验收指标，同时也应清晰规定产品接收和拒收的准则。协议中对同类同等级的产品要有相同的验收内容、标准和程序。

供方应依据产品技术文件，在工艺文件中合理设置检验控制点，规定检验的判据、方法及手段，明确检验要求，提高检验的有效性。检验人员必须严格依据工艺文件或检验规程及相关标准规范开展检验工作，确保检验质量。

（3）产品保证要求

产品保证要求一般包括质量、工艺的控制要求，涉及的内容有可靠性、安全性、维修性、保障性等。具体包括技术状态管理、关键项目和特殊过程、关键件和重要件、强制检验点、不可检不可测项目、故障报告及分析处理等质量控制要求。对于航天电子产品的外包，技术质量协议中还应重点明确静电防护要求、产品多余物防控要求、单点失效、航天电装专业禁（限）用工艺、产品数据包要求等，同时确保供方能准确理解并有效落实。

（4）包装、防护及运输要求

包装在电子产品交付运输过程中能够起到防护作用，避免产品外观受损等。技术质量协议中应提出详细的产品包装防护要求，必要时规定运输的方式方法及注意事项。

（5）其他要求

在技术质量协议中，还包括质量证明文件及文件资料要求、质量奖惩约定及售后服务要求等。对于重要外包单位、质量问题多发单位，应根据需要，派驻产品保证人员或工程经验丰富的专业技术人员进行监造。

合同及技术质量协议中的质量条款应经委托方质量部门会签或评审，必要时应经工艺部门会签。合同签订后，一般不允许外包供方再次整体外包，一般不允许外包供方将产品中关键、重要部位的配套产品再次实施外包。确需再次外包的，委托方应要求外包供方分解落实其产品保证要求，结合再次外包任务的特点，制定再次外包产品的保证要求，逐级传递并实施闭环管理。在产品要求发生变更时，委托方与外包供方应及时协商并签订外包合同的补充件。合同的变更、修订，委托方和外包供方之间应协调一致，严格履行审批或评审程序。

3.9.3 外包产品文件控制

委托方应在合同中要求外包供方在产品（服务）实现过程中按航天产品文件管理制度及标准管理工艺文件和设计文件。委托方应控制与外包供方之间的文件（含技术标准）的传递，还应提供承制方获得与外包产品相关标准、规范、规章等必要文件的途径，提出相关管理要求，防止文件的非预期使用。

双方技术文件的更改应以书面形式及时沟通，履行规定的审批手续。

委托方应监督外包供方对文件的分发和回收的控制，外包供方在外包合同完成后，应及时回收或按约定的方式处理委托方提供的文件。委托方应对外包产品研试文件、航天质量保证要求落实情况进行监督检查，并对外包产品质量保证（产品保证）大纲等策划类文件、技术风险项目清单和不合格清单等过程类文件以及可靠性、安全性设计与分析报告、检验大纲、试验方案等分析报告进行审查把关。

3.9.4 外包产品实现过程的控制

3.9.4.1 工序外包的控制

外包供方应按合同要求及委托方的产品保证或质量保证要求，编制研制程序（含技术流程）、工艺文件、检验方案、试验大纲、计划流程等相关文件，并经委托方确认后组织实施。

涉及对产品质量影响较大的关键工艺或重要过程的工序外包项目，委托方应督促并见证外包供方组织开展相关评审（如工艺评审、元器件选用评审等），委托方需对评审结论进行确认及备案。

工序外包中的工艺保证应符合合同规定的工艺保证要求，贯彻执行航天禁（限）用工艺的规定，经过定型或鉴定的产品工艺不得随意更改。

涉及强制检验点的外包项目，接到外包供方可以实施强制检验的通知后，由委托方组织实施。参加强制检验的人员一般包括委托方的技术人员和产品保证人员、供方的相关人员，必要时军方代表或质量监督代表也会参加。按技术文件要求实施强制检验点的产品检验，应填写检查确认强制检验点相关质量记录。

委托方应按航天产品多余物预防和控制要求明确工序外包中涉及的制造、装配、测试、试验、运输等过程的多余物控制要求和环境洁净度控制要求，有效传递到外包供方，并监督防控措施落实到位。

对于包含测试类的工序外包项目，委托方应与外包供方共同研究确定产品测试的具体方案，对产品进行测试覆盖性分析和检查，确保所有的可测试项目得到全面、正确的测试。

3.9.4.2 整件外包的控制

委托方应要求单机产品（含）以上级的外包供方按型号管理的规定，建立型号生产和管理队伍，明确产品保证或质量保证组织、工作职责和权限，并报委托方审批或备案。单机产品（含）以上级的航天产品生产外包，外包供方应按合同要求及相关的航天产品工艺、检验、试验等标准及规范，编制产品保证或质量保证文件、工艺文件、计划流程，并经委托方确认后组织实施。

委托方应通过参与外包供方的工艺评审、质量评审、关键点监制、重要试验、交付验收、元器件专项审查、质量问题归零专项审查、技术状态专项审查、出厂评审等方式对航天产品生产外包质量实施监控。

外包供方应按航天产品特性分类和管理要求进行关重特性分析，编制关键件、重要件项目明细表，并按 GJB 909《关键件和重要件的质量控制》对关键件、重要件实施质量控制。委托方应根据外包产品关重特性的分析结果，对外包产品提出强制检验项目，与外包供方共同确定强制检验点，明确检验指标、检验方法、检验记录和合格判据等要求，并在委托方或用户代表参与下进行检验，强化过程质量控制。

航天产品生产外包中使用的元器件应按合同规定的元器件保证要求实施元器件保证工作，按规定的优选目录选用元器件，按 QJ 2227《航天元器件有效储存期和超期复验要求》规定控制超期元器件的使用，失效器件必须经有资质的失效分析中心分析后，按分析结论做出正确处理。

生产外包中的工艺保证应符合合同规定的工艺保证要求，贯彻执行航天禁（限）用工艺的规定，经过定型或鉴定的产品工艺不得随意更改。委托方应参与生产外包过程中的关键项目、特殊过程确认、工艺评审或鉴定。

委托方应按 QJ 2850《航天产品多余物预防和控制》明确外包产品生产、装配、测试、试验、运输等过程的多余物控制要求和环境洁净度控制要求，有效传递到外包供方，并监督防控措施落实到位。

外包供方应遵循“充分论证、试验验证、各方认可、审批完备、落实到位”的原则，严格控制产品的技术状态更改，外包产品完成鉴定后、产品投产前，应确认正（试）样状态与鉴定状态的一致性，开展生产准备评审，建立生产基线，并严格按照 Q/QJA 32《航天产品技术状态更改控制要求》履行更改审批手续，Ⅱ、Ⅲ类更改应按规定经委托方批准。外包供方应记录技术状态项目和已批准的技术状态文件及其更改的状况，确保技术状态演变的可追溯性。

委托方应协同外包供方系统开展风险辨识，形成产品外包风险清单，应与外包供方一起深入分析产品的工作环境、工作模式和工作状态，确保输入条件的正确性。监督和指导外包供方分析和识别产品研制、生产过程中存在的技术风险，制定针对性控制措施。

委托方应与外包供方联合开展产品数据包策划，明确过程数据包和交付数据包的清单、内容。质量记录应具有可追溯性，有量化要求的记录须有实测数据，对不可检不可测项目、不可逆过程的控制结果以及产品装配的最终状态进行多媒体记录。

在航天产品外包实现过程中，外包供方应采用适当的方法对产品进行唯一性标识，做好产品质量记录，以实现产品可追溯性要求，并及时整理归档。

3.9.5 外包产品验收

委托方应根据合同中产品保证或质量保证条款中约定的验收技术项目、要求、方式、方法及手段，制定验收文件，组织外包项目或产品验收。对工程研制阶段的关键、重要电子设备及设备级以上航天外包产品的验收，委托方质量部门应组织技术人员参与验收和把关。根据航天电子产品制造工艺的特殊性，委托方要强化验收的有效性，不仅要对性能指标进行全面检查，而且对过程控制、产品数据包等也需进行检查。对于不可检测的项目，委托方应与供方事先协调、安排，在产品实现过程中双方联合进行检查和确认。对于不满足要求的产品原则上予以拒收。

外包供方确认交付的产品已经按策划的内容完成了全部工作，完全符合要求（如有不符合的，应按双方约定的程序完成相应工作），所需的文件完整齐全，经委托方认可后，可实施产品验收。外包产品的验收按验收文件规定的程序和检验规程对交付的项目或产品进行外观、尺寸、性能、包装、标识等的检测和检查，并对下列文件资料进行审查：

1）外包供方完成的检验和试验的证据及相关文件；

2）关键项目、特殊过程记录，强制检验点的实施记录；

3）随项目或产品交付的图样、技术文件、资料以及记录；

4）生产质量分析报告、产品质量评审报告；

5）元器件保证、技术状态控制、质量问题归零情况。

参考文献

[1] 邱华盛，等．现代电子装联环境及物料管理［M］．北京：电子工业出版社，2016.

[2] 袁亚飞．电子工业静电防护技术与管理［M］．北京：中国宇航出版社，2013.

[3] 张海利，李涛．航天物资保证［M］．北京：中国宇航出版社，2012.

[4] 孙磊，等．现代电子装联常用工艺装备及其应用［M］．北京：电子工业出版社，2016.

[5] 黄祥彬，等．现代电子装联材料技术基础［M］．北京：电子工业出版社，2016.

[6] 张书锋，等，GB/T32304 航天电子产品静电防护要求［S］．北京：中国标准出版社，2015.

[7] 丁玉珍，等，GJB1442—2006，检验工作要求［S］．北京：中国标准出版社，2007.

[8] 王春玲，等，QJ2850A—2011，航天产品多余物预防与控制［S］．北京：中国航天标准化研究所，2011.

[9] 丁玉珍，等，QJ3049—98 航天产品检验工作要求［S］．中国航天标准化研究所，1998.

[10] 徐居福，等，QJ3183—2003，航天产品质量问题归零实施指南［S］．北京：中国航天标准化研究所，2003.

[11] 邹良，等，QJA 41—2008，航天产品外包质量管理要求［S］．北京：中国航天标准化研究所，2008.

[12] 杨兆军，等，QJA 178—2014，航天型号外包产品供应商质量保证能力评定准则［S］．北京：中国航天标准化与产品保证研究院，2014.

[13] 杨兆军，等，QJA179—2014，航天型号外包产品供应商准入评定工作程序［S］．北京：中国航天标准化与产品保证研究院，2014.

[14] 杨兆军，等，QJA180—2014，航天型号外包产品合格供应商绩效评价准则及工作程序［S］．北京：中国航天标准化与产品保证研究院，2014.

[15] 张丽，等，QJA199—2014，特殊过程控制要求［S］．北京：中国航天标准化与产品保证研究院，2014.

第4章 过程检查与测量

4.1 概述

过程经过设计与运行后，会出现各种各样的干扰因素，这些因素有的会导致过程运行出现偏差，与最初的设计意图不符，如不加以控制，就难以得到预期的结果。因而，所有的闭环过程都会有检查与测量环节，以判定过程在运行时与设计的偏差，利用这些偏差来纠正过程的运行，以使过程运行在受控范围内。在电子产品制造过程中，通常用来进行过程检查与测量的有质量管理体系审核、工艺纪律检查、静电防护体系审核等方式。

一个企业为了实现经营管理、科研生产、质量保证等目的，会建立各种体系，其中质量管理体系是最基础的，它是一个制造企业正常运行的基本保证，要确保质量管理体系有效运行，体系审核是重要手段。质量管理体系审核经过几十年的发展和完善，无论是审核的方法，还是审核的流程，都成为其他体系的范例。对航天电子产品制造企业而言，质量管理体系的有效运行，也是提供合格产品最基本的保证。

如前几章所述，电子产品的质量靠工艺过程保证，因而在产品日常生产制造过程中，工艺纪律执行是否严格，很大程度上决定了产品的内在质量，这也是所有的航天电子企业对工艺纪律进行定期检查的重要原因。工艺纪律如何策划、如何检查、检查的结果如何处理才更有利于保证生产过程顺利进行，成为航天电子企业一项重要的工作内容。

在生产制造过程中，静电对电子产品的影响非常大，尤其是现代电子产品所用到的元器件集成度越来越高，集成电路内部线条越来越细，对静电的敏感程度也越来越强。静电的影响贯穿于产品形成的全过程，因此航天电子产品制造企业需要用体系化的思想对静电进行防护，建立静电防护体系。要保证体系持续有效运行，需要用审核的方式来检查和纠正。

本章面向航天电子企业，以电子产品为对象，选取质量管理体系审核、工艺纪律检查、静电防护体系监督等检查活动，分别从检查内涵、组织机构建设、检查方式方法及工作要求等内容进行重点介绍。

4.2 质量管理体系监督审核

4.2.1 质量管理体系

质量管理体系（Quality Management System，QMS）是指在质量方面指挥和控制组织的管理体系。对于电子产品生产制造企业而言，质量管理体系是企业管理的基础，它给企业的各级组织分配了职能，对与生产经营活动相关的过程进行识别，使流程得到建立，且通过对各种审核活动及管理评审活动的实施，使企业具有自我完善的功能，因而它是企业各种其他管理体系的基础。

现行的质量管理体系具有以下特点：

（1）较好地体现了现代科学管理的理念

在 9000 族标准中，质量管理原则是质量管理实践经验和理论的总结，是质量管理最基本、最通用的一般性规律。它包含了思想方法、工作方法、领导作风和处理内外关系的正确态度，涉及系统论、控制论、信息论、科学决策、统计技术和“参与”理论等现代科学管理的理念。这些边缘学科为深化质量管理扩大了研究空间，为建立、实施有效的质量管理体系提供了理论基础。

（2）区分体系要求与产品和服务要求，使标准更具通用性

ISO 在制定质量管理体系标准时，一直将质量管理体系要求与产品和服务要求明确区分，使质量管理体系要求可以应用于各种类型、不同规模和提供不同产品和服务的组织。标准规定的是组织应满足的质量管理体系要求，允许组织根据自身的实际情况，按照适用性的原则，选择剪裁质量管理体系的部分要求；根据组织及产品和服务的情况，还可以确定某一要求的适用程度；以最简明的要求提供质量保证的方式，来保证标准的通用性。

（3）理解组织的环境，每个组织的质量管理体系都是唯一的

理解组织的环境是一个过程，这个过程确定了影响组织的宗旨、目标和可持续性的各种因素。它既需要考虑内部因素（例如，组织的价值观、文化、知识和绩效），还需要考虑外部因素（例如，法律的、技术的、竞争的、市场的、文化的、社会的和经济的环境）。

标准给出了组织运行质量管理体系应满足的最基本要求，但并未规定满足这些要求的方法、途径和措施。虽然不同组织的质量管理体系，通常由类似的过程所组成，但每个组织的质量管理体系都是唯一的。因此，不同质量管理体系的结构不需要统一，形成的文件不需要与标准的条款结构一致。

（4）采用将 PDCA 循环与基于风险的思维相结合的过程方法

标准清晰地体现了所有管理体系都应有的三个核心概念，即过程方法、基于风险的思维和 PDCA（策划、实施、检查、处置）循环，并强调三者的有机结合。

过程方法使组织能够策划其过程及相互作用。PDCA 循环使组织能够确保其过程得到充分的资源和管理，确定改进机会并采取行动。基于风险的思维使组织能够确定可能导致其过程和质量管理体系偏离策划结果的各种因素，采取预防控制，最大限度地降低不利影响，并最大限度地利用出现的机遇。

（5）关注输出、关注实现预期结果、关注绩效

由于使用基于风险的思维，在一定程度上减少了规定性要求，以基于绩效的要求替代。在过程、成文信息和组织职责方面的要求比较灵活，体系更加关注输出、关注实现预期结果、关注绩效，不应注重形式而更应重视结果。

4.2.2 质量管理体系审核

质量管理体系审核是为了确认质量体系各要素的实施效果是否按照计划有效地进行质量活动，是否达到了规定的质量目标而进行的检查和评价活动。质量管理体系审核的主要内容包括：

1）组织是否按标准要求建立了质量管理体系；

2）组织使用的质量管理体系是否充分有效；

3）质量管理体系是否持续改进其有效性；

4）组织的过程是否被识别；

5）过程是否被充分地展开并贯彻实施。

按质量管理体系审核的目的和审核人员的立场不同，质量管理体系审核可以分为内部质量管理体系审核和外部质量管理体系审核。内部质量管理体系审核是以组织的名义，由组织内部人员或适当聘请外部专家协助参与，对组织自身的质量体系所进行的审核，也称第一方审核。外部质量管理体系审核是组织以外的人员或机构对组织的质量体系进行的审核，又可分为合同环境下需方对供方质量体系的审核（第二方审核）和独立的第三方机构实施的审核（第三方审核）。为评价质量管理体系是否持续有效及确定改进需求，除了各种审核外，还应进行管理评审。它是组织的最高管理者为评价管理体系的适宜性、充分性和有效性所进行的活动。管理评审的主要内容是组织的最高管理者就管理体系的现状、适宜性、充分性和有效性、方针和目标的贯彻落实及实现情况进行正式的评价，其目的就是通过这种评价活动来总结管理体系的业绩，从当前业绩上找出与预期目标的差距，同时还应考虑任何可能改进的机会，并在研究分析的基础上，对组织在市场中所处地位及竞争对手的业绩予以评价，从而找出自身的改进方向。无论是第几方体系审核，都具有以下特点：

（1）以正规化、文件化的质量管理体系为基础

质量管理体系审核要对体系的符合性、有效性和适宜性做出判断和评价，首先要求体系必须以正规化、规范化为基础，而正规化、规范化则要求文件化。只有建立文件化的体系，才能实施运作，才有比较和评价的可能。

（2）系统性

质量管理体系审核的系统性首先表现在审核是一种正式的活动，要求有组织、有计划、有步骤并按规定的程序进行，样本的选定、客观证据的收集、审核结论的得出、纠正措施的跟踪等都要有一套行之有效的程序和方法。质量管理体系审核的系统性还表现在其审核的重点是发现那些与系统失效有关的客观证据，审核发现的问题不能停留在表面上，而要系统地寻找造成不合格的原因。

（3）独立性

质量管理体系审核的独立性，是指执行审核的机构和人员具有独立性。一般来说，审核机构必须是与审核内容的质量活动无直接责任的部门，可以是专职的机构，也可以是兼

职的机构。审核人员所承担的审核任务及所要审核的对象必须与他本人工作岗位无直接责任关系。审核的独立性还要求审核人员应尊重客观事实，不受任何压力或利诱的干扰，免受偏见、情绪的影响，坚持客观公正，保持独立判断。

（4）风险性

质量管理体系审核是一种抽样检查的过程。质量管理体系是一个“大系统”，由于受到时间和人员的限制，要在较短时间内完成审核工作，只能采取抽样检查的办法，包括抽取一定数量的体系文件、质量记录，询问一定数量的人员，抽查若干台设备，观察若干个过程等。这种以少量样本的审核结果来描述一个完整质量体系的审核方法，必然具有风险性。

因此在审核过程中必须以科学的方法、严谨的态度，采用随机抽样，进行综合分析，以尽可能地减少审核的风险。

4.2.3　质量管理体系审核的实施

4.2.3.1　审核的准备

审核的准备包括制定审核计划、确定审核人员及分工、准备审核文件等工作。除此之外，如是外部审核，首先应进行的是文件审核，文件审核是看一个组织是否按标准要求建立了体系，只有通过文件审核后，才会进行现场审核。一次审核活动的成功与否，前期准备工作至关重要。

（1）审核计划

审核计划是关于一次审核活动日程安排和人员分工的文件，是审核组长对一次审核活动的策划结果。审核计划的内容应包括：

1）审核目标；

2）审核准则及依据文件；

3）审核范围；

4）现场审核活动的日程及地点（一般以小时为单位进行安排）；

5）现场审核的日期（时限），包括审核过程的会议时间；

6）审核组成员及分工；

7）审核跟踪验证活动的安排。

在制定审核计划时要注意结合审核的具体目标和组织的具体情况选择审核方式。另外，在编制检查表时还应注意选择合适的审核方法。以下是几种审核时常用的审核方式及方法：

1）按部门审核的方式；

2）按过程审核的方式；

3）顺向追踪的方法；

4）逆向追溯的方法。

（2）审核组工作分配

审核组长负责按计划的安排向审核组成员分配审核工作，将具体过程、部门、场所、活动的审核任务分配到每一位审核员，同时明确具体的审核时间和时限。一般在现场审核开始之前，审核组长会召集审核组全体人员召开准备会并分配审核工作，有需要时也可以做调整，目的是确保审核目标的实现。

（3）准备审核工作文件

审核工作文件包括检查表及抽样计划（方案）和记录审核情况的各种表格。内部审核时，使用的表格通常由组织制定内审管理程序时统一编制，内审员在审核时，要注意使用现行有效版本的表格，但检查表中的内容以及现场审核的抽样方案则要由内审员负责编写。

4.2.3.2　审核的实施

审核活动的实施以首次会议为开始，以末次会议为结束。该阶段主要包括：举行首次会议、审核实施阶段的文件审核、审核中的沟通、向导和观察员的作用和职责、信息的收集和验证、形成审核发现、准备审核结论和举行末次会议。

（1）首次会议

首次会议是现场审核的开始，由审核组全体成员和受审核方代表参加，会议主要内容是对审核的目的、方法、时间安排进行介绍和沟通确认。首次会议的目的是介绍审核组成员及分工、确认审核计划和审核范围、审核组长对审核活动的有关事项做出说明、澄清受审核方提出的问题。首次会议由审核组长主持，一般应控制在 0.5 h 内完成。

（2）实施现场审核

按照检查单，通过面谈、倾听、查阅、观察、记录等方式，获取审核证据，并将获得的审核证据与审核准则进行比较评价，得出审核发现。审核组要在审核的过程中随时对审核证据进行评审，确定审核发现及其符合性，对于不符合审核准则的审核发现确定为不符合项。对于不符合项的事实和证据审核员要做好记录，以便查证。不符合项的事实要得到产生不符合项部门的负责人或联络员的确认。受审核方如果对不符合项有意见分歧，审核组应向其做出解释，并提供相应的证据，也可以带受审核方的代表到产生不符合项的地方去重新查证。不符合项有两种性质，严重不符合项和一般不符合项。严重不符合项主要有三种情况：质量管理体系出现系统性失效、质量管理体系出现区域性失效、后果严重的不符合项。一般不符合项是指质量管理体系出现个别的、偶然的、没有造成严重后果的不符合项；质量管理体系出现少量不符合项，但对体系的影响是次要的和轻微的。

（3）有效性评价和审核结论

在现场审核后，审核组得到大量的审核证据和审核发现其他信息，审核组要做出充分的分析、评价、归纳和总结，在此基础上得出对质量管理体系有效性的评价意见和审核结论。

在经过汇总分析和评价后，审核组可从以下四个方面对质量管理体系运行的有效性做出总体评价：

1）质量管理体系文件是否符合标准要求，是否具有可操作性，方针、目标是否适宜；

2）质量管理体系各项规定是否得到了实施和保持，资源是否满足规定的要求，各项运行活动是否满足体系规定的要求；

3）质量管理体系运行结果是否有效，员工意识是否得到提高，产品质量水平是否达到规定目标，顾客是否满意；

4）质量管理体系自我完善、自我改进机制是否建立和健全，体系运行效果是否得到持续改进等。

审核的结论是在考虑了审核目标，并对所有审核发现进行汇总分析后得出的结论性意见，第三方审核的结论一般有以下三种：

1）没有或仅有少量的一般不符合，可建议通过认证；

2）存在多个严重不符合，短期内不可能改正，则建议不予通过认证；

3）存在个别严重不符合，短期内可能改正，则建议推迟通过认证。

如是内部审核，则结论一般包括：

1）本组织质量管理体系与审核准则的符合性和有效性如何；

2）本组织的质量管理体系是否具备接受外审的条件；

3）本组织的质量管理体系有哪些方面还需要改进。

对质量管理体系有效性评价和最终的审核结论，均需在末次会上宣读。末次会的召开，标志着一次审核活动的结束。

4.2.3.3　跟踪验证

现场审核提出的不符合项，一般都需要由受审核部门在规定的时间采取纠正措施，这是由审核目的决定的。审核的主要目的就是通过审核发现薄弱环节并加以改进，避免类似问题的重复发生，不断改进质量管理体系。不符合项采取纠正措施后，审核组负责对纠正措施的完成情况及有效性予以验证。验证的方式通常有三种：

1）受审核方提交纠正措施完成的书面资料与证据，审核员通过书面评审予以验证。一般不符合项通常采用这种验证方式。

2）到受审核方现场进行现场审核方式的跟踪验证。严重不符合项和只有到现场才能验证的不符合项采取这种验证方式。

3）先对书面纠正措施计划的可行性进行确认，到下次审核时，再验证其纠正措施的有效性。一般在不符合项中，纠正措施周期较长时可以采取这种验证方式。

4.3　工艺纪律检查

企业的质量过程管控是通过有效的控制管理，确保研制产品符合规范要求，满足或超越顾客的期望。因此在企业质量管理过程中，需要开展监视与测量活动，确保能够及时识别和发现产品、过程和质量管理体系运行中存在的问题和不合格之处，实施有效的措施加以解决和消除，从而提供质量合格的产品满足顾客的需求，提高过程和活动的效率、有效性，为企业和顾客创造更高价值。

军工企业开展监视与测量活动，一般是针对产品研产过程实施质量管控，特别注重对生产现场实施质量管控，常用的做法就是实施工艺纪律检查。严格执行工艺纪律是确保最终产品质量的基本前提，没有严格的工艺纪律执行，再好的工艺手段也实现不了好的效果，违反工艺纪律造成产品质量问题和事故，不仅花费大量的精力、人力和物力，也严重影响企业的声誉和效益。

航天电子企业产品生产过程中的低层次质量问题也多与工艺纪律执行不到位相关，特别是静电损伤、多余物等问题，大部分问题产生的原因均是工艺纪律执行不严。所以工艺纪律检查也是开展监视与测量活动的有力抓手，严格工艺纪律是提升产品保证能力的重要环节，是建立正常生产秩序、确保产品质量、安全生产、提高效益的保证。

4.3.1 工艺纪律检查的概念和内容

4.3.1.1 工艺纪律的概念

工艺纪律是指在产品研制生产过程中，有关人员按照现行有效的工艺管理要求、技术文件及技术标准进行产品研制和生产所应遵守的工艺秩序。

工艺纪律检查是对生产过程中遵守工艺秩序情况的检查确认，促进相关人员通过“遵规守纪”，生产出合格的产品，其核心是“以查促建”，通过实施工艺纪律检查发现问题，并不断持续改进，从而提升企业的质量管控能力和产品质量。

4.3.1.2 工艺纪律检查的主要内容

工艺纪律检查主要从技术文件控制、工艺技术状态控制、生产过程控制、产品质量检验控制等四个方面进行要求和规定。

（1）技术文件控制检查主要内容

1）文件（设计、工艺）是否正确、清晰可用；

2）文件是否完整、配套；

3）有效、无效文件的区分与辨识；

4）工艺标准现场获取与有效性的控制。

（2）工艺技术状态控制的主要内容：

1）产品生产过程中使用的工艺文件与设计文件的相符性、文文一致性；

2）工艺文件更改的规范性、及时性，签署正确性、完整性；

3）禁（限）用工艺是否受控等。

（3）生产过程控制的主要内容

1）工艺总方案、工艺路线表、工艺规程等工艺文件和设计文件的执行情况，图、文、物的一致性，工艺标准的执行情况；

2）关键件、重要件、关键工序工艺控制措施的落实情况；

3）生产现场多余物的预防与控制情况；

4）生产过程中静电防护措施执行情况；

5）生产现场环境（洁净度、温度、湿度等）的控制措施落实情况。

（4）产品质量检验控制主要内容

1）工艺文件规定的检验要求（时机、项目、方法、判据等）的落实情况；

2）关键件、重要件、关键工序检验要求的落实情况，包括检测数据记录表、质量控制卡填写的正确性及完整性；

3）强制检验点的执行情况；

4）首件“三检”情况。

4.3.2　工艺纪律检查方法

4.3.2.1　工艺纪律检查流程

工艺纪律检查工作是一个在实践过程中不断策划、实施验证、总结、改进的迭代过程，在实践过程中不断修正检查模式、检查方法，以一定期限为周期，定期进行策划、评价以及完善。在检查实践过程中反复使用 PDCA 方法进行修正，具有更好的灵活性和时效性，形成自我完善机制，工艺纪律检查流程如图 4-1 所示。

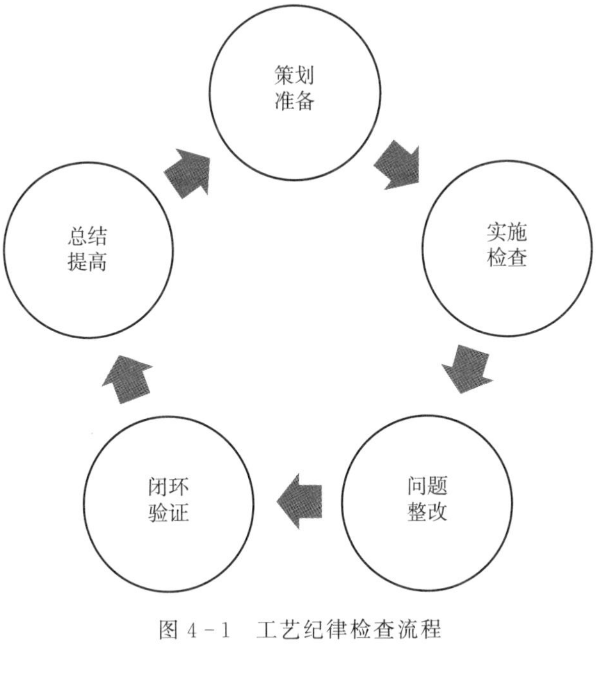

图 4-1　工艺纪律检查流程

（1）构建管理组织

企业结合自身组织结构特点，建立工艺纪律检查工作管理机构，明确主管领导、主管部门以及相关人员的职责。同时还要构建一只稳定的专业工艺纪律检查队伍，检查组一般由工艺技术专家和工艺管理专家构成，充分发挥检查组的专业优势，在检查过程中能够善于发现问题并提出建议。

在明确相关人员工艺纪律检查职责时，其中领导职责最为重要。领导职责是确保开展检查所需的各类资源和目标实现的重要条件，主要负责对工艺纪律检查工作进行顶层设计和策划，建立、丰富和完善工艺纪律检查管理制度；组织实施工艺纪律检查，为检查工作提供资源保障；制定工艺纪律检查所要达到的中长期质量提升目标，对工艺纪律检查组织进行考核与评价等。

主管部门职责包括制（修）定工艺纪律检查管理办法及实施细则等文件；拟定工艺纪律检查工作目标、思路和重点，制定工艺纪律检查工作方案；组建检查组，组织现场检查，下发现场检查实施计划；通报检查结果，下发整改通知，对检查整改方案和计划进行审查，并对检查整改情况进行验证和评价；对工艺纪律检查工作的实施情况进行定期分析与改进，建立持续改进的长效机制；对被查单位提出的考核意见，实施考核奖惩；组织开展工艺纪律检查工作的总结交流活动等。

（2）建立文件制度体系

企业应结合自身质量管理特点和具体要求，研究制定工艺纪律检查实施细则或管理办法。应系统梳理相关工艺制度、标准规范，建立支撑工艺纪律检查的文件制度体系。

对工艺纪律检查制度进行动态管理，一方面通过总结检查工作，完善检查细则等文件，定期进行修订；另一方面通过挖掘和总结工艺纪律检查中发现的好的做法，进一步完善各级科研生产管理制度、质量管理制度、标准和规范，健全各单位科研生产管理和产品质量保证全流程体系建设。

（3）工艺纪律检查工作要求

1）建立严格的检查组织程序。企业应根据需求确定检查频次，也可按自身组织机构确定检查层级，如分为单位级检查、部门/车间级检查、班组级检查。一般单位级检查可按季度进行自查，部门/车间级可按月进行自查，班组级检查可按日开展自查。

2）工艺纪律检查的闭环管理体系由“检查要素闭环—检查实施过程闭环—检查分析整改闭环—检查效果评估闭环—检查总结提升闭环”五部分组成。

检查要素闭环：检查要素是工艺纪律检查的首要环节。在该闭环中需要规定检查工作目标、思路和要求，明确检查重点和方式，制定工作过程和计划。通过检查计划编制环节，合理划定检查要素和覆盖面，充分调动现有资源，保证检查工作顺利高效地进行。实施检查前，应全面梳理上一轮次工艺纪律检查的问题、整改情况和效果，系统总结工艺纪律检查取得的成效和存在的问题，分析面临的新形势、新任务，为继续深入推进工作奠定基础。依据任务和形势的相关要求，策划当前工艺纪律检查的工作思路、主要内容、重点要求和计划安排等工作。针对质量形势和产品特点制定更具针对性的检查策划方案。

检查实施过程闭环：实施过程是工艺纪律检查的关键环节。该环节按照规定的检查要素、程序和方法，规范开展检查。在实施工艺纪律检查前，检查组要向被查单位或车间（部门）下发检查要求。在工艺纪律检查实施过程中，遵循“重点抽查、侧重现场”的原则，以现场检查为主，对相关制度、技术文件和管理要求等执行情况进行检查。一般采取首/末次会的沟通形式。在首次会上，检查组要向受检查单位（部门或车间）明确检查内容和要求；在末次会上，检查组要就现场检查发现的问题进行汇总并反馈。通过对检查过程实施闭环，对检查各要素预期达到的目标、标准/规范、技术途径、完成形式、进度、风险等进行控制，对产品在研制生产过程中的质量要求和管理工作进行把关，发现并提出在过程管理中现场控制不严、过程规范性不强、有法不依、有章不循等问题。

检查分析整改闭环：分析整改是确保工艺纪律检查有效的重要环节，该环节重点对检查提出的问题进行系统原因分析、举一反三，并督促整改落实，及时纠正并解决检查整改过程中对问题理解上的偏差，帮助受检查单位（部门或车间）提升整体能力。被检查单位（部门或车间）要针对工艺纪律检查发现问题并进行系统分析，既要对具体问题进行及时纠正，还要透过现象看本质，从根本上制定长效改进措施，并在检查问题反馈后的规定时间内完成整改方案和实施计划的制定。检查组组织对整改方案和实施计划进行审查，审查通过后，被检查单位（部门或车间）严格按方案和计划开展整改工作。需较长时间完成整改的问题，应制定专项计划推进实施整改。检查组通过跟踪分析整改工作，强化检查问题执行落实的约束性和责任性，提高执行效率。

检查效果评估闭环：效果评估是工艺纪律检查的检验环节。通过对已完成的检查工作的执行过程、结果进行分析，评估检查目标是否达到、实施的过程是否合理有效。该环节通过分析评估贯彻执行情况，找出原因，总结经验，为提高检查的效果和管理水平提供建议。依据整改方案和计划，检查组对受查单位（车间或部门）整改实施完成情况和效果进行闭环验证。验证内容包括但不局限于：对照策划方案确立的目标和整改方案确认整改完成情况和有效性；对提出的全部问题拉条挂账，对各问题的举一反三抽样核验，确保各项目整改得到落实；组织对自身整改情况的验证自查情况；必要时，检查组应于整改计划节点完成后，对受查组织的整改情况进行现场闭环验证和验收。

检查总结提升闭环：总结提升是对检查自身工作策划、控制和执行结果的检验。通过检查结果是否被相关单位认可并以此展开一系列改进提升工作，以及检查提出的建议或意见的采纳率等，不断调整、完善检查方法，使检查工作在实施过程中收获成效。全面总结企业当年工艺纪律检查效果、经验及不足，提炼固化改进成果，并进一步完善以工艺纪律检查为抓手的过程管控机制。企业应考虑分析检查结果，以确定是否存在应用的需求，并作为持续改进的一部分，不断改进工艺纪律检查工作绩效。各级应对下一级组织的检查工作绩效进行考核与督导，不断保持工艺纪律检查的适宜性、充分性和有效性。改进内容应包括但不局限于：提炼固化检查经验和方法；改进检查实施环节与要求；优化检查要素；纠正、预防和减少不利影响；建立对各级组织工艺纪律检查绩效的监测机制，对各级组织进行长期、动态的绩效监测工作；完善以工艺纪律检查为抓手的过程管控机制，以满足对未来的需求和期望。

4.3.2.2　工艺纪律检查具体实施方法

工艺纪律检查的实施一般包括座谈、询问、查现场、查资料等方式，方法概括为

“谈”“查”“看”“考”“改”。

“谈”是指检查组与被检查单位（或部门、车间）的领导层以及相关人员进行座谈，重点是领导层座谈，座谈过程重在考察领导层对生产现场质量过程管控的工作思路和意识，以及关注领导层在工艺纪律执行工作中的职责分配与落实情况等。“谈”的方法如图4-2所示。

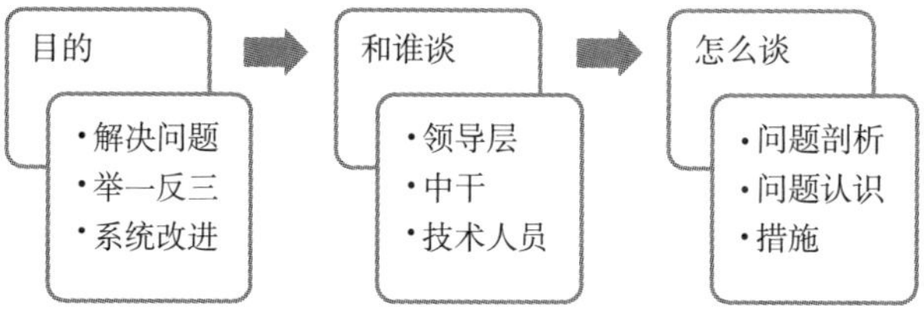

图4-2 “谈”的方法

“查”主要是指查阅文件、资料和记录，文件、资料的检查主要关注其符合性、有效性、可操作性及其管理的规范性。记录的检查主要关注记录的客观性、真实性、完整性和可追溯性。在“查”的过程中要做到抽样合理、关键过程识别到位、避免主观武断。工艺纪律检查属于抽样性检查，抽查的过程要重点关注实施的检查范围，策划合理的检查范围才能确保检查工作有的放矢。一方面要尽量覆盖企业全部产品类别，对于航天电子企业一般涵盖宇航、运载、战略武器、战术武器等型号产品；另一方面还要兼顾抽查文件的时效性，一般应该是上次检查后产生的全部文件、记录。同时在检查过程中还要重点识别关键过程，通过检查准备、查阅文件、验证等活动，识别影响产品质量和管理水平的风险较高环节，达到做好风险防控的目的。另外检查过程中还要做到“有据可依”，不能仅凭个人经验和习惯做法判定问题和性质，应以检查准则和各项规章制度、标准等要求作为判断依据。

“看”的关键在于核对现场执行过程的现状和符合性，如：检查现场物料有效期，要看物料批次标识，并核对相关物料有效储存期；检查操作者工序执行情况，要看操作者操作过程，并核对工艺规程的规定等。看到的“问题”，均要在现场做好记录，不确定“问题”性质的，要通过核实相关要求后判定。“看”的方法如图4-3所示。

图4-3 “看”的方法

“考”是工艺纪律检查方法的有益探索，提出通过推进关键人员考试，来推动各类人员的质量认识、意识和履职能力的提升。对不同岗位的人员质量职责特点，针对性制定并形成试题库，以考试、问答的形式促进各类人员对标准规范、管理制度的关注和落实。

"改"是实现检查目标的核心过程，"改"主要是对整改效果和措施有效性进行评价与监督，形成有效闭环。被检查方通过对检查过程发现问题的确认、梳理和分析，发现问题产生的原因，并制定改进措施，特别是对于散落的"点"问题以点及面地梳理管理流程，制定系统性的改进措施。"改"的效果取决于对问题的认知以及措施的有效性，"改"的落实程度直接决定了工艺纪律检查的实施效果。图 4-4 是"改"的流程。

图 4-4　"改"的流程

4.3.3　工艺纪律检查实施细则

工艺纪律检查实施细则是开展工艺纪律检查的主要依据，其中的检查条款应符合企业质量过程管控特点和需求。对于航天电子企业的工艺纪律检查细则，除了要包括技术文件控制、技术状态控制、生产过程控制、产品质量检验控制等方面的常规检查条款外，还要将上级法规制度、标准要求以及航天精细化质量管理要求进行有机整合，识别其中的关键环节和重点工作，作为日常开展工艺纪律检查的重点。工艺纪律检查实施细则的内容随着检查工作的持续开展进行及时动态修改、不断完善，确保检查实施细则能够反映最新的质量管理要求。

工艺纪律检查实施细则中的检查条款一般是针对产品实现过程编制的，称为判定性准则，判定性准则明确了检查所应包含的工作项目及要求，在检查过程中有明确的判定结果。如是否依据关键件、重要件明细表制定了关键工序，是否设计了关键工序质量控制卡，是否实施了工艺、人员、设备的"三定"。是否设置了关键和强制检验点，记录是否符合要求，是否按要求留下图像记录等客观证据。表 4-1 为某单位的工艺纪律检查细则。

表 4-1　某单位的工艺纪律检查细则

检查项目	编号		检查条款
技术文件控制	1.1		工艺文件、技术资料的更改是否及时有效、标记清楚、签署完整
	1.2		现场使用的设计图纸的型号、批次号是否一致，是否与生产加工要求一致，是否现行有效
	1.3		现场使用的工艺规程、技术资料的型号、批次号是否与生产加工要求一致，是否现行有效
	1.4		现场使用的设计图样、工艺文件是否配套完整，技术状态标识是否清楚，图样是否完整、清晰
	1.5		生产现场是否有作废和失效的设计图样、工艺规程和技术资料
	1.6		待、停产产品的图样、工艺有必要在生产现场保留时，是否能明确区分并有专人管理
	1.7		各级工艺标准在生产现场的选用、执行是否正确、受控
	1.8		产品各研制阶段用于生产的设计文件，均应进行工艺性审查并会签
	1.9		工艺文件编制的完整性，是否包含工艺文件目录、工艺总方案、工艺路线表、工艺规程、材料及外购件消耗工艺定额文件
	1.10		设计文件、工艺文件、检验规程、过程质量记录要求是否一致，有无冲突
	1.11		工艺文件是否明确了静电敏感产品防护注意事项、操作规程，是否有文件明确本单位承担的静电敏感产品范围、等级，是否有文件明确静电防护有关的过程、环节、区域及人员
	1.12		是否建立完备的多余物防控工作管理相关程序、文件、手册等，工艺文件是否明确了多余物防控注意事项、操作规程
技术状态控制	2.1		工艺文件覆盖设计文件情况（主要为：技术状态、技术要求、技术指标、调整要求、测试要求、试验条件）
	2.2		现场使用的设计文件、工艺规程及相关技术资料的技术状态是否一致
	2.3		技术通知单、更改单是否得到更改并及时落实，质疑单是否落实
	2.4		关键件、重要件及关键工序、工艺文件标识是否清楚
	2.5		是否按照禁（限）用工艺控制相关要求执行
	2.6		工艺文件是否符合相关规范和签署规定，是否有随意更改工艺的现象
	2.7		生产现场的工艺技术问题处理是否严格按技术管理制度的原则和规定执行，是否有越权处理或私自处理技术问题情况
生产过程控制	3.1	生产环境和人员控制	生产区域实行定置管理，工作台保持清洁、整齐
	3.2		生产现场温度、湿度、洁净度等环境要求是否符合技术文件要求，是否进行定期记录、检测
	3.3		工艺人员是否知悉设计意图，是否独立完成工艺文件编制
	3.4		工艺人员是否知悉相关标准、规范，是否熟悉通用工艺规程要求
	3.5		生产线上的各型号是否严格按工艺路线表组织生产，临时工序调整是否履行审批手续
	3.6		生产现场操作人员是否接受了岗前专业培训并合格，关键工序操作者是否经过了特殊工序技能培训
	3.7		进入工作场所的人员是否按规定要求着装，不得携带与工作无关的物品

续表

检查项目	编号		检查条款
生产过程控制	3.8	型号产品生产操作控制	生产现场操作人员是否熟悉技术文件要求，是否严格按贯彻工艺文件，按工艺参数生产并按规定使用设备
	3.9		投入生产的零组件工艺技术状态是否清楚（如材料牌号、批次号、图代号、工序号）
	3.10		是否按图样、工艺规程、工艺实施细则和规范要求进行操作，文实是否相符，临时工序、返修产品是否履行了手续
	3.11		质量跟踪记录是否符合 QJ 1717 的相应规定，是否对过程进行量化记录
	3.12		产品的周转、例试、包装、起吊和储运等是否符合工艺文件或操作规程的要求
	3.13		是否依据关键件、重要件明细表制定了关键工序，是否设计了关键工序质量控制卡，是否设置了关键和强制检验点
	3.14		关键工序是否实行“三定”，即定工艺（工艺方法）、定人员（指操作与检验人员）、定设备
	3.15		关键件、重要件在生产周转和运输过程中，是否使用了安全可靠的储运器具
	3.16		关键工序的首件产品是否执行了首件检验制，是否填写了关键工序首件检测数据记录表，并随产品流转
	3.17		正（试）样研制阶段产品关键特性、重要特性是否存在超差使用情况
	3.18		是否按职责分工处理生产中的技术问题，有无越权处理工艺技术问题的情况
	3.19	静电防护控制	是否建立完备的防静电工作管理相关程序、文件、手册等体系要求的文件，并通过认定；体系文件是否明确了静电防护工作的管理者及其职责
	3.20		防静电工作区是否有相关规定和警示标识，大小、色彩是否符合要求
	3.21		静电防护技术、管理、操作人员是否进行了相关培训，对静电防护相关知识是否熟知
	3.22		防静电工作区现场温度宜在 16～28 ℃，湿度宜在 40%～60%，不应超出 30%～70%（要求连续监测）
	3.23		EPA 内地面、工作台、防静电储存架/柜、防静电椅子、防静电包装、防静电服（帽、鞋）、防静电腕带、腕带测试仪、温湿度监测仪表、人体静电综合测　试仪等设施、设备、工具等是否配置到位，是否按要求进行定期检测并记录
	3.24		在设计选用环节是否对静电敏感器件进行了深入识别，是否避免选用静电敏感度过低的器件，是否对静电敏感度过低的器件采取了相应措施，是否在型号产品设计图样、元器件设计选用报告（清单）中注明了元器件静电敏感等级
	3.25		生产制造过程是否识别了静电敏感器件及其等级
	3.26		是否在备料计划、采购计划、采购合同和元器件质量保证委托单（书）中标识了静电敏感器件，并提出了相应静电防护要求
	3.27		是否在元器件库房中设立单独的区域对静电敏感器件进行标识及储存，在清点、取放、包装、运输过程中是否采取了静电防护措施
	3.28		电装工位操作者、检验员操作时是否按规定正确着装、使用防静电设备，调试检测设备是否经过必要的接地、屏蔽处理
	3.29		使用交流电的工具（含烙铁、吸锡器、有缘剥线钳等工具）是否与地连接，接地电阻是否满足要求，检查周期是否满足要求
	3.30		利用公用电源供电的设备，金属机壳是否通过电源保护地线接地，接地是否正确、可靠
	3.31		每个静电防护设备、设施、插座等接地线是否独立，是否存在串联连接情况
	3.32		防静电工作台和工作现场是否存在与工作无关的绝缘物品（如纸制品、塑料制品等）
	3.33		电装车间是否配备腕带连续监测仪、电烙铁测试仪，是否受控且抽检周期是否符合要求

续表

检查项目	编号		检查条款
生产过程控制	3.34	多余物防控	是否针对设计、工艺、操作人员开展了多余物防控培训；生产现场人员是否按规定着装，是否携带与工作无关的物品；人员进入洁净工作区时是否通过风淋装置
	3.35		产品设计过程是否考虑并采取了多余物防控措施，产品制造工艺流程、方法的选择是否有利于多余物防护与去除，工艺过程所用工具、设施对多余物防护与去除的合理性
	3.36		生产现场环境条件、物料控制、工艺布局是否满足产品对多余物的控制要求
	3.37		生产现场是否正确使用了有利于多余物防控的设备设施
	3.38		是否对零、部、组件带来的多余物按规定进行了去除和控制
	3.39		装配、调试、测试、试验、包装、运输、储存过程中是否采取有效措施防控多余物
	3.40	试验状态控制	试验现场是否建立了相应的管理制度、文件、要求
	3.41		试验现场环境、人员控制是否按相关制度的要求执行，环境、人员控制是否按要求记录完备
	3.42		试验现场设备、仪器是否按规程正确使用，设备仪器是否在有效检定期内
	3.43		试验现场的参试产品存放、摆放、安装情况是否符合制度、文件等要求
	3.44		试验是否按试验大纲、试验方法、委托单等有效试验依据开展
	3.45		产品试验状态满足技术文件要求的情况
	3.46		试验过程记录是否及时、准确，试验报告的出具是否满足相关管理要求(试验报告签署人需有相关资质)
	3.47	外协外包控制	是否编制形成了外协、外包合格供方名单，并从中择优确定外包、外协供方
	3.48		是否根据供方业绩对其质量保证能力和产品质量进行定期评价，并动态管理供方名录
	3.49		选择合格供方名单外或目录外的供方时，是否对供方质量保证能力和产品质量进行评价，并履行批准手续
	3.50		产品协作前，是否组织设计、工艺人员向供方进行技术交底
	3.51		是否向供方提出“产品质量保证要求”，并就相关条款与供方沟通，以达成最后协议
	3.52		外包产品是否按要求进行验收，并在必要时组织验收评审；未经下厂验收的产品是否进行了入厂复验
	3.53	型号物资管控过程	型号物资选用是否贯彻落实型号物资质量保证要求，在型号方案阶段对型号物资是否进行了质量策划，明确型号物资的质量要求，确定型号物资质量保证措施
	3.54		是否正确选择型号物资品种和质量等级，采用降额设计、热设计、冗余设计等技术，保证使用可靠性，开展设计复核复算，保证设计的正确性、合理性、可靠性
	3.55		是否建立供应商准入制度，在保证型号配套的前提下压缩供应商数量；建立供应商的考核认定和评价机制，对供应商实施有效的动态管理，确保型号配套物资质量受控
	3.56		物资生产单位是否在合格供应商名录内并能够按要求生产供应，选用目录或名录外物资是否按规定办理了审批手续，特殊要求及监制验收方法等质量技术要求是否明确
	3.57		型号物资是否按型号及院相关的要求进行了监制、验收、复验、筛选
	3.58		物资采购文件是否填写完整、应用型号产品是否清楚、质量等级是否满足型号总体要求、型号规格是否符合标准

续表

检查项目	编号	检查条款
产品质量检验控制	4.1	检验人员是否经过培训并获得了相应资格
	4.2	检验人员是否按设计文件和工艺文件规定要求，进行了全数检验（破坏性项目除外），填写关键工序检测数据记录表，并随产品流转
	4.3	是否严格按设计图样、工艺文件及有关质量技术文件的要求检验、验收产品，是否有错、漏检现象
	4.4	检验人员是否熟悉工艺过程及检验点设置，是否熟悉工艺文件及检验规程对检验的要求，是否贯彻检验要求并按规定使用设备
	4.5	是否认真执行了首件三检制，装、调原始记录是否齐全并签署完整
	4.6	检验人员是否监督有关人员遵守工艺规程和工艺规范
	4.7	关键件、重要件和关键工序产品，是否留存了数码照片或录像等客观证据（证实产品的实际质量状态，并保持可追溯性）
	4.8	关键件、重要件、关键工序及特殊过程的工艺资料（如关键工序质量跟踪卡、关键数据检测记录表、工序质量控制卡）是否齐全，是否按要求填写了相关记录
	4.9	检验记录是否及时、有效
	4.10	关键件、重要件和关键工序的检测记录表、质量控制卡填写是否完整、正确
	4.11	使用的仪器、仪表、量具及机床设备是否符合工艺规程要求并在检定有效周期内
	4.12	工艺过程工序检验点是否设置完备，检验点检验要求是否明确，检验用仪器、设备是否明确，对无法检测的项目是否制定了控制措施
	4.13	是否进行多媒体记录，多媒体记录点、记录要求和记录方法是否明确
	4.14	对不合格品处理是否经过不合格品审理程序，并确定处置措施
	4.15	是否采取了有效的多余物检测和检验方法
工艺纪律检查情况	5.1	是否制定了工艺纪律管理规章制度，是否对各级各类的人员工艺纪律执行和管理职责予以明确
	5.2	是否明确了各级工艺纪律检查开展的频次（厂、所每季度一次，部门每月一次，班组每天一次）、方法和实施细则，是否按要求制定工艺纪律检查计划并执行
	5.3	对于工艺纪律检查（车间、分厂及全厂）中遇到的问题能否及时纠正和处理，进行系统分析、制定整改措施并实施整改闭环

4.3.4　工艺纪律检查与考核奖惩

企业要建立工艺纪律检查评价准则，严格实施考核奖惩工作。工艺纪律检查的考核应尽量采取量化的方式，工艺纪律检查考核结果应纳入企业日常考核，并与经济绩效挂钩。

工艺纪律检查一般可以从两个层面实施考核。一方面是对检查问题中的有章不循、违规操作等情况实施考核，对于重复发生的、低层次问题要加严考核，必要时要对责任部门、责任人采取经济处罚、通报批评等。另一方面是对整改及举一反三情况实施考核，通过实施考核奖惩促进持续改进。对于整改措施落实不到位、整改不及时的要加严考核。在实施考核奖惩过程中，要将考核结果落实到具体责任部门、责任人，严格落实责任，使考核奖惩取得实效，达到警示作用，从而提升全员的工艺纪律意识。

4.4 静电防护体系监督

静电防护是一项系统性的工程，既有管理上的要求，又有技术上的要求，静电防护控制水平的高低实际反映出产品可靠性和品质管理水平的高低，是质量管理中的重要内容。我国是电子制造业的大国，大多数企业并没有把 ESD 的控制作为一个完善、规范的体系来进行控制管理，企业 ESD 防护水平比较低，静电防护管理体系认证对中小型企业来说，仍是一个全新的事物，普遍缺乏理论和实践上的指导，如何建立静电防护管理体系也是中小型企业面临的难题之一。静电防护工作不仅是一项复杂的技术工作，更是一项复杂系统的管理工作，将管理纳入静电防护工作，让静电防护从单纯的技术要求上升为“技术要求加管理要求”，是静电防护经验的总结和发展趋势；建立一个静电防护管理体系，是减少静电危害、保证产品质量的有效手段。

4.4.1 静电防护管理体系的建设和管理

4.4.1.1 建立静电防护管理体系的意义

静电防护管理体系是世界经济发达国家静电防护管理实践经验的总结，是静电防护管理最基本、最通用的方法。静电防护管理体系的建立和运行，有利于保证电子产品质量，可以为企业提供一个科学、有效的静电管理手段。

（1）有利于保证电子产品质量

当前很多电子制造企业从考虑生产成本的角度出发，静电防护工作并不到位，有的甚至未采用静电防护措施，或者是虽然在静电防护硬件方面投入大量成本，但由于缺少基于过程的静电防护管理体系，而使得预期的静电防护措施无法发挥效果，使一部分静电敏感产品质量存在隐患。建立静电防护管理体系并保持运行，可以使电子产品制造过程中的静电防护措施得到有效落实，避免静电损伤，减少静电带来的危害，保证高可靠电子产品质量。

（2）为企业提供一个科学、有效的静电管理手段

静电防护管理体系建立在系统化、科学化、专业化管理的理论基础上，以体系管理的思想，从企业的整体出发，把管理的重点放在预防上。在电子产品实现的设计与制造中，实行全员、全过程、全方位管理，通过连续的监视与控制，将静电管理置于自我监督、自我发现、自我完善的体系之下，并持续改进，为顾客提供优质的电子产品，持续增加顾客和其他相关方的满意度，同时促进企业自身管理水平不断提升。

4.4.1.2 静电防护管理体系的认证

（1）静电防护管理国际体系认证标准

采用静电防护体系的管理思想很大程度上借鉴了质量管理体系的管理思想，目前，世界上建立的静电防护体系依据的三大标准（美国国家标准 ANSI/ESD S20.20、国际电工委员会 IEC61340－5－1 和电子工业联盟标准 JESD625－A）都从不同侧面体现了质量管理

的理念。美国国家标准学会（ANSI）/静电放电（ESD）协会和 IEC 国际电工委员会分别发布了 ANSI/ESD S20.20—2007 和 IEC 61340 - 5 - 1 国际静电防护体系标准。IEC 61340 - 5 - 1 是国际标准，而 S20.20 认证即可自由转换成 IEC 61340 - 5 - 1 的申请。这两个标准从系统工程的角度出发，对工厂 ESD 体系的建立、静电防护区的建立、敏感器件的包装、生产各环节的处理、人员培训和考核、内审制度的建立和检查，以及检测手段等各个方面都做了明确的规定，规范了静电防护体系认证。

美国国家标准学会（ANSI）/静电协会（ESD）在早期就与许多国际知名企业及机构（如 IBM、英特尔公司、波音公司、3M 公司、NASA）合作，因而 ANSI/ESD S20.20—2007 实用性更强，已成为业界最广泛认可的第三方认证静电管理体系标准。

（2）ANSI/ESD S20.20 静电防护管理体系标准的适用范围

标准所适用的领域包括：制造、处理、装配、安装、包装、标签、服务、测试、检验、运输，以及其他过程中对静电放电的敏感度超过或等于人体模型（Human Body Model，HBM）100V 的电气与电子器件、部件和设备。但不适用于电引爆器件、易燃液体和粉末。

（3）静电防护管理体系的技术要求和管理要求

ANSI/ESD S20.20 静电防护管理体系标准的组成如图 4 - 5 所示。该体系分为两个主要部分，管理需求和技术需求。管理需求包括防静电控制程序计划、培训计划和符合性验证计划。技术需求包括接地系统、人员接地、EPA 防护区、包装系统和标识。

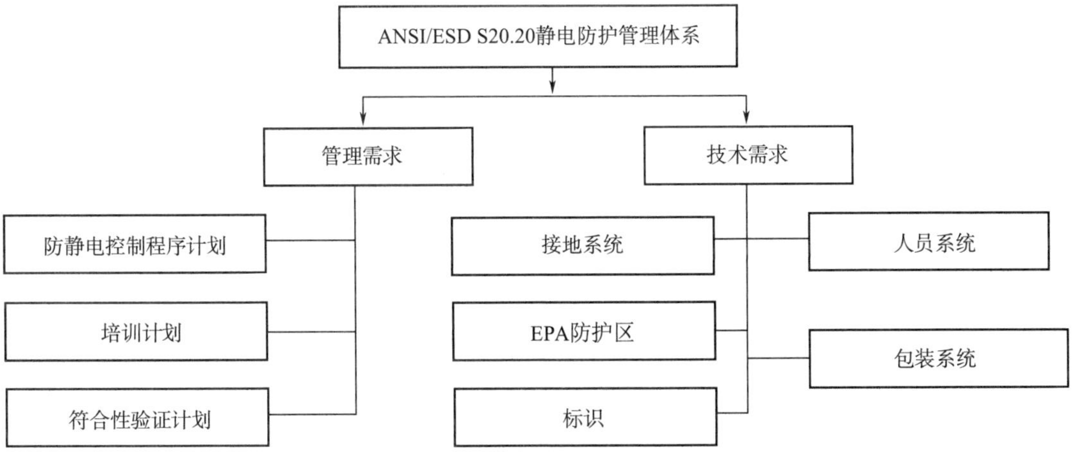

图 4 - 5　ANSI/ESD S20.20 静电防护管理体系标准的组成

4.4.1.3　静电防护管理体系的特点

静电防护管理体系虽然在某些方面借鉴了 ISO 9000 质量管理体系的管理思想和文件管理方法及运行模式，但作为一个独立的体系标准，与 ISO 9000 管理体系相比，有其独特的、重要的技术管理思想。

（1）静电防护管理体系独特的技术管理思想

静电防护管理体系更强调其独特的技术管理思想，包括有效测量、区域管理、标识和安全考虑，见表 4-2。

表 4-2　静电防护管理体系独特的技术管理思想

技术管理思想	内容
有效测量	技术要求通过有效的测量指标和测量标准来实现
区域管理	实行 EPA 或 ESD 工作站管理，实现人、环境和静电三者之间的系统化管理
标识	标识区域、标识敏感器件、标识防护材料、用品和包装
安全考虑	安全第一：在 ESD 工作中如果与安全有冲突，必须将安全放在首位

在静电防护管理体系中独特的技术思想是有效测量，有效测量的核心是符合性测试和验证，符合性测试和验证包括两个方面的内容：一是按照 ESD 程序文件规定的检测项目、技术要求和检测频率进行日常的技术测试和检查（通过技术性测试来验证所执行的 ESD 标准的符合性）；二是通过内审来验证 ESD 在管理方面的满足性。符合性测试和验证是 ESD 标准在企业中得以贯彻和实施的必要条件，是 ESD 管理体系有效运行的有力保障，因此符合性测试和验证是静电防护管理体系的重点。

（2）静电防护管理体系技术实现的原则和手段

静电防护管理体系技术实现的四项基本原则为：

1）等电位连接，与敏感器件接触的导体实现等电位连接，避免因导体带静电而发生放电现象；

2）静电源控制，绝缘材料的静电通过接地和等电位连接无法消除，因此必须对敏感器件周边进行静电源控制；

3）防静电包装，移出 ESD 防护区的器件必须使用防静电包装，以防受到外界静电源的影响；

4）安全第一的原则，ESD 防护措施不能降低安全水准，如果安全与之冲突时，应将安全放在首位。

静电防护管理的基本技术手段有：

1）等电位；

2）接地；

3）离子化中和；

4）阻值控制；

5）静电放电屏蔽；

6）湿度控制；

7）材料抗静电手段；

8）标识和标注；

9）保护电路和结构设计以提高抗静电能力。

4.4.1.4　静电防护管理体系的策划

策划在整个静电防护管理体系中占据重要位置，是静电防护活动成败的关键，是保证

ESD防护管理执行力的前提，在开展静电防护体系建设前期，必须做好科学策划，静电防护活动策划主要包括：

1）制定静电防护目标：静电防护目标是静电防护活动的指挥棒，静电防护管理体系能否满足静电防护管理目标要求是策划时应考虑的首要因素。

2）制定计划，开展静电防护需求识别，确定本单位静电防护的重点，有针对性地采取静电防护措施。

3）建立静电防护组织结构和管理队伍，明确职责和权限。

4）确定文件结构，编制静电防护体系建设管理文件或控制大纲，确保体系有效运行。

（1）制定静电防护目标

制定本单位的静电防护目标，目标应具体（可量化、可实现、可考核）。定制目标时，不能定得太高，也不能太低，要结合本单位静电防护识别出的需求和客户需求，要满足可提高、可持续改进需求。所谓具体，就是制定的目标应能具体落实到相关的职能和层次上。

（2）制定计划开展静电防护需求识别

静电防护是一项预防措施，通过系统全方位防护，保护产品不受静电危害。在开展静电防护之初，首要工作是对可能造成静电伤害的环节、过程进行系统的识别，尽可能识别全面，只有理论上识别全面了，所采取的防护措施才可能到位。静电防护不仅涉及产品的设计、制造、采购、包装、储存、运输、取放、使用、维修和操作等全过程，同时也涉及相应人员的静电防护意识。静电防护需求识别包括敏感度、活动、相关人员和客户的需要。

①ESDS产品的识别

不管依据哪个静电防护标准，采取哪种静电防护措施，其目的都是一致的，就是要减少、抑制、消灭静电放电所产生的危害。所采取的技术手段也是一致的，就是建立EPA，通过配备静电防护设备、设施和设置接地/等电位连接系统等措施，使处于EPA内的静电敏感（ESDS）产品免受ESD危害。首先必须要识别电子产品中静电敏感的器件，依据其静电敏感度等级，确定产品静电防护要求。只有将这些关键要素搞清楚、识别出来，ESD防护才能有的放矢，起到真正效果。

②ESDS环节的识别

与ESDS产品相关的作业活动涉及产品的设计、制造、采购、包装、储存、运输、取放、试验、使用、维修和操作等全生命过程，因此相应防护也必须涵盖全生命过程，是一条完整的ESD防护链条，任何一个防护环节不到位都可能导致功亏一篑。然而，ESDS产品全生命过程往往并非只在同一个单位、同一个EPA，而可能涉及多家单位、多个EPA、多个环节，并且在不同的环节这些ESDS产品所处的状态可能也不一样，可能是以独立产品出现，可能作为某产品的一部分（部组件）出现，但无论哪种状态都要采取防护措施，否则就会导致防护失败。因此必须准确识别本单位ESDS产品处于哪个环节，该环节需要采取哪些防护措施，涉及哪些ESDS作业，只有准确将ESDS作业定位好，相应的ESD防护及 EPA 划分、设置才能更加准确、到位。

③ESD 防护相关人员的确定

ESD 防护相关人员识别至关重要。ESD 相关人员的水平及对 ESD 防护要求的执行力直接影响 ESD 防护效果。与 ESD 防护相关的人员一般可以概括为 ESDS 作业人员、EPA 管理人员、ESD 内审人员、ESD 监测人员等，对这些人员必须要准确识别，并进行相应的培训，以满足 ESD 防护要求，即：

1）ESDS 作业人员。主要指直接参与 ESDS 活动并直接接触、处置 ESDS 产品的人员，包括设计人员、研究人员、生产人员、库管人员、维修人员、试验人员、调试人员等，这些人员需要针对岗位要求进行相应的技术培训。

2）EPA 管理人员。主要指直接对 EPA 进行负责管理的人员，EPA 管理人员不仅要负责 EPA 内 ESD 防护设备的配置、维护，还要负责监督 EPA 作业人员按照相关程序进行 ESDS 作业。一般 EPA 管理人员需要接受专门的培训，并且获得相应的资质。

3）ESD 内审人员。主要指参与本单位静电防护体系运行有效性、符合性、适宜性验证的人员，这些人员不仅要求掌握一定的审核知识与技巧，了解本单位 ESDS 产品的特点，还要求掌握相关标准的管理与技术要求。ESD 内审人员必须定期接受专门培训，并获得内审员资格。

4）ESD 监测人员。主要指负责本单位或相应 EPA 内 ESD 防护设备设施状态日常监测的人员，这些人员需要负责按要求定期对 EPA 内的 ESD 桌、椅、台、垫、鞋、服、腕带等状态进行验证。ESD 监测人员也必须定期接受专门培训，并获得监测人员资格。

5）其他相关人员。主要指可能接触 ESDS 产品或进入 EPA 的人员，如保洁人员、外包协作人员、来访人员等，这些人员可能接触 ESDS 产品，也就可能造成 ESD 危害。对这些人员应进行必要的培训，采取相应的防护措施或控制手段。

④ESD 防护客户需求的识别

应做到及时达到客户的 ESD 防护要求，最终实现产品质量的可靠性保证。客户 ESD 防护需求识别步骤如下（图 4－6）：

1）定期与客户就产品质量与 ESD 防护需求进行沟通，达成 ESD 防护共识。

2）单位针对与客户沟通的情况，结合本单位或部门科研生产特点与现状，开展 ESD 防护需求识别。

3）对所识别需求进行评审。

4）形成 ESD 防护需求识别汇总表，作为本单位或部门开展 ESD 防护的依据。

当客户 ESD 防护需求发生变化时，要及时按照上述流程，重新进行防护需求识别，特别是所承担产品的敏感度或抗扰度发生变化时。

4.4.1.5 建立静电防护管理组织

单位的最高管理者应指定静电防护负责人和主管部门，统管静电防护管理体系的建立、实施、监督和管理工作。为了取得最高管理者的支持，应在静电防护管理手册等文件中规定最高管理者的职责，并经最高管理者批准后发布。最高管理者的职责至少包括指定

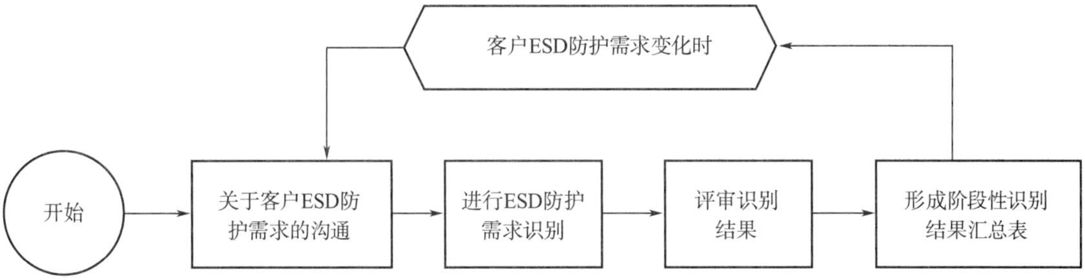

图 4-6　客户 ESD 防护需求识别流程图

本单位静电防护负责人和主管部门，赋予静电防护负责人相应的管理权力，提供必需的资源；并对本单位静电防护方针、目标的实现负责。

静电防护负责人对本单位静电防护管理体系的建立、运行、监督和管理负直接责任。对于规模较大的单位，要根据自身实际需要，建立静电防护管理队伍，成员可包括部门领导和有关部门的代表，由静电防护负责人牵头，明确任务分工和各自的职责。成员的职责是贯彻静电防护负责人的指令，负责各自部门静电防护的检查、管理和监督。

4.4.1.6　静电防护文件建立

建立文件化的静电防护管理体系，包括静电防护方针和目标、静电防护管理手册、静电防护管理必要的程序文件，确保体系策划、运行、控制所需的文件，静电防护运行、监视与测量记录等。静电防护管理至少需要方针目标、管理手册、程序文件和记录四个层次的文件，才能有效保证体系正常运行。

（1）静电防护管理手册

静电防护管理手册是静电防护体系中最重要的文件，它应对适用范围、任务、科研生产活动，对达到规定敏感级别的静电敏感器件进行防护所采取的措施进行描述，明确单位内部静电防护管理的任务分工和职责，列出手册直接引用或支持的文件，列出单位用到的过程检测方法和设备，界定本单位与分包方、供应商之间的关系、作用和职责。手册应对所依据顶层标准的每项要素提出实施要求，包括技术要求和管理要求。静电防护的方针和目标，可以在管理手册中明确。

（2）程序文件

为进行某项活动或过程而规定的途径或方法叫作程序。程序可以形成文件，也可以不形成文件。含有程序的文件称为程序文件，用来回答做什么、为什么做、谁来做，何时、何地做，如何做，使用什么材料、设备和文件做，如何对活动或过程进行控制，如何记录信息，记录什么信息等问题。静电防护文件一般要包括以下控制程序：

1）静电防护控制程序；

2）静电防护活动记录控制程序；

3）静电防护需求识别程序；

4）人员培训管理程序；

5）防静电工作区管理程序；

6）采购外包管理程序；

7）监视测量管理程序；

8）不符合项控制，纠正程序；

9）预防措施管理程序；

10）静电防护内部审核与管理评审程序。

（3）记录要求

记录是为所获得结果或所完成的活动提供证据的文件。记录中所提供的信息应完整、全面、简单、明了。记录应真实，静电防护管理体系需要保存的记录大致有以下几个方面：

1）内部审核记录；

2）管理评审记录；

3）人员培训记录；

4）监视测量记录；

5）静电防护器材设备设施和测量仪表周期检测记录或证书。

4.4.1.7　航天标准静电防护管理体系及各要素

按照《航天电子产品静电防护管理体系要求》，静电防护管理体系共12个要素，其中总体要求包括2个要素，管理要求包括10个要素。体系架构如图4-7所示。

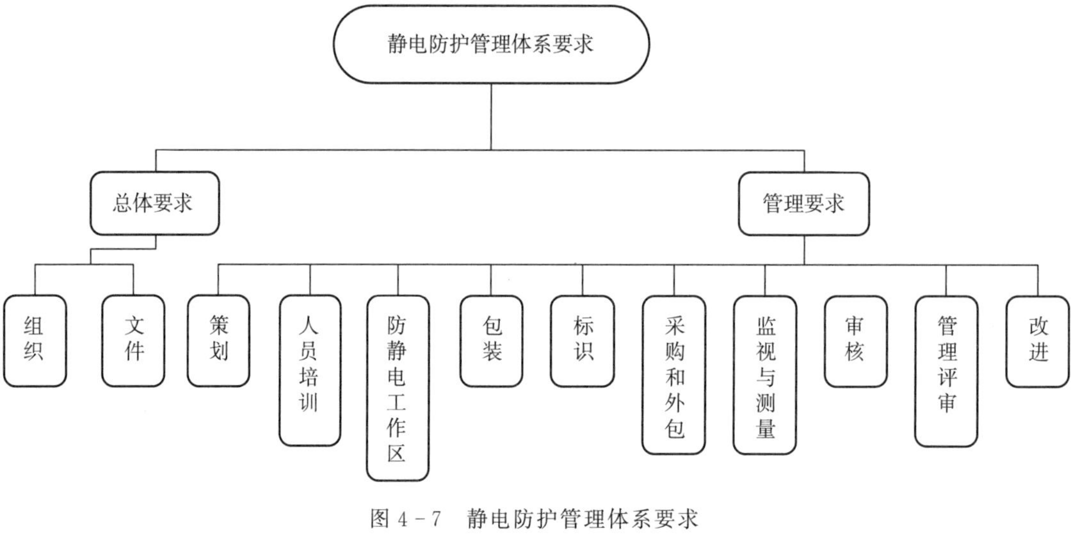

图4-7　静电防护管理体系要求

1）“组织”要素，提出了6条要求，要求建立静电防护管理体系，将制度、计划、程序和指导书形成文件加以实施、保持和改进，并传达至有关人员，使其理解、获取和执行；提出了最高管理者和静电防护负责人的职责；要求确定静电防护主管部门，负责静电防护管理体系的建立、日常监督和管理，并审核、验证与要求的符合性；要求规定相关部门及人员的静电防护职责。

2）“文件”要素，提出了4条要求，规定静电防护管理体系应包括方针、目标、管理手册、程序文件和记录；同时对管理手册、文件控制和记录控制提出更加详细的要求。

3）“策划”要素，要求确定静电防护目标，目标应具体、量化、可考核，并与静电防护方针保持一致。识别本单位 ESD 敏感器件、组件敏感度级别，识别客户的静电防护需求并加以满足，识别本单位与静电放电敏感电子产品的采购、制造、加工、组装、装联、包装、标识、维修、失效分析、测试、检验以及储存和运输等与科研生产活动有关的环节。

4）“人员培训”要素，要求对静电防护管理人员、处置或可能接触静电放电敏感电子产品的所有人员进行有关静电放电及其防护知识的初始性培训和周期性培训。

5）“防静电工作区”要素，提出了 7 条要求，包括总则、防静电工作区的划分、配置、接地/等电位连接系统、人员接地、工具盒设备接地和管理要求。

6）“包装”和“标识”要素，对 ESDS 电子产品在 EPA 内、外的静电防护包装要求做出规定，对 ESDS 电子产品、静电防护包装和其他相关物品的标识要求做出规定，并在合同、采购订单或其他文件中明确。

7）“采购和外包”要素，确保采购与外包的静电放电敏感电子产品以及静电防护设备、设施和器材等产品与服务满足静电防护要求，评价产品和服务供应商的相应能力或资质。

8）“监视与测量”要素，规定监测的项目、技术要求、测量限值、设备、测试方法、频度和管理。

9）“审核”和“管理评审”要素，规定了内部审核和管理评审的内容及组织工作程序。

10）“改进”要素，提出了利用静电防护方针、静电防护目标、审核结果、数据分析、纠正和预防措施以及管理评审，持续改进静电防护管理体系的有效性，同时对纠正和预防措施提出了具体要求。

4.4.2　静电防护管理体系的监督和审核

静电防护管理采用体系的思想，其最大的优点就是管理科学、理论严谨、系统性强，具有自我完善的功能。对管理体系进行监督审核，为体系的持续改进提供了输入和依据，对体系进行管理评审，判定体系的适宜性、充分性和有效性，并做出改进决策，是体系正常运行和自我完善的重要手段。

4.4.2.1　内部审核

内部审核有时也称为第一方审核，由组织自己或以组织的名义进行，审核的对象是组织自己的静电防护管理体系，目的是验证组织的运作是否持续满足并符合静电防护管理体系和标准的要求，它为有效地管理评审和纠正、预防措施提供信息。

内部审核是静电防护管理体系的监控措施，由静电防护负责人组织内部审核员执行。内部审核员得到充分的授权，以日常过程符合性检测检查的记录数据、培训计划实施记录为基础，涉及体系包括手册的实施情况，培训计划、监视测量计划的实施情况等管理要求，以及相关要求的合理性和可行性，发现体系中不符合要求的行为，对组织的静电防护管理体系的运行情况做出评价，确定静电防护体系是否健全，判定体系是否符合标准或管理文件的要求，发现改进的机会。内部审核是组织集中发现问题、集中解决问题的一种有效手段，是静电防护管理体系的一种自我评定的手段，可以为管理者促进体系持续改进提供决策依据。

将内部审核中的审核证据对照体系文件和标准进行评价，就形成了审核发现。审核发现可表明符合或者不符合审核规则，根据审核发现，就能对组织一年的体系运行和技术运作是否持续满足静电防护管理体系和标准的要求做出一个综合性的评价，形成内部审核报告并作为管理评审的一个输入。

作为组织内部的自觉行为，内部审核更应该注重审核的效果，为今后的体系改进提供可靠的证据。因此，内部审核首先必须得到最高管理者的支持，其次主管部门要进行充分的策划工作，根据标准、程序规定和所审核活动的实际情况及重要性，制定并实施内审年度计划和专项审核计划，对所有过程和部门在规定时间内进行全要素的审核，另外内部审核员要进行充分的准备，要熟悉被审核部门的工作特点，熟悉管理手册和程序文件，认真制定检查表。内部审核员应独立于被审核的活动。内部审核结果应写出书面报告，向单位最高管理者报告，对发现的不符合项应提出改进意见和纠正措施，并保存审核记录。

静电防护管理体系的审核员不仅要懂得体系审核的技巧、体系的相关管理知识，还应对相应的技术要求与静电防护专业知识有一定了解，能够掌握一些静电防护产品的现场检测方法。现场审核时，随时进行抽检，对一些设备设施状况进行验证。

体系文件应根据单位体系的复杂程度和运行情况，确定内部审核周期，在一个管理评审周期内，至少进行一次全要素的内部审核，也可以根据体系运行情况，进行多次专项审核作为补充。

4.4.2.2　管理评审

管理评审也是静电防护管理体系内部监控的措施，由最高管理者组织进行，将一些管理层解决不了的问题和关系企业方针的问题集中在一起，由决策层加以解决。管理评审的内容一般包括内审的结果、目标的实现程度、持续改进的要求等。管理评审由最高管理者根据静电防护的方针和目标，针对组织内部变化的因素和外部变化的环境，对体系的持续适用性、有效性和充分性做出评价，通过这种评价活动来总结静电防护管理体系的业绩，并从当前业绩上考虑找出与预期目标的差距，寻求任何可能改进的机会、改进方向和变更的需求，做出相应的调整并持续改进。

1）体系的适宜性。任何一个组织的静电防护管理体系都是动态的，面临着各种内部或者外部的变化，如标准换版、新的法律法规颁布，市场需求和客户期望的发展和变化、组织领导调整、产品的更新、防护技术的革新等，都将可能影响静电防护管理体系的适用性。这就要求组织能够及时地识别与分析这些变化，并对体系进行适当的变更，以使体系保持与所处的客观情况相适应的能力。

2）体系的充分性。组织在建立静电防护管理体系的过程中，或针对内外部变化情况对体系进行变更时，都可能存在考虑不周全的问题。应充分识别体系所需的过程及相互关系，并对有关的职责权限、接口关系、具体的控制方法等做出明确而充分的规定，以保证静电防护管理体系持续的充分性。

3）体系的有效性。有效性是指完成所策划的活动并实现所策划结果的程度。静电防护管理体系的有效性体现在方针与目标的实现程度上，也体现在与体系有关的过程业绩和产品的符合性、客户的满意度、体系是否得到有效运行、针对不合格采取的纠正或预防措施是否实施有效等诸多方面。

静电防护管理体系内部审核结果是静电防护管理评审的输入之一，其他的输入包括：客户的反馈、人员培训计划执行情况、监视测量计划执行情况、EPA 管理员的报告、纠正措施和预防措施的效果、文件和记录的控制、静电防护政策、目标和程序的适用性等。

管理评审的输出应包括：

1）对静电防护管理体系适宜性、充分性和有效性的总体评价结论，体系变更的需要、改进的机会，静电防护方针、目标改进的需求和体系运行情况的说明。

2）改进静电防护管理体系及其有效性的决策和措施。结合管理评审输入，通过评审活动，可能会提出改进组织现有的体系及过程的有效性要求。

3）与客户要求有关的产品质量改进决定和措施。

4）有关资源需求的决定和措施。针对内外部环境的变化或潜在变化，考虑当前或未来的资源需求，为静电防护管理体系持续的适宜性、充分性和有效性提供资源保证。

管理评审是组织自我完善管理体系和持续改进的主要工具，是基于事实的决策方法原则的重要体现，因此必须要提高管理评审的有效性。管理评审的各项输入要真实、有效，管理评审结论应客观、充分，要形成改进的决议并由最高管理者签发执行，体系的运行才能在一个新的起点上进入下一个 PDCA 循环。

静电防护管理体系管理评审可独立进行，也可与本单位的其他管理体系的管理评审合并进行，由单位的最高管理者决定。合并进行管理评审，应有静电防护管理评审的独立报告或在评审报告中有静电防护的独立内容。管理评审的周期一般为 12 个月。

上述控制措施并不是各自独立的，它们在监控的内容上有所交叉、互为补充，构成了较为完整的监控机制，以保证静电防护管理体系持续适用、充分且有效。

参考文献

[1] 刘仰会．静电防护措施在电视机生产中的应用 [J]．电子设计工程，2010（1）：113－114.

[2] 张树谦．静电防护体系建设和认证对电子制造业的作用 [J]．中国电子商情：基础电子，2012（7）：75－77.

[3] 季启政，刘志宏，张书锋，等．一种基于 PDCA 法则的静电防护管理模式 [J]．标准科学，2012，12（12）：68－72.

[4] 邹航，张素娟．电子元器件检测实验室的静电防护体系 [J]．国外电子测量技术，2010（8）：70－73.

[5] 黎春燕，蔡戬．ESD 控制要求与质量管理体系的融合 [J]．电子质量，2012（8）：70－73.

[6] 马胜南，季启政．我国 ESD 标准研究进展、问题分析及对策建议 [J]．标准科学，ISTIC，2012（9）.

[7] DANGELMAYER G T. "Twelve critical factors in ESD program management" ESD program management [M]. NEW YORK：Springer US，1990：1－15.

[8] 付桂翠，等．电子元器件可靠性技术教程 [M]．北京：北京航空航天大学出版社，2010.

[9] 袁亚飞．电子工业静电防护技术与管理 [M]．北京：中国宇航出版社，2013.

[10] 徐平国，等．ISO 9000 族标准质量管理体系内审员实用教程 [M]．北京：北京大学出版社，2017.

第 5 章　过程分析与评价

5.1　概述

过程分析与评价主要是指通过开展工艺选用、建立生产基线、进行工艺成熟度评价等方法对制造过程中涉及的技术状态进行控制，对故障模式、工艺技术等进行分析与评价，有效把控工艺风险，确保产品制造过程质量，从而提升工艺保证能力。分析与评价应贯穿产品研制的方案、初样、正（试）样（正样）、定型、批产等全过程。电子产品的制造有其特殊性，元器件焊接等工艺质量只能靠制造过程保证，无法在制造过程中进行检测，因此，制造过程分析与评价变得尤为重要。只有对制造过程的产能、技术能力、检测水平等进行深入分析与评价，系统分析电子产品的故障模式、评价工艺技术成熟度，针对故障模式及工艺技术薄弱环节采取有效控制措施，才能保证电子产品制造质量。在本书中，过程分析与评价主要介绍工艺选用、生产基线建立、工艺风险分析和工艺 FMEA 分析、工艺成熟度评价、电子产品保证能力评价等方面的内容。

5.2　工艺选用

工艺选用是指在产品设计过程中（包括工艺设计），从单位的工艺目录中选择成熟、经济、高效的产品制造工艺的过程。工艺选用的主要工作包括建立工艺清单目录、建立型号或产品工艺选用清单。工艺目录是按照科学的方法对制造单位经过验证或通过鉴定的工艺方法进行分类形成的可供选用的汇总表。工艺选用清单是按照一定的格式将某产品所选择的工艺方法汇总形成的明细表。在完成上述梳理工作后，为了更好地开展工艺选用工作，需对已梳理出的工艺进行成熟度评价，从而为选择质量一致性好、效率高、成本低的工艺技术提供更为准确的理论依据。航天电子企业开展工艺选用主要包括建立工艺目录、产品工艺选用清单的建立、工艺选用清单的管理和开展必要的工艺鉴定工作。

5.2.1　工艺目录的建立

航天电子产品制造企业应将本单位的工艺方法汇总，形成本单位的工艺目录。工艺目录中的单项工艺方法应分为两类：第一类为经过了飞行试验验证的工艺方法；第二类为未经飞行试验验证但通过了工艺鉴定的工艺方法，此类工艺在工艺目录中应带有特殊标记，在型号成功发射后方可去掉标记。

某单位的工艺目录（部分）样例见表 5-1。

表 5-1　某单位的工艺目录（部分）样例

序号	编 号	工艺类别	工 艺 名 称	成熟度	备注
1	Kxxx-yy-zzz	印制电路板制造	照相底板制作		
2	Kxxx-yy-zzz	印制电路板制造	印制电路板钻孔		
3	Kxxx-yy-zzz	印制电路板制造	孔壁与处理		
4	Kxxx-yy-zzz	印制电路板制造	孔金属化		
5	Kxxx-yy-zzz	印制电路板制造	图形转移		
6	Kxxx-yy-zzz	印制电路板制造	导通孔保护		
7	Kxxx-yy-zzz	印制电路板制造	印制电路板成形		
8	Kxxx-dz-zzz	电子装联	整机装联工艺		
9	Kxxx-dz-zzz	电子装联	电子元器件搪锡		
10	Kxxx-dz-zzz	电子装联	O 型端子压接		
11	Kxxx-dz-zzz	电子装联	TS01-3 清漆喷涂		
12	Kxxx-dz-zzz	电子装联	真空气相焊接		
13	Kxxx-dz-zzz	电子装联	通孔元器件温控烙铁搪锡		
14	Kxxx-dz-zzz	电子装联	表面贴装元器件手工焊接		
15	Kxxx-dl-zzz	电缆网制造	电插接器标记		
16	Kxxx-dl-zzz	电缆网制造	导线/电缆下线		
17	Kxxx-dl-zzz	电缆网制造	导线标记		
18	Kxxx-dl-zzz	电缆网制造	电缆/导线端头处理		
19	Kxxx-dl-zzz	电缆网制造	绑扎		
20	Kxxx-dl-zzz	电缆网制造	电缆组装件测试		

5.2.2　产品工艺选用清单的建立

产品制造单位应将各产品所选用的全部工艺方法汇总形成工艺选用清单。工艺选用清单的形成应在产品研制阶段进行，初样阶段形成初样产品工艺选用清单，转正（试）样前应进行评审，评审通过后形成正（试）样产品工艺选用清单。设计定型完成前应完成面向批产制造的工艺确认，固化形成批生产阶段产品工艺选用清单。产品的工艺选用清单中应注明未经飞行试验验证的工艺。对于未经飞行试验验证的工艺，承制单位应先开展工艺鉴定，完成工艺鉴定后补充到工艺目录中，并形成未经型号飞行试验验证的工艺方法汇总表。

产品工艺选用清单应在产品设计阶段开展编制。产品工艺选用清单一般应包含以下内容：

1）编号；

2）产品代号；

3）产品名称；

4）修改日期；

5）工艺名称；

6）成熟度；

7）所引用的工艺标准规范代号；

8）主要工艺流程；

9）所使用的材料、元器件及零部组件；

10）是否包含关键特性；

11）是否涉及禁（限）用工艺；

12）是否有飞行经历；

13）工艺实施单位；

14）批准状态；

15）备注。

单机研制单位在详细设计完成之后应编制单机产品工艺选用清单，选用清单的填写说明见表 5－2，经评审后报分系统研制单位。分系统研制单位审查汇总单机研制单位上报的单机工艺选用清单，形成分系统工艺选用清单，并将分系统工艺选用清单报型号办（项目办）。型号办（项目办）审查汇总分系统研制单位上报的工艺选用清单，形成型号工艺选用清单，报型号总师批准。未经飞行试验验证的工艺汇总表作为工艺选用清单的附件，应与工艺选用清单一并参与各级审查，是整个型号需重点关注的工艺风险源。

表 5－2　产品工艺选用清单填写说明

项目	填写说明
编号	产品工艺选用清单表格编号
产品代号	填写被选产品的代号
产品名称	填写被选产品的名称
修改日期	被选产品工艺选用信息的最新生成日期
工艺名称	填写工艺选用目录中的工艺名称
成熟度	填写工艺的成熟度等级
所引用的工艺标准规范代号	填写工艺方法所依据的标准规范代号（国标，国军标，行业标准，院标及厂、所标准等）
主要工艺流程	填写工艺选用目录中的主要工艺流程
所使用的材料、元器件及零部组件	填写材料名称、牌号、技术条件、状态、规格，元器件的名称、规格、技术条件，零部组件的名称、代号、标准号等

续表

项目	填写说明
是否包含关键特性	工艺是否包含关键特性，填“是”或“否”，并在备注中说明关键特性内容
是否涉及禁（限）用工艺	工艺是否使用了禁（限）用工艺，填禁（限）用工艺条目或“否”
是否有飞行经历	是指对工艺是否有飞行经历，要注意以前经历的环境条件是否能覆盖本产品的环境条件，如以前经历的环境条件不能覆盖本产品的环境条件，则不能认为有飞行经历
工艺实施单位	填写工艺实施单位
批准状态	填写工艺项目批准状态，填“已批准”或“未批准”
备注	其他说明

工艺选用除要考虑成熟度外，还应考虑其可靠性、可检验性、可维修性、可操作性、稳定性、经济性和安全性。禁限用工艺应严格控制，如确需选择和使用限用工艺，应严格按照相关规定和流程办理审批手续。产品工艺选用一般应满足如下要求：

1）产品设计对工艺的指标要求；

2）地面环境（制造、试验、包装、储存、运输、总装）要求；

3）飞行环境（发射、在轨、返回）要求；

4）产品规定的安全系数要求。

在工艺目录中进行工艺选用时，应按如下顺序依次优先选用：

1）已形成航天行业工艺标准规范，且经过成功飞行的工艺；

2）已形成企业标准规范，且经过成功飞行的工艺；

3）虽未形成标准规范，但是有成功飞行经历的工艺；

4）成熟度高的工艺；

5）通过相关试验验证并经过鉴定的工艺。

5.2.3　工艺选用清单的管理

（1）产品工艺选用清单的评审

产品研制单位应按研制阶段对工艺选用清单进行评审，可与产品的设计评审、工艺评审同时进行，也可单独进行。工艺选用清单评审的内容重点如下：

1）清单项目的完整性；

2）工艺选用的合理性、选用的必要性、环境条件覆盖性等；

3）未经飞行试验验证的工艺方法汇总表在审查时，应重点审查选择的验证试验项目的充分性、验证试验的准确性及服役环境的符合性，工艺的可行性、可操作性和关键特性参数的特性值等满足产品设计要求的程度及稳定性；

4）禁（限）用工艺的使用情况；

5）转阶段和出厂时应重点审查未经飞行试验验证的工艺汇总表、工艺验证、工艺技术状态变化控制情况；

6）成熟度低的工艺选用的必要性及可行性。

（2）产品工艺选用清单的更改

当产品选用的工艺发生更改时，应认真分析工艺选用清单是否需进行更改。如需要更改且变动较大时应重新进行评审，并经必要的审批，产品工艺选用清单的更改可参照QJ 903.6进行。

5.3　生产基线建立

生产（产品）基线是技术状态基线中的一种，它是指经正式确认的，用以描述技术状态项目内容的生产技术状态文件：技术状态项目所有必需的功能特性和物理特性，被指定进行生产验收试验的功能特性和物理特性，为保障技术状态项目合格所需的试验。在试生产阶段、定型（鉴定）阶段或正样阶段后期，建立"生产基线"。生产基线是产品批量生产的依据，生产基线应与上级技术状态文件规定及产品定型（鉴定）要求协调一致。生产基线的确认标志着研制工作的结束。

5.3.1　基线建立

在产品生产过程中，应在试生产阶段、定型（鉴定）阶段或正样阶段后期，建立"生产基线"。生产基线是产品批量生产的依据，并应经过评审，原则上未建立生产基线的产品不得开展首飞产品投产工作。在工程研制阶段、定型（鉴定）阶段编制形成生产基线所要求的生产技术状态文件应具有可追溯性。

生产基线的内容应涵盖产品生产所需的全部依据，应包含工艺技术流程中各环节所需的人、机、料、法、环、测等相关内容。

生产基线应形成完整的工艺技术流程，明确各类关键特性、关重件、关键工序控制点，并形成清单；关键特性清单应在充分识别设计、工艺、过程控制关键特性的基础之上，形成相应的关键特性表，制定经验证有效的控制措施，明确将措施纳入操作类文件的情况；关键/强制检验点清单应明确检验项目、检验方法和合格判据，并汇总操作类文件中相应工序进行标识的情况；根据产品关键特性、关重件及关键工序确定特殊岗位、特殊设备及工作环境，形成相应的清单，并应将相关要求固化至工艺文件中。

人员基线包括产品生产过程对各类操作和检验人员技术水平和上岗资质的要求，对于关重特性的实现环节，要严格控制，必要时应指定操作者；设备、设施、工装基线包括对所使用仪器设备的类型、名称、指标、性能的要求及工装的使用要求；元器件、原材料及外购件一般包括材料清单（含元器件清单和外购件清单）、采购、复验、储存、使用过程控制等要求；材料清单、机械零件清单、工艺清单应识别出未经飞行试验验证的项目，并明确未经飞行试验验证的材料是否已通过认定、机械零件是否已通过确认、工艺是否已通过鉴定；元器件清单应形成元器件选用清单，并按照型号要求或标准规定进行选用。

设计文件基线主要包括技术流程、设计图表、技术要求、试验任务书和试验大纲、调试/测试细则等，工艺文件主要包括工艺总方案、工艺技术流程、工艺规范、工艺规程、检验规程等，产品保证文件主要包括产品/外协产品保证要求、产品生产过程数据包要求等。

环境基线一般包括对温度、湿度、洁净度、静电防护等方面的要求；检验检测一般要明确检验与检测的方法、工具和设备、记录表单、合格判据，必要时应明确检测环境要求；应生成生产阶段的数据包项目清单，将需要记录的项目以表格化记录；对外协产品的要求、外协单位生产基线建立的情况、外协产品保证文件建立的情况、外协单位与鉴定产品生产单位是否保持一致的情况形成清单。

5.3.2 基线控制

生产基线文件的更改、偏离和让步应按 GJB 3206《技术状态管理》、QJ 3118《航天产品技术状态管理》等标准和型号产品技术状态控制的有关规定进行。生产基线更改应遵循论证充分、试验验证、各方认可、审批完备、落实到位的原则。

5.3.2.1 更改控制

承制方和订购方都可对现行已批准的生产基线所对应的技术状态文件提出技术状态更改的要求，按照技术状态更改程序确定必要的更改。

（1）更改分类

根据技术状态更改对航天产品技术状态和使用性等诸方面的影响程度，分为Ⅰ类技术状态更改、Ⅱ类技术状态更改和Ⅲ类技术状态更改。Ⅰ类技术状态更改是指对已批准的生产基线文件的更改致使定型（鉴定）和批生产状态等要求产生重大影响；Ⅲ类技术状态更改是指对已批准的生产基线文件的更改不涉及文件所规定的产品功能特性和物理特性的更改，如完善图样、进一步明确技术要求、统一标注方法等。除Ⅰ类、Ⅲ类技术状态更改以外的技术状态更改均属于Ⅱ类技术状态更改。

（2）更改程序

技术状态更改的一般程序为：提出更改建议，判定更改需求，确定更改类别，编制、评审、审批更改申请，编制更改通知，实施并验证更改。

提出更改者应通过必要的分析和试验验证，判定技术状态更改的必要性。在提出更改建议时，承制方应确定技术状态更改类别。确定更改类别后，提出更改者应将涉及Ⅰ类技术状态更改和定型后的Ⅱ类更改形成技术状态更改申请。更改申请至少应包括：

1）更改的技术状态项和技术状态文件的名称和编号；

2）提出者的姓名、单位和提出日期；

3）更改内容；

4）更改理由；

5）更改方案；

6）更改类别；

7）更改的迫切性；

8）更改带来的影响（包括受影响的项目、性能参数、进度、综合保障、接口等）；

9）技术状态更改申请应附必要的支持技术状态更改的资料（如试验结果与分析、保障性分析、费用分析等资料）。

必要时，提出的技术状态更改建议还应附有论证和说明更改的必要性、可能性和更改带来的影响的资料（如试验数据与分析、保障性分析、费用分析等）。填写统一的更改申请表格，对每项技术状态更改申请给定唯一的标识符并归档保存。

对于Ⅰ类技术状态更改和定型后的Ⅱ类更改由技术状态控制委员会进行审查，对提出的技术状态更改申请进行评价并形成文件，评价内容一般包括：

1）技术合理性及工程可行性；

2）对互换性、接口等的影响和重新标识的必要性；

3）对相关项目及技术状态文件的影响；

4）对合同、进度、后勤保障和经费的影响；

5）对生产、试验和检验的影响；

6）对采购和库存的影响；

7）对维修、用户手册和备件的影响；

8）审定技术状态更改的类别。对所确认的技术状态更改类别有异议时，应由双方充分协商后决定，或报上一级裁决。

技术状态控制委员会根据评价结果，对提出的技术状态更改建议做出批准或不批准的决定，形成技术状态控制委员会意见书。对批准的Ⅰ类和定型后的Ⅱ类技术状态更改建议，在技术状态更改建议表格的批准栏中签署意见，并及时返回有关单位；若不批准其技术状态更改建议，一般在 15 天内书面通知技术状态更改申请提出单位，并说明不批准的理由。

生产部门采取控制程序，更改工艺文件和工艺装备文件等，并在制造、试验中验证与更改文件的符合性。

5.3.2.2　偏离和让步

（1）偏离和让步要求

在技术状态项目制造前偏离技术状态文件的规定或技术状态项目在生产过程中超出设计规定的允许值时，应办理偏离和超差手续。除特殊情况外，一般不能申请涉及安全性、属于灾难性和致命性缺陷、影响使用和维修的偏离和超差。经批准的偏离许可和让步申请仅在特定的有效范围内适用，不能作为技术状态文件的更改依据。

（2）偏离许可和让步控制程序

偏离许可和让步应形成文件，文件应记录偏离和超差的事项以及处理意见。不涉及产品性能、可靠性、互换性和维修性，不属于严重缺陷的偏离和超差可直接形成偏离文件（技术通知单）及超差文件（超差、代料、质疑单），经各级签署批准后发送到有关单位。对涉及产品性能、可靠性、互换性和维修性，属于严重缺陷的偏离和超差，按偏离和超差申请、审批偏离许可和超差申请、执行和验证程序执行。

①提出偏离和超差申请

涉及产品性能、可靠性、互换性和维修性，属于严重缺陷的偏离和超差应提出偏离和超差申请。偏离申请应在技术状态项目制造之前提出，偏离不适用于软件代码表。超差申请应在技术状态项目制造过程中或完成后提出。

偏离和超差申请至少应包括承制方名称、合同编号、技术状态项目名称及编号、申请偏离和超差的规范图样和文件的编号、对提出偏离和超差的说明、所涉及的项目数量、对合同规定的交货进度的影响、对后勤保障物资的影响、对合同进度的影响、有效范围及实施日期等内容。

填写统一的偏离和超差申请表格，并对每一偏离和超差给定唯一的标识符。偏离和超差申请表应归档保存。当对提出的偏离和超差申请有异议时，应由双方充分协商后决定，或报上一级裁决。

②审批偏离许可和超差申请

技术状态控制委员会做出批准或不批准偏离和超差申请的决定。对批准的偏离和超差，在偏离和超差申请表的批准栏中签署意见，并及时返回有关单位。若不批准，一般在15天内书面通知提出单位，并说明不批准的理由。

③执行和验证

提出单位收到偏离和超差申请的批复后，将批准的偏离和超差内容按偏离和超差控制程序，依据QJ 1714、QJ 3105—1999、QJ 903等标准形成偏离文件（技术通知单）及超差文件（超差、代料、质疑单），经各级签署批准后发送到有关单位。

生产部门按偏离控制程序，依据偏离文件的内容，编制必要的工艺文件和工艺装备文件，并在制造、试验中验证其与偏离文件的符合性；按超差处理程序，对超差使用的情况做好记录并存档。

5.4 工艺风险分析

随着航天型号任务的发展，航天电子产品生产、制造过程越来越复杂，使用的新工艺也越来越多，产品制造工艺可靠性工作也逐渐突显出其重要性。工艺风险是指在规定的技术、费用和进度等约束条件下，工艺实现过程不能满足工艺和设计要求的可能性及所导致后果的严重性。通过对产品实现过程工艺风险进行识别和分析，确定工艺风险度和需要采取的预防措施，以提高工艺过程控制的有效性。

过程FME（C）A和工艺FME（C）A是工艺风险分析的重要手段，过程FME（C）A可应用于产品生产过程、使用操作过程、维修过程、管理过程等，目前应用较多和比较成熟的是产品加工过程的工艺FMEA。工艺FMEA的目的是识别工艺过程潜在的故障模式，分析确定其对工艺过程、产品的影响，提出工艺控制措施，以消除或控制工艺过程的薄弱环节。

5.4.1　工艺风险分析的时机和对象

5.4.1.1　工艺风险分析的时机

通常在航天产品方案论证阶段或研制初期，在选择和确定工艺方案之前；工艺方案改进的调查和研究初期；产品技术状态发生更改，工艺要求已确定但工艺方案正在优选或尚未投入正式生产时；工艺状态变更之前，研制阶段、产品批量、作业环境、加工或检测条件等发生变化时，组织开展工艺风险分析工作。

5.4.1.2　工艺风险分析的对象

工艺风险分析一般应覆盖产品实现全过程，但航天产品具有小批量、高可靠性的特点，制造过程复杂，设计工艺繁多，如果对每道工艺进行风险分析，将给工艺人员造成极大且不必要的工作量（还可能使该项工作无效），因此一定要突出重点，选择关键对象开展工艺风险分析。涉及关键（重要）特性的工艺、技术难度大或质量不稳定的工艺、首次应用且难于检测的工艺、难于直接经济检测的工艺、过程出废品后会对研制周期或研制成本造成重大影响的工艺、特种工艺及需要进行工艺攻关的工艺等，应作为工艺风险分析的重点对象。

5.4.2　工艺风险分析的评价方法和流程

工艺风险分析的重要手段之一是工艺 FMEA。目前，航天产品的工艺风险分析工艺 FME（C）A 主要依照的标准有国家军用标准 GJB/Z 1391、航天行业标准 QJ 3050 和中国航天科技集团标准 Q/QJA 66。

5.4.2.1　工艺 FMEA 实施步骤和流程

工艺 FMEA 实施步骤一般为确定对象及组织准备，工艺故障（风险源）识别，确定输入和工艺流程，确定严酷度（S）、发生概率（O）、检测度（D），计算工艺风险度（RPN），制定风险预防措施，编制工艺 FMEA 报告。

5.4.2.2　确定分析对象及组织准备

参照 5.4.1 节内容，确定需要工艺 FMEA 分析的产品对象。根据不同的产品对象，组建工艺风险分析小组，确定工艺风险分析负责人，制定工作计划。工艺风险分析小组一般包括工艺人员、生产计划人员、质量管理人员，必要时请设计人员、顾客代表参加。

5.4.2.3　确定输入和工艺流程

在开展工艺 FMEA 前，应完成相关的技术输入，一般包括相关法律法规、国家及行业标准，设计图样、技术条件等相关设计文件，工艺规范、工艺方案、工艺规程、工艺流程等工艺技术文件，已有的可利用的试验数据、攻关成果、仿真结果等相关技术支撑资料，类似产品或工艺的成功工艺经验、专家意见等工艺信息。

应在确认工艺 FMEA 输入的基础上，梳理绘制出“工艺流程表”或“零部件—工艺关系矩阵表”。“工艺流程表”表示了各工序相关的工艺流程的功能和要求，“零部件—工艺关系矩阵表”表示“零部件特性”与“工艺操作”各工序间的关系。

5.4.2.4　工艺故障（风险源）识别

工艺故障（风险源）是指不能满足电子产品装联过程要求的可能存在的工艺缺陷。它可能是引起下一道工序出现故障的原因，也可能是上一道工序出现故障的后果。一般情况下，工艺 FMEA 不考虑产品的设计缺陷。对于确定的产品对象，对形成最终电子产品的各个工艺（工序）进行考察研究，从而识别和确定工艺故障（风险源）。工艺故障（风险源）的识别和分析应参考类似工艺过程的经验，充分发挥专家和集体智慧，对每一项可能发生的工艺风险，均应采用工艺 FMEA 的方法尽可能地列出，工艺故障（风险源）识别可采用以下方法：

1）检查单法：根据经验、以往的故障案例和可获得的信息，将工艺过程可能的风险源列在检查单上，检查工艺过程是否存在检查单中所列出的或类似的工艺故障（风险源）。

2）流程图法：给出工艺过程各个工艺（工序）之间的相互关系，帮助风险识别人员分析和了解工艺过程的具体环节，通过对工艺过程的分析，发现和识别存在风险的环节。

3）会议评审法：采用会议评审的方式，充分交流、总结归纳，对工艺风险进行识别，同时可以对重大风险的措施提出意见和建议。

航天电子产品制造过程典型的工艺风险可以按不同的工艺或工序给出，并且动态进行完善，典型工艺风险示例见表 5－3。

表 5－3　典型工艺风险示例

编号	工艺种类	工艺故障(风险源)	典型故障原因	备注
1	预处理	金脆现象	镀金焊端未进行除金处理	
		继电器玻璃绝缘子损伤	搪锡时未在引线根部做好保护	
		QFP 封装的表贴器件引脚变形	无专用设备、工装	
2	元器件安装	元器件极性装反	元器件无极性标识或操作者对极性不明确	
		元器件的金属外壳与印制线接触	未将元器件的金属部位与印制线进行绝缘处理	
		发热量大的元器件贴板安装	发热元器件与印制电路板没有间隙，造成空气不流通，进而导致热量集中	
3	焊接	焊盘脱落	加热时间过长，板材与铜箔热膨胀系数不同，或返修时未去漆直接吸锡	
		阻焊膜脱落	阻焊膜与印制电路板附着力差/焊接温度、时间、焊接次数不符合标准要求	
		焊点桥连	焊锡过多或者操作失误	
		焊点空洞	峰值温度不够，升温阶段温度速率过高	
		焊点裂纹或开裂	元器件与印制电路板热膨胀系数不匹配	
		焊点虚焊	焊接温度过低或过高	

续表

编号	工艺种类	工艺故障(风险源)	典型故障原因	备注
4	产品清洗	非密封元器件本体清洗时酒精流入	清洗之前未将酒精棉球捏干	
		涂敷层脱落	清洗剂的化学成分与涂敷层发生反应	
5	防护加固	阻尼圈加速老化	先于喷漆装配阻尼圈,并且未采取保护	
		不该喷漆的部位喷漆	未明确不喷漆保护部位/未按要求进行防护	
		振动试验后元器件引脚断裂	对于引脚承重超过标准要求的元器件未采取加固措施或加固措施不到位	
		灌胶不实	气泡排除措施不到位	
6	电缆网制作	连线错误	操作错误的同时测试覆盖性不够	
		绝缘性能下降	三防处理不能适应高湿环境	
7	整机装联	导线破损	线束未固定或与其他部位接触	
		紧固件松动	未点胶或弹垫未压平	
		错焊	操作失误或标识不明显	
8	修复与改装	涂层清除时导致元器件受热	烙铁头加热时间过长	

5.4.2.5　确定严酷度（S）

严酷度是对故障模式导致的最坏潜在后果严重程度的定性度量。每个故障模式应根据其可能导致的最坏潜在后果进行严酷度分类，其目的在于为确定改进优先顺序提供依据，采取改进措施的顺序是从严酷度类别高的故障到严酷度类别低的故障。只有通过修改产品设计和工艺设计才能改善工艺故障模式的严酷度。严酷度的类别确定应考虑工艺故障模式对所涉及产品性能和功能的影响程度，对涉及的工艺或后续工艺过程的影响程度和对安全、环境影响的每个因素。

工艺故障的严酷度一般分为 4 级：

1）灾难性的——主要指造成产品功能丧失或产品毁坏，对人员有伤害或对环境有重大损害；细分等级可以分为无警告的危害、有警告的危害。

2）严重的——主要指产品功能基本丧失而无法运行，或能运行但性能下降，或最终使用者非常不满意，或造成产品大多存在无法返工的缺陷，或危及作业人员安全或严重损害环境。细分等级可以分为很高的危害、高的危害。

3）中等的——产品能运行但因性能下降造成用户不满意，或生产的产品大多存在返修困难的缺陷，或严重影响后续工序加工。细分等级可以分为中等危害、低危害、很低危害。

4）轻度的——造成产品存在超差但可以让步或接受，或产品存在不影响功能性能的缺陷。细分等级可以分为轻微的危害、很轻微的危害。

5.4.2.6 确定发生概率（O）

工艺故障模式的发生概率是指由某一原因造成工艺故障模式发生的可能性的定性度量。通过工艺设计来预防和控制造成工艺故障的原因，才能降低工艺故障模式发生概率。对大多数航天电子整机产品制造过程来说，主要是单件或小批量生产，当数量很少时（尤其是工艺设计时）开展工艺风险分析，很难采用实际生产数量统计故障发生概率，因此是一个相对比较的等级，通常是根据经验或过程统计数据来相对确定。

工艺故障的发生概率一般分为 5 级：

1）发生概率很高——主要指故障不可避免会发生或持续发生。

2）发生概率高——主要指故障经常发生。

3）发生概率中等——主要指故障偶尔发生。

4）发生概率低——主要指故障很少发生。

5）发生概率极低——主要指故障不大可能发生。

5.4.2.7 确定检测度（D）

检测度指产品加工过程中工艺故障模式被检测出来的可能性的定性度量，被检测度等级也是一个相对比较的等级，为了得到较低的被检测难度数值，产品加工、装配过程需要不断改进。

工艺故障的被检测度一般分为 10 级：

1）几乎不可能——无法检测出缺陷。

2）很微小——几乎不可能检测出缺陷。

3）微小——只有微小机会检测出缺陷。

4）很小——只有很小机会检测出缺陷。

5）小——可以检测出缺陷。

6）中等——基本上可以检测出缺陷。

7）中上——较多机会检测出缺陷。

8）高——很可能检测出缺陷。

9）很高——几乎肯定可以检测出缺陷。

10）肯定——肯定可以检测出缺陷。

5.4.2.8 计算工艺风险度

工艺风险度一般用工艺风险优先数（RPN）来表示。RPN 是对工艺引起产品故障，造成危害程度的综合性度量参数，用严酷度、发生概率和检测度三个量化参数的乘积计算而得，即 RPN＝S×O×D。RPN 是对工艺潜在故障模式风险等级的评价，RPN 值越大，即工艺故障模式的危害性越大。按照计算出的 RPN 值形成工艺风险排序清单格式可参照表 5－4。

表 5-4　工艺风险排序清单

工艺风险分析对象：　　　　　　　　　　　　　　　产品表示：

序号	工艺/工序名称	工艺故障模式	故障影响	工艺风险度(风险优先数)				改进建议	备注
				严酷度(S)	发生概率(O)	检测度(D)	RPN		

5.4.2.9　判定风险并制定风险预防措施

通过排序，应优先关注 RPN 值较高的工序或工艺，并根据 RPN 值的大小以及严酷度、发生概率及检测度的取值等因素，综合找出关键和重要的工艺风险。对于 RPN 高的项目，通过制定预防和改进措施，降低工艺故障模式的严酷度、发生概率、检测度等级，从而有效控制工艺风险度。一般来说，对于严酷度等级为灾难的，无论 RPN 值的大小，均应通过工艺设计、生产过程采取加严措施，按照关键过程进行严格管理。形成的产品工艺风险预防措施清单格式参见表 5-5。

表 5-5　产品工艺风险预防措施清单

序号	风险源	工艺风险度	预防和改进措施	责任单位/责任人	备注

在工艺风险预防和改进措施的实施过程中，工艺风险分析小组还应跟踪了解工艺风险预防措施的具体落实情况及其效果，当每一项预防措施落实后，应记录具体内容和生效日期。在风险预防措施实施后，应重新评估风险度，计算并记录改进后的风险度，根据产品实际生产过程，决定是否需要进行下一个循环的工艺风险分析。

5.4.2.10　编制工艺 FMEA 报告

工艺风险分析小组应跟踪、记载工艺风险分析过程所进行的活动和分析结果，编写工艺风险分析报告。工艺风险分析报告至少应包括概述、输入及工艺流程、工艺风险分析过程、制定改进预防措施和结论。概述应描述工艺风险分析对象的名称、功能特点、任务需求、技术要求等。输入及工艺流程对工艺风险分析依据、技术输入和产品工艺流程等进行描述。工艺风险分析过程包含进行工艺风险分析的过程及分析方法，严酷度、发生概率、检测度等级确定的过程，计算工艺 RPN，形成工艺风险排序清单。制定改进预防措施需说明改进的工艺故障模式，列出工艺风险预防措施清单，并对实施改进情况和结果进行总结。

5.4.3　工艺风险分析的注意事项

工艺风险分析中的工艺风险控制要着眼于工艺设计本身，不能过多依赖更改产品设计。应从工艺设计本身出发，以改进工艺方法、工艺过程控制等措施加以解决。

一般情况下，工艺风险分析应按照“谁工艺设计、谁分析”的原则，并充分借鉴原有的经验和成果，发挥同行专家和集体智慧共同发现风险点，并制定有效措施。

对于工艺风险分析，不能仅关注产品最终性能和功能的实现，还应根据产品特点，重点关注对本工序或工艺的影响，以及对后续工序或工艺的影响。

对于不同使用环境的产品，同样的工艺故障和风险，其可接受程度并不一样，因此应针对不同的产品和特点，建立不同的接受准则，设定必须采取措施的风险等级控制要求。

5.4.4 工艺风险分析的结果与应用

工艺风险分析报告是工艺风险分析成果的最终体现，通过风险分析找出电子产品研制过程中工艺的薄弱环节和关键控制点，采取必要的措施，降低风险的存在。其主要应用表现在以下几个方面：

1）确定产品工艺过程需要的改进点和优先改进次序；

2）识别工艺过程中的关键控制点并进行有效控制；

3）及时提出解决措施及方案，有效解决工艺过程中出现的问题；

4）为新产品的工艺设计和工艺风险分析提供参考依据；

5）为产品设计方案的选择提供参考依据；

6）作为工艺经验汇总的文件，可用于新员工的培训。

5.4.5 工艺风险分析的案例

为更好地理解对工艺风险分析的实施，在此以背板式航天电子产品为例来说明工艺风险分析的过程和结果。

（1）产品特点与要求

产品的结构特点为：单板与单板之间采用背板式连接结构，这种结构很容易将多个控制用印制电路板组装件连接在母板上，然后通过线束将母板连接在机箱的外连接插座上，最后组成完整的整机。

（2）产品的工艺流程

产品的工艺流程如图 5－1 所示。产品首先要进行工艺准备，然后完成单板（CPU 板、电源板 1、电源板 2、光耦板、功率板、底板）和线束绑扎的生产，最后完成整机装配、调试、喷漆粘固、复测、装箱入库。

单板（CPU 板、电源板 1、电源板 2、光耦板、功率板、底板）的工艺流程共有 18 道，如图 5－2 所示。单板中包括 QFP 器件、表贴阻容器件，以及各种通孔插装器件，主要采用了搪锡技术、表面贴装技术、通孔插装技术、波峰焊接技术、手工焊接技术、喷漆粘固技术、清洗技术等，涵盖了目前电子产品单板加工的绝大部分技术。

整机生产（线束、壳体）的工艺流程共有 8 道，如图 5－3 所示。整机中包括插头、壳体和线束，需要使用线束绑扎技术、搪锡技术、手工焊接技术等，涵盖了电子整机生产的绝大部分技术。

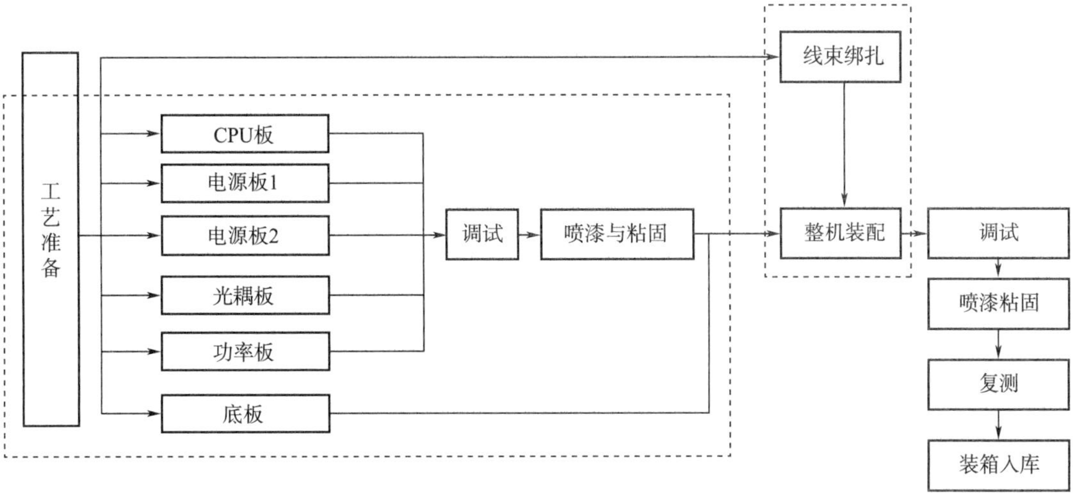

图 5-1　产品的工艺流程

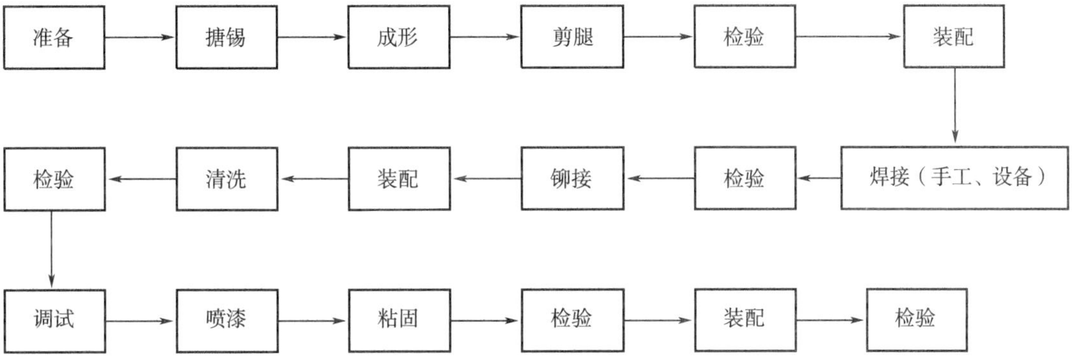

图 5-2　单板工艺流程图

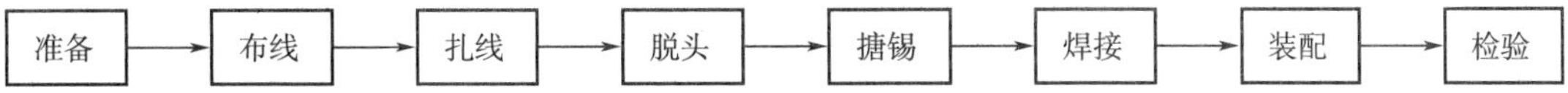

图 5-3　整机生产工艺流程图

(3) 工艺 FMEA 分析

对产品制造工艺进行初步分析，按上述工序步骤确定工艺 FMEA 的分析对象，进行故障模式识别，分析故障原因、确定故障影响，明确严酷度（S）、发生概率（O）、检测度（D），计算 RPN，制定风险预防措施，形成工艺风险清单（表 5-6）。

(4) 确定关键工序

进行工艺 FMEA 后，对于 S≥4 或 RPN≥12 的工序，一般应定义为关键工序，需加强控制。因此产品制造工艺确定的关键工序见表 5-7。

表 5-6　工艺风险清单

工艺/工序名称	故障模式	故障原因	故障影响	工艺风险度(风险优先数)				改进建议	备注
				严酷度(S)	发生概率(O)	检测度(D)	RPN		
搪锡	金脆现象	镀金焊端未进行除金处理	焊点开裂	4	2	4	32	明确除金要求,除金后进行100%检验	
元器件成形	鸥翼封装的表贴器件引脚变形	未使用专用设备、工装	无法焊接,很难调整引脚间距	3	2	4	24	使用专用芯片成形设备进行成形	
焊膏印刷	没有焊膏部分大于焊盘面积的25%	窗口堵塞,PCB焊盘和网板开口对位不准	不能进行贴装	3	3	1	9	首件检查,使用SPI	
元器件安装	元器件极性装反	元器件无极性标识或操作者对极性不明确	元器件损坏或无法正常工作	4	3	1	12	了解元器件极性或标识;加强检验,使用AOI设备	
元器件安装	元器件极性贴反	表面贴装上料错误或编程错误	元器件损坏或无法正常工作	4	1	2	8	了解元器件极性或标识;加强首件检查,使用AOI设备	
元器件安装	继电器等元器件的金属外壳与印制线接触	未将继电器等元器件的金属部位与印制线进行绝缘处理	短路,造成产品烧毁	3	2	3	18	继电器等金属封装的元器件应在与印制线接触部位采取绝缘措施	
元器件安装	发热量大的元器件贴板安装	发热元器件与印制电路板没有间隙,造成空气不流通,进而导致热量集中	热量集中在元器件与印制电路板接触部位,温度过高导致元器件损伤	2	2	3	12	抬高发热元器件,使热量不必集中在元器件底部,必要时再用硅橡胶加固	
焊接	焊盘脱落	加热时间过长,板材与铜箔热膨胀系数不同,或返修时未去漆直接去锡	影响电气连接性能	4	3	2	24	控制加热时间;喷漆后需改焊的焊点先要去漆,再去锡	
焊接	阻焊膜脱落	焊接温度、时间、焊接次数不符合标准要求	焊料桥接短路/脱落的碎屑成为多余物/修补阻焊膜后出现色差,一致性差	2	1	2	4	无论手工焊接还是波峰焊接,都应该严格按标准或工艺的要求操作	

续表

工艺/工序名称	故障模式	故障原因	故障影响	工艺风险度(风险优先数)				改进建议	备注
				严酷度(S)	发生概率(O)	检测度(D)	RPN		
焊接	焊点桥连	表面贴装焊膏印刷过多,手工焊接焊锡过多或者操作失误	焊点短路,可能导致元器件损坏	3	3	1	9	控制表面贴装工艺过程,提高手工焊接操作技能	
焊接	金属化孔透锡不好	元器件引脚与金属化孔之间的间隙不够,金属化孔氧化	电气连接性能受影响	3	1	1	3	加强设计工艺性审查,印制电路板焊接前应清洗、预烘	
焊接	焊点空洞	峰值温度不够,升温阶段温度速率过高	电性能失效	4	1	2	8	合理设置温度曲线参数	
焊接	陶瓷封装器件焊点开裂	元器件与印制电路板热膨胀系数不匹配	电气互联失效	3	1	1	3	采取适宜的加固措施	
整机装配	阻尼圈加速老化	筛选试验前应安装阻尼圈,阻尼圈随产品进行环境试验	减振性能失效	3	1	2	6	阻尼圈应在筛选试验之后安装	
喷漆	喷漆后产生多余物	氟塑料导线、聚四氟乙烯薄膜与漆液不结合	产生由多余物带来的质量问题	3	1	2	6	对与漆液不结合的部位进行保护,以免漆层干燥后脱落产生多余物	
喷漆	不该喷漆的部位进行了喷漆	未明确不喷漆保护部位,未按要求进行防护	影响电气接触、散热、机械活动等工作性能	3	1	1	3	明确保护部位,按标准要求对不喷漆部位进行防护	
粘固	振动试验后元器件引脚断裂	对于引脚承重超过标准要求的元器件未采取加固措施	电气性能失效,元器件报废	3	2	2	12	对于质量大的元器件需采取加固措施	
装配	压线	导线余量控制不严,线束走向不合理	产品绝缘性能下降	4	3	3	36	明确导线余量,防止导线干涉	

表 5-7 关键工序清单

工艺/工序名称	故障模式	S	RPN	改进建议
搪锡	金脆现象	4	32	应明确除金要求，并在除金后进行 100% 检验
元器件成形	鸥翼封装的表贴器件引脚变形	3	24	使用专用芯片成形设备进行成形
元器件安装	元器件极性装反	4	12	了解元器件极性或标识；加强检验，使用 AOI 设备
元器件安装	元器件极性贴反	4	8	了解元器件极性或标识；加强首件检查，使用 AOI 设备
元器件安装	继电器等元器件的金属外壳与印制线接触	3	18	继电器等金属封装的元器件应在与印制线接触部位采取绝缘措施
元器件安装	发热量大的元器件贴板安装	2	12	抬高发热元器件，使热量不必集中在元器件底部，必要时再用硅橡胶加固
焊接	焊盘脱落	4	24	控制加热时间；喷漆后需改焊的焊点先要去漆，再去锡
焊接	焊点空洞	4	8	合理设置温度曲线参数
粘固	振动试验后元器件引脚断裂	3	12	对于质量大的元器件需采取加固措施
装配	压线	4	36	明确导线余量，防止导线干涉

(5) 结论建议

印制电路板组装件安装中的元器件除金、极性装反、继电器等元器件的金属外壳与印制线接触、印制电路板组装件焊接中的焊盘脱落、焊点空洞等 10 项故障模式的风险度高，对电子产品质量影响大，应采取有效措施从而降低上述故障发生的概率。

5.5 工艺成熟度评价

随着我国航天产品应用需求的急剧增长，航天型号科研任务量的日益增大，由单件研制向组批生产的需求日益迫切，人们对航天产品研制生产提高质量、缩短周期、降低成本的要求也越来越高。因此开展面向产品的工艺技术成熟度评价，在成熟度评价的基础上进行工艺选用，可以减少产品质量问题，确保产品性能稳定，这对提高产品可靠性具有重要的意义。

5.5.1 成熟度发展

美国国家航空航天局（NASA）于 1969 年提出技术成熟度设想，随后又提出了制造成熟度的概念。国内学习和翻译了美国技术成熟度和制造成熟度的研究成果，并在航天产品研发过程中进行了应用。在此基础上，中国航天科技集团有限公司又研究提出了宇航单机产品成熟度、航天产品制造成熟度以及工艺成熟度分析方法等有关成熟度的概念和模型。

5.5.1.1　技术成熟度

美国在 1974 年创建了 7 级的技术成熟度体系模型；1989 年将原有 7 级模型扩展到 9 级模型；1995 年 NASA 正式发布了《TRL（Technology Readiness Level）白皮书》，将 TRL 分为 9 级，如图 5－4 所示，用于评估发展过程中的技术成熟状况，确定该技术能够应用于研发的系统或子系统中。随后英国、法国和日本等国家借鉴 NASA 的技术成熟度体系，进行适应性修改并应用。

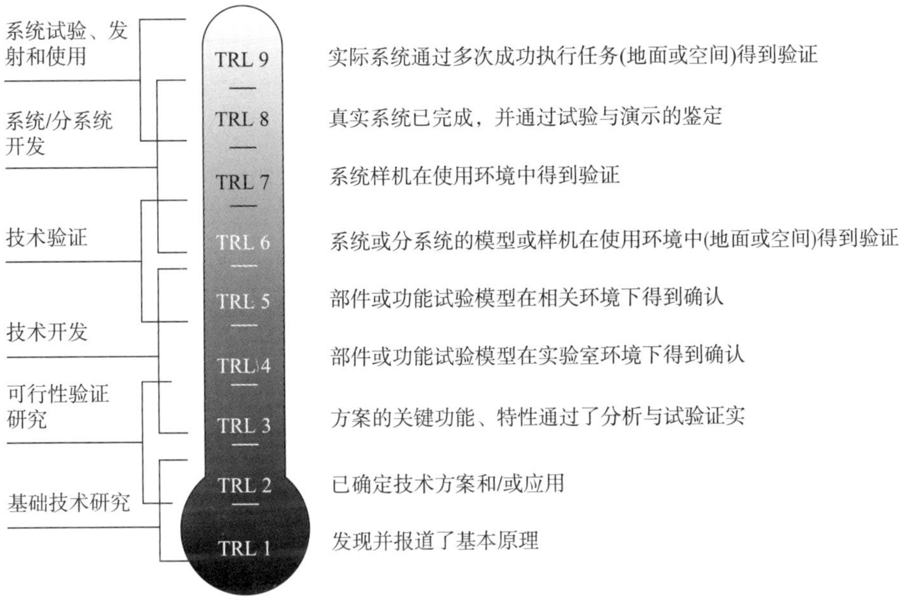

图 5－4　技术成熟度等级（TRL）划分

随着国内航天事业的发展，为了适应国际技术发展和国内航天新研任务，我国宇航领域也引入了成熟度的概念，翻译了美国国防部《技术成熟度评价手册》等多份文件，并开展了大量的技术成熟度研究，将技术成熟度等级划分为 9 级，并在载人航天工程等重大型号中进行了技术成熟度的评价，有效识别和控制了在项目研制初期采用不成熟技术而带来的研制风险，均取得了良好的效果。

技术成熟度度量的对象是项目系统中的关键技术，如新材料、新方法、新技术等一系列技术元素，技术成熟度评价日渐从理论研究向工程研制转移，强调技术可实现性及其验证充分性的评价。

5.5.1.2　制造成熟度

2000 年后，美国国防部发现随着型号研制数量、规模和要求的不断提升，在产品研究开发向生产制造转移的过程中，因为缺少对制造知识的辅助决策，导致产生了生产成本增加、质量问题增多、产品一致性差、可靠性降低和交付周期延长等一系列问题。美国空军研究实验室和联合制造技术委员会提出了制造成熟度的概念，并将制造成熟度等级（Manufacturing Readiness Level，MRL）分为 10 个，如图 5－5 所示。MRL 与 TRL 联合使用，用于弥补设计工艺性评价方面的不足。制造成熟度是控制制造、生产、质量保证和工业保障能力等方面要素，从定性和定量两个方面满足采购任务需求的使用性能的程度。从而在提高产品性能的同时，尽可能降低研制、生产、采办和使用成本。

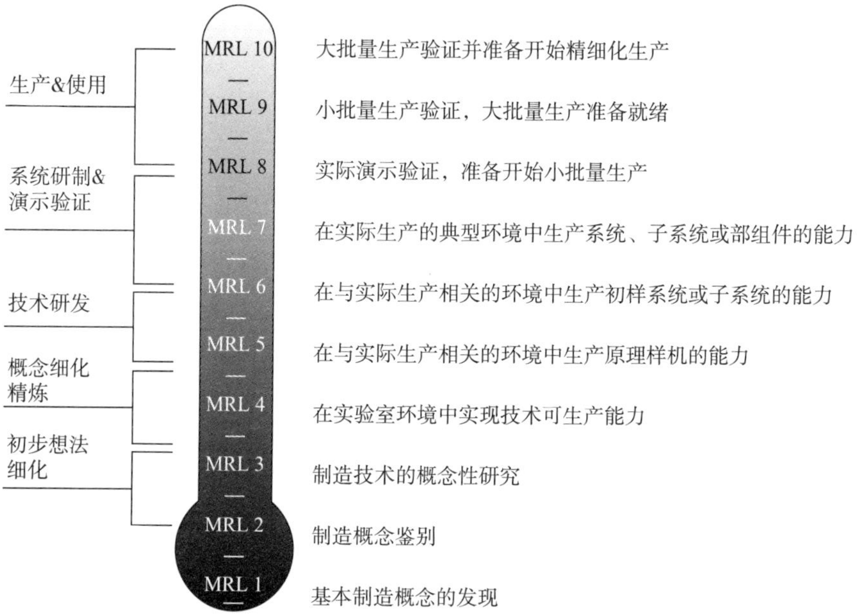

图 5－5　制造成熟度等级（MRL）划分

5.5.1.3　产品成熟度

中国航天科技集团有限公司（集团公司）提出了适应航天产品的 7 级制造成熟度的概念，探索了航天产品制造成熟度的评价方法，并研究了制造成熟度与技术成熟度、产品成熟度的关系。集团公司为推进产品工程，2008 年研究提出了产品成熟度的概念，并在 2010 年发布了航天科技集团公司标准《宇航单机产品成熟度定级规定》和 2014 年《宇航产品成熟度定级管理办法》文件，将宇航单机产品成熟度等级分为 8 个级别，见表5－8。宇航单机产品成熟度是指依据产品的设计、生产、试验和应用情况，对其质量与可靠性以及可应用程度的度量。产品成熟度用于度量宇航型谱产品的质量、可靠性和可应用程度，指导宇航型号型谱产品研制和控制型号选用风险。

表 5－8　产品成熟度等级名称、产品状态及等级标志

产品成熟度等级名称	产品状态	等级标志
1 级	原理样机	已完成预先研究或技术攻关阶段的相关研制工作，但尚未按飞行条件进行地面考核，达到 1 级定级条件
2 级	工程样机	在原理样机产品的基础上，按飞行条件进行地面考核，功能和性能满足要求，达到 2 级定级条件
3 级	飞行产品	在工程样机产品的基础上，经系统测试和地面验证，达到 3 级定级条件，可以用于飞行

续表

产品成熟度等级名称	产品状态	等级标志
4级	一次飞行考核	在飞行产品的基础上，经过1次实际飞行考核，证明满足飞行应用要求，达到4级定级条件
5级	多次飞行考核	在一次飞行考核产品的基础上，又经过2次以上实际飞行考核，并完成寿命试验考核，满足飞行应用要求，达到5级定级条件
6级	技术状态固化	在多次飞行考核产品的基础上，技术状态已经固化，满足任务要求和规定的寿命指标要求，具备状态鉴定条件，达到6级定级条件
7级	小批试产	在技术状态固化产品的基础上，经小批量生产验证，可以重复稳定生产，具备封装定型条件，达到7级定级条件
8级	批量生产	在小批试产产品的基础上，完成批量生产，达到8级定级条件

5.5.2　面向航天电子产品工艺成熟度评价

航天电子产品通常具有储存和使用环境恶劣、服役时间长、可靠性要求高等特点，因此对原材料、互联环境及互联过程有严格的控制要求，航天电子产品出现的开裂、虚焊、桥连、阻焊膜脱落、焊盘脱落、元器件引线断裂、焊球开裂等质量问题，表面上看来是由工艺规定不细、控制参数不量化、过程控制不严和操作不当等原因造成的，但本质上是由制造工艺不成熟造成的，给航天产品制造过程带来了风险。面向产品对制造工艺技术的成熟度进行评价，识别出制造过程工艺的差距和不足，有针对性地实施改进，对提升产品制造可靠性，降低生产成本具有重要的意义。

5.5.2.1　航天电子产品工艺成熟度评价的内涵与特点

工艺成熟度是技术成熟度的一部分，产品成熟不代表工艺成熟。工艺技术成熟度是指产品制造过程中所采用的单项工艺技术，例如元器件成形技术、波峰焊接技术等，满足设计图样、质量、生产周期、成本等指标的程度。航天电子产品工艺成熟度是指产品制造工艺的完备程度，其综合表征产品制造应用的所有核心、重要及一般工艺技术的成熟程度，是该产品制造过程涉及的单项工艺技术成熟度的综合体现。航天电子产品工艺成熟度评价分为两个阶段，一是航天电子产品工艺技术成熟度评价，二是航天电子产品工艺成熟度评价。

航天电子产品工艺技术成熟度评价是通过梳理航天电子产品的制造工艺流程，针对产品实现过程中的核心、重要及一般工艺，从工艺验证、人员技能、检测技术、合格率和制造模式五个方面进行评价，从而获得各单项制造工艺成熟度等级的过程。在进行产品工艺成熟度评价时，首先应确认产品工艺技术体系的完整性，然后再开展评价工作。通过航天电子产品工艺技术成熟度评价，确定产品实现的各项制造工艺能否按照规定的要求，稳定、经济地生产出合格产品，如不满足要求，要找出产品制造工艺的薄弱环节，进行有效改进，提升制造工艺的成熟度，提升对“质量、周期、成本”等各项要求的满足程度。航天电子产品工艺成熟度的评价一定要面向具体产品，同样是航天电子产品的表面贴装，用的印制电路板、器件各不相同，如果用同样的工艺方法，生产出来的产品质量不同，则代表着产品制造工艺成熟度不同，因此离开具体产品谈产品工艺成熟度是没有意义的。即便如此，面向产品的工艺成熟度评价还是应该把工艺技术本身作为重点，否则可能造成难于找到真正的工艺技术薄弱环节，实施的工艺技术研究和改进也将偏离方向。航天电子产品工艺技术成熟度评价应结合航天电子产品高可靠性的特点，并考虑电子产品及其制造技术的发展。为提高产品质量一致性、稳定性，成熟度评价还应关注制造过程、检测过程自动化技术的应用。

航天电子产品工艺成熟度评价是在完成了产品涉及的所有单项工艺技术成熟度评价后开展的，最后据此计算整个产品的工艺成熟度。在此应注意，产品工艺成熟度，不能以其组成部分的各单项工艺技术成熟度代替产品工艺成熟度，应通过分级评价和相应层级的评审确定最终的成熟度等级。

产品工艺成熟度评价流程如图 5-6 所示。

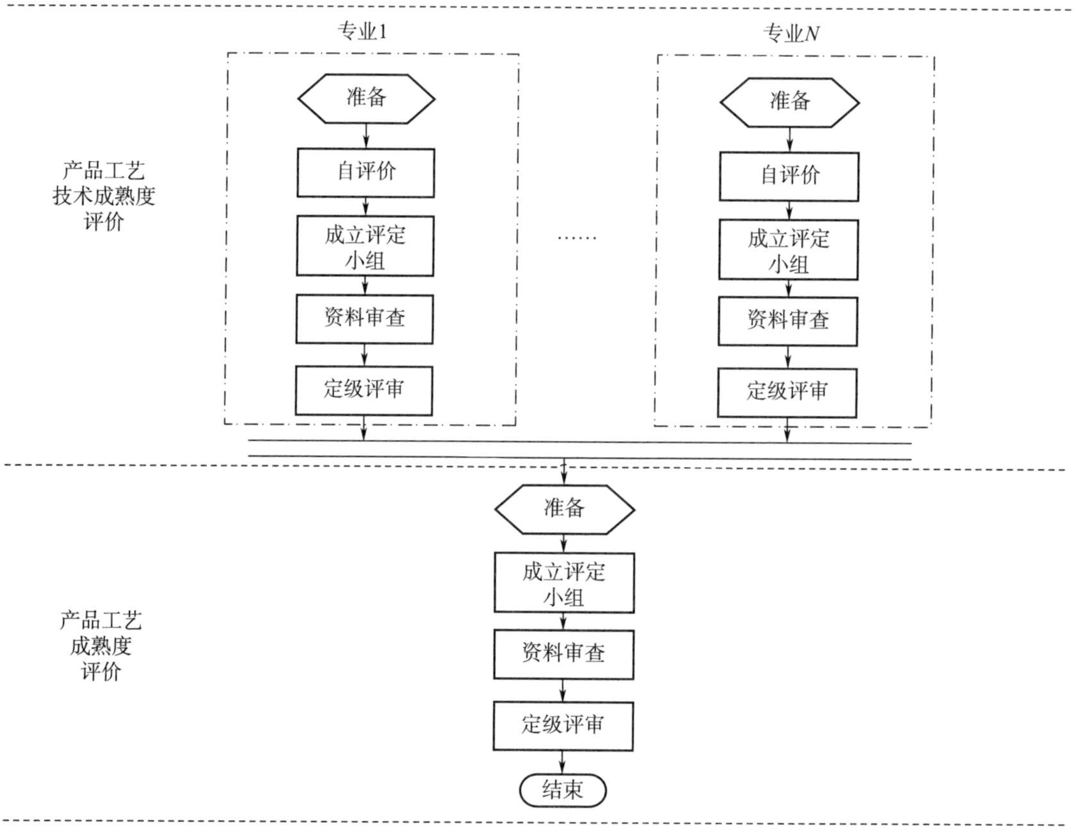

图 5-6 产品工艺成熟度评价流程

5.5.2.2 航天电子产品工艺成熟度等级划分

(1) 工艺技术成熟度等级划分

工艺技术成熟度等级划分是在美国制造成熟度等级 5～9 级内容的基础上形成的。由于产品工艺成熟度主要针对产品生产阶段，因此，未将美国制造成熟度等级中 1～4 级中涉及产品设计阶段的内容纳入工艺技术成熟度等级划分；同时，航天电子产品主要是采用多品种、小批量的生产方式，不存在大批量生产，因此，未将美国制造成熟度等级中10级涉及的内容纳入工艺技术成熟度等级划分。最终确定为5级成熟度。

工艺技术成熟度分为5级（成熟度高）、4级（成熟度较高）、3级（工艺成熟）、2级（成熟度较低）、1级（成熟度低），见表5-9。产品研制阶段可采用成熟度为1～2级的工艺技术，小批量生产和批量生产阶段需采用成熟度为3～5级的工艺技术。

表5-9　工艺成熟度等级划分

序号	工艺成熟度等级	等级说明
1	5级 （成熟度高）	工艺技术经过多批组、批量产品生产和试验验证，适应零（组）件多批组生产需求；对人员技能水平要求低，检测手段先进，产品合格率高
2	4级 （成熟度较高）	工艺技术经过批量产品生产和试验验证，适应零（组）件批量生产需求；人员技能水平要求较低，检测手段先进，产品合格率较高
3	3级 （工艺成熟）	工艺技术经过小批量产品生产和试验验证，适应零（组）件小批量生产需求；人员技能水平要求一般，检测项目可检测、测量，产品合格率较高
4	2级 （成熟度较低）	工艺技术经过了单件、小批量产品生产和试验验证，适应零（组）件小批量生产需求；人员技能水平要求较高，检测项目基本可实现，产品合格率较低
5	1级 （成熟度低）	工艺技术经过了样机、单件验证试验产品的生产，基本满足单组（件）生产能力；人员技能水平要求高，检测项目基本可实现，产品合格率低

（2）产品工艺成熟度等级划分

产品工艺成熟度等级分为5级（成熟度高）、4级（成熟度较高）、3级（成熟度一般）、2级（成熟度较低）、1级（成熟度低），见表5-10。

表5-10　产品工艺成熟度等级分类及说明

序号	产品工艺成熟度等级	等级说明
1	5级 （成熟度高）	产品工艺技术经过多批组、批量产品生产和试验验证，满足产品多批组、批量生产要求，产品合格率高，质量一致性好
2	4级 （成熟度较高）	产品工艺技术经过批量产品生产和试验验证，满足产品批量生产要求，产品合格率较高、质量一致性较好
3	3级 （成熟度一般）	产品工艺技术经过小批量产品生产和试验验证，满足产品小批量生产能力要求，产品合格率及质量一致性一般
4	2级 （成熟度较低）	产品工艺技术经过了单件、小批量产品生产和试验验证，满足零、组件小批量生产能力，产品合格率较低
5	1级 （成熟度低）	产品工艺技术经过了样机、单件验证试验产品的生产验证，基本满足单组（件）生产能力，产品合格率低

5.5.2.3　评价方法

（1）工艺技术成熟度

①评价原则

在满足产品设计提出的相关要求的前提下，工艺技术成熟度评价主要针对产品实现过程涉及的核心、重要及一般工艺技术的验证情况、可操作性、指标检测手段以及采用该项技术的产品合格率及制造模式进行评价，评价的工艺技术一般应得到生产过程验证。

工艺技术成熟度评价结果应对产品工艺文件中的生产过程及相关操作方法提供技术保障，使编制的工艺文件贯彻“四可三不同”的原则，即工艺文件“可操作、可检测、可量化、可重复”，达到“在不同时间、不同地点，由不同人员实施”的情况下实现稳定重复生产的目标。

②评价条件

开展评价工作的前提条件主要有以下几点：

1）产品生产过程涉及的工艺文件满足或基本满足产品设计文件规定的所有要求；

2）工艺文件经过了工艺试验验证及单组件产品或同类产品小批量（批量）生产验证，并在现有生产条件下基本可指导现场的操作；

3）开展了产品工艺技术梳理及工艺过程关键特性识别工作，确定了产品研制及生产过程的核心、重要和一般工艺；

4）工艺文件中采用的禁（限）用工艺，保证措施合理，且经过了批生产验证；

5）产品工艺文件完整、规范。

③评价方法

工艺技术成熟度从工艺验证、人员技能、检测技术、合格率、制造模式五个方面进行评价，评价方法采用专家打分法，由同行业工艺经验丰富的专家依照规定的项目逐项打分，评价表见表 5-11。专家进行打分时，分值为区间值取整，如果存在否决项（表中“×”项），则不能申报本级别及以上级别工艺技术成熟度的评级。打分后对各项目分值进行累加，形成工艺技术成熟度等级得分。根据否决项及工艺技术成熟度等级得分，按照表 5-12 确定工艺技术成熟度等级。

评价要素主要从产品和工艺技术两方面进行确定。产品方面的要素主要包括工艺验证和合格率，产品鉴定试验或批生产验证是确保技术满足产品要求的基本条件，而合格率是产品各项指标中最重要的指标之一，能够直观地反映出产品加工的最终结果。工艺技术方面的要素包括人员技能、检测技术和制造模式三项。主要是考虑技术方法应“可操作”、加工参数应“可检测”、该组（道）工序的产品“可批量生产”，达到“在不同时间、不同地点，由不同人员实施”的情况下实现稳定重复生产的目标。对于“经济性”等要素，实际是包含在“合格率”等要素中的，同时因其对于航天产品重要性相对较低，因此，未纳入工艺技术成熟度评价要求。最终，确定为工艺验证、人员技能、检测技术、合格率和制造模式五个方面的评价要素。

分值权重主要考虑评价要素与产品的关系。工艺技术成熟度等级评价要素总分为 35 分，其中，工艺验证 8 分、人员技能 4 分、检测技术 5 分、合格率 12 分、制造模式 6 分。由于是面向产品的工艺技术成熟度评价，因此，产品方面评价要素的权重相对较高，具有更多的否决项，当产品方面的评价要素分值较低时，工艺技术成熟度也会随之降低，从而更加准确地确定工艺技术对产品指标的满足程度。

表 5－11　工艺技术成熟度等级评价表

序号	项目	评价要求	分值取整	可评定的成熟度等级				
				1 级	2 级	3 级	4 级	5 级
1	工艺验证	被评价产品的工艺技术通过了(或前期相关工作等同于通过)产品模样、初样、正(试)样(正样)及定形阶段的考核和评审,并经过了批量生产验证	6～8	√	√	√	√	√
		被评价产品的工艺技术通过了(或前期相关工作等同于通过)产品模样、初样、正(试)样(正样)阶段考核和评审,并经过了生产验证	4～5	√	√	√	√	×
		被评价产品的工艺技术通过了(或前期相关工作等同于通过)产品模样、初样阶段考核和评审,并经过了生产验证	2～3	√	√	√	×	×
		被评价产品的工艺技术通过了(或前期相关工作等同于通过)产品模样阶段考核和评审,并经过了生产验证	1	√	√	×	×	×
2	人员技能	具有初级工的技能水平人员	4	√	√	√	√	√
		具有中级工的技能水平人员	3	√	√	√	√	√
		具有技师或高级工的技能水平人员	2	√	√	√	√	×
		具有高级技师的技能水平或特定人员	1	√	√	√	×	×
3	检测技术	检测项目可实现在线或在位检测	4～5	√	√	√	√	√
		检测项目可检测、可测量,无不可检测情况	2～3	√	√	√	√	√
		检测项目基本可检验、可测量,存在个别不可检测情况	1	√	√	√	√	×
4	合格率	合格率高、质量一致性好或 $Cpk > 1.67$	10～12	√	√	√	√	√
		合格率较高、质量一致性较好或 $1.67 \geqslant Cpk > 1.33$	7～9	√	√	√	√	×
		合格率、质量一致性一般或 $1.33 \geqslant Cpk > 1$	4～6	√	√	√	×	×
		合格率较低,质量一致性较差	2～3	√	√	×	×	×
		合格率低,质量一致性差	1	√	×	×	×	×
5	制造模式	生产过程自动化,生产方式为批量生产	5～6	√	√	√	√	√
		生产过程半自动化,生产方式为批量生产	3～4	√	√	√	√	√
		生产过程主要为机械化,生产方式为小批量生产	2	√	√	√	√	×
		生产过程为手工作业,生产方式为单件或单组生产	1	√	√	√	√	×

表 5－12　工艺技术成熟度等级评价分值表

序号	工艺成熟度等级	最低限定分值
1	5 级(成熟度高)	24
2	4 级(成熟度较高)	18
3	3 级(成熟度一般)	11
4	2 级(成熟度较低)	8
5	1 级(成熟度低)	5

（2）产品工艺成熟度

①评价原则

1）产品工艺成熟度评价在完成工艺技术成熟度评价后进行；

2）产品工艺成熟度定级评审采用会议审查的形式。

②评价方法

对产品单项工艺技术按照核心工艺技术、重要工艺技术和一般工艺技术确定加权因子，通过计算单项工艺技术成熟度等级加权平均值，得到产品工艺成熟度等级。具体要求如下：

1）工艺技术成熟度加权因子：按照核心工艺技术、重要工艺技术和一般工艺技术三个类型确定加权因子。工艺技术成熟度加权因子见表5-13。

表5-13 工艺技术成熟度加权因子

序号	工艺类型	加权因子（K）
1	核心工艺	3
2	重要工艺	2
3	一般工艺	1

2）产品工艺成熟度等级计算：产品工艺成熟度等级按照公式（5-1）计算

$$产品工艺成熟度=\frac{\sum_{i-1}^{n}a_i k_i}{\sum_{i-1}^{n}k_i} \tag{5-1}$$

式中 a_i——每个单项工艺技术成熟度等级，范围为1～5级；

k_i——每个单项工艺技术成熟度等级加权因子。

3）产品工艺成熟度等级确定：将产品工艺成熟度等级计算值的整数位作为产品工艺成熟度等级，当计算值高于核心工艺技术成熟度时，产品工艺成熟度等级应与该产品所有核心工艺技术中最低成熟度等级保持一致，或向上浮动一级。

5.5.2.4 评价案例

以某型号的主控模块产品为例，进行工艺技术成熟度和产品工艺成熟度分析。本产品涉及的工艺技术为17项，分别为温控烙铁搪锡技术、温控锡锅搪锡技术、手工成形技术、元器件预涂技术、半水清洗技术、通孔元器件安装技术、手工焊接技术、选择型波峰焊接技术、手工清洗技术、手工刷涂技术、手工喷涂技术、手工点胶技术、焊膏预处理技术、焊膏印刷技术、网板制作技术、自动贴装技术、气相再流焊技术。

以选择型波峰焊接技术为例进行工艺技术成熟度等级评价。应用选择型波峰焊接技术后，产品已经通过了模样、初样、正（试）样阶段的考核和评审，并经过了生产验证，但该产品还未进行批量生产，所以工艺验证项目自评为5分。选择型波峰焊接设备由工艺员编程、专人操作，对操作人员的技术水平要求不高，中级工即可以操作，所以人员技能项目自评为3分。选择型波峰焊接可以进行检查，焊点可以直观观察，通孔过锡可通过X光检测，无不可检测情况。但目前未实现在线检测，需要进行人工检查或转移至X光检查设备中进行离线检查，所以检测技术项目自评为 3 分。选择型波峰焊接程序经过验证后用于正式产品焊接，产品焊接合格率高，产品一致性好，所以合格率项目自评为 10 分。选择型波峰焊接设备主要针对混合安装印制电路板组装件上的通孔插装元器件焊接，生产全过程为机械化生产，但由于需要单独安装印制电路板组装件，生产效率不高，只适合小批量生产，所以制造模式项目自评为 2 分。综上可得总分为 22 分，根据评分办法，工艺技术成熟度评定为 4 级，见表 5-14。

表 5-14　选择型波峰焊接技术——成熟度等级自查

序号	项目	评价要求	分值取整	可评定的成熟度等级					得分
				1 级	2 级	3 级	4 级	5 级	
1	工艺验证	被评价产品的工艺技术通过了(或前期相关工作等同于通过)产品模样、初样、正(试)样(正样)及定型阶段的考核和评审,并经过了批量生产验证	6～8	√	√	√	√	√	5
		被评价产品的工艺技术通过了(或前期相关工作等同于通过)产品模样、初样、正(试)样阶段考核和评审,并经过了生产验证	4～5	√	√	√	√	×	
		被评价产品的工艺技术通过了(或前期相关工作等同于通过)产品模样、初样阶段考核和评审,并经过了生产验证	2～3	√	√	√	×	×	
		被评价产品的工艺技术通过了(或前期相关工作等同于通过)产品模样阶段考核和评审,并经过了生产验证	1	√	√	×	×	×	
2	人员技能	具有初级工的技能水平人员	4	√	√	√	√	√	3
		具有中级工的技能水平人员	3	√	√	√	√	√	
		具有技师或高级工的技能水平人员	2	√	√	√	√	×	
		具有高级技师的技能水平或特定人员	1	√	√	√	×	×	
3	检测技术	检测项目可实现在线或在位检测	4～5	√	√	√	√	√	3
		检测项目可检测、可测量,无不可检测情况	2～3	√	√	√	√	√	
		检测项目基本可检验、可测量,存在个别不可检测情况	1	√	√	√	√	×	
4	合格率	合格率高、质量一致性好或 Cpk > 1.67	10～12	√	√	√	√	√	10
		合格率较高、质量一致性较好或 1.67≥Cpk > 1.33	7～9	√	√	√	√	×	
		合格率、质量一致性一般或 1.33≥Cpk > 1	4～6	√	√	√	×	×	
		合格率较低,质量一致性较差	2～3	√	√	×	×	×	
		合格率低,质量一致性差	1	√	×	×	×	×	
5	制造模式	生产过程自动化,生产方式为批量生产	5～6	√	√	√	√	√	2
		生产过程半自动化,生产方式为批量生产	3～4	√	√	√	√	√	
		生产过程主要为机械化,生产方式为小批量生产	2	√	√	√	√	×	
		生产过程为手工作业,生产方式为单件或单组生产	1	√	√	√	√	×	
总分		22	工艺技术成熟度等级		4 级				

按上述方法对本产品涉及的其他工艺技术进行成熟度评价，确定每项工艺技术成熟度等级。进行产品工艺成熟度分析，其中涉及核心工艺 3 项，重要工艺 5 项，一般工艺 8 项。见表 5－15。

表 5－15　产品工艺成熟度评价表

工艺技术	成熟度自查分	工艺技术成熟度等级	工艺类型	加权因子(K)
温控烙铁搪锡技术	30	5	一般工艺	1
温控锡锅搪锡技术	32	5	一般工艺	1
手工成形技术	32	4	重要工艺	2
元器件预涂技术	24	5	一般工艺	1
半水清洗技术	24	5	一般工艺	1
通孔元器件安装技术	32	5	一般工艺	1
手工焊接技术	30	4	重要工艺	2
选择型波峰焊接技术	22	4	核心工艺	3
手工清洗技术	32	4	一般工艺	1
手工喷涂技术	30	4	重要工艺	2
手工点胶技术	30	4	一般工艺	1
焊膏预处理技术	24	5	重要工艺	2
焊膏印刷技术	22	4	核心工艺	3
网板制作技术	21	4	重要工艺	2
自动贴装技术	24	4	一般工艺	1
气相再流焊技术	23	4	核心工艺	3
产品工艺成熟度等级		4		

按公式（5－1）对产品工艺成熟度等级进行计算，得出产品工艺成熟度等级计算值为 4.26。该产品 3 项核心工艺技术成熟度等级均为 4，因此，该产品工艺成熟度等级为 4 级。

5.6　电子产品保证能力评价

航天电子产品是航天产品重要的组成部分，且随着电子技术的发展、机电一体化的应用以及远程控制的需求，航天产品中与电相关的产品范围进一步扩大，航天电子产品性能的稳定性直接影响整个航天产品的发射、使用和回收。近年来，航天电子产品出现质量问题呈增长趋势，对航天科研生产造成一定的影响。对质量问题进行分析的主要原因是，电子产品的装联质量，特别是影响长期可靠性的内在质量，无法直接通过检测确认。例如焊点在安装和焊接过程中，因错误的操作使其承受热应力和机械应力，从而产生微裂纹等缺陷，是无法直接检测和评判的。出于对高可靠要求的保证，航天系统制定了详细的电装工艺技术要求，在航天行业标准中，电装工艺技术标准就有 60 多项。在电装工艺过程中的安装、焊接等环节，需要对加工过程实施控制，但在实际操作中，违反工艺标准要求的情况时有发生。随着航天任务的逐年增加，电子产品制造单位也越来越多，除了传统的航天电子制造企业外，许多研究所、学校和民营单位也加入了航天电子产品制造队伍，其能力参差不齐，对航天标准要求不熟悉、不了解或无法获得航天行业技术标准，在产品生产过程中无法落实航天电装工艺要求。更有甚者，连基本的静电防护措施、基本的生产和检测设备都不具备。

针对航天电子产品质量问题多发的现状及生产制造特点，为确保产品可靠性，需要对航天电子产品保证能力进行评价。电子产品制造企业的产品保证能力包括“人、机、料、法、环、测”等方面，具体体现为单位的产品生产加工能力及工艺技术保证能力。

5.6.1 产品生产加工能力评价

航天电子产品制造企业的产品生产加工能力，是指单位时间内稳定产出满足航天要求的产品的能力。航天电子产品用途广泛，不同用途产品的结构和特点存在差异，生产的产品不同，表征生产加工能力的方法也不同。对于以印制电路板组装件为主要产品的企业，可以用“焊点/天”作为评价指标；对于以电子整机为主要产品的企业，可以用“台（套）/月”作为评价指标。每个企业的具体产品不同、加工特点不同，能力评价的方法和指标也会不同。同时，理论加工能力也会和实际的生产产能存在一定的偏差。

决定航天电子产品生产加工能力的因素一般包括硬件条件和软件条件。硬件条件是指企业具备的资源配置，包括生产场地面积、设备加工能力、人员数量等；软件条件是指建立在管理、经营和技术基础上的软实力，包括企业的管理水平、专业技术能力和人员的技能水平等。上述因素基本决定了企业的生产规模和生产加工能力。除硬件条件和软件条件外，影响航天电子产品生产加工能力的因素还有很多。一方面和产品的特征相关，例如产品的种类、加工难度、质量要求、生产批量等；另一方面和企业自身的过程管控能力相关，例如产品的合格率控制、生产组织模式等。

对航天电子产品制造企业的生产能力评价，是建立在特定的一类或几类产品生产的前提下，通过定性和定量相结合的方式，综合考虑软硬件能力，给出满足顾客生产需要的程度。生产能力评价的方法和表征，因产品结构和制造特点而异，目前并未建立统一的模型来进行评价。对于航天电子产品制造企业生产加工能力的评价主要是针对现有的产品制造特点以及对人员、设备的依赖程度进行。针对不同的产品制造过程，其产能的评价侧重点应有所区别，但评价主要基于企业确定的生产加工产品。

5.6.1.1 生产加工能力计算的方法

对航天电子产品生产企业而言，生产加工能力的评价通常是多维度的。每个企业都会根据企业经营管理的需要、信息化系统的建设、产品和加工的特点，制定生产加工能力计算的方法。最常见的方法有工序能力计算法和综合工时计算法。

（1）工序能力计算法

工序能力计算法主要是根据产品生产流程、产品的加工特点、厂房的工艺布局、设备资源的配备情况确定的。如印制电路板组装件的生产，需要根据产品的特点确定主要的加工工序和加工流程，分别计算每道工序或工步的产能。考虑加工工序是通孔插装、表面贴装还是混合安装，是否将印制电路板组装件的调试、三防涂敷、元器件加固一并考虑并加以计算。以混合安装为例，需要根据设备产能、流水线的链速，计算 SMT 生产线和波峰焊接生产线的产能，以单台设备的实际操作使用情况，计算 AOI、X 光机的检测能力，以操作人员的配置以及技能的熟练程度，计算需要手工焊接部分的能力。工序流程是串行还是并行，串行的工序需要计算串行各工序的能力匹配，其生产能力取决于能力最低的工序环节；并行的工序需要将同一并行点的工序能力进行对比，并行工序中耗时最长的同样是能力计算的基线。与此同时，需要根据生产布局，考虑产品流转的时间。对航天产品而言，由于批量小，生产节拍不紧凑，所以同一工作场地内的流转可以忽略不计。但当产品需要流转至其他厂房或者部门时，则需要考虑产品实际转运所需的时间，并充分考虑部门衔接和管理带来的影响。

工序能力计算法，适用于流水线式生产，产品加工流程相对固定，多用于机械化、自动化作业的单位。其要求是物料配送稳定、准确，技术状态稳定、工艺成熟度较高，产品质量稳定性好。航天电子产品中的定型、批产产品生产线，可以采用工序能力计算法计算生产能力。

(2) 综合工时计算法

综合工时计算法是航天企业传统的生产能力计算方法。根据生产部门的人员配备计算工时能力，考虑生产组织的安排是单班制，还是两班或者三班倒班制；根据产品的工艺，通过标准的工时估算方法和公式，给出工时定额，即每一个工序或者工步，中等熟练程度操作者加工所需的时间。在实际加工中，一道工序或者工步所需的具体时间，是用工时除以配备的操作人员计算的。生产一个电子产品或者一项工作任务时，应根据工序间的能力指数和匹配情况安排人员，以达到工序间生产平衡和效率最大化的效果。采用综合工时计算法时，忽略产品转运所需的时间，将其纳入生产管理的内容。综合工时计算法中，考虑生产组织的模式，是采用单人全流程操作，还是按工作内容或场地采取单元制造模式。

综合工时计算法，适用于各种产品、各种组织模式的电子产品生产。对小批量、多品种尤其具有优势，具有柔性的特点。但由于采用工时估算的方法，具有一定的主观因素，准确性取决于工时估算人员的经验和对产品加工工艺的理解。优点在于可以将技术状态变化、质量问题处理等因素按照设计阶段的不稳定性，以平均或经验的方法给出，具有灵活性。

5.6.1.2　影响生产加工能力的因素

影响航天电子产品制造生产加工能力的因素是多方面的。广义上，包括实际的加工能力和管理水平，可以按实际产出统计；狭义上，仅指配备的资源满足产品制造的能力，可以按理论产能计算。

(1) 产品的加工流程

每个企业的产品不同，生产流程也不同。航天电子产品制造企业的产品一般分为印制电路板组装件、电子整机、电缆组装件、机电产品（电气产品）等，也有些产品不属于电子产品，但制造过程中包含电气互联的工序。产品不同、加工工艺不同、流程不同，其计算生产加工能力的方法也不同。合理设置流程，可以缩短加工时间，提高生产能力。

以表面贴装和通孔插装混合装焊接为例，如果采用先表贴，再通孔的传统方式，流程就会相对较长，一般要经历 3～4 次焊接过程；但如果采用贴片胶和通孔回流焊接工艺，就会将焊接过程减少为一次，使工艺流程缩短，生产率提高。但值得注意的是，每种加工工艺和流程，其产品的质量取决于工艺的成熟度，不可为了提高效率，采用成熟度较低的工艺方法。

（2）设备工装的资源配备

工艺方法的选择，取决于工艺装备的配置情况，包括电装设备、工具、工装的种类和数量。较多种类和数量的工艺装备，可以提供更多工艺方案的选择，相对来说生产率会更高。电子产品制造企业的工艺设备，主要包括表贴生产线、自动化检测装备、波峰焊接或者选择型波峰焊接设备、清洗设备、喷涂设备等；电装工具主要包括电烙铁和焊台等；工装包括元器件引线成形工装、搪锡工装、线束成形和绑扎工装等。

配置了自动化元器件安装设备的企业，如表贴机、自动插装机等，生产能力一般会大于采用手工安装元器件的企业；采用回流焊、波峰焊接等设备的群焊焊接效率远大于手工单点焊接。当无专用设备时，鼓励采用适应的工装，例如多引线的径向通孔插装元器件引线成形，采用自制并经过鉴定或评审的成形工装，不但能提高引线成形质量和一致性，还可大大提高生产率。

（3）人员的技能水平和数量

以手工操作为主的电子制造企业，其生产能力主要取决于操作者的数量和技能。根据产品的加工流程和复杂程度，可以较为准确地估算出产能。按生产流程划分工位，依据每个工位配备的人员数量、工作时间、倒班的形式，可以计算每个工位的工时能力。根据产品的具体情况，按照中等技能人员的平均水平，可以估算出产品或工序的定额工时。总的工时能力除以定额工时，就可以得出单位时间内，某个特定产品的产能。当人员技能水平高于平均中等水平时，生产率会提高，产能会增加；反之则会降低。对于特殊元器件的装焊或者电子产品中的特殊工艺，如需要较高的技能水平时，能从事该项作业的高技能人员数量，就成为决定生产加工能力的关键因素。当不具备该项能力时，外协的生产能力就无法自主掌控。

例如企业没有配备回流焊接设备，对集成电路封装器件（如 QFP、LCC 等）的手工焊接就需要应用经验丰富、具有较高焊接水平的操作人员。其技术的熟练程度、技能高低，就会成为决定生产能力的制约因素。

（4）产品加工的技术难度

航天电子产品的结构和内容多种多样，不同产品的加工特点差异较大。复杂产品的加工流程较长，加工难度较大，相对简单产品，其生产率会降低。印制电路板组装件的复杂度主要取决于组装密度，即单位面积内焊点的数量或者元器件的安装数量，同时元器件的封装形式、特殊元器件的数量，也是影响加工难度的因素。电子整机的加工难度主要取决于产品的结构，机箱内部组件的安装密度，线束的多少以及安装顺序、相互干涉等情况。电缆组装件的复杂度，取决于导线的总长度、分支的数量、电插接器的数量及连接点的点数。同时，对防护屏蔽的处理要求，也会影响加工难度，成为影响生产率的因素。

例如电子整机，如果其结构合理、空间布局从容、线束较少，则生产率较高；如果内部结构紧凑，安装顺序具有不确定性，需要反复或多次试装，这样就需要较长的生产时间。根据产品特点，选用更加合理和可行的装配方案，是决定生产率的重要因素。

（5）生产组织模式

每个电子产品的制造企业，一般都有相对固定的生产模式。民用产品由于其生产批量大、控制点少、工艺稳定，多采用流水线的生产组织方式，对人员技能水平要求低。航天电子产品多为小批量、多品种生产，宜采用更为灵活的生产模式。生产模式与产品类型、加工特点是否匹配，会直接影响产能。目前阶段，在场地、人员、设备相对固定的前提下，航天电子制造企业多采用改变生产组织模式的方法，提高生产率和产能。

定型及批产产品，宜采用流水线或者单元制造模式，这样做的前提是技术状态稳定，工艺成熟细化，物料配套齐全。研制阶段的产品，也可采用成组技术，将结构或加工工艺相类似的过程，通过合理的作业安排，组批投产，以提高生产率。如果采用传统的单人或班组完成一个产品的全流程操作，则完全依赖人员的技能水平和对加工的熟练程度。

（6）质量控制点的设置

电子产品的质量要求决定了其控制点的设置。航天电子产品，因其高可靠的质量和性能要求，较民用产品有着更多的控制要求，一般也会设立更多的过程控制点。质量控制点体现在检验点和检验要求的设立上。航天电子产品制造，通过产品工艺规程，设计和明确制造过程的检验点，每个检验点的检验项目、检验规则、检验方法和合格判据，也可通过制定相应的检验规范进行明确。

航天电子产品制造过程很少采用免检，一方面出自产品对可靠性的要求，另一方面来源于军工质量管理体系的要求。在印制电路板组装件的生产中，每道工序（如元器件引线成形、搪锡，元器件安装、焊接，印制电路板组装件清洗等）都要求设立检验点。对从加工结果无法辨识的过程控制点，还应设置过程现场巡视检验的项目。在实际操作中，可以根据操作的难易程度及对产品质量性能的影响，规定不同工序或过程的抽样规则，以减少检验工时、提高产能。但需要对过程控制的有效性及风险进行评估，确认处于受控并且可接受的范围。

（7）物料的齐套与配送

对航天电子产品制造企业而言，物料的齐套是无法回避的难题。虽然产品化工作推进数年，型谱化、货架产品越来越多，但物料的多样性仍然存在，依旧是制约生产能力的重要因素。物料不齐套，会导致生产计划无序，会使原本可以采用设备操作的环节变为手工操作。物料齐套难的原因很多，本节不做详细探究，但在测算生产能力时，其对生产能力的影响却不可忽略。

在航天电子产品制造过程中，元器件的齐套是对生产能力影响最大的因素。一方面需要科学安排采购计划，根据合同要求的不同元器件的订货周期，严格按节点实施采购；二是严格管控元器件的监制、验收、筛选环节，确保资源配置到位，确保环节透明化，避免积压和漏项；三是通过信息化手段，优化元器件配套环节，减少中间重复性过程。在目前的电子产品中，一个印制电路板组装件上的元器件少则几百，多则上万，平均数量也达到了千级，从采购到复验、从安装到产品验收交付，是个复杂的系统工作。只有采取有效措施，提高元器件配套的及时性和准确性，才能提高生产率，保证生产能力。

（8）产品质量稳定性

质量是航天事业永恒的主题，航天电子产品的质量和可靠性，也是航天电子制造企业不懈追求的目标。产品质量的一致性和稳定性，直接影响生产能力。影响产品质量的因素既包括工艺成熟度，也包括设备和操作的稳定性，还包含材料、方法、人员的许多不确定性。制造过程中的质量问题会使生产停顿，使生产进度无法按节拍进行，同时也要耗费大量的人力、物力和时间去分析和解决问题。特别是在特殊过程产生的问题，往往在交付或者处于后道工序才能被发现，而产品需要返修返工，则大大增加了质量成本，也增加了不确定的生产周期，带来的损失和影响往往是巨大的。

航天电子产品生产制造过程中的常见质量问题包括：错装、漏装元器件，通孔插装元器件透锡率不良，表面贴装元器件焊接桥连，多余物等操作问题，同时也包括设计工艺性不好，元器件封装与印制电路板导电图形不对应，工艺文件描述不清晰等设计、工艺环节的问题。通过改进工艺、加强过程控制，达到稳定的产出状态，才能保证加工产能的正常输出。

5.6.1.3　生产加工能力的评价

航天电子产品的生产加工能力，一般采取经验法进行判断。由于产品和工艺具有多样性，无法建立一个模型来进行评价。评价中，往往是依据评价者的工作经验，综合考虑上节中提到的各项因素，做出产能评价的判断。

航天电子制造企业的生产能力评价，一般可以从以下几个方面进行：

（1）生产规模

生产规模评价，主要考察企业的生产场地、设备的种类和数量、从业的人员数量等。生产场地的属性是自主产权还是租赁场地，对于直接用于生产的场地面积，不包括办公区域；考察场地的环境控制情况（温度、湿度、洁净度），需要时还应包括光照度、噪声等；设备配置方面主要考察是否覆盖制造流程，有无工序依靠外协加工，设备的规格和精度能否满足产品的需要等；考察工程技术人员、操作人员、质量保证人员的数量，技能人员的等级，平均从业的年限等。通过以上因素，可以直观地了解企业的生产规模。

对于航天电子制造企业，还应重点关注几个特殊环节。一是对库房的面积管理，较大的库房，往往在物料配套环节存在一定程度的积压，说明物流环节存在不流畅的因素；二是生产场地的环境控制，尤其是对静电敏感元器件的控制环节。环境控制不良、防静电措施不到位，往往会造成产品质量出现问题，导致生产能力降低。

通常说来，生产场地面积大、设备齐全、人员充足，会表征具备较强的生产能力。

（2）产品类型和交付数量

选取典型产品或者特定产品，无论以工时计算，还是以设备能力计算，均可推导出该产品的产能。其他类型的产品，可以通过折算或者对比来推算产能。在生产能力评价中，还可以根据数年的历史数据和产品的实际交付数量，计算产能。

评价航天电子产品制造企业的产能，首先需要界定产品的类型，是印制电路板组装件、电子整机还是电缆组装件。其次评估产品的复杂程度，能生产高难度产品的企业，一般来说可以表征其具有较高的生产能力。电子产品制造流程复杂的产品，其工艺能力往往包含制造简单产品的过程。

（3）自动化、数字化程度

无论从过程控制还是生产率上讲，设备操作往往优于手工作业。航天电子产品属于工业产品，不属于工艺品或者特定的服务，原则上应遵循工业生产的客观规律，从手工操作、机械化操作，向自动化、数字化发展。一般说来，自动化、数字化水平较高，可以代表生产规模和能力较强。在德国的工业 4.0 和中国制造 2025 中，均提到了智能制造的概念。但在航天电子产品制造过程中，智能制造仍遥不可及，还需要不断地探索和实践。在世界范围内，电子产品数字化制造的典范和标杆——西门子成都工厂，其制造过程的数字化率也仅达到了 60%～70%，离智能制造还相距甚远。探索适合航天电子产品制造的先进模式，不是单纯以数字化来衡量的。适合的，才是最好的。

评价自动化、数字化的程度，可以采用工艺自动化率或者过程自动化率。如果以工序计算，可以用自动化的工序或者工步数，除以总的工序或者工步数；如果以过程来计算，可以用自动化设备完成的工时数，除以总的工时数来计算。

5.6.2 工艺技术保证能力评价

对生产单位的工艺技术能力评价，可以通过对产品体现的可靠性进行验证，但此种方法只针对生产单位的某一台或某一类产品。只对生产单位加工产品的结果进行验证，能够保证此类电子产品的性能在出厂时满足设计要求，但对产品实际加工过程存在的一些隐患并不能有效地发现和排查，实际产品仍然会存在失效的风险和隐患。

另外一种方式是对加工单位的工艺技术能力进行验证，即对产品实现的全过程进行评价。当前，对产品实现过程的工艺技术能力评价体系最著名的是 Nadcap（National aerospace and defense contractors accreditation program）认证，即国家航空航天和国防合同方授信项目，为美国航空航天和国防工业对航空航天工业的特殊产品和工艺的评价。Nadcap 认证是由美国航空航天和国防工业巨头与美国国防部、SAE 等机构共同发起和发展的一个专门对航空航天工业特殊产品和工艺进行评价的体系。其宗旨是以通用的第三方评价解决方案代替各自对供应商进行重复的特种工艺审查评价，以有效地降低其提供商发展成本和潜在风险。Nadcap 认证主要是对航空航天工业供应体系内的高危险性特殊工艺和产品进行认证：从电子产品到流动分销体系，从化学处理到材料测试，从焊接工艺到热处理程序，每个项目均对应相应的标准支持。其中用于对电子装联生产加工过程进行认证主要是由两个标准组成的，分别为 AC 7120《Nadcap 电路板组件用审核标准》、AC 7121《Nadcap 电缆和线束组件用审核标准》。

我国的航天电子产品工艺技术能力评价，可以借鉴 Nadcap 认证方式进行。目前中国航天科技集团有限公司为了提高供应商的生产能力，提高了航天电子产品质量，制定了电子装联工艺能力评价方法。航天电子产品工艺技术能力评价方法主要借鉴了 Nadcap 认证中的客观性回答问题的形式，并创新地从人员测试、生产过程评价和标准样件制作三方面进行考核评价。评价的范围包括形成电子产品的印制电路板加工、电子装联和电缆组装件制作，按照电子产品加工的实际情况，又可以细分为印制电路板组装件通孔插装元器件装联技术能力、印制电路板组装件表面安装元器件装联技术能力、电子产品整机装联技术能力、电子产品防护与加固技术能力、电缆组装件制造技术能力以及印制电路板制造技术能力等。

本节主要介绍对航天电子产品供应商生产航天电子产品的工艺技术能力进行评价的评价要素、评价方法以及评价的判定（以下简称电子装联能力评价）。

5.6.2.1　评价要素

电子装联能力评价，是航天工业针对特殊产品以及工艺能力评价体系的一个部分。其宗旨是借鉴第三方评价的方式，从专业的技术角度，对航天电子产品电子装联这一特殊过程的工艺能力进行评价，以评判承研承制单位及供应商是否具备满足航天型号要求的工艺保证能力，从而降低质量成本和潜在风险，提高产品可靠度、可信度。电子装联工艺能力评价，是从专业技术角度，强化以质量为中心的航天型号供应商管理工作的具体手段。

航天电子产品供应商的工艺技术能力评价是建立在供应商已经具备质量管理体系（健全、有效）的基础上，只对供应商在产品形成过程中的工艺技术管理、工艺技术掌握的程度以及体现掌握工艺技术的证明材料进行评价。

电子装联工艺技术能力评价的评价要素主要包含人员能力、设备能力、材料保障能力、工艺方法控制能力、环境条件、检验和测试能力等方面。根据集团公司型号管理和专业特点，借鉴了航天行业标准以及集团公司技术标准共计 79 项，形成了电子装联工艺技术能力的评价内容。分别从人员测试、生产过程评价和标准样件制作三方面进行考核评定，其评价模型如图 5－7 所示。

（1）人员能力

对于航天电子产品生产的供应商，应根据承制航天电子产品的规模等信息，合理地配置相应的人员。其中应包括但不限于工程技术人员、检验人员和实际操作人员。根据航天电子产品生产的工艺管理规定，操作者生产电子产品必须依据相应的指导性文件，即应编制包括并不限于工艺规程、典型工艺规程、工艺规范等文件。为此，需要配置一定数量的

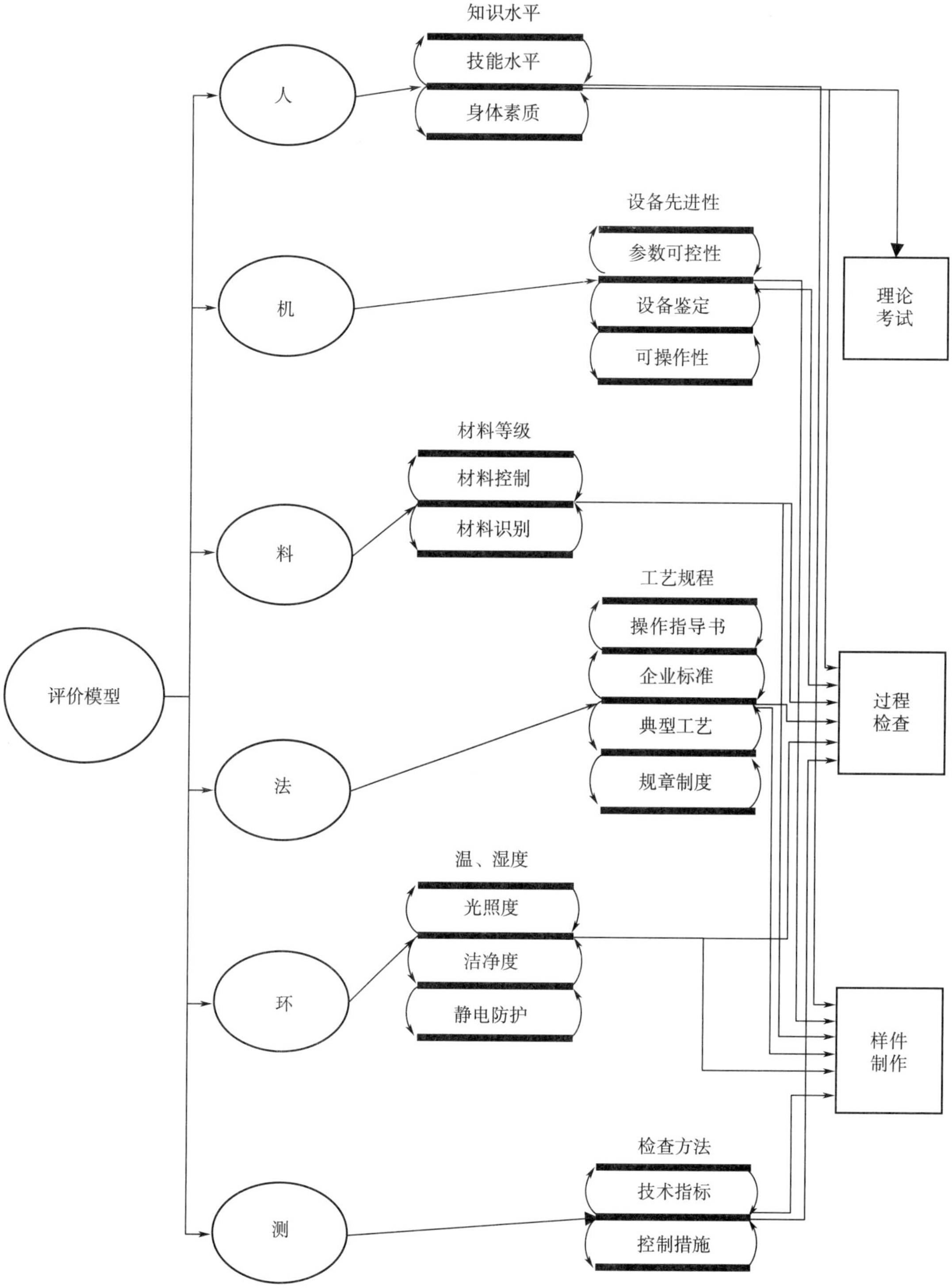

图 5-7　航天电子产品电子装联工艺能力评价模型图

工程技术人员，编制相应的指导性文件且应至少满足航天产品工艺管理规定的三级审签制度（即编制人员、审核人员、批准人员审签）。航天电子产品生产供应商配置的工程技术人员一般应不少于 2 人。供应商配置的实际操作人员应以满足承制产品生产需求为宜。为了保证产品质量符合航天型号产品管理的规定，供应商必须配置专职的检验人员，实施对产品制造过程中产品的质量监控。通常情况下，专职检验人员的数量应不少于 2 人，且专职检验人员应得到授权。

由于航天电子产品的使用、储存环境恶劣，对产品的实际质量要求和产品的可靠性指标要求较高，同时在生产过程中对相关人员的业务能力也有较高的职业要求。其中工程技术人员应是具有一定技术水平的人员，应熟练掌握电子装联中基本理论知识和静电防护的理论知识，熟练掌握工艺试验、工艺攻关的研究方法和解决关键技术问题的方法，并具备识图及工艺开发能力。专职检验人员应熟练掌握电子元器件的基本知识和静电防护基本知识，熟练掌握电子装联常用检测工具设备的使用方法，具备独立判断产品质量符合性的能力。实际操作人员应熟练掌握电子元器件的基本知识和静电防护基本知识，熟练掌握电子装联工具、夹具、量具以及焊料、焊剂、溶剂的正确使用方法，具备基本的识图及独立操作的能力。

另外，根据供应商承制的航天电子产品生产过程需求，也对相关人员的身体素质提出了具体要求。当供应商承制的电子产品以通孔插装元器件为主，尤其是包含色环电阻、使用色彩区分标识的元器件等时，需要对操作人员和专职检验人员的视力以及变色能力提出指标要求。通常情况下，操作人员和专职检验人员的视力（含矫正视力）不应低于 5.0，并能通过色觉检查图的辨色测试，无色弱或色盲即可。当电子产品生产过程主要通过手工操作完成时，操作者手持工具时应有一定的稳定性。

（2）环境条件

当前航天电子产品主流趋势正向着集成化、小型化、标准化发展，导致航天电子产品由纯手工操作向半自动化、自动化加工转变；由以分立元器件安装为主向以集成电路装联为主转变；由以通孔插装元器件为主向以表面安装元器件为主转变。这些转变使得航天产品在生产过程中的各项控制措施更加严格。电子产品制造过程的环境因素能够影响产品的最终质量，如以表面安装器件为主的印制电路板组装件，其在生产过程中对操作空间的洁净度就要控制，以避免影响产品焊接质量。所以供应商应根据自己承制电子产品制造的特点，对航天电子产品生产过程的外部环境严格控制，并依据航天行业标准要求，对生产环境进行规范及监测。

航天电子产品的生产环境控制一般涉及温湿度控制，洁净度控制，光照度控制，静电防护控制，烟雾净化、设备排风控制，噪声控制，振动控制等多个方面。本节选取其中较为关键的几个环境因素进行详细介绍。

①温湿度控制

航天电子产品的生产过程主要以安装、焊接、装配为主，电子产品由不同的单一元器件通过焊接连接在一起，整个过程流程较多、经过的工序较多、所需要的时间较长。长时间暴露在空气中会影响电子产品的性能，尤其是静电敏感器件必须在适合的环境中使用，避免静电损伤，为此需要对操作空间的湿度进行控制。当前的航天电子产品生产仍然是人工参与较多，为了保证操作者操作过程身心舒畅，需要人体感觉舒适的环境温度。

基于上述要求，在生产过程中应按照航天行业标准进行生产环境中的温湿度控制，现阶段航天行业标准规定的温度一般应控制在（23±5)℃，相对湿度一般控制在 30%～70%。为了保证指标的准确性，应在工作场地内建立温湿度监测点，监测点的数量可根据供应商生产加工实际工作场地的面积进行计算；通常情况下应每隔 4 h 进行一次监测，确保温湿度控制的准确性。

②洁净度控制

现阶段航天电子产品表面安装技术应用越来越广泛，元器件引脚之间的间距越来越小，元器件引线越来越多。表面安装器件的装联对操作空间的洁净度要求也越来越严格，因此需要对生产环境的洁净度进行有效控制。

供应商应根据产品的安装要求和产品精密程度进行区别。一般情况下，精密产品安装场地的洁净度不低于 100 000 级，并应定期对有洁净度要求的工作区域进行检测，以保证技术指标的准确性。

③光照度控制

在电子产品装联过程中通常需要良好的照明条件，以保证电子产品装联的准确性。通常情况下，操作工作台台面的照明强度一般不低于 1 000 lx，且台面至少应有 90%无阴影区域，且无强烈反射。为了保证光照度满足产品生产过程的需求，需要定期对操作区域的光源进行检查和更换，使光照度满足技术指标要求。

④静电防护控制

随着电子技术的发展，大规模集成电路在航天电子产品中的应用越来越广泛。大规模集成电路多数为静电敏感器件，在电子产品整个装联过程中均应防止静电敏感器件受外部静电应力损伤，为此电子装联的工作场地内应有符合要求的静电防护设施。

通常情况下，电子装联工作场地应划分防静电工作区和非防静电工作区，防静电工作区与非防静电工作区有明显界限，且有警示标志。防静电工作区入口处应配备静电消除设备设施，用于对进入人员的静电中和。

供应商应根据承制航天电子产品的特点，考虑是否对工作场地进行接地处理。当生产加工有静电敏感器件的电子产品时，产品生产场地应建立专用电子接地系统，且电子接地电阻不大于 10 Ω；避雷接地系统与电子接地系统相距应不小于 20 m，其接地电阻应小于 4 Ω。

当建立了防静电工作区后，区域内应使用防静电工作台、防静电台垫及地垫、防静电腕带和专用接地装置，其中防静电工作台及台垫表面各处的对地电阻应在 $7.5\times10^5\sim1\times10^9$ Ω，防静电台垫及地垫与大地之间必须连接一个 1 MΩ 的电阻，仅通过防静电腕带的人体对地电阻值应在 $7.5\times10^5\sim3.5\times10^7$ Ω，防静电工作鞋对地电阻应在 $1\times10^5\sim1\times10^9$ Ω；区域内新购的温控烙铁、吸锡器、热剥器对地电阻应小于 2 Ω，正在使用的温控烙铁、吸锡器、热剥器对地电阻应小于 20 Ω；区域内禁止存留与工作无关的绝缘物品。使用工作所需的必备绝缘物品（图样、文件）时，应采取有效的防静电措施，一般情况下应保证表面电位大于 2 000 V 的绝缘材料与静电敏感器件或装有静电敏感器件的电子产品相隔 30 cm 以上的距离，否则应使用离子风机或其他静电缓解技术对其进行电荷中和处理。

为了保证防静电技术指标的准确性，供应商应定期对防静电设施、设备、工具等进行检测或监测，并对检测或监测的数据进行定期汇总分析。发现有超差现象应及时分析排查，确保静电防护措施可靠、有效。

（3）材料保障能力

航天电子产品的小批量生产、高可靠性指标要求等特点，使得电子产品选用材料也需要具备一定的高可靠性。供应商应根据承制的电子产品特点对选用的材料做出详细的规定，以规范材料的储存、使用等。这里提到的材料只针对电子产品电子装联过程中使用的材料，对于金属件及标准件不在本章描述范围内。对于电子装联工艺能力评价，材料保障能力主要包括航天电子产品中所使用的电子元器件、印制电路板以及生产过程中应用的主要材料和辅助材料。

①电子元器件

电子元器件是航天电子产品最基础的产品，是实现电子产品功能的最小单元，其可靠性直接关系电子产品的整体性能和可靠性。供应商应根据承制产品任务书要求及可靠性指标要求以及型号需求，进行电子元器件的购置。航天电子产品选用的电子元器件一般应按有关筛选技术条件或专用筛选技术条件进行筛选，合格后方能使用。被选用的电子元器件引线应具有良好的可焊性，无损伤、无锈蚀等缺陷。

电子元器件在使用前应储存在符合型号产品需求的专门场所，其中温湿度应满足储存要求，敏感电子元器件（如湿敏、热敏、静电）应在满足其环境要求下储存。

②印制电路板

印制电路板是实现印制电路板组装件电气功能的重要基础载体之一（其可靠性十分重要），也是对电子产品整体性能起关键作用的基础单元。印制电路板使用前应对厂家提供的合格证明文件（孔电阻、可焊性、通断检测报告等）的完整性进行核对，并检查印制电路板的翘曲度。一般情况下印制电路板翘曲度应不大于 0.75%，安装陶瓷封装元器件的印制电路板翘曲度应不大于 0.5%。

印制电路板长时间暴露在空间中易出现焊盘氧化影响焊接质量，其应按要求储存在专用区域，通常情况下印制电路板以包装形式保存在温度为 10～35 ℃、相对湿度不大于 75%的洁净容器或箱内，周围环境不应有酸性、碱性或其他对印制电路板有影响的气体和介质存在。自出厂日期起，在包装储存环境合格条件下，表层导电图形表面不同涂镀层的印制电路板在焊接前的保存期可按表 5-16 规定，超过规定的应至少进行可焊性和热应力检验。

表 5-16　印制电路板保存期

序号	导体表面(焊盘)涂镀层种类	保存期
1	电镀锡铅合金非热熔	8个月
2	焊料热风整平、电镀锡铅合金热熔	12个月
3	电镀金(厚度不小于0.13 mm)	12个月
4	化学镀金/镍	6个月
5	铜上涂敷有机可焊性保护剂(OSP)	6个月

③主要材料

供应商应根据承接电子产品生产需求，购置必要的主要材料。航天电子产品的主要材料一般包括焊料、防护使用的涂敷材料、提高抗振性能的加固材料等。

当承制航天电子产品生产时，购置的焊料应满足航天行业标准规定，一般应采用GB/T 3131—2001中规定的S-Sn63PbAA焊料，当被焊接部位存在银元素时，可选用S-Sn63PbAgAA焊料，其他场合的焊接及引线、导线端头的搪锡可采用S-Sn60PbAA焊料，焊料牌号及主要化学成分见表5-17。

表 5-17　焊料牌号及主要化学成分

成分		牌号		
		S-Sn63PbAA	S-Sn60PbAA	S-Sn63PbAgAA
主要成分(%)	Sn	62.5～63.5	59.5～60.5	62.5～63.5
	Pb	余	余	余
	Sb	—	—	—
	其他元素	—	—	Ag:1.5～2.5
杂质成分(%)，不大于	Sb	0.05	0.05	0.05
	Cu	0.03	0.03	0.03
	Bi	0.03	0.03	0.03
	As	0.15	0.15	0.15
	Fe	0.02	0.02	0.02
	Zn	0.001	0.001	0.001
	Al	0.001	0.001	0.001
	Cd	0.001	0.001	0.001
	S	0.010	0.010	0.010
	除Sb、Bi、Cu以外的杂质总和	0.010	0.010	0.010

采购的焊料表面应光滑、洁净，不应有裂纹、夹杂和油污等缺陷。其中焊锡丝内部含有符合要求的纯松香基焊剂或中等活性松香基焊剂；焊膏的金属含量一般占焊膏总质量的88%～91%，焊剂为纯松香基焊剂或中等活性松香基焊剂。

供应商具备敷形涂敷生产能力时，需要按照客户需求以及航天行业标准购置相应的涂敷材料。涂敷材料应有良好的电性能（体电阻、介电常数、损耗角等）和物理力学性能（附着力、耐热性等）；材料应不引起PCB镀层、元器件表面变色和溶蚀，具有良好的操作性。涂敷材料应在符合防护要求的环境下储存，并在其有效期限内进行使用。常见的涂敷材料见表5-18。涂敷材料固化后表面应光滑连续，无气泡、针孔、龟裂、起皱、脱皮等缺陷。

表5-18 常见的涂敷材料

喷涂材料种类	性能
AR型(丙烯酸树脂)	具有良好的导电性,工艺性好,固化时间短,耐磨,适用于室内应用的电子产品的喷涂
ER型(环氧树脂)	有良好的电性能和附着力,工艺性好,与大部分化学物品不发生反应,但是由于聚合时产生了较大应力,不适合玻璃外壳和细引线元器件的喷涂
SR型(有机硅树脂)	电性能优良,介电损耗小,防潮性能好,适用于高频电路及高温下工作的电子产品的喷涂
UR型(聚氨基甲酸树脂)	耐热和耐潮(盐雾)性能良好,介电损耗小,不适合高频电路,有微量毒性,工艺要求高
XY型(聚对二甲苯树脂)	涂膜均匀,无针孔,是环保型防护膜,适用于高频电子产品,但是材料成本较高,使用受到一定限制

当供应商的电子产品需要进行加固时，要按照客户需求以及航天行业标准购置相应的加固材料，加固材料包括用于灌封的材料、用于粘固的材料和用于止动的紧固材料。加固材料的绝缘电阻、抗电强度等电气性能应满足产品的技术条件要求。物理性能应稳定，且具有良好的附着力和适合的流动性；固化内应力小；固化后与被加固部位有较匹配的热膨胀系数；在产品力学环境下不应产生开裂、分离和脱落。化学性能应稳定，与被加固部位相容性好，无腐蚀，不释放有害气体。

加固材料的操作工艺简单，具有较好的可维修性。材料使用安全，与人体短时间接触不会造成伤害事故。航天电子产品常用的加固、紧固材料见表5-19。

表5-19 航天电子产品常用的加固、紧固材料

材料名称	性能与适用范围
室温硫化硅橡胶	固化速度较慢,温度适应性好,用于电插接器和PCA的灌封
单组分硅酮胶	用于电子产品灌封或粘固
有机硅凝胶	用于电子产品灌封
单组分室温硫化硅橡胶	流动性较差,用于元器件的粘固
双组分环氧胶	粘固强度高,不利于返修
厌氧胶	用于可拆卸螺纹紧固

④辅助材料

在航天电子产品生产过程中需要一定的辅助材料参与，为了保证生产过程中不因辅助材料的残留影响电子产品后期的质量，航天行业标准对辅助材料的使用进行了详细的规定。航天电子产品供应商应根据航天行业标准规定并结合产品实际需求选取辅助材料。通常情况下，辅助材料主要包括助焊剂、清洗剂等。

选用的助焊剂应物理性能稳定且透明（无沉淀或分层现象），使用过程中不应散发具有有毒、有害或有强刺激气味和较浓的烟雾，不挥发物含量应不大于15%。根据航天行业标准规定，电子产品使用的助焊剂应采用松香基焊剂，包括R型纯松香基焊剂（由特级固体松香溶于无氯溶剂制成）、RMA型中等活性松香基焊剂（由特级固体松香溶于无氯溶剂制成，其中含有改善焊剂活性的中度活性剂）、RA型活性松香基焊剂（由特级固体松香溶于无氯溶剂制成，其中含有改善焊剂活性的活性剂）。航天电子产品中的导线、电缆芯线的搪锡、焊接不应使用RA型焊剂。

选用的清洗剂应具有安全性、稳定性、环保性，不应对人员、设备造成危害，不能造成被清洗件损伤。清洗剂应能够清除油脂、灰尘、助焊剂和助焊剂残留物，且应不导电、无腐蚀。当选用设备清洗时，选用的专用清洗剂不应溶解或减小元器件、印制电路板及其他材料的质量，不应清除元器件本体识别标记，应为环保无污染材料，工作温度应至少比其沸点低17 ℃。

（4）设备工具加工能力

设备工具的使用是体现供应商生产加工能力的重要技术指标，能够体现生产单位的实际加工水平。供应商根据承接产品的特点需要购置具有一定先进性的电子装联设备，以满足生产需求，同时降低人员参与度，降低因人为原因出现的质量问题的概率。通常情况下，以生产表面贴装元器件为主时，应配置且不限于配置焊膏涂布设备、贴装设备、再流焊接设备、X光检测设备等；以通孔插装元器件装联为主时，应配置且不限于配置夹持工具、温控烙铁、成形工具、剪切工具等；以整机装联为主时，应配置且不限于配置温控烙铁、剪切工具、导线剥线工具、压接工具等。

用于航天电子产品生产的工具和设备应经严格挑选，性能应安全可靠，满足产品安装要求，且便于操作和维修。使用的各种工具（工装）和设备应完好且满足使用要求，应具有合格证明文件。各种具有计量特性的工具和设备应按规定进行定期检定/校准，并在检定/校准有效期内使用。各类工具和设备的使用应能够保证人身安全，且不应对产品造成热应力或机械应力损伤。

其中工具类产品中夹持工具不应损伤被夹持件本体及引线。一般选用不锈钢或防静电镊子、无齿平头钳等，保证不会造成元器件绝缘体、引线的划伤、刻痕。成形工具应无锐边并具有光滑的表面，推荐表面镀层为镀硬铬。剪切工具应剪切锋利，剪切过程不能出现扭曲，应能够形成清洁、光滑的切面。焊接工具宜选用温控型电烙铁或智能电烙铁，且电烙铁头温度范围为200～450 ℃，控温精度为±5 ℃。压接工具具有压接全周期控制机构或等效的保险机构，单手操作的手动工具应有自动返回机构；压接工具的压模腔形状应符合使用要求和压线筒结构特点，压模应保证压线筒压接部位正确成形，不损伤压线筒和导线；压接工具压模向压合面运动的方向应和压合面成正交，通常采用直线移动式；压接工具应有清晰、永久的标志，以表示用于某种压接件与导线的组合的压接工具是经过校准的。

对航天电子产品使用的设备应进行相应的工艺试验验证，以确定设备的完好性，满足产品生产实际需求。一般情况下，焊膏涂敷设备应具有与产品要求相适应的定位和重复精度，以保证焊膏准确地涂敷在印制电路板的焊盘上，特别是对细间距器件（中心间距小于 0.63 mm）要求定位精度在 0.05 mm。贴装设备应能够保证所贴装的元器件准确定位在印制电路板焊盘上，定位精度应能保证产品加工要求，贴装系统不能损坏元器件和印制电路板。焊接设备包括波峰焊接设备和再流焊接设备，其中波峰焊接设备应预热温度可控，便于去除挥发性溶剂，避免温度急剧上升损坏印制电路板组装件；在焊接操作期间，预热温度、锡槽温度的温控精度应为±5 ℃，速度变化应不大于±5%；设备传送装置不应使印制电路板组装件在预热、焊接、冷却阶段受到振动或冲击应力；再流焊接设备应能够在焊接前将印制电路板组装件预热到焊膏生产商推荐的温度；再流焊接区可以将印制电路板组装件加热到预先设定的 220～250 ℃之间的温度（采取测量基板表面）；在焊接过程中可以使再流焊接设备设定温度稳定在±5 ℃的温差范围内；焊接时不应使焊接的组件产生过度的移动或振动，致使元器件偏移或出现扰动焊点而导致焊接不合格。

（5）工艺方法控制能力

电子装联能力评价侧重的是电子装联整个生产过程的实际加工方式和方法。供应商应根据承制产品的加工特点选取相应的工艺方法。为了方便区分不同的工艺方法，本节将电子装联过程分为印制电路板组装件通孔插装元器件装联、印制电路板组装件表面贴装元器件装联、整机装配、防护与加固、电缆组装件、印制电路板六部分。电子产品制造按加工过程涉及的工艺方法主要包括元器件引线搪锡、元器件引线成形、导线端头处理、焊接前（元器件、印制电路板）预处理、元器件安装、手工焊接、再流焊接、波峰焊接、导线焊接、导线压接、导线束制作、电缆制作、磁性元器件制作、安装（零件、部组件、整机）、清洗、敷形涂敷、粘固、检验、返工和修复等内容。

其中印制电路板组装件通孔元器件装联包括材料准备、预烘、搪锡、元器件引线成形、导线端头处理、安装、焊接、清洗、修复与改装等工序。印制电路板组装件表面安装元器件装联包括表面安装生产条件、材料准备、预烘、元器件引线成形、搪锡、手工焊接、设备焊接、焊接质量、清洗、修复与改装等工序。整机装联包括整机内元器件安装、导线束制作、导线端头处理、导线束连接、机械安装、清洁处理、通路测试、多余物检查等工序。防护与加固包括敷形涂敷、粘固、灌封、修复与改装等工序。电缆组装件装联包括生产准备、毛坯制作、电插接器预处理、导线端头处理、焊接、压接、灌注、装配、标牌制作、检验等工序。

航天电子产品供应商根据生产过程按六部分中涉及的工序选取相应的工艺方法。现阶段航天电子产品的工艺加工方法在航天行业标准中均有具体的工艺技术指标要求。供应商应根据航天行业标准并结合企业自身加工产品特点，将技术标准转化为企业内部的工艺规范、操作指导书、典型工艺规程等文件，并进行动态管理。根据航天行业标准的更新随时进行技术指标的更新，保证工艺技术指标要求符合航天行业规范。在实际生产过程中应有相应的工艺文件作为技术支撑并用于指导产品的加工操作。工艺文件应包括操作所需的环境、材料、工具、设备、方法等内容，能够指导产品的生产，具备正确性、完整性、经济性等特点。

(6) 检验与测试能力

航天产品的检验与测试是检查产品质量以及验收产品的主要步骤，包含对电子装联全过程的检验和测试过程的相关要求。检验与测试是发现产品质量隐患的最后一道关卡，只有采取的检验与测试方法正确、使用的检测与测试设备满足要求，才能确保检查出电子产品的质量隐患，防止不良产品或缺陷产品交付。

供应商需结合承制产品生产过程确定相应的检验过程，并确保产品质量满足顾客要求。通常情况下，航天电子产品的检验包括元器件引线搪锡后检验、元器件引线成形后检验、导线端头处理的检验、焊接前（元器件、印制电路板）预处理后检验、元器件安装检查、手工焊接后检验、再流焊接后检验、波峰焊接后检验、导线焊接后检验、导线压接的过程检验控制、导线束制作的检查、电缆制作的检验及测试、磁性元器件制作后检验及测试、安装（零件、部组件、整机）后检验、清洗后检验、敷形涂敷后检验、粘固后检验、整机的测试、返工和修复后检验等各个工序。检测工具或设备要求见表5-20。

表5-20 检测工具或设备要求

序号	检测装备类别	工具或设备名称	一般要求
1	电性能检测	万用表	至少实现互联导通、短路、电阻值、二极管导通与截止、晶体管放大倍数、电容充放电等常规功能
2		导通测试仪	能实现整机线束和电缆组装件的通路、断路测试
3		绝缘电阻测试仪	能实现对整机线束和电缆组装件的绝缘电阻检查
4		高压击穿测试仪	耐电压测试，应满足 DC 1500V 的要求
5		毫欧表	精度优于 0.1 mΩ
6	尺寸、翘曲度、称重测量	卡尺	精度优于 0.01 mm
7		千分尺	精度优于 0.001 mm
8		塞规、刀口尺	满足检测要求
9		天平	精度优于 0.1 g
10	力学检测	拉力测试仪	可以实现对测试对象进行速度为(50±5)mm/min 的拉伸测试

续表

序号	检测装备类别	工具或设备名称	一般要求
11	光学检测	放大镜	放大镜放大倍数一般在 5～10 倍，作为常规检查 如果放大镜无法观测清晰，则使用显微镜进行检查
12		显微镜	放大倍数不小于 25 倍，一般给显微镜配备摄像机、监视器和静态照相功能组件 显微镜应配备侧面照明装置或其他以 45°角观察的放大装置 检验用光源应为无影照明 显微镜镜头应在一定范围内可旋转，不应损伤元器件
13		X 光检测仪	X 光检验不应损坏元器件 X 光检验设备应被定期检定 X 光检验设备的分辨率应能检测到直径为 0.03 mm 的焊锡珠 分辨力一般应不大于 5 μm X 射线必须对被测物品无损伤，包括垂直方向、倾斜方向和断层扫描系统
14	温度检测	炉温测试仪	测温精度优于±2 ℃
15		点温器	用于温控烙铁温度测试

当工艺要求购置并选用设备进行检测时，所有检测设备在应用前应先进行鉴定，且定期计量，并在有效期内使用，计量不合格的检测工具或设备应进行有效隔离。

5.6.2.2　评价方法

对航天电子产品工艺保障能力的评价，主要从人员测试、生产过程评价和标准样件制作三方面进行。评价的范围包括电子产品的电子装联、电缆组装件制作和印制电路板加工，按照电子产品加工的实际情况，细分为印制电路板组装件通孔插装、表面贴装、防护与加固、整机装配、电缆组装件和印制电路板六个模块，对其分别进行单独评价，以评价制造单位是否具备该项加工的工艺保障能力。

(1) 评价的流程

电子装联能力评价分为资质审查和现场审查两部分。资质审查是依据被评价单位提供的文字性资料和相关证明材料，确定其是否具备开展现场审查的资格。现场审查分为理论考试、实际操作考试（样件制作）和过程审查三部分，其中理论考试用以评价电子装联相关人员对航天要求的了解和掌握程度；样件制作是通过加工专门用以评价的考试产品，评价实际操作的能力和产品的质量能力，过程审查用以评价航天电子装联要求是否符合规定和按规定执行。在评价过程中，先由被评价方根据自身生产加工的特点，自愿申请模块并填写相应的申请表，用于评价机构进行资质审查，并根据申请表准备现场审查所需材料，包括对人员验证的题库、样件制作用的图样、印制电路板、各式元器件、导线、标准件等。

在决定受理评价后进行现场审查，主要包括理论考试、样件制作和过程检查，现场审查采取评分制。评价工作结束后，审查组将根据具体评价内容，核算评价分数，给出评价报告并提交评价机构，由评价机构给出最终结论。

（2）评价的具体方法

航天电子产品电子装联工艺能力评价的对象是航天型号用电子单机产品，范围包括印制电路板组装件通孔插装、印制电路板组装件表面贴装、电子整机装配、电子产品防护与加固、电缆组装件、印制电路板产品六项。每项目单独进行评价，采取评分制进行符合性评价。

评价主要从“人、机、料、法、环、测、管”七方面进行。主要从对人员能力的评价、对现场对标检查评价、对样件制作检查评价以及对样件可靠性验证评价等方面来确认。

①人员能力的评价

对人员能力的评价主要从身体素质和知识水平两方面进行。其中知识水平的评价采取理论考试的方式进行，分别按一定比例抽取工艺人员、检验人员、操作人员进行考试。对人员身体素质的要求，只对有需求的电子装联操作者和检验人员的视力及色盲色弱提出要求，因为电子装联过程需要识别色环电阻，色盲色弱的人员不能正确识别色环电阻，会给产品带来质量隐患。

②现场对标检查评价

现场对标主要针对电子装联全过程进行检查，主要按照电子装联生产流程细分为各个工序的检查要素，然后再针对各个对标检查申请单位是否有相应的文件规定，这里的文件主要是指电子装联车间使用的企业标准、工艺规范、典型工艺规程、工序操作指导书、设备操作指导书等通用工艺规程，是能够体现电子装联车间通用工艺技术水平的技术文件。在确定符合文件规定的基础上，再检查能够体现技术文件落实的相关记录、实物等。

③样件制作检查评价

样件制作主要评价工艺人员、操作人员、检验人员的实际生产操作能力。通过对样件制作的全过程进行跟踪符合性评价以及对最终产品的质量进行评价的方式给出最终评价结论。

评价审核机构根据供应商承制产品的加工特点设计样件图样，并提供相应的样件元器件、印制电路板等材料。供应商根据提供的样件图样编制工艺文件、操作者按照工艺文件的要求进行样件制作，检验人员按工艺文件要求进行样件的检验。全部生产过程，评价方均会现场跟踪进行符合性检查确认。最终由评价方对完成的样件质量进行评判，给出样件的符合性判断。最后综合工艺文件质量、样件制造过程符合性、样件最终质量，给出样件的评价结论。

④样件可靠性验证评价

为了确认电子产品的长期可靠性，可对产品进行可靠性试验，评价出样件的焊接是否满足要求，这里默认使用的元器件符合长期可靠性要求，只针对电子产品生产中的焊接可靠性进行评价。

验证试验包括振动试验、温度循环试验、金相试验、片式元件焊点剪切强度试验、扁平封装四面引出线器件焊点拉伸强度试验等，如图 5－8 所示。

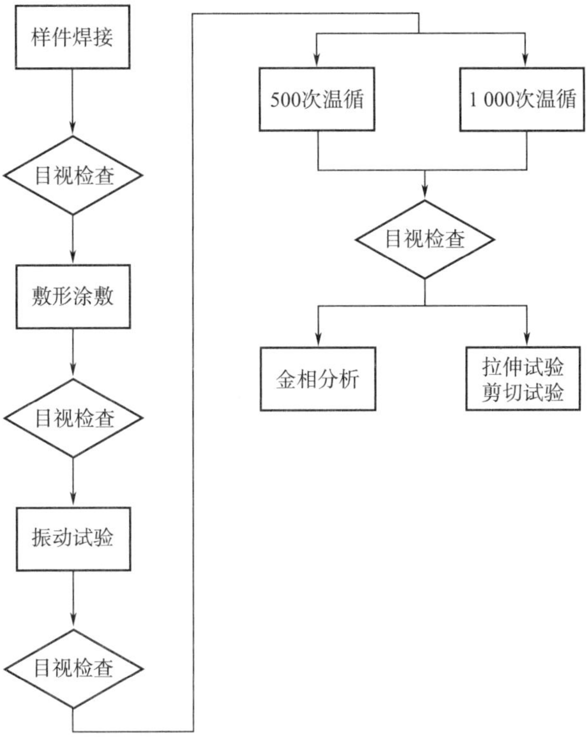

图 5－8　验证试验流程

振动试验采取试验件直接在振动台上进行刚性连接的方式，振动量级为试验件上印制电路板组装件的实际响应频谱。振动试验应在三个方向上分别进行，正弦振动试验条件符合表 5－21 所示，正弦振动最小量级符合表 5－22 所示，随机振动最小量级符合表 5－23 所示。温度循环试验应在有空气循环或惰性气体净化的烘箱中进行。温度循环开始前应烘烤去除内部湿气，烘烤温度应在 60～80 ℃。温度循环试验条件为：温度在－50～＋100 ℃，升降温速率不超过 10 ℃/min，高低温极限温度至少保持 15 min，每个循环 1 h，不少于 500 个循环。

表 5－21　正弦振动试验条件

振动幅值	0.5 g (0 至峰值)
频率范围	10～2 000 Hz
扫描速度	2 oct/min
方向	X、Y 和 Z 轴

表 5－22　正弦振动最小量级

<table>
<tr><td rowspan="3">航天器产品</td><td>频率范围/Hz</td><td colspan="5">25～100</td><td colspan="5">100～200</td><td rowspan="3">持续时间：25～200 Hz 全过程</td></tr>
<tr><td>功率谱密度（0 至峰值）</td><td colspan="5">20 g</td><td colspan="5">15 g</td></tr>
<tr><td>扫描速率/(oct/min)</td><td colspan="10">1</td></tr>
<tr><td rowspan="3">运载火箭产品</td><td>频率范围/Hz</td><td colspan="2">10～16</td><td colspan="2">16～60</td><td colspan="2">60～70</td><td colspan="2">70～200</td><td colspan="2">200～2000</td><td rowspan="3">持续时间：10～2 000 Hz 全过程</td></tr>
<tr><td>功率谱密度（0 至峰值）</td><td colspan="2">10 mm</td><td colspan="2">10 g</td><td colspan="2">22.5 g</td><td colspan="2">22.5 g</td><td colspan="2">10 g</td></tr>
<tr><td>扫描速率/(oct/min)</td><td colspan="2">1/3</td><td colspan="2">1/3</td><td colspan="2">1/3</td><td colspan="2">2</td><td colspan="2">2</td></tr>
</table>

表 5－23　随机振动最小量级

<table>
<tr><td rowspan="4">除运载火箭外</td><td rowspan="2">垂直板面</td><td>频率范围/Hz</td><td>20～100</td><td>100～500</td><td>500～2 000</td><td rowspan="2">28.5 g（均方根）</td><td rowspan="6">持续时间：每方向 5 min</td></tr>
<tr><td>功率谱密度</td><td>+6 dB/oct</td><td>1.0 g^2/Hz</td><td>−6 dB/oct</td></tr>
<tr><td rowspan="2">平行板面</td><td>频率范围/Hz</td><td>20～100</td><td>100～800</td><td>800～2 000</td><td rowspan="2">27.1 g（均方根）</td></tr>
<tr><td>功率谱密度</td><td>+6 dB/oct</td><td>0.5 g^2/Hz</td><td>−3 dB/oct</td></tr>
<tr><td colspan="2" rowspan="2">运载火箭产品</td><td>频率范围/Hz</td><td>20～60</td><td>60～1 000</td><td>1 000～2 000</td><td rowspan="2">20 g（均方根）</td></tr>
<tr><td>功率谱密度</td><td>+3 dB/oct</td><td>0.27 g^2/Hz</td><td>−6 dB/oct</td></tr>
</table>

进行振动、温循试验的样件对焊点进行分析主要有金相分析、面阵列器件染色试验、片式封装元件焊点剪切强度试验、扁平封装四面引出线器件拉伸强度试验等。其中印制电路板组装件焊点的金相分析在振动试验和温度循环试验后，每种试验件（工艺）应至少进行一次金相分析。金相分析应选择目视最差焊点，阵列器件一般选择最外一排。焊点的表面和内部裂纹不应贯穿超过整个焊料填充区域的 25%。

片式封装元件可采取剪切试验分析焊点机械强度，在试验件振动试验、温度循环试验前后分别进行剪切试验，对比试验结果确定机械强度是否有较大变化。剪切过程卡具应对准元件中心轴线且保证与元件垂直，剪切速度一般在 5～30 mm/min，至元件脱落，测得剪切力。

扁平封装四面引出线器件可采取拉伸试验分析焊点机械强度，在试验件振动试验、温度循环试验前后进行拉伸试验，对比试验结果确定机械强度是否有较大变化。拉伸时应保证卡具与器件引线成 45°斜角，拉伸速度小于 10 mm/min，至器件引线从焊点脱落，测得拉伸力。

综合以上方法得出不同焊点的最终结果，给出样件焊点的可靠性，从而判定申请方电子产品焊接的可靠性评价指标。

（3）评价的作用

电子产品制造能力评价是对整个电子产品生产制造过程不可通过直接检测获得最终产品质量的一个补充验证措施。通过对制造能力的评价，得出生产单位实际的加工能力，体现的主要作用包括：

①规范各电子装联制造商电子装联生产，为配套单位提供技术支撑

当前，航天系统下属两大集团中有数十家能够进行电子装联的单位，再加上中国电子科技集团公司以及众多的民营公司，能够承接电子装联制造的单位不下数百家。但是在电子装联生产能力上这些制造商良莠不齐，不能完全满足航天电子产品高可靠性的需求。为此，针对不同的生产需求，提供具体的电子产品制造能力评价，用于指导制造商新建或扩建电子装联生产线，可以提高制造商电子装联生产能力。能力评价可以成为航天企业对电子装联外协厂家的技术支撑，使企业在航天系统内外树立电子产品生产能力的标杆。

②规范操作，提高产品质量及电子装联能力

航天电子装联技术有以 QJ 165《航天电子电气产品安装通用技术要求》为基础的一系列技术标准，用于规定电子装联的工艺方法，但是，在实际生产加工过程中由于培训的不到位，仍然存在着大量的不规范操作，即使在航天系统内的传统电子产品制造企业中，也仍出现由于不规范生产造成的质量问题，影响型号产品的生产周期，降低电子装联生产能力。通过对航天电子装联生产能力的评价工作，制定统一的操作要求、规范的标准准则，能够准确地评价电子装联生产能力，从而规范航天电子产品加工单位的电子装联生产方式、方法，降低产品生产环节造成的质量问题，提高航天电子产品整体电子装联的生产能力。

③促进电子装联相关技术要求的落地

通过编制电子装联生产能力评价准则能够有效地规范操作，从而提高航天产品的质量。通过现场评价审核进行确认，能够保证电子装联的相关技术要求真正落地。在审核评价过程中，不但要对制造商的生产管理性文件进行检查，还要对生产的实际现场进行复核，对操作者的实际操作进行确认，确保制造商将航天电子产品电子装联技术要求落实在产品生产中，达到提高航天电子产品整机制造质量的目的。

第 6 章　发展与展望

6.1　概述

21 世纪以来，航天电子企业所面临的国内外制造发展、国家安全、政策改革等宏观环境发生着深刻的变化。随着国家安全局势复杂多变，美国实施“亚太再平衡”战略，美欧与俄罗斯对立形势升级，我国周边领土主权争端不断，国际、国内安全形势更加错综复杂，国家对航天产品的需求将更加迫切。航天领域，特别是航天电子领域，竞争将尤为激烈，竞争性发展将成为常态。

世界各国相继提出了制造发展战略。德国提出了工业 4.0，预示工业将进入以信息物理融合系统为基础，以生产高度数字化、网络化、机器自组织为标志的第四次工业革命，智能制造技术的应用是其显著的特征，这不是简单地回归传统制造业，而是伴随着生产率的提升、生产模式的创新以及新型产业的发展。我国发布了《中国制造 2025》，“推进信息化与工业化深度融合”被列为战略任务和重点，并提出应加快推动新一代信息技术与制造技术融合发展，把智能制造作为两化深度融合的主攻方向；着力发展智能装备和智能产品，推进生产过程智能化，培育新型生产方式，全面提升企业研发、生产、管理和服务的智能化水平；伴随着软件的迅猛发展，利用大数据、数字孪生等新手段，数字化重新定义了制造过程，在大范围管控、配置各种生产要素，在制造过程控制、优化产品生产流程，在制造资源上改进、创新原材料，在制造结果上精确控型、控性等方面发挥了重要作用，确保了产品整体交付质量。

基于宏观形势和竞争格局的分析，可以预期航天产业仍将保持高速增长，航天领域将更趋开放，竞争更加激烈。航天电子企业既面临航天行业持续增长的发展机遇期，同时也面临外部环境复杂多变、竞争进一步加剧的严峻挑战，机遇和挑战并存。在此大背景下，对航天电子产品的制造过程管理提出了更高的要求，一是新形势下航天任务激增，传统的制造模式已不能适应发展需要，急需变革制造模式，通过引入自动化、数字化等管理手段，实现先进制造模式转型，提升制造能力；二是航天产品中涉及的电子产品较多，高可靠电子装联对过程管控要求较高，特别是电子产品中高密度、细间距集成电路的广泛应用，使手工作业已无法满足产品质量要求，需要采取自动化、数字化手段提升加工精度和一致性。因此，未来一段时期，航天电子企业将大力发展数字化、智能化制造，以期整体提升航天电子产品的过程管控水平。

6.2　制造过程数字化管理

随着航天事业的快速发展，航天电子产品呈现出大批量、多品种、高精度、小型化等发展趋势，对制造过程数字化的需求越来越迫切，航天电子产品原有的以二维图样为主、数字化水平较低的制造过程管理模式已不适应发展需求，航天电子企业已逐步引入工艺设计、MES 等数字化制造系统，着力推进工艺设计及生产制造执行两项重要的制造过程管理内容，并呈现出基于 MBD/MBE 的三维数字化工艺设计、集成制造执行系统等发展方向。

6.2.1　基于 MBD/MBE 的三维数字化工艺设计

6.2.1.1　概述

（1）基于模型的定义（Model Based Definition，MBD）

当前，国内外电子产品数字化制造技术发展迅速，三维数字化制造技术得到了广泛的应用，基于模型定义的数字化制造技术已经成为制造业信息化的发展趋势。MBD 是产品数字化定义的先进方法，它是指产品定义的各类信息按照模型的方式组织，其核心内容是产品的几何模型，包括所有的几何参数，同时，产品的三维模型还囊括了所有相关的工艺描述信息、属性信息、管理信息等，一般情况下不再有二维工程图样。MBD 改变了传统的由三维实体模型来描述几何信息，而用二维工程图样来定义尺寸、公差和工艺信息的产品数字化定义方法。同时，MBD 使三维数模作为生产制造过程中的唯一参照对象，改变了传统以二维工程图样为主，以三维实体模型为辅的制造方法。

（2）MBD 的优势与特点

MBD 技术的应用把产品的生产制造过程中的全部工程信息都集合到了一个三维模型中，产品的设计制造信息可以通过集成的 MBD 模型在不同的信息管理平台间传递。MBD 技术不仅实现了产品在设计、工艺、制造、检验等环节的高度集成，而且还促进了产品研制并行工作的开展，推动了三维数字化技术应用的变革。传统的以三维实体模型为辅、二维工程图样为主的产品设计制造方式很难实现产品的并行和协同设计，而且因为二维和三维结构的不统一，无法实现用单一数据源进行传递的目的，很难体现出用三维设计制造的优势。

相比于传统的三维模型和二维工程图相结合方式，MBD 技术有以下几大优势：

①保证产品设计制造过程中数据源的唯一性

传统的以二维工程图样为主、三维实体模型为辅的产品设计制造方式，在设计制造的上下游过程中需要花费很大的精力来解决二维工程图样和三维实体模型数据标注和转化问题，难以实现用单一的数据源进行信息传递的目的。MBD 技术是三维数字化设计技术，是一种“所见即所得”的设计方式，在产品的设计制造过程中所有的技术人员都可以使用一个集成的三维数据模型作为唯一的数据源，减少数据转化过程中所造成的重复性劳动，保证了数据源的唯一性。

②提高产品研制效率，促进并行工作的开展

产品研制过程一般需要经历产品设计、工艺和工装设计、加工制造和检测检验等几个环节。在传统的以二维工程图为主的制造模式中，产品的研制过程是以串行的方式进行的。MBD 技术在产品的设计阶段就充分考虑到了产品的工艺、工装、制造和检验过程，使产品在设计 MBD 模型完成前，工艺、工装、检验等团队就开始提早介入，不仅缩短产品的研发时间，还使各团队得以协同工作，极大地降低了产品的返工率，提高了产品研制效率。

③提高数据管理效率，颠覆以往数据管理模式

MBD 技术使 MBD 模型替代二维工程图样成为承载产品信息的唯一数据源，它使产品数据管理模式发生了巨大改变，以往对二维工程图样的审阅流程变为对 MBD 工艺信息模型的检验过程，不但使数据操作管理更加便捷，还实现了用一个三维模型贯穿产品全生命周期，实现了数据管理的统一，提高了数据的管理效率和安全性。

（3）国内外现状

20 世纪 90 年代初，美国波音公司首先提出 MBD 技术概念，波音公司首先利用 CATIA 进行波音 777 型飞机的结构设计及数字化虚拟装配，使得波音 777 型飞机的研制周期由最初的 8 年缩短到 5 年时间，同时大大降低了成本。1997 年，美国机械工程师协会（ASME）接受波音公司的委托开始进行三维模型标注标准化研究和制定。2003 年，美国制定相关标准（ASME Y14. 41—2003 Digital product definition data practices），并将其作为三维设计制造唯一的参考依据。2006 年，在参考借鉴了美国标准之后，国际标准化组织 ISO 制定了 ISO 16792—2006《技术产品文件数字化产品定义数据通则》，并使之成为支撑欧亚地区数字化设计制造的标准文件。2009 年，为了满足日益增长的三维模型标注需求，我国发布了 GB/T 24734. 1～24734. 11—2009《技术产品文件 数字化产品定义数据通则》11 项国家标准。

MBD 技术的全面运用是从波音公司的 787 客机研发开始的。波音公司为了达到 MBD 技术的应用条件，改进了自己的三维平台，同时还建立了全新的业务流程，在零件的设计阶段就将产品的设计制造信息囊括在三维数字化模型中，完成了对飞机研制过程数据的一体化管理，这种方法不但减少了返工率，而且使产品的研发周期降低了 40%，给波音公司带来了巨大的利益。近年来，除了波音公司外，空客公司、洛克希德·马丁公司等飞机行业巨头也将 MBD 技术成功运用在自己标志性产品的研制过程中。

国外针对 MBD 技术已经建立了一套完整的体系结构，只要参照相关的技术标准就能将 MBD 技术成功应用到产品制造的各个过程中。目前，国内也陆续有企业和学者开始对 MBD 技术的应用进行研究，但是研究的领域还很局限，主要集中在航空航天等高端领域。现如今，三维数字化工艺设计正在我国航空航天工业中全面展开，航天电子产品中也开展了三维数字化工艺设计的探索，重点产品实现了三维模拟装配，未来将进一步拓展应用的深度与广度。

6.2.1.2　印制电路板模拟装配

印制电路板模拟装配是辅助工艺人员完成印制电路板组装件的工艺设计，通过对其进行审查，根据元器件的立体分布情况，选择相应的工艺路线，制定工艺流程。

首先，利用印制电路板设计数据与 BOM 数据，结合元器件实体库及丰富的行业设计和制造标准，在制造前进行软件智能化虚拟仿真分析，生成三维装配视图，自动全面检查设计错误（焊盘、走线、过孔、丝印等），第一时间发现设计缺陷或隐患，分析、预测设计可能带来的生产缺陷、品质问题，最大化促使设计与制造工艺能力匹配，减少改版次数。其次，快速产生可供设计部门及制造部门协同工作的设计可制造性分析报告。逐一分析每个元器件组装及焊接过程中可能带来的工艺问题或产品质量隐患，按照严重程度划分级别，便于工艺人员及时制定应对措施、规划工艺，避免工艺品质问题发生或降低隐患发生频率。其一般步骤为：

1）IDF 文件输出。在进行 PCB 文件设计之后，输出 IDF 文件，文件中包含印制电路板及元器件安装信息，其中印制电路板仅包含开孔、元器件位置信息，不包含核心的每层电路网络结构信息，如图 6-1 所示。

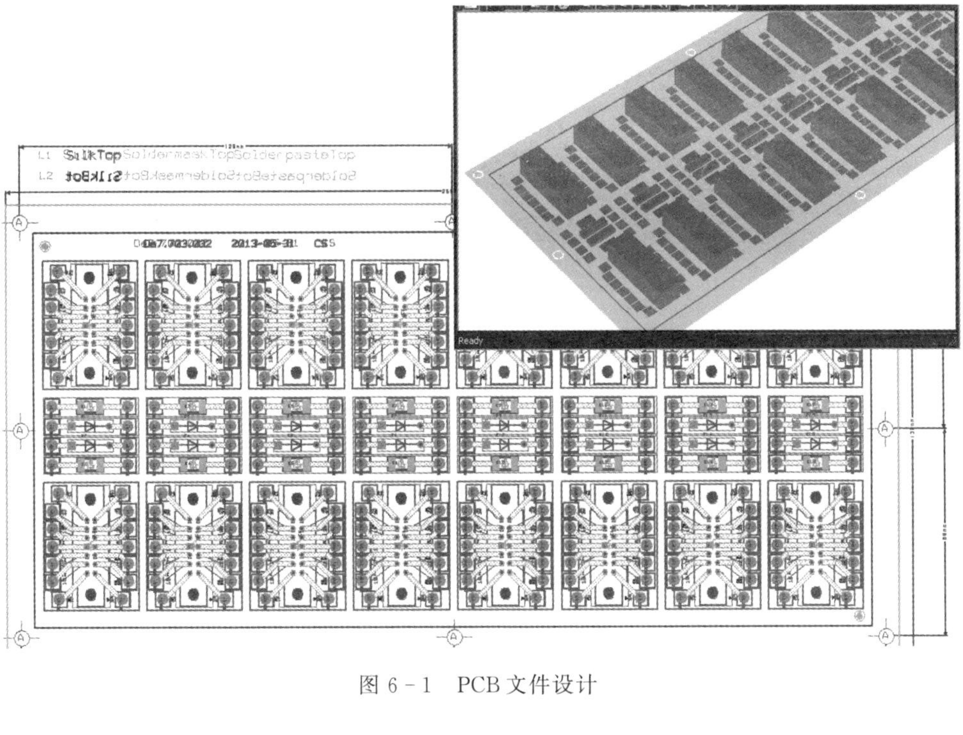

图 6-1　PCB 文件设计

2）转化三维模型。工艺将 IDF 文件导入 PRO/E 中，形成图 6-2 所示的包括印制电路板在内所有元器件都是 2.5 维（面积和高度）的模型。再与真实模型库进行匹配（图 6-3），经过相同元器件匹配后，形成图 6-4 所示的效果图。

3）编制三维工艺。工艺人员对转换后的模型进行检查，使用三维软件的视频编辑功能，并按照相关标准的要求形成三维工艺。

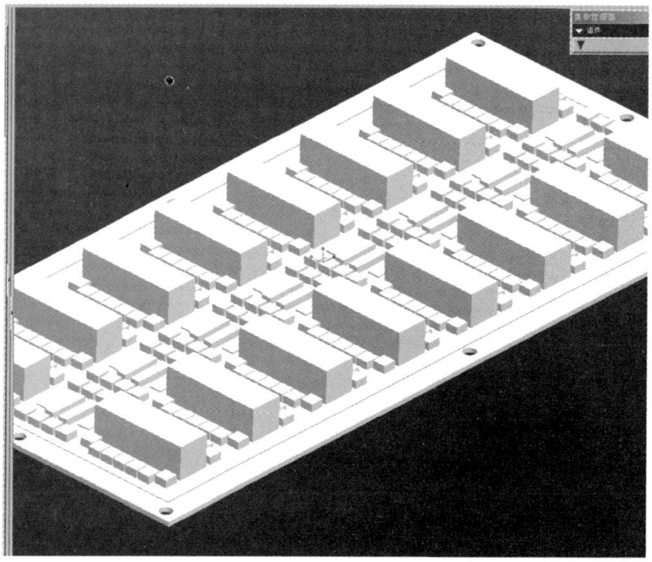

图 6-2　IDF 导入 PRO/E 后的效果图

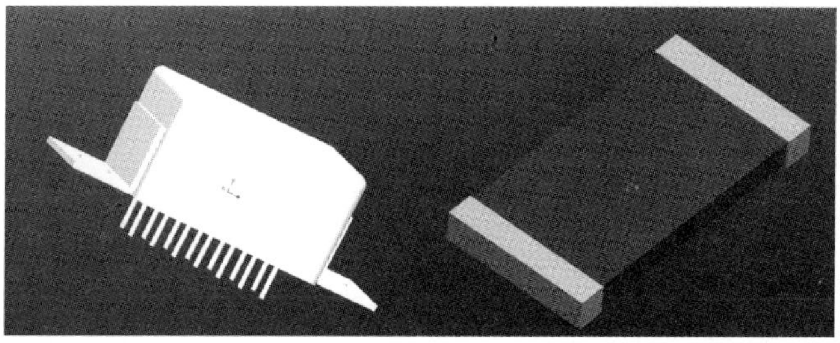

图 6-3　元器件模型图

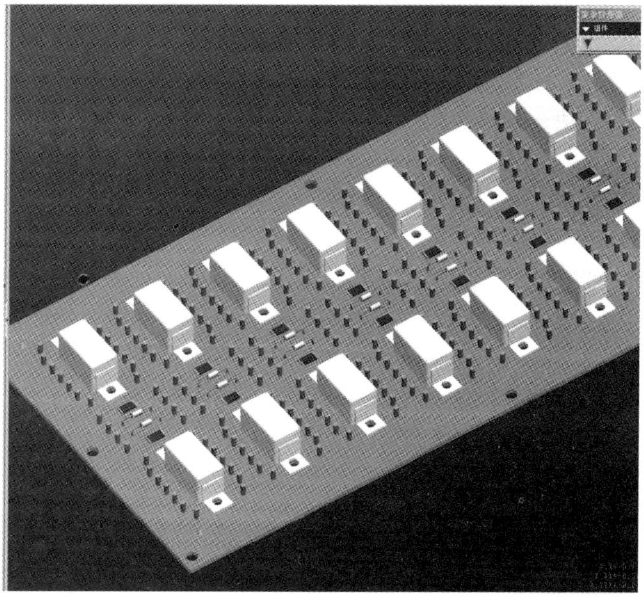

图 6-4　经过匹配后的模型效果图

6.2.1.3　整机模拟装配

整机模拟装配是在印制电路板模拟装配的基础上，结合产品的机壳、钣金工件、标准件、接插件等，将其按照一定工序顺序组装到一起，并方便地在装配过程识别各种零件的干涉情况，以及安装时所受应力情况。

产品的三维数字化整机预装是提高产品开发速度，保证整机开发可靠性和一致性的基础。建立元器件模型封装库可以有效地规范设计排版（包括元器件焊盘设计、安装方式、安装尺寸、安装位置），避免因元器件误装或安装干涉而导致返工返修等问题。采用三维模型设计整机预装从根本上改变了原有指导操作的工作方式，缩短了工艺审查操作工时，保证了工艺审查质量。另外，通过整机虚拟装配可以减少原来的纸制文件和视图，将文件汇总为一个完整的三维模型进行实际生产操作指导，缩短了工艺文件编制工时，降低工艺工作量。其方法是按照印制电路板模拟装配步骤，添加螺钉、加强筋等零件，形成一个完整的印制电路板模拟件，将多块印制电路板组装在一起，最后形成整机模型（图 6 - 5）。

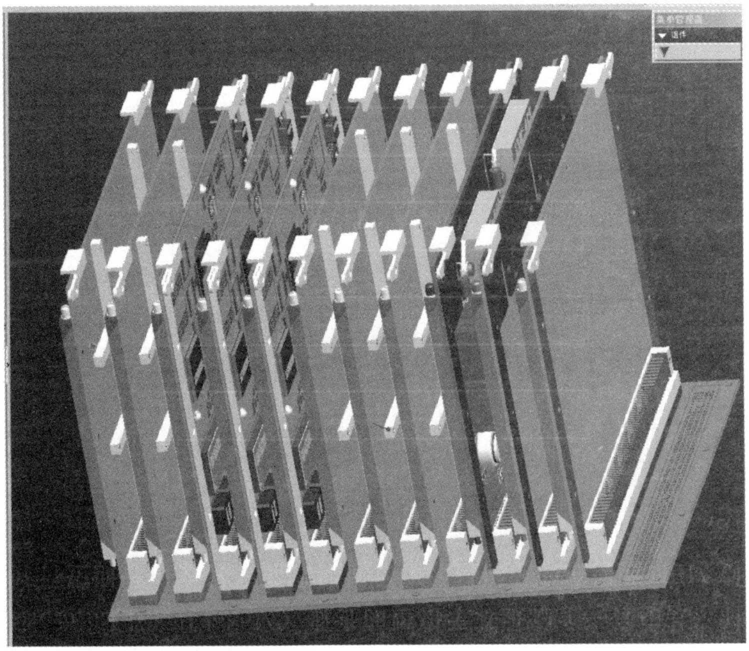

图 6 - 5　整机装配后的模型效果图

通过整机配装的全实体模拟制造，可以快速实现各种器件、电缆、电插接器、布线的各种布局，配装比较，集成分析和方案验证，提取各种剖面，进行自动干涉检查并可以精确检验整机装配空间等问题。

6.2.1.4　线束模拟装配

线束模拟装配是辅助工艺人员在整机模拟装配的基础上，模拟线束连接的最优走向。航天电子产品内部线束与其他产品有着明显区别，其较少使用成品线束，需要进行人工布线。布线前应建立插接器库、导线模型库等，对布线过程中涉及的路径规划、结构干涉、安装、固定等进行仿真分析，使整机线缆布局、安装过程及使用效果可在结构设计与电子线路设计过程中进行仿真、评估与优化。

电插接器库的建立可以有效地规范线束设计（包括电插接器外部尺寸、焊杯大小、安装方式、安装尺寸、尾罩形式等），从而避免因线径过大或尾部安装干涉而导致返工、返修等问题。另外，电插接器库的建立也有利于设计文件可制造的工艺转化，电插接器的三维立体预装可以实现电子产品整机线束铺设的立体工艺审查，缩短工艺审查操作工时，规范走线位置，避开热源或者易磨损处，保证工艺审查质量。

6.2.1.5　集成电路焊接应力仿真

集成电路焊接应力仿真主要针对不同印制电路板组装件中的集成电路模块，模拟分析在一定的温度曲线下焊接的可靠性。由于集成电路模块是电子产品中的关键器件，其焊接质量直接决定电子产品的质量，因此焊接应力仿真尤其重要。

以 CQFP、CBGA、LCCC 等陶瓷封装器件为例，器件本体材料与印制电路板基材的热膨胀系数差异较大，在热循环条件下，两种材料因热膨胀系数不同，导致连接部位存在内应力，这种应力应变若不能释放或吸收，将有可能对焊接连接部位造成影响，导致焊点出现裂纹甚至开裂的故障，如图 6-6～图 6-8 所示。通过对集成电路焊接过程的应力仿真，可以有效识别薄弱环节和质量隐患，从而改进工艺方法和流程。

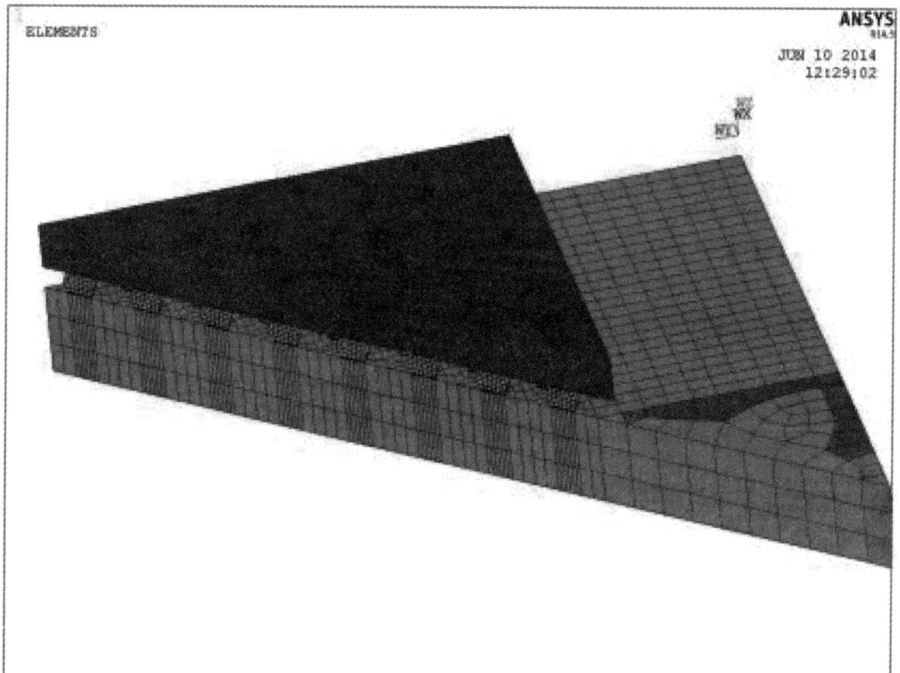

图 6-6　集成电路焊接应力有限元网格模型

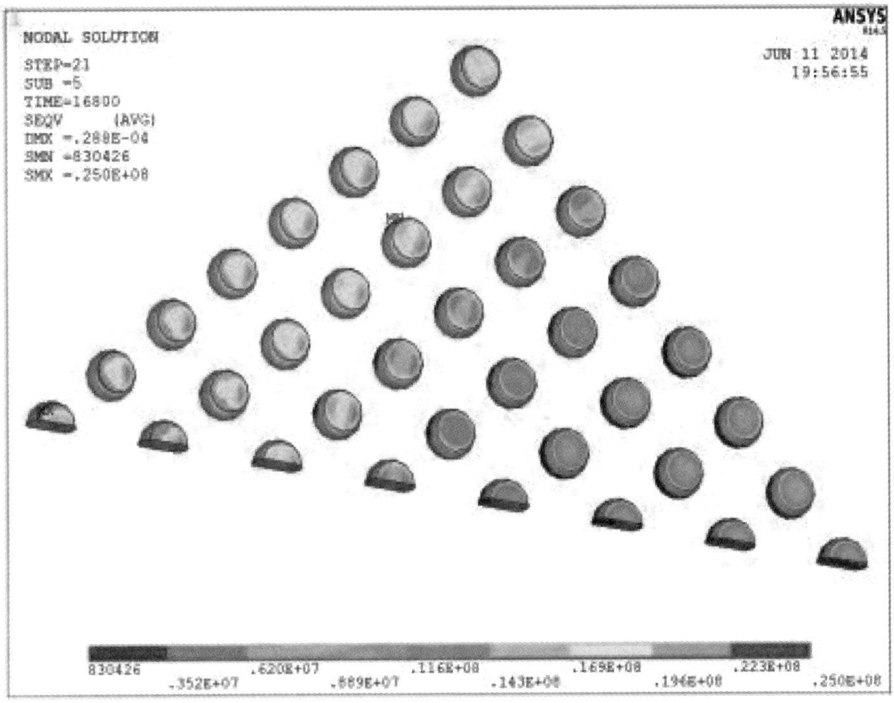

图 6-7　集成电路焊点焊接应力

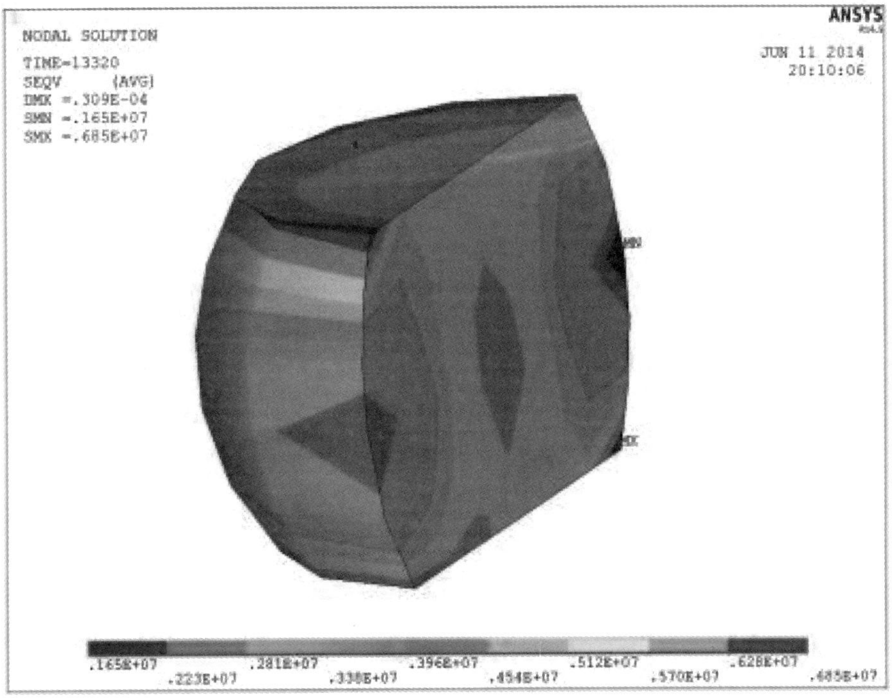

图 6-8　集成电路单个焊点焊接应力

6.2.1.6 发展趋势

美国下一代制造技术计划（The Next Generation Manufacturing Technology Initiative，NGMTI）是美国军方和重要制造企业合作发展制造技术的计划，旨在加速制造技术突破性发展，以加强国防工业的基础和改善美国制造企业在全球经济竞争中的地位。该计划于 2005 年提出，于 2016 年部分完成。NGMTI 计划定义的美国下一代制造技术共有 6 个目标，其中第一个就是基于模型的企业（Model Based Enterprise，MBE），目的就是更好地使 MBD 数据在产品的整个生命周期内能够有效充分地进行利用，其发展历程如图 6－9 所示。

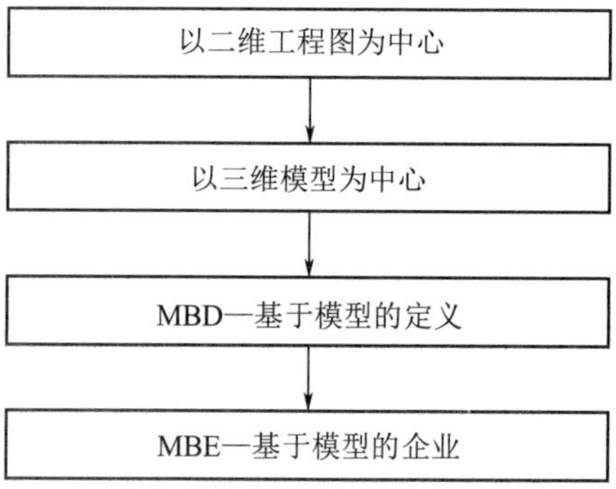

图 6－9 MBE 发展历程

NGMTI 提出的 MBE 是一种制造实体，它采用建模与仿真技术对设计、制造产品支持的所有技术和业务的流程进行彻底的改进、无缝的集成以及战略的管理；利用产品和过程模型来定义、执行、控制和管理企业的所有过程；采用科学的模拟与分析工具，在产品生命周期的每一阶段做出最佳决策，从根本上减少产品创新、开发、制造和支持的时间与成本。

MBE 的核心内涵：MBD 是核心；MBD 数据创建一次并能被后续各业务环节直接使用；以 MBD 模型作为配置的基础，在此基础上对 MBE 的外延进行了扩展和说明，其中，基于模型的系统工程（Model Based Systems Engineering，MBSE）和基于模型的维护是未来 MBE 的应用与实践方向。

如图 6－10 所示，MBE 的相关组成主要分为三大部分：基于模型的工程（Model Based Engineering，MBe）、基于模型的数字化制造（Model Based Manufacturing，MBm）、基于模型的维护（Model Based Sustainment，MBs）。其中基于模型的工程是整个 MBE 实施的基础，特别是大家比较熟悉的 MBD 也是基于模型工程中的重要组成。

如何判断一个企业正处于什么样的 MBE 阶段，可以从表 6－1 中的一些指标得到基本判断。该表是美国国家标准与技术研究院从超过 10 家的大型企业及其供应商的现场评估，参照 MBE 的定义得到的一个能力指数定义。该指数表通过一套详细的标准来定义 MBE 的能力，可以帮助企业判断当前的状态并制定 MBE 的发展路线，如表 6－1 所示。

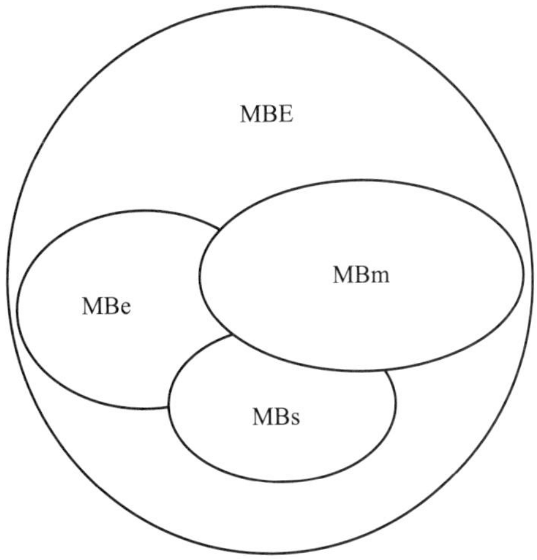

图 6-10　MBE 的三大组成：MBe、MBm、MBs

表 6-1　MBE 发展路线

级别 0	功能应用:以图样为中心的设计和制造 主要交付物:二维图
级别 1	功能应用:基于模型的制造 主要交付物:二维图和中性 CAD 模型
级别 2	功能应用:基于源 CAD 模型的制造 主要交付物:二维图和源 CAD 模型
级别 3	功能应用:MBD 主要交付物:三维图注释模型和轻量化、可视化模型
级别 4	功能应用:基于模型的定义与数据管理 主要交付物:通过 PLM 管理的三维图注释模型和轻量化、可视化模型
级别 5	功能应用:基于模型的定义和自动生成的技术数据包(TDP) 主要交付物:数字化产品定义包与 TDP
级别 6	功能应用:自动生成的 TDP 与基于需求的企业数据访问 主要交付物:基于 WEB 访问的数字化产品定义包与 TDP

(1) 级别 0

企业这个级别的能力水平是其他各级建立的基础。它的特点是主要以传统的二维工程图为主，很少使用三维模型。另外的特点是大多数（如果不是所有）下游数据使用者必须通过一种或多种方式来重新生成产品定义数据，以有效利用上游数据。

(2) 级别 1

这个级别是有效使用三维模型的开始。虽然仍是以二维工程图为主，但是已经与二维模型关联在一起进行管理。这一级也是第一次开始重用二维 CAD 模型数据的阶段，尽管都是通过输出中间格式文件来实现的。这个级别也由于开始重用数据而能够降低错误率和缩短交付时间。

（3）级别 2

除了使用的不再是中性文件，而是重用原始的 CAD 数据文件外，本级的能力水平本质上与级别 1 是一样的。在有特别请求的情况下，原始 CAD 数据也可以被下游单位或者企业获得。当企业内部或下游企业使用相同的产品套件并且不需要数据转换就能充分使用三维模型时，对这些模型的访问将变得尤为重要。这进一步降低了出现错误的可能，缩短了任务交付时间。

（4）级别 3

这个能力级别是第一次综合考虑三维模型与二维工程图，并将它们的结合作为产品定义的主要来源，在这个级别，模型是由几何定义的，二维工程图作为特例，包含了相关产品制造信息（Product Manufacturing Information，PMI）模型的输出。这个级别采用产品生命周期管理工具和轻量化的三维可视化文件作为交付使用，这个可视化文件是一个 CAD 的中性文件，可为整个企业提供完整的产品定义，它们可以取代图样。这个级别由于减少了图样上的依赖，从而大大减少了错误和交付时间。

（5）级别 4

这个能力级别是建立在级别 3 基础上的。在这个级别，模型是唯一的产品定义，它也开始进一步将制造工具套件融入整个环境中，不仅仅是模型的重用，还包括各类元数据信息的直接重用。这也是进一步使用产品生命周期管理工具的结果，在质量方面也是如此，最终使得在整个扩展企业中产品定义的交付实现了自动化。

（6）级别 5

有这个级别能力的企业是真正意义上的 MBE，这个级别同样是建立在前面几个层级的基础上，但是增加了企业的连接。这样做可以使企业的所有人都可以访问到实时的、最新的产品定义，并可以全自动配置 TDP。

（7）级别 6

这是迄今为止 MBE 能力定义的最高水平。本级建立在级别 5 基础之上，但是增加了大量的自动化处理，使得自动化的 TDP 正式交付成为可能。它也消除了所有使用二维图样的情况。应当指出，级别 6 被认为是一个远期目标，目前尚不知道有哪些组织已经达到了这个水平，但并非技术上不可实现。

MBE 的效益在 MBD 创建并在整个企业应用时就已经开始产生了，对于大型装备的原始制造商和供应商来说，在方案、设计、验证、制造、维护的各个环节都会带来实实在在的效益，可以缩短产品的交付时间，降低工程设计的返工周期；整合并精简设计和制造流程，降低成本；减少生产规划时间及生产延误的风险。总而言之，MBE 能够全面提升企业的管理水平，达到高质量发展的目的。

6.2.2 集成的制造执行系统（Integrated MES）

6.2.2.1 定义及内涵

制造执行系统是一个复杂的软件系统，这一概念是在 20 世纪 90 年代出现的，目的在于试图通过实时数据采集和分析来提供最佳的车间控制和可视化。它的核心优势在于它是工厂和管理之间的接口，MES 强调通过信息集成来实现生产层和业务层之间的信息传递并优化整个企业的生产流程。信息的实时传递使得管理具有最新的信息，从而可进行更全面的决定。

美国先进制造研究机构（Advanced Manufacturing Research）将 MES 定义为“位于上层的计划管理系统与底层的工业控制之间的面向车间层的信息管理系统”，它为操作人员/管理人员提供计划的执行、跟踪以及所有资源（人、设备、物料、客户需求等）的当前状态。制造执行系统协会（Manufacturing Execution System Association，MESA）对 MES 所下的定义是：“MES 能通过信息传递对从订单下达到产品完成的整个生产过程进行优化管理。当工厂发生实时事件时，MES 能对此及时做出反应、报告，并用当前的准确数据对它们进行指导和处理。这种对状态变化的迅速响应使 MES 能够减少企业内部没有附加值的活动，有效地指导工厂的生产运作过程，从而既能提高工厂的及时交货能力，改善物料的流通性能，又能提高生产回报率。MES 还通过双向的直接通信在企业内部和整个产品供应链中提供有关产品行为的关键任务信息。”

随着信息化技术的不断进步，MES 也在不断发展，传统的 MES（Traditional MES，T－MES）大致可分为两大类：

1）专用的 MES（Point MES）。它主要是针对某个特定的领域问题而开发的系统，如车间维护、生产监控、有限能力调度或是 SCADA 等。

2）集成的 MES（Integrated MES）。该类系统起初是针对一个特定的、规范的环境而设计的，目前已拓展到许多领域，如航空、半导体、食品和医疗等行业，在功能上它已实现了与上层事务处理和下层实时控制系统的集成。

虽然专用的 MES 能够为某一特定环境提供最好的性能，却常常难以与其他应用集成。集成的 MES 比专用 MES 迈进了一大步，具有一些优点，如单一的逻辑数据库、系统内部具有良好的集成性、统一性的数据模型等，但整个系统的重构性能弱，很难随业务过程的变化而进行功能配置和动态改变。

MES 的特点可总结如下：

1）实时性。MES 实时收集生产过程中的数据和信息，并做出相应的分析处理和快速响应。

2）信息中枢。MES 通过双向通信，提供横跨企业整个供应链的有关车间生产活动的信息。

3）软硬一体。MES 是一个集成的计算机化的系统（包括硬件和软件），它是用来完成车间生产任务的各种方法和手段的集合。

4）个性化差异大。MES 是负责车间生产管理的系统，由于不同行业甚至同一行业的不同企业的生产管理模式都不同，因此 MES 的个性化差异明显。

5）二次开发较多。由于 MES 的个性化差异明显，导致在 MES 系统实施时，往往二次开发较多。

MES 系统可为工厂带来的好处有：

1）优化企业生产制造管理模式，强化过程管理和控制，达到精细化管理的目的。

2）加强各生产部门的协同办公能力，提高工作效率、降低生产成本。

3）提高生产数据统计分析的及时性、准确性，避免人为干扰，促使企业管理标准化。

4）为企业的产品、中间产品、原材料等质量检验提供有效、规范的管理支持。

5）实时掌控计划、调度、质量、工艺、装置运行等信息情况，使各相关部门及时发现问题和解决问题。

6）最终可利用 MES 建立起规范的生产管理信息平台，使企业内部的现场控制层与管理层之间的信息互联互通，以此提高企业的核心竞争力。

6.2.2.2 定位与作用

制造执行系统是位于上层的计划管理系统与底层的工业控制之间的面向车间层的管理信息系统，它是为了解决上层计划系统与下层控制系统之间的信息通信而出现的。制造执行系统在计划管理层与底层控制之间架起了一座桥梁，填补了两者之间的空隙，如图 6-11 所示。

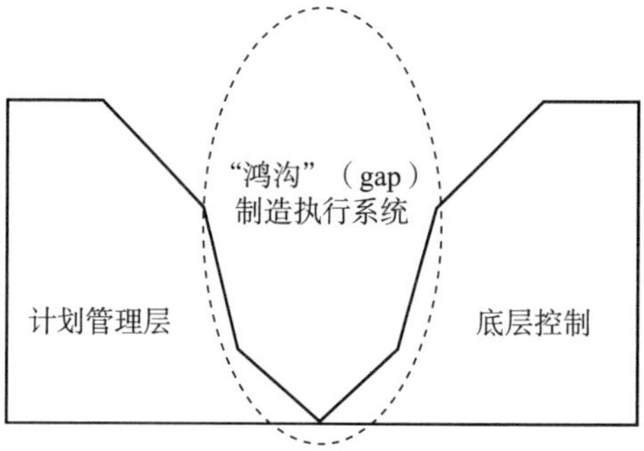

图 6-11 制造执行系统的桥梁作用

AMR 是于 20 世纪 90 年代提出的企业集成模型，图 6-12 清楚地描述了 MES 在企业系统中的位置。计划层强调企业的计划性，它以客户订单和市场需求为计划源头，充分利用企业内的各种资源，降低库存、提高企业效益。执行层强调计划的执行和控制，通过 MES 把 ERP 与企业的生产现场控制有机地集成起来。控制层强调设备的控制。

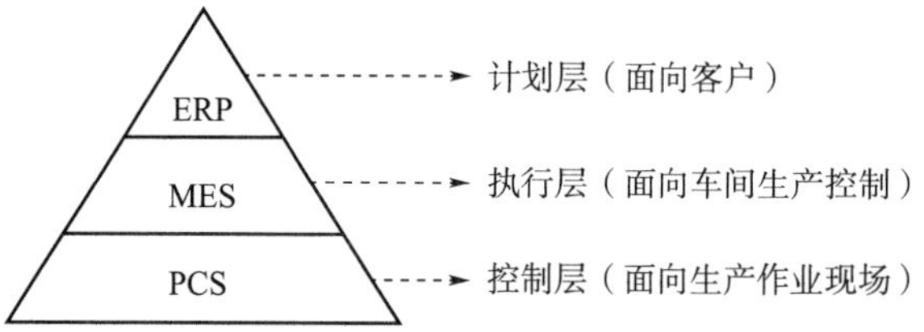

图 6-12 AMR 的三层企业集成模型

MES 作为计划层和控制层两者之间的桥梁，一方面可以对来自 ERP 系统的生产管理信息进行细化、分解，将操作指令传递给底层控制；另一方面可以实时监控底层设备的运行状态，采集设备、仪表的状态数据，经过分析、计算与处理，触发新的事件，从而方便、可靠地将控制系统与信息系统联系在一起，并将生产状况及时反馈给计划层。

制造执行系统是面向制造过程的，它必然与其他的制造管理系统共享和交互信息，这些系统包括供应链管理（SCM）、计划管理（ERP）、销售和客户服务管理（SSM）、产品及工艺管理（P/PE）、财务和成本管理（FCM）以及生产底层控制管理（Controis）等管理系统，如图 6 - 13 所示。

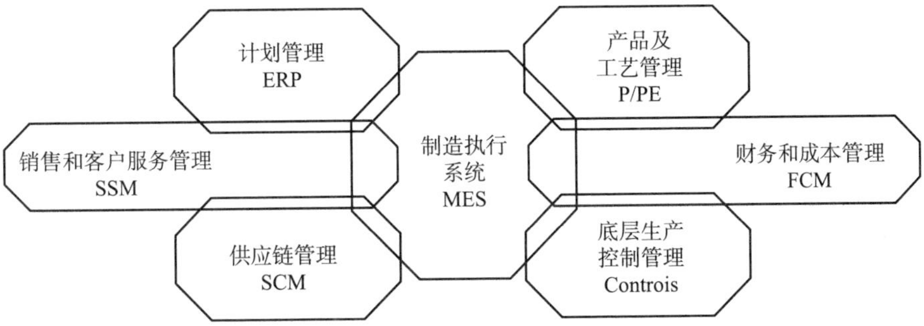

图 6 - 13　MES 系统定位模型

6.2.2.3　体系架构

(1) 数字化工厂的平台架构

数字化工厂的平台架构一般由五层组成，这五层分别是企业层（ERP、PLM）、管理层（MES）、操作层（SCADA 系统等）、控制层（工业控制等）和现场层（自动化设备等）。其中，现场层、控制层、操作层对应物理车间的软硬件系统。现场层由物流单元（包括立体仓库、物料传送带、AGV 小车）和制造单元构成。现场层设备与传感器通过工业以太网及现场总线与控制层的控制系统连接，构成车间现场的物联网系统。在操作层，设备监控与采集系统（SCADA/DCS）通过控制层的控制设备管理现场层的硬件设备。在管理层，MES 完成生产运营管理和生产工艺管理，工厂规划系统通过仿真技术，对工厂布局、生产进行仿真与优化。仓库物流管理系统管理车间及外部物流。在企业层，通过 PLM 系统，对产品从研发到售后的全生命周期进行管理，实现产品创新设计与客户个性化定制。ERP 系统实现了企业的顶层管理。

随着信息集成度的提高，层与层之间的间隔日益模糊，原有的多层结构会日益扁平化，随着 PLM、ERP 与 MES 系统的日益融合，企业层与管理层逐步合并，同时由于智能设备的增多，控制设备越来越多地以嵌入式系统的形式安装在生产设备上，使得控制层与现场层变得密不可分。MES 作为面向制造的系统必然要与企业其他生产管理系统有密切关系，MES 在其中起到了信息集线器（Information Hub）的作用，它相当于一个通信工具，为其他应用系统提供生产现场的实时数据。MES 与其他分系统之间有功能重叠的关系，例如 MES、CRM、ERP 中都有人力资源管理，MES 和 PDM 都具有文档控制功能，MES 和 SCM 中也同样有调度管理等。各系统重叠范围的大小与工厂的实际执行情况有关，但每个系统的价值又是唯一的。

（2）MES 的功能框架

MES 集成了生产运营管理、产品质量管理、生产实时管控、生产动态调度、生产效能分析、物料管理、设备管理和文档管理等相互独立的功能，使这些功能之间的数据实时共享，MES 的功能框架如图 6－14 所示。

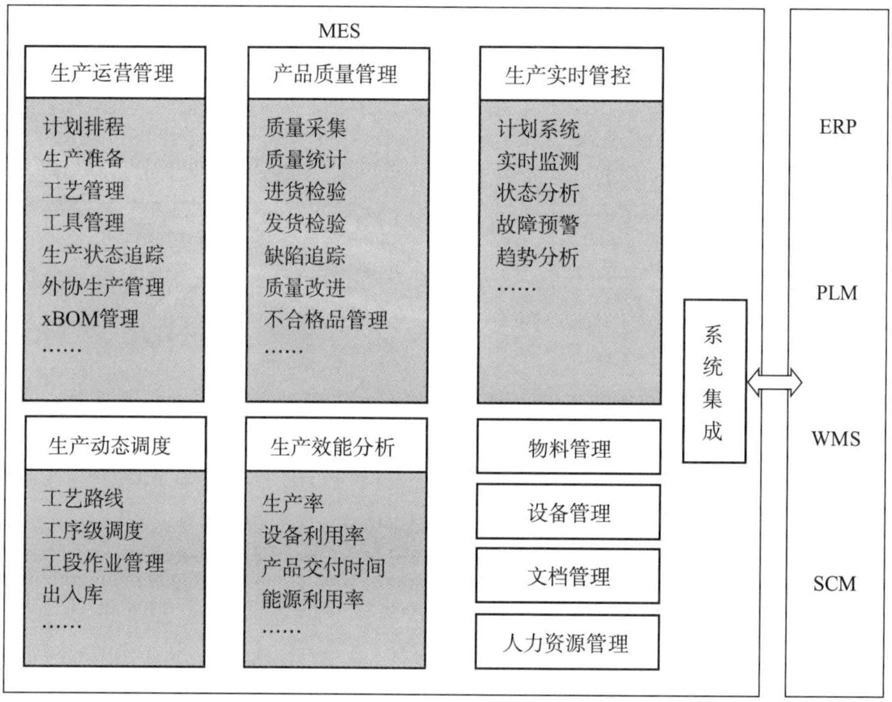

图 6－14　MES 的功能框架

①xBOM 管理

MES 把 PLM 系统视为其重要的集成信息来源，MES 需要从 PLM 系统中提取产品的原始设计 BOM 数据，包括产品的设计 BOM 和工艺 BOM 文件，并通过 xBOM 管理，把产品的设计 BOM 数据转换成支持 MES 的各种 BOM 数据，包括产品的制造 BOM、工艺 BOM、质量 BOM 等，从而快速、准确地建立 MES 中的产品基础数据。通过 xBOM 管理，MES 实现与 PDM 系统的集成和 MES 内部产品数据管理。

②计划系统

一方面，MES 实现从企业的上层计划系统 ERP 中获取车间的生产作业计划；另一方面，接收外协订单分解后的物料需求计划。这两个方面结合起来，为车间计划人员编制车间生产作业计划提供原始数据。通过计划系统，MES 实现与 ERP 系统的集成。

③人力资源管理

人力资源管理是管理车间员工的各种基本信息，提供实时更新的员工状态信息数据。可以与设备资源管理模块相互作用来进行最终的优化分配。

④工序级调度

工序级调度是 MES 与 ERP 系统有根本差别的地方，MES 要通过工序级调度形成零部件各个工序的生产调度指令。工序级调度需要借助各种调度理论和方法，在 MES 中属于难度级别较高的问题。

⑤外协生产管理

当车间生产能力不能满足车间的生产作业计划时，生产车间为了保证按时完成客户订单，就需要考虑把部分产品或者零部件的生产外协到其他企业，外协生产管理将在选择合作企业方面提供决策支持，并跟踪合作企业中外协产品或者零部件的生产进度、产品质量，即把外协生产任务的管理纳入 MES 中。

⑥物料管理/物料跟踪

管理车间物料的基本信息，记录物料库存及出入库情况，管理 WIP 信息。在物料管理中，最为复杂的是物料跟踪技术，所谓物料跟踪技术就是随时跟踪物料工艺状态、数量、质量和存放位置等信息，向车间调度人员和客户报告产品的生产进度等信息。

⑦ 统计/历史数据分析

统计系统在 MES 中有重要地位，它随时向车间管理人员提供产品及其零部件的生产数量统计、生产状态报告、生产工时统计、成本统计、质量统计等信息，以便车间管理人员更好地掌握产品的生产进度，控制产品的生产质量和产品生产成本。MES 需要完整准确的产品基础数据做支持，如在 xBOM 管理中建立了大量的产品基础数据，然而这些数据（如零部件工时定额、零部件采购成本、设备使用效率等）不可能完全与实际情况相符。因此，需要在大量历史数据统计分析的基础上不断地完善和提高 MES 基础数据的准确性，而准确的 MES 基础数据又会提高车间生产计划、调度指令的准确性和正确性。

⑧ 质量管理

对从制造现场收集到的数据进行实时分析，从而控制产品生产质量，并提出车间生产过程中需要注意的问题。

⑨ 设备管理

指导企业维护设备和工具，以保证制造过程的顺利进行，产生阶段性、周期性和预防性的维护计划，对直接需要维护的问题进行响应。

⑩ 工段作业管理

执行车间生产调度指令，并在不影响车间或企业全局生产进度的前提下，对局部生产计划做适当调整。完成生产作业现场的数据采集、监控生产过程，随时向车间计划员和调度员汇报工段生产作业进度等信息，以便能够修正生产过程中的错误，提高加工效率和质量。

6.2.2.4　MES 的发展趋势

随着 20 世纪 90 年代 MES 概念的提出，经过近 30 年的发展，MES 逐步成为企业信息化的重要环节，特别是智能制造时代的到来，MES 被放到了前所未有的重要位置。近年来 MES 的发展呈现出以下几点趋势：

（1）朝着新一代 MES 的方向发展

建立在 ISA-95 的基础之上，易于配置与扩展，具有良好的集成性，能实现全球范围内的生产协同，具体表现为：

1）系统重构和快速配置。新一代 MES 具有开放式、客户化、可配置、可伸缩等特性，可针对企业业务流程的变更或重组进行系统重构和快速配置。

2）集成范围广泛。新一代的 MES 不仅包括制造车间现场，而且覆盖企业整个业务流程。通过建立能源、物流、质量、设备状态的统一数据模型，使数据适应企业业务流程的变更或重组的需求，真正实现 MES 软件系统的可配置。通过制定系统设计、开发标准，使不同厂商的 MES 与其他企业信息系统可以实现互联与互操作。

3）数据实时采集和过程快速决策。新一代的 MES 应具有更精确的过程状态跟踪和更完整的数据记录功能，可实时获取更多的数据来更精确、及时地进行生产过程管理与控制，并具有多源信息的融合及复杂信息的处理与快速决策能力。

4）网络化制造。新一代 MES 支持生产同步性和网络化协同制造，能对分布在不同地点甚至全球范围内的工厂进行实时化信息互联，并进行实时过程管理，以协同企业所有的生产活动，建立过程化、敏捷化和级别化的管理。

（2）MES 成为智能工厂的核心

2000 年，针对生产制造模式新的发展，国际著名的咨询机构（ARC）详细地分析了自动化、制造业以及信息化技术的发展现状，针对科学技术的发展趋势对生产制造可能产生的影响进行了全面的调查，提出了多个导向性的生产自动化管理模式，指导企业制定相应的解决方案，为用户创造更高的价值。其中从生产流程管理、企业业务管理一直到研究开发产品生命周期的管理而形成协同制造模式（Collaborative Manufacturing Model，CMM）。按照这一模式，智能工厂可以从三个维度来进行描述。

1）在生产制造方面，从 ERP 的产品计划出发，通过计划 MRP 展开上游生产环节的生产计划，把生产计划细化并派分到设备/人工，详细排程，并根据生产进展和异常进行动态排程、分批次管控或单台管控、设备联网采集和控制、采集实绩并报工。

2）在供应链方面，通过 SRM、采购物流和制造物流，使外购、自制和外协物料“准时”调达生产现场，批量或单件管控，支持智能料架、AGV 和集中配送等，并对在线库、扣料、在制品和成品进行管控，支持生产判断和缺料预警。

3）在工程技术方面，管理 MBOM、辅助工艺或现场工艺，支持差异件指示、装配指示、现场看图和装配仿真等，并形成产品档案。在“个性化生产”时代，产品档案是客服支持（CSS）的主要数据源。

生产是工厂所有活动的核心，MES 是智能工厂三个维度的交叉点和关键点，是智能工厂的“大脑”。在智能制造时代，MES 不再是只连接 ERP 与车间现场设备的中间层级，而是智能工厂所有活动的交汇点，是现实工厂智能生产的核心环节。

（3）MES 成为实现精益生产的关键环节

精益生产是指杜绝浪费和无间断的作业流程，而非分批和排队等候的一种生产方式。

精益生产系统综合了单件生产与大批量生产的优点，既避免了前者的高成本，又避免了后者的僵化，其主要内容及特征有：

1）坚持以顾客为中心。以销售部门作为企业生产过程的起点，产品开发与生产均以销售为源头，按订货合同组织多品种小批量生产。

2）强调并行工程方法。产品开发采用并行工程方法和主查制，确保产品开发采用高质量、低成本，缩短产品开发周期，满足用户要求。

3）推进准时化生产。在生产制造过程中实行“拉动式”的准时化生产，把传统的“上道工序推动下道工序”的生产优化为“下道工序要求拉动上道工序的生产”，杜绝一切超前、超量生产。

4）以人为中心。多工序管理，充分调动人的潜能和积极性，普遍推行“一人多机”操作，并把工人组成作业小组。不仅完成生产任务管理，而且参加企业管理，从事各种革新活动，提高劳动生产率；追求无废品、零库存等目标，降低产品成本，保证产品多样化。

5）以问题为导向。消除一切影响工作的“松弛点”，以最佳的工作环境、工作条件和工作状态从事最佳作业，从而全面追求尽善尽美。

6）推进厂间利益共同体建设。注重总装厂与协作厂之间的相互依存，把主机厂与协作厂之间存在的单纯买卖关系变成利益共同的“血缘关系”，将 70％的零部件设计、制造委托给协作厂，主机厂只完成约 30％的设计、制造业务。

参 考 文 献

[1] 陈明，梁乃明，方志刚，等．智能制造之路：数字化工厂［M］．北京：机械工业出版社，2017.
[2] 潘江桥，周德祥．航天电子互联技术［M］．北京：中国宇航出版社，2015.